周恩来 十九歳の東京日記

改訂新版

矢吹晋 監修
鈴木博 訳

DECO

南開学校時代の周恩来（画像提供：ユニフォトプレス）

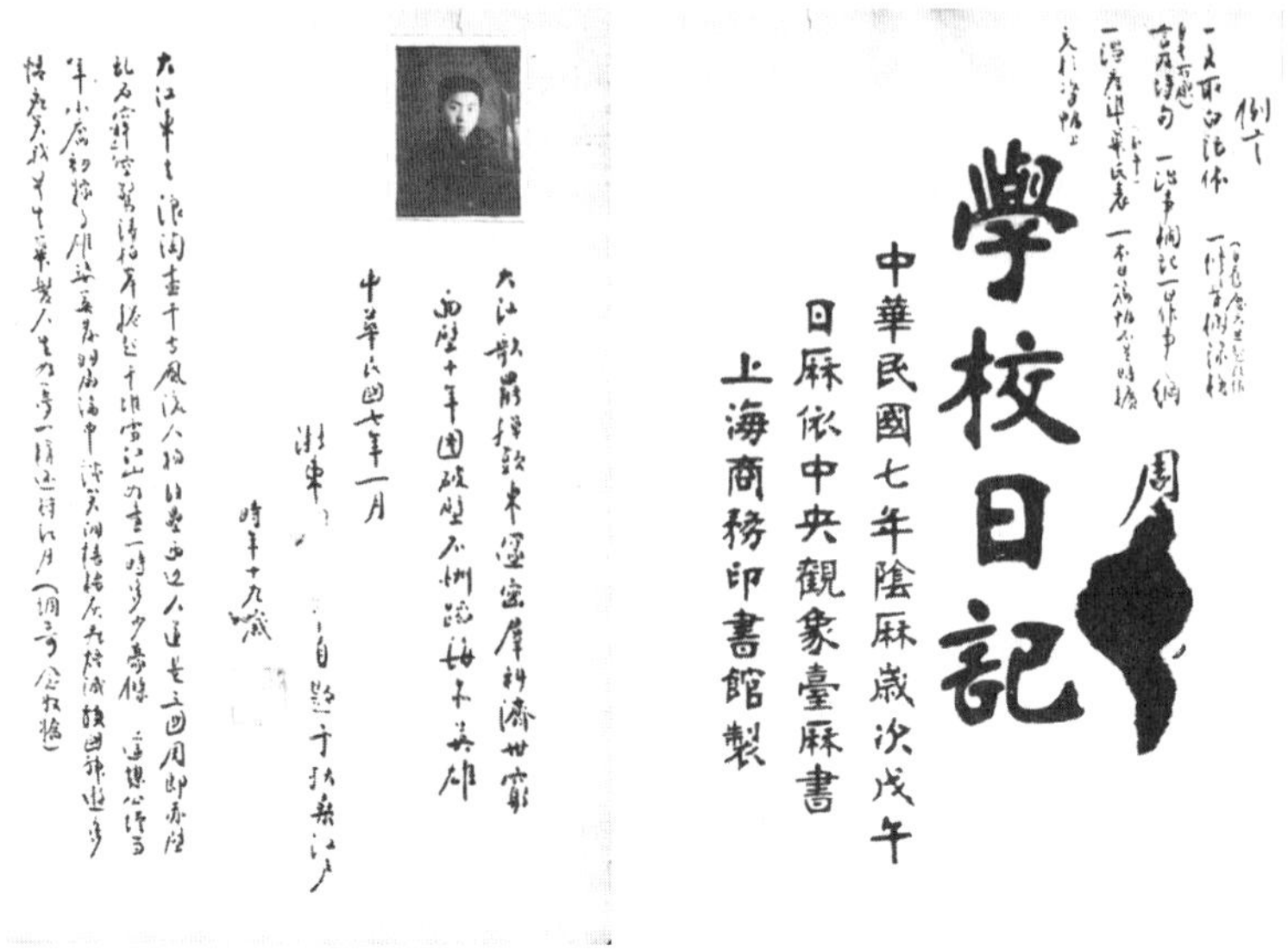
學校日記
中華民國七年陰麻歲次戊午
日麻依中央觀象臺麻書
上海商務印書館製

日記の表紙と見返し

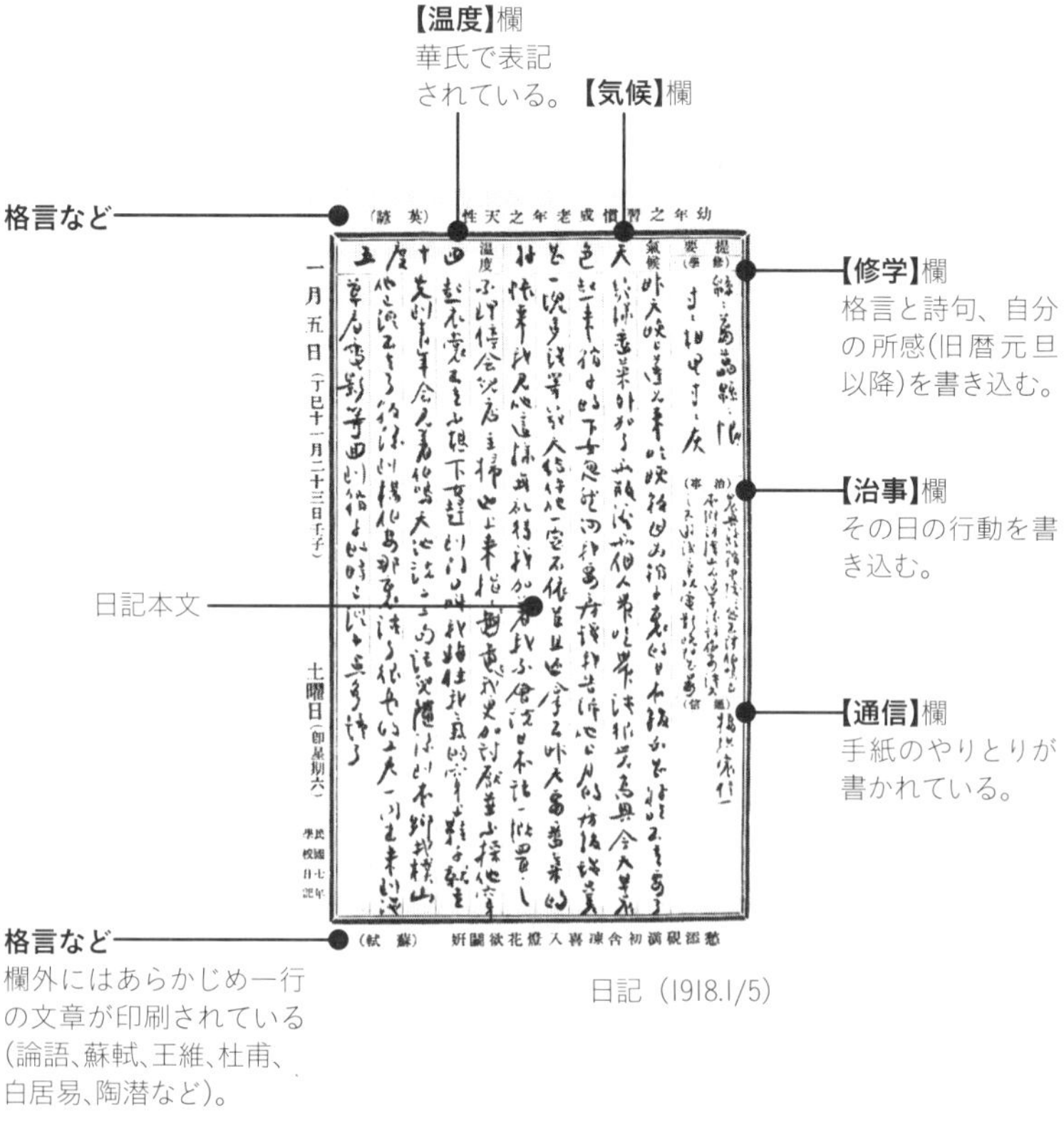
【温度】欄
華氏で表記されている。
【気候】欄
格言など
【修学】欄
格言と詩句、自分の所感(旧暦元旦以降)を書き込む。
【治事】欄
その日の行動を書き込む。
日記本文
【通信】欄
手紙のやりとりが書かれている。
格言など
欄外にはあらかじめ一行の文章が印刷されている(論語、蘇軾、王維、杜甫、白居易、陶潜など)。
幼年之習慣成老年之天性（英諺）
一月五日（丁巳十一月二十三日壬子）
七曜日（即星期六）
愁聞硯滴初含凍喜入燈花欲鬭妍（蘇軾）

日記（1918.1/5）

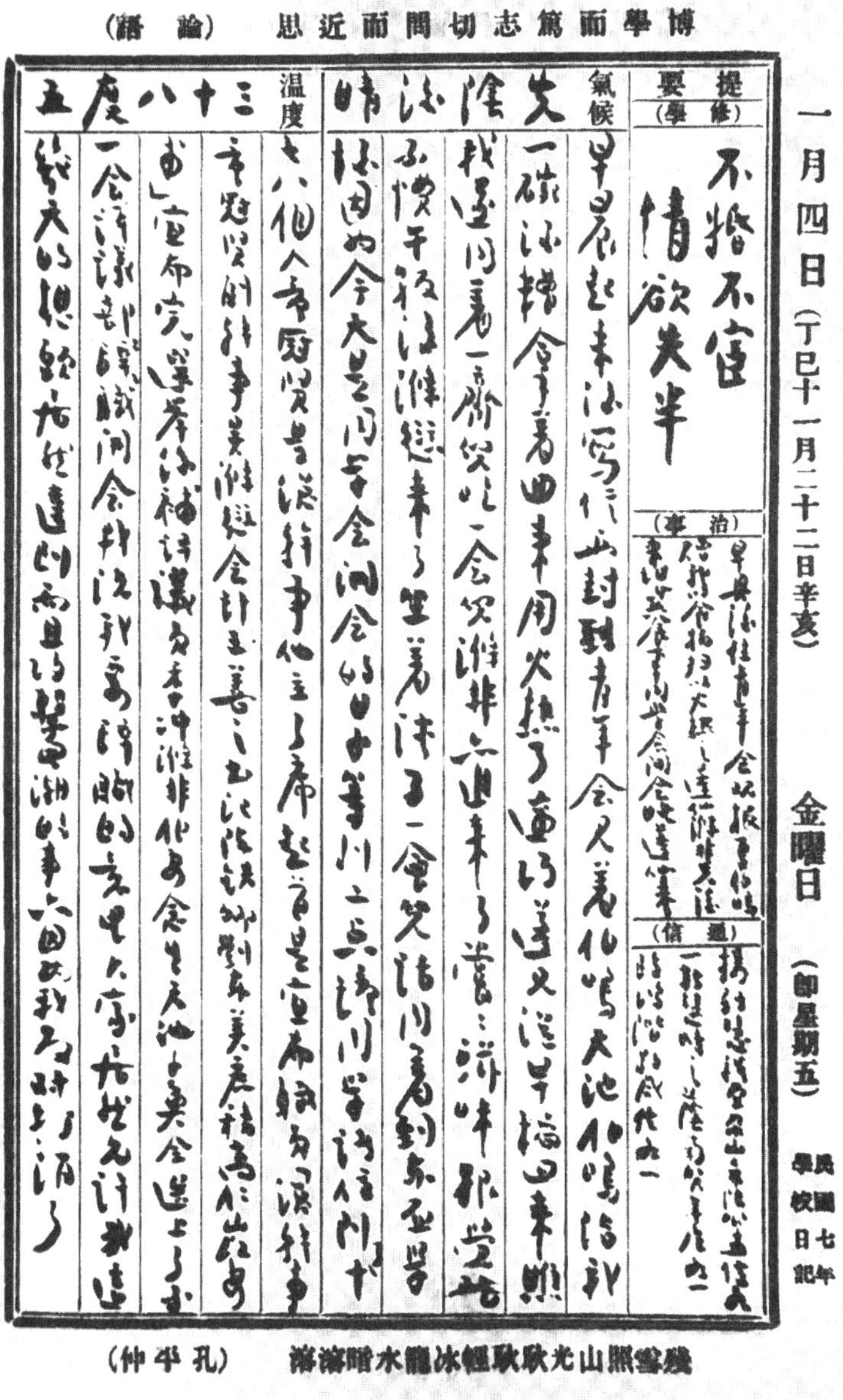
博學而篤志切問而近思（論語）
一月四日（丁巳十一月二十二日辛亥）
金曜日（即星期五）
民國七年學校日記
提要（修學）
不婚不宦
情欲失半
治事
通信
氣候
先陰後晴
溫度
三十八度五
勝寧照山光秋耿經冰龍水暗溶溶（孔平仲）

日記（1918.1/4）

南開学校時代からの仲間と記念撮影。後列右が周恩来、日記２月１日に記述のある写真か？『周恩来画伝』（中共中央文献研究室周恩来研究組　四川出版集団　四川人民出版社所収）

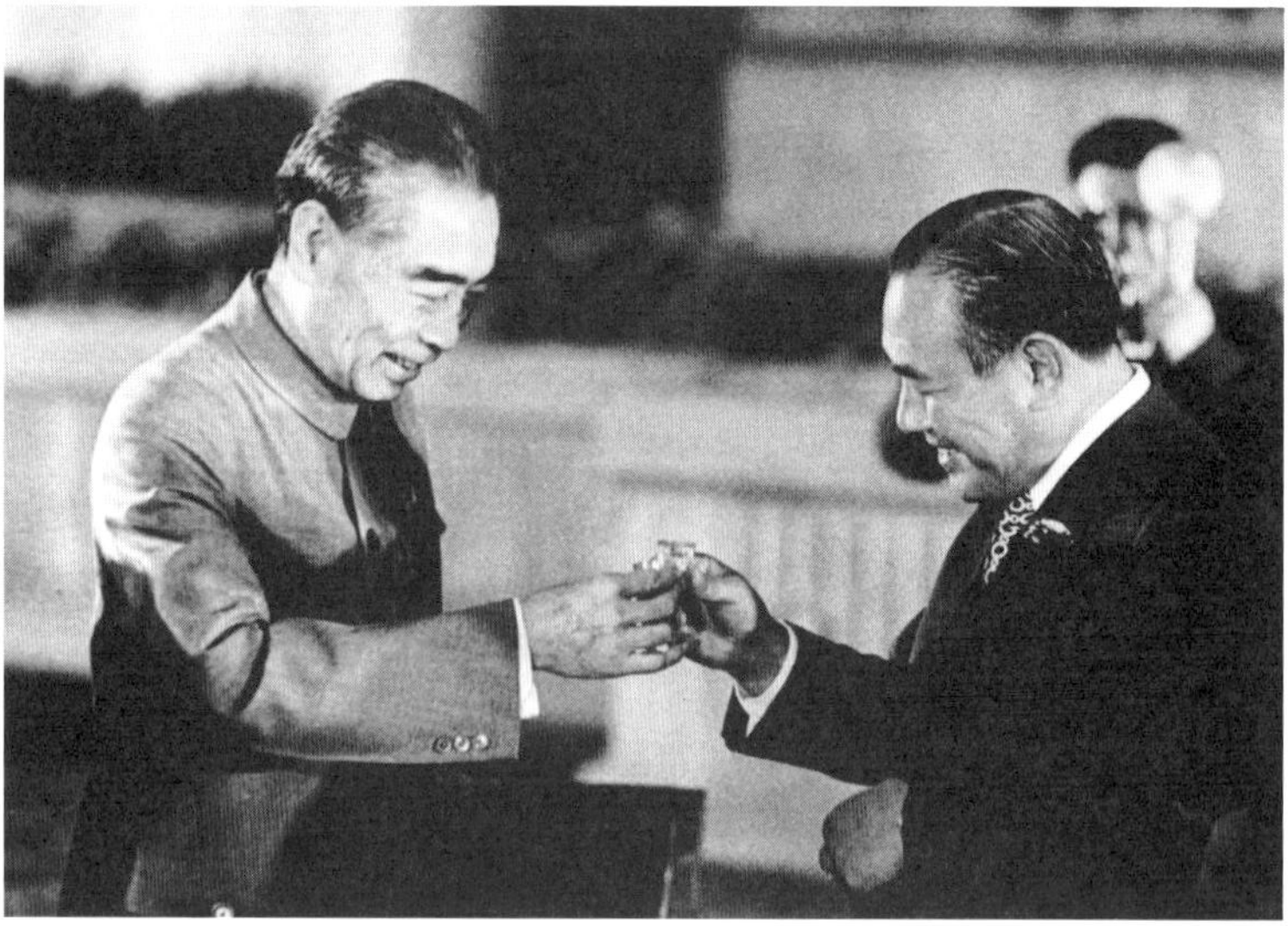

日中共同声明調印の前日、田中角栄首相と乾杯（1972.9/28）（画像提供：AP/Aflo）

周恩来 十九歳の東京日記 改訂新版

矢吹晋 監修
鈴木博 訳

DECO

日本語版序言

中共中央党史・文献研究院研究員　李海文《りかいぶん》

周恩来《しゅうおんらい》は中華人民共和国の初代総理である。彼の一貫した対日関係重視の姿勢から窺える日本理解は多面的であり、かつ深い。総理在任中の二十七年間に接見した多くの外国人賓客のなかで、最も多かったのは日本人であった。もとより日本は中国の隣国であり、「同文同種」である。加えて、近代において、中国の発展に最も影響を与えた国の一つでもある。周恩来の政治家としての人生もまた日本と密接不可分であったと言えるだろう。

十九歳で単身日本に渡った周恩来は、一年七か月の日本滞在中、一冊の日本旅日記を残した。「学校日記」と題されたその日記は、当時文房具店で普通に売られていたハードカバーの日記帳に、一九一八年（民国七）一月一日から同年十二月二十三日までの日本滞在の様子を綴ったものだ。本書の日本語版監修を行った矢吹晋《やぶきすすむ》先生が〝日中友好の原点〟と呼ぶこの日記が書かれてから、一〇〇余年の歳月が流れようとしている。この日記が発見されたのは、一九五二年。その間、中華民国から中華人民共和国へと変わる激動の時代をくぐり抜けてこの日記が見つかったことは奇跡的ともいえる出来事であろう。

一九二〇年十一月、周恩来は天津から上海を経て、欧州留学に旅立つ前に、この日記や南開学校時代の五十二篇の作文（手稿）や、多くの書簡・写真類を整理して小箱に収め、南開学校の学友に託した。小箱はその後、帰綏《きすい》（現在の内モンゴル自治区フフホト市）に住む級友の柴孺瞻《さいじゅせん》の手に渡り、約三十二年間保管された。一九五二年、柴孺瞻の子である柴平向《さいへいこう》が、当時天津市学生連合会の主席だった級友の張済《ちょうせい》に「私の母親（柴孺瞻夫人）が綏遠《すいえん》（現在の内モンゴル自治区）で教師をするため天津を離れる前に、周恩来の小箱を親戚の家に保管してもらったらしい」と語った。張済がこの話を当時中国共産党天津青年委員会秘書だった長劉焱《ちょうりゅうえん》に報告し、劉焱は翌日小箱を引き取った。事を重んじた劉焱は青年委員会の責任者数人とともに箱を開け中を確認、天津市委員会秘書長の于志遠《うしえん》に直ちに報告した。于志遠は、すでに壊れていた小箱から新しい箱に収めかえ、北京の中国共産党中央弁公庁に届けることを提案。一九五二年八月十四日、張済は発見の過程について、九月十二日に中国共産党天津市委員会から中央弁公庁宛に報告を書くとともに、係員を派遣して、同所に小箱を届けた。

一九七六年十月、〝四人組〟失脚後、周恩来夫人の鄧穎超《とうえいちょう》はこの日記や手稿などをすべて保管するように、中国革命歴史博物館に託した。

一九九三年、中国で周恩来を研究する唯一の民間機関である南開大学周恩来研究室主任教授であった劉焱は、この日記の主な記述を抜粋して南開大学出版発行の『周恩来早期文集』に掲載した。さらに一九九八年には、中国文献研究室と南開大学が共同編集した『周恩来早期文集』に日記全文が公開され、同年、中央文献研究室と革命博物館が『周恩来旅日日記』(日記原本を撮影した写真をまとめた影印本)を刊行した。周恩来が日本で生活した期間は一年半にすぎないが、この間、世界は強烈に変化していた。一九一七年、ロシアで十月革命が勃発、一九一八年、日本がシベリアに出兵して、革命に干渉。軍用米の大量買付が原因で国内米価が暴騰し、日本のおよそ半分の地域で、米騒動が起こった。

これらの出来事は若き周恩来に大きな影響を与えた。当時、日本がシベリアに出兵したこともあり、日本国内では十月革命についての報道が多かった。周恩来は中国国内の青年たちよりもはるかに十月革命の情況を理解し、マルクス・レーニン主義関連の書籍を閲読するなど国際情勢を敏感に感じ取っていたことが日記からも窺える。

一九八〇年代に私が『周恩来年譜』『周恩来伝』を編集したとき、執筆グループは「学校日記」中の資料を大いに利用した。周恩来が日本で読んだという、ロシア十月革命を紹介した『露西亜研究』(日記中では〝研究〟となっているが実際には『露西亜評論』)は参照できなかったので、日記に記された八〇〇字の概要を紹介した。また、周恩来の日本での体験を大まかに紹介した。さらに軍国主義や賢人政治で中国を救うという考え方を米騒動以後に放棄し、共産主義へと傾注していく変遷も紹介した。

一九九九年十月一日、私は横浜国立大学の村田忠禧《むらたただよし》教授の推薦で訪日した。学術討論会に参加し、村田先生に紹介された横浜市立大学の矢吹教授から『周恩来 十九歳の東京日記』出版の経緯について伺うことができた。

それによると、一九九九年春、画家の保田龍門《やすだりゅうもん》（重右衛門《じゅうえもん》）が周恩来と親交があったという興味深い事実がわかったことが発端だという。保田は周恩来よりも七歳年上の一八九一年（明治二十四）生まれ。一九一一年（明治四十四）に二十一歳で東京美術学校（現在の東京藝術大学）に入学。卒業後、下谷区（現在の台東区）谷中の霊梅院に下宿し、創作を続けた。このときすでに新進気鋭の西洋画家として認められており、「肖像（石井氏の像）」が院展で高山樗牛《たかやまちょぎゅう》賞を受賞するほどであった。南開学校校長の厳修《げんしゅう》の子であり、周恩来とは南開学校の級友だった厳智開《げんちかい》（季衡《きしょう》）は、東京美術学校留学時に保田の親友となり、同じく霊梅院に下宿していた。この頃、周恩来は生活に困窮しており、よく水で煮た豆腐を食べていたという。厳智開は一九一八年二月に一時帰国後、米国留学のため部屋は引き払う予定であったが、そうした状況下にある周恩来に手をさしのべるべく、入れ替わりに霊梅院の部屋を間借りさせた。この部屋での暮らしは二月一日の夜から二十三日までの三週間、つまり貸間の返却期限までであったが、経済的困窮によりしばしば引越しを余儀なくされていた周恩来にとっては、短いものではなかったのかもしれない。この期間に、周恩来は保田とともに食事をしたり、話し合う仲となり、保田が周恩来をスケッチすることもあった。

ある日本の劇作家がこのエピソードを脚本化し、テレビドラマ『隣人の肖像』を制作。一九九九年十月に東京、大阪などで放送された。さらに十月一日には、周恩来の「学校日記」が矢吹晋編、鈴木博《すずきひろし》訳で『周恩来 十九歳の東京日記』として、小学館文庫から出版された。「十九歳の周恩来」というネーミングが読者の興味をひいたのか、影響は大きく、当月中に再版され、計四万部が印刷された。

この本のなかで、矢吹先生と編集陣は、日記と併せて、一九一八年当時の東京事情を脚注やコラムの形で補足した。たとえば留学生の下宿代、米価、石鹸、野菜価格、天気、トンネル開通などの交通事情、あるいは周恩来がよく通った商店、劇場、交流した人たち。さらには小説、映画、浅草オペラ、流行歌、文化芸術などについてである。日本軍のシベリア出兵に対する各界の反応や、流行病の話なども含まれている。さらに、先述した『露西亜研究（評論）』などの日本の出版物の紹介をはじめ、日本における中国人留学生の暮らしぶり、それをとりまく社会の雰囲気などが描写されており、若き周恩来の思想の変化が理解できるよう工夫されている。現代の若者が読めば、当時の空気を感じることができるうえ、歴史観の獲得の一助ともなるのではないか。

当時、私が中国から持参した『周恩来之路』（その後書名を『周恩来伝略』に改めて出版）には、周恩来の日本滞在をテーマにした「絢爛的桜花」というエッセイが含まれている。このエッセイは、一九九二年に中日友好代表団の一員として中日国交正常化二十周年を祝賀する活動に参加した際、かつて周恩来が学んだ場所を参観したときのことを、帰国後に書いたものだ。

周恩来はとりわけ桜を愛した。日本人の桜に対する特別な思いが彼にも伝染し、若い心を揺さぶったのだろう。一九一九年春、彼は帰国を前にした京都で満開の桜を味わった。この時期の古都京都は、西の嵐山、東の円山公園、そして市中を流れる鴨川河岸を桜が彩っている。九日間の京都滞在中、周恩来は嵐山を二回、円山を四回訪れた。四月五日から九日までの四日間に、四篇の一連の詩を書いたことからも、桜に対する熱愛ぶりが窺われる。

嵐山に行ったときは二回とも雨であった。そのとき、次のような詩を書いている。

（前略）

瀟瀟雨、霧濛濛　　［さびしく降る雨、深くたちこめる霧］

一線陽光穿雲出、癒見姣妍。　　［一筋の日の光が、雲をつらぬいてさしこむといっそうあでやかで美しい］

人間的万象真理、癒求癒模糊　　［この世のあらゆる真理は、求めれば求めるほど曖昧である］

——模糊中偶然見着一点光明、真癒覚姣妍。［その曖昧さのなかにたまたま一点の光明が見えると、ほんとうにますますあでやかで美しい］

周恩来は桜花を見ると、不意にこのように感じられた。

想起那宗教、礼法、文芸…粉飾的的東西　［宗教、礼法、文芸…など粉飾されたもののなかに］
還在尋講什麽信仰、情感、美観……的制人学説。　［信仰、情感、美観といった、人を制するものを探りたくなる］

（中略）

此刻島民心理、倣佛従情景中呼出　［このとき日本人の心理には、イメージが彷彿と浮かぶ］
元老、軍閥、資本家……従此後将何所搏？　［元老、軍閥、資本家といった人々と、どこで格闘するのか］

四回目に円山に遊んだときは、桜はすでに散って、花見客は少なく、やるせない思いにふけった。

満山満穀的落英繽紛　［山も谷もいたるところ、花びらが乱れ飛ぶ］
樹上隻剰得青枝与緑葉　［樹上には若葉を残すのみ］
更何処尋那淡紅嬌嫩的桜！　［あの薄紅あでやかな桜はどこに消えたのか］

周恩来はみずからの落魄《らくはく》した人生を顧みて、花が開いて散る自然の法則から人生の哲理を悟った。潮の引くかのごとく花見客が消えた様を見て、思わずこう書いた。

我九天西京炎涼飽看　［私は九日間京都に遊び］
想人世成敗繁枯、都是客観現象　［人の世の栄枯盛衰が客観現象たることを想う］
何曾開芳草春花、自然的美、無礙的心。　［かつて咲いた花、天然の美、妨げられぬ心はいずこに消えたのか？］

中国原産の海棠（和名ハナカイドウ）の花は、桜とよく似ている。開花時は「薄紅あでやか」で、開花から散るまでおよそ十日前後。花の終わり頃に葉が現れ、花は一斉に散る。その様は少しの猶予もなく、壮観である。一九八一年四月十三日、中央文献研究室が『周恩来選集』を出版したとき、鄧穎超女史がわれわれ編集者たちを中南海西花庁に招いてくれ、ともに花を愛でた。ここに事務室を構えることにしたのは、以前周恩来がここに病人を見舞いに来た際、敷地内に四本の海棠の木が植えられているのが気に入ったからだと、咲き誇る海棠の花を見ながら感慨深く語ってくれた。

周恩来が中華人民共和国の初代総理となった一九四九年十一月から死去する一九七六年まで、居宅および事務室は変わらず西花庁に置かれた。周恩来は咲き誇る海棠の花を観たり、落花舞う中庭を散歩しながら、満開の桜を思い出していたのではないだろうか。あるいは、真理を求めた若き日の激情を想起したのではないだろうか。過ぎし日の「曖昧さのなかにたまたま一点の光明が見えると、本当にあでやかで美しい」様子を喜んだのかもしれない。周恩来は桜を愛し、訪中した日本の友人たちに中野や上野の桜並木のことを訪ねたという。中日国交正常化の前後、友人たちは周恩来に度々訪日を要請したが、病魔が彼の生命を奪い、果たすことができなかった。ときが経ち一九七九年、桜が満開のころに鄧穎超夫人が嵐山を訪れた。周恩来詩碑の落成、除幕式典で「色あでやかな桜は、自然の摂理により、一〇〇〇万本の樹木が一斉に開花する。そしていささかもためらうことなく一斉に散る。このことが若き周恩来に、人生の真理を探究する大きな啓示を与えた」と挨拶した。

矢吹先生は、周恩来が東京で学んだ東亜高等予備学校跡地や、よく本を買いに行った古書店街を案内してくださり、周恩来が食事に利用した漢陽楼で訳者の鈴木さんたちと歓迎会まで開いてくれた。そのなかで、江戸から東京に至る二〇〇余年来の日本の経済や、生活の変化について、浅いながらも直観的な認識を得ることができた。日暮里の霊梅院を参観し、住職に会うことも叶った。彼は、周恩来が下宿した時の住職の孫にあたる人で、八十年前の霊梅院の話をしてくれた。霊梅院は当時は郊外にあり、ドラマ『隣人の肖像』に出てくる寺のように大きくはなかった。エンターテインメントはいつも誇張して描くものだと、おかしそうに語った。周恩来が、神田から寺が多い谷中に引っ越してきたのは一九一八年二月一日のこと。日本では人が亡くなると寺に埋葬するため郊外には墓地が多く、そして墓地周辺には桜の木が多い。人は少なく静かで、周恩来の連日の苦悩を癒したことだろう。日々桜の下を歩き、日本語を学び、留学生たちが組織した「新中学会」の集会に参加した。日本滞在五〇〇日の間、桜はいつも周恩来とともにあった。

京都では花園大学の小野信爾《おのしんじ》教授の案内で、嵐山や円山公園などの名勝を訪れた。実際に訪ねたことで、嵐山は京都の西郊にあること、円山は東部にあることを体感できた。周恩来が京都で綴った詩には、異なる地域の桜が描写されているのだ。この経験から私は、帰国後「絢爛的桜花」を書き直した。同時に『周恩来 十九歳の東京日記』という本を中国の青少年に伝えたいと思うようになった。

二〇〇〇年八月二十四日、村田先生と矢吹先生が、中央党史研究室で学術交流を行った後、私は矢吹先生に『周恩来 十九歳の東京日記』を中国語文で出版したいと提案した。すると先生は快諾して、その場で「矢吹晋は『周恩来 十九歳の東京日記』の解説部分〝日中友好の原点となった周恩来の東京日記〟の中国語文訳出版に同意する」と日本語で同意書を書いてくれた。矢吹先生とは旧知の仲である中央党史研究室の張会才《ちょうかいさい》先生がこれを中国語訳し《解読〈周恩来東京日記〉》と題して、二〇〇一年六月、当時私が編集長を勤めていた中央党史研究室出版の『中央党史資料』（第七十八期）に掲載した。

二〇〇二年十月、私は退職後、張会才先生から矢吹先生に依頼してもらい、小学館文庫版の『周恩来 十九歳の東京日記』で付加した注釈すべてを中国語訳してもらった。その後、私はさらに中国語文の脚注を増やそうとしたが、数か月だけで多忙と体調不良のため頓挫してしまった。

二〇一〇年四月、私は「周恩来研究センター」がある淮陰師範学院の会議に招かれた。その際、小学館文庫版「東京日記」と関連文書、資料などを学院の元副学長である汪浩《おうこう》先生に手渡し、注釈追加の仕事を引き継いでもらえないか打診した。二〇一六年、汪先生が張紅安《ちょうこうあん》教授に委託して、二〇一八年、教授は日記材料の整理、中文注釈および第二版序言などをひとまず完成させた。翌年、私は二か月かけて彼女の中文注釈、序言などについて書面で意見を書き、それとともに矢吹先生が書いたコラムと注釈のスタイルを参考にして『周恩来南開中学作文箋評』の方式で、周恩来が東京で読んだ『新青年』『飲冰室文集』『不忍』などを読者に紹介しようと考えた。紙幅の都合で目録だけを示すことになったものの、張教授のたゆまぬ努力で注釈などが完成し、日記に書かれた人物や事物について、都合三〇〇か所の加筆修正をすることができた。そしてついに、彼女の序言、私の書いた書面意見に基づく数篇の短評、そして一篇の総評による『十九歳的周恩来旅日日記―一首青春之歌』が刊行された。さらに喜ぶべきことに、二〇二一年初頭に矢吹先生から電話があり、小学館文庫版の改訂新版の発行が決まったので、私にその序を書いてほしいとの依頼を受けた。『十九歳的周恩来旅日日記』に大量の注釈を加えたことを話すと矢吹先生は日本語の改訂新版にも加えたいという。一〇〇年前に周恩来が日本で書いた日記はまさに〝中日友好の原点〟である。いま両国の研究者が努力を続けて、本書をより完璧なものとしようとしている。本書が周恩来にとって最良の記念碑となり、中日友好継続の一助となることを願う。

二〇二一年四月五日（清明節）

中文編集者を代表して記す（矢吹晋訳）

周恩来　十九歳の東京日記　改訂新版　目次

プロローグ　いざ、日本へ

大江《だいこう》に 歌罷《や》めて 頭《こうべ》を掉《ふ》って東し、
邃密《すいみつ》なる群科 世の窮まるを済《すく》う。
面壁十年 壁を破らんと図り、
酬われず 海を踏むも亦《ま》た英雄。

（一九一七年九月）

長江（揚子江）に歌うのをやめ、意を決して東の日本に向かい、
科学をしっかり学び、貧しい祖国を救おう。
達磨《だるま》のように十年間壁と向き合い、その壁を破ろうとし、
それが果たせず、海を渡るのも、また英雄だ。

＊詩の解説については18ページの＊参照。

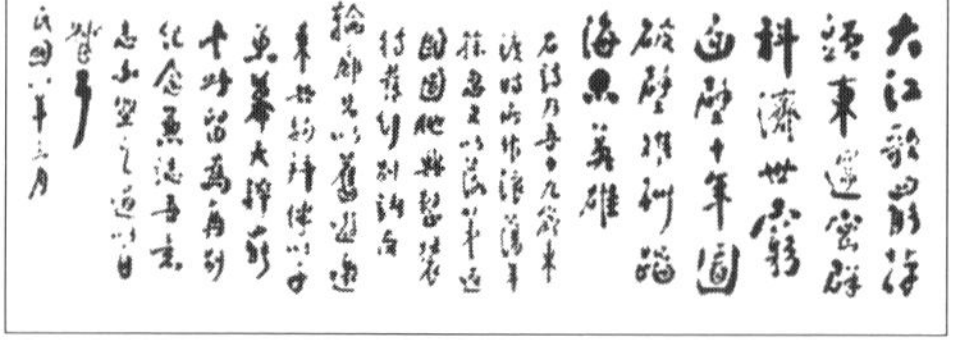

「大江に歌罷めて……」周恩来の自筆。
『周恩来画伝』（中京中央文献研究室周恩来研究組　四川出版集団 四川人民出版社）所収。

一九一七年（大正六）九月、十九歳の若き周恩来は、天津*の港から船上の人となった。日本に留学して、おおいに勉学に励まんがためである。出発前夜、救国の想いと勉学の誓いをたくして作った七言絶句が、この冒頭の詩である。

周恩来は、天津の南開学校を特等の成績で卒業している。とくに国文の才能には輝かしいものがあり、在学中は学校全体で唯一の奨学生でもあった。また、当時からそうとうの美少年であって、在学中には新劇「一元銭」で女形を演じて喝采を浴びるほどであったという。

当時、南開学校には中学校以上の高等教育機関が存在せず、成績優秀な卒業生には、日本留学にさらなる勉学の機会を求める者が少なくなかった。

しかし、周恩来の家は貧しく、家族や親戚からの留学資金調達は望むべくもなかった。そこで、ともに日本に私費留学する南開学校の同学生たちが、少しずつ留学資金をもちよって、周恩来の滞日生活費を捻出することになった（３８０ページの収支メモ参照）。渡航費については、南開学校理事長の厳修《げんしゅう》が援助を申し出る。厳修には、周恩来の優秀なる人格と才能を見込んで娘婿に所望し、さすがに固辞されたという経緯もあった。当時、厳修の息子厳智開《げんちかい》（季衝《きしょう》）が、すでに東京美術学校に留学しており、彼を頼って日本に留学することを決意したのである。

当時、日中政府間には、官費留学についての取り決め（中国人留学生育成十五年協定）が存在した。中国人の留学生であれば、帝国大学と各高等学校（一高〜八高）、東京高等工業学校、東京高等師範学校、千葉医学専門学校に受験が可能で、合格すれば卒業するまで中国政府による官費留学生の待遇を得ることができたのである。周恩来も、この官費留学生となるべく、学友に「中華が世界に雄飛するときにあい見《まみ》えん」と言葉を残して、青雲の志《こころざし》とともに、東京の人となった。

しかし、周恩来を迎えた一九一八年（大正七）前後の東京は、ただひたすら勉学に徹するにはあまりに刺激多き都であった。ときあたかも、第一次世界大戦終結にともなう世界的激動期であり、ロシアでは史上初の労働者政権が樹立され、中国では日本を含む欧米列強による屈辱的な大陸進出政策が推し進められ、在日中国人留学生の抗議運動が次第に活発化していた。しかも、帝都・東京は、大正モダニズムの真っ最中であった。浅草、銀座、日本橋などの繁華街……、映画、芝居、オペラ、サーカス、デパート……など、周恩来を受験勉強から連れ出す甘い誘惑にこと欠かなかった。

革命か、勉学か。

周恩来の日記は関東大震災前の帝都の風物をしるす貴重な記録であるとともに、苦悩する彼の青春の記録である。

日記（原題は「学校日記」）は、一九一八年（大正七）一月一日からはじまっている。来日したのは、前年九月であるから、ほぼ三か月のブランクがある。この間、周恩来は来日して早々、牛込区（現在の新宿区）山吹町にあった南開学校の友人、蓬仙《ほうせん》の下宿に身を寄せ、ほどなくして神田の日本式下宿に落ち着いたらしい。

以下、この間の事情をうかがわせてくれる友人宛ての書簡を紹介しておこう。南開学校の友人・陳頌言《ちんしょうげん》宛ての手紙（一九一七年十二月二十二日）にはこう書かれている。

「……日本に来てから授業に追われ、しかも怠惰な性格で、ついに遅々としてまだ手紙を差し上げず、恐縮して慚愧《ざんき》に堪《た》えず、筆を執るときに、まことにどうけじめをつけて返事を差し上げればいいのか分からない。かたじけなくもご好意、ご厚情によって、許してくれるはずである。日本に来てから、飲食起居《ききょ》について大きな不満はない。来たばかりのときは、畳に坐し、飲み、食い、学び、寝るのに慣れなかったが、時間がたつうちに慣れてきた。初めは、蓬仙とともに早稲田に仮住まいをしていたが、現在は神田に移り、日本の旅館に下宿している。日本食を食べ、多数の魚を食べている。わが国から日本にやって来た者は、はなはだ食に慣れないが、私は苦労を厭わずにこれに甘んじている。わが故郷の魚食の風味にとても似ているが、油と味噌で調理するものが少なく、火で焼くものが多い。中国人がみな中国人の開設した旅館に住むのは、食事に便利だからである。日本旅館は中国旅館よりも静かで、喧嘩がないので、勉強するのに便利である。私は現在日文の受験勉強をしているが、大きな困難はない。難は怠け病がときに発することで、本の山に楽しみを求めようとしないのは、この怠け病のためである。官費の試験は来夏で、そのときになっての背水の一戦は、十に九はかならず失敗する。日本にやって来て日文の程度が一年であれば、勉強する者は試験に合格できるが、私には自信がない。南開の同級生で日本にやって来た者はすでに三十人にものぼり、いつも集まっているが、異邦で集まるのは親近感があるからで、〝身は異郷に在って異客《いきゃく》と為るとも、佳節《かせつ》に逢う毎に倍々《ますます》親《しん》を思う〟者である。いままさに年の瀬を迎え、大いに集まって、この寂寞をまぎらわそうとしている。……」

＊大江　長江のこと。北宋代の蘇軾《そしょく》（一〇三六―一一〇一）は詞《ツー》「念奴嬌《ねんどきょう》 赤壁の懐古」のなかで、「大江東に去り、浪は淘《あら》い尽くす 千古の風流人物を」と詠《えい》じている。ここでは、広く気勢が豪邁な歌曲をいう。

＊頭《こうべ》を掉《ふ》る　力強く身をひるがえし、強固な決意を表すこと。唐代の杜甫《とほ》（七一二―七七〇）が「孔巣父《こうそうほ》が病を謝して江東に帰遊するを送り、兼ねて李白に呈す」という詩のなかで、「巣父頭を掉って住《とど》まるを肯ぜず、東のかた将《まさ》に海に入って煙霧《えんむ》に随《したが》わんとす」と詠じている。

＊邃密《すいみつ》　深く入る、細密。研究に努めることをいう。

＊面壁　雪篷慧明《せっぽうえみょう》の『五灯会元《ごとうえげん》』（一二五二年刊）に、中国禅宗の祖である菩提達磨《ぼだいだるま》（円覚大師）が嵩山《すうざん》（河南省登封《とうほう》市にある山岳群）の少林寺に籠もり、九年「壁に面して坐した」と書かれている。刻苦して鍛錬することを形容する。「十年」は語呂合わせ。

＊壁を破る　『名画記』にある「画龍点睛」からの想起か。南北朝時代の画家の張僧繇《ちょうそうよう》が、金陵（現在の南京）にあったとされる安楽寺という寺で目のない竜を四頭描き、そのうち二頭に目を描いた

ところ、雷鳴がとどろき、稲光がし、壁が崩れ（破れ）て龍が飛び去って行った。目を描き入れなかったほか二頭の竜はいまでも寺に残っている。最後の、肝心な部分を仕上げることを意味する。

＊酬われず　従来この詩を収録していた出版物には「酬い難し」とあったが、周恩来自身が書いた学校日記の表紙の裏に記したこの詩では「酬われず」とある。

＊海を踏むも亦《ま》た英雄　「踏む」には跳ぶという意味もある。学者はこの詩に対し二様の解釈をしている。一つは、困難や危険を恐れず、日本に留学し、救国の道を探り、中華の飛躍を実現する決意を固めたと解する。もう一つは、日本に留学して救国の道を探る決意を固めたが、壮志は酬われ難く、革命家の陳天華《ちんてんか》（一八七五―一九〇五）のように海に身を投じて国に殉じても英雄であると解する。

※右記の脚注の出典はすべて㊥（28ページの例言参照）である。

＊天津の港から船上の人となった　来日ルートには諸説ある。ディック・ウィルソン著『周恩来 不倒翁波乱の生涯』には「まず北へ行き、古巣の奉天を経由して朝鮮半島を渡り……」とある。またチェ・ジン・リー著『Zhou Enlai, THE EARLY YEARS』には「七月に渡日の準備のため北京に行き、（中略）九月後半、丹東に到着。鴨緑江を渡り、釜山まで汽車に乗って、釜山から船に乗った……」とある。

祖父の代

大 [大伯父] 周駿侯《しゅんこう》（1836—1894以降）

二 [二祖父] 周駿昂《しゅんぼう》（1839—1881）

三 [三祖父] 周聯駿《れんしゅん》（1842—不詳）

父の代

二 ◉[二伯] 周龢鼐《わだい》（1868—1921）＝二媽《にぼ》
辛亥革命後に南京から北京へ移住。留学資金を援助。南開時代の周恩来は休暇中に二伯宅に滞在した

大 ◉[大伯父] 周貽豫《いよ》（1864—1942）

六 ◉[六伯父] 周嵩尭《すうぎょう》（1873—1953）＝六媽《ろくぼ》
1915年、袁世凱へ反発したため職をおろされ准安へ

五 ◉[五伯父] 周貽鼎《いよ》（1873—不詳）＝◉[五媽] 万十三姑《まんじゅうさんこ》
清川県知事・万青選の娘。万家の排行の

四 ◉[四伯父] 周貽賡《いこう》（1872—1933）＝◉[四媽] 楊氏
前妻がふたりいたが、どちらも若くして亡くなる
貽賡の3番目の妻

（12歳・引き取られる）

七 ◉[乾爹・実父] 周貽能《いのう》（1874—1942）＝◉[乾娘] 万冬児《まんとうじ》（万十二）（1877—1907）
実父
実母。万十三姑の姉。万家の排行の十二番目

周恩来の代

七 周恩来（1898—1976）＝鄧穎超《とうえいちょう》（1904—1992）
天津女子師範大学在学中に五四運動に参加

八 ◉八弟 周恩溥《おんぱく》（1899—1944）＝王蘭芳《おうらんほう》（1906—1975）
周家の次男。1916年、南開学校入学

十二 ◉黒弟 周恩寿《おんじゅ》（1904—1985）＝王士琴《おうしきん》（1914—2002）
1918年、天津の四伯を頼り、のちに南開学校入学

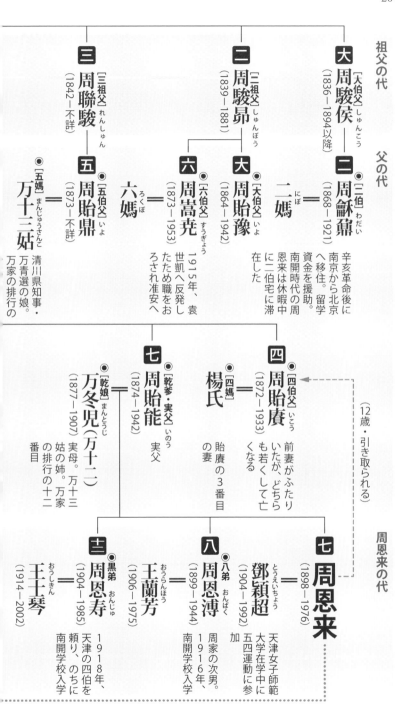

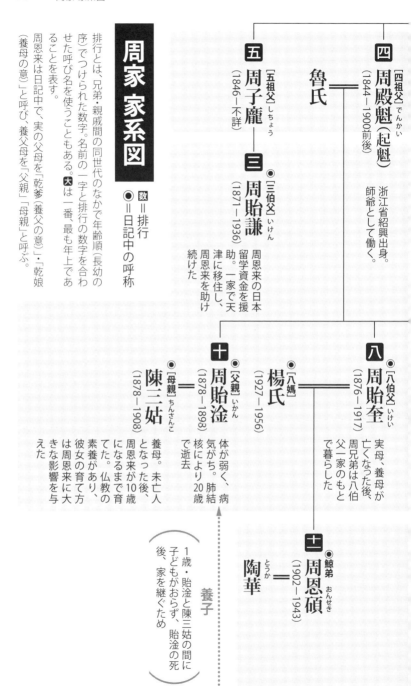

周家 家系図

数＝排行
◉＝日記中の呼称

排行とは、兄弟・親戚間の同世代のなかで年齢順（長幼の序）でつけられた数字。名前の一字と排行の数字を合わせた呼び名を使うこともある。大は一番、最も年上であることを表す。

周恩来は日記中で、実の父母を「乾爹（養父の意）」・「乾娘（養母の意）」と呼び、養父母を「父親」「母親」と呼ぶ。

四 ［四祖父］周殿魁《でんかい》（起魁）（1844—1900前後）
浙江省紹興出身。師爺として働く。
＝ 魯氏

五 ［五祖父］周子龐《しちょう》（1846—不詳）

三 ◉［三伯父］周貽謙《いけん》（1871—1936）
周恩来の日本留学資金を援助。一家で天津に移住し、周恩来を助け続けた

八 ◉［八伯父］周貽奎《いけい》（1876—1917）
実母、養母が亡くなった後、周兄弟は八伯父一家のもとで暮らした
＝ ◉［八媽］楊氏（1927—1956）

十 ◉［父親］周貽淦《いかん》（1878—1898）
体が弱く、病気がち。肺結核により20歳で逝去
＝ ◉［母親］陳三姑《ちんさんこ》（1878—1908）
養母。未亡人となった後、周恩来が10歳になるまで育てた。仏教の素養があり、彼女の育て方は周恩来に大きな影響を与えた

十一 ◉［鯨弟］周恩碩《おんせき》（1902—1943）
＝ 陶華《とうか》

養子
（1歳・貽淦と陳三姑の間に子どもがおらず、貽淦の死後、家を継ぐため）

周囲の人々

往来もしくは手紙のやりとりが各章ごとに3回以上ある、または経歴や周恩来との関係が明らかな人物を掲載した。
日記に書かれる名前（年齢）
★親友と書かれる人物
【00元】周恩来への経済支援

中国

厳修《げんしゅう》（78歳）
日記中、範翁先生と呼ばれる。南開学校創設者・理事。4月渡米視察の途上、南開同学生たちを訪ねる

弌叔《いちしゅく》
高先生とも呼ばれる。第六両等小学堂における恩師。京兆尹公署に勤める

乃如《ないじょ》（28歳）
★【25元】
乃兄とも呼ばれる。南開学校の化学教師。周恩来を高く評価する

柏栄《はくえい》
★
8月26日、ともに滌非の結婚式に出席

禅弟《ぜんてい》
★
禅弟の母親が亡くなった際、周恩来は悲しみ、祭文を送った

述廠《じゅつしょう》（18歳）
★
述弟とも呼ばれる。敬業楽群会にも参加

新慧《しんけい》（17歳）
★
慧弟とも呼ばれる。南開時代、同じ宿舎に住む。1918年香港大学に進学

克忠《こくちゅう》（15歳）
周恩来と同じく、南開学校の学費免除生

柳猗《りゅうい》（22歳）
★

醒亜《せいあ》
★
醒兄とも呼ばれる。『敬業』を創刊

峙之《じし》
★
1917年清華大学に飛び級入学

碩陸《せきりく》

念遠《ねんえん》
『校風』記事部主任。南開新劇団員

春谷《しゅんこく》
南開新劇団の初期メンバー

雲弟《うんてい》
周恩来に『新青年』を貸す

雲卿《うんけい》（24歳）
『校風』主筆、編集長。1917年渡米

問凱《もんがい》

希陸《きりく》
南開大学創始者・張伯苓の子

朶山《ださん》
1916年清華大学に飛び級入学

公孟《こうもう》
手紙のやりとり多数

鉄卿《てっけい》
【15元】

生涯友として周恩来をサポート

兄弟のように慕いあう

兄弟のように慕いあう

日本

新中学会

★【70元】 東京美術学校。霊梅院に住む。厳修の第五子

（一時、霊梅院住まわせても

輪扉《りんひ》（21歳） 【5元】 研数学館予科高生 往来回数最多

（詩「大江に歌罷めて……」を送る）

樸山《ぼくさん》 【78元】 神田区三崎町に住む。持病があり、4月8日に早稲田の病院に数日間入院する

冠賢《かんけん》（24歳） **総幹事** ★【70元】 南開同学会創設者。周恩来を新中学会へ誘う

高仁山《こうじんさん》（24歳） **庶務** 【20元】 新中学会の中心人物

子魚《しぎょ》（19歳） 【35元】 周恩来とともに一高受験、落第する

天池《てんち》 青年会館に住む

安甫《あんほ》 江勉ともよばれる

伯安《はくあん》（21歳） 【11.2元】

蓬仙《ほうせん》 ★【6元】 蓬兄ともよばれる。敬業楽群会を設立

同居

化民《かみん》

勉之《べんし》 帰国後、周恩来と一緒に覚悟社へ参加

白濤《はくとう》（28歳） 政治経済学部在籍

希天《きてん》（22歳） 【10元】 東京第一高等学校予科のち第八高等学校。5月、日華共同防敵軍事協定締結に抗議して帰国。関東大震災後日本の将校に虐殺される

介眉《かいび》 希天の死後『王希天小史』を出版

早稲田大学

6、7歳年上 本郷に住む

滌愆《じょうけん》（24歳） 【46元】 東京第一高等学校特別予科

滌非《じょうひ》（21歳） 【84元】 慶応大学

李君象模《りくんしょうも》 南開時代、懇意だった。ともに日本へ渡った。

撼岳《かんがく》 撼弟とも呼ばれる。五四運動期間、周恩来とともに『天津学生連合会報』を編集

伯鳴《はくめい》（19歳） 【29元】 青年会館に住む。周恩来へ食糧援助もした

周恩来（19歳）

（日本語の授業を受ける）

日本人

松村先生《まつむら》 **個人教授** 東亜高等予備学校創設者・校長の松本亀次郎のことだが、日記では右記の名で登場

保田龍門《やすだりゅうもん》 霊梅院に住む。日記中、唯一の日本人の友人

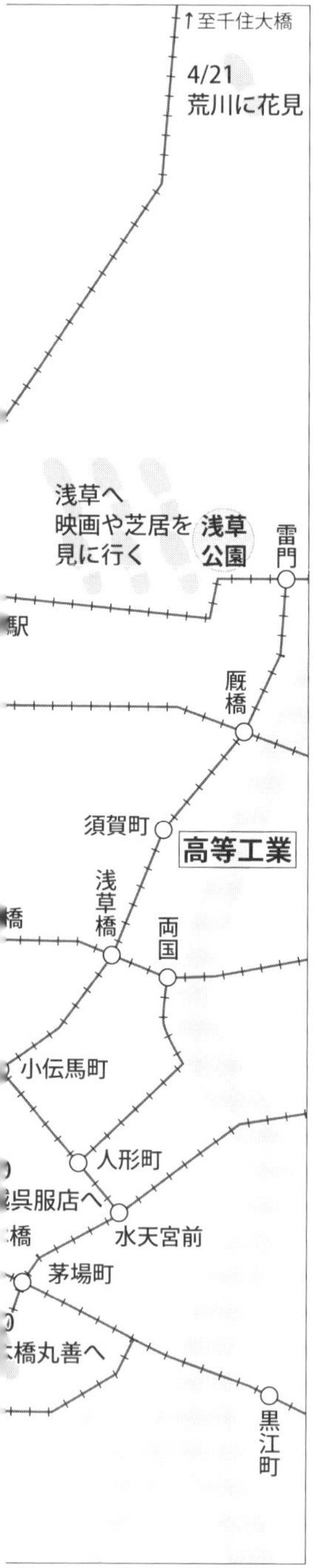

1918 年頃の東京市

東京全図　1918年

1920 年（大正 9）に行われた日本で初めての国勢調査によれば、東京市（全 15 区）の人口は次の通りであった。

総人口　2,173,201人
世帯数　456,935世帯
うち
東京市内生まれ　922,734人(42.5%)
他道府県生まれ　1,152,217人(53.0%)
東京府下生まれ　87,657人(4.0%)
植民地、外国生まれ　10,593人(0.5%)

この頃、地方出身の“東京人”が激増している。1918 年（大正 7）は、1889 年（明治 22）にスタートした市区改正（都市計画）が完了した年で、この改正によって、日比谷公園、丸の内、霞が関といった官庁街、銀座通りなど現在の東京の主だった要素が完成している。周恩来の滞在した 1918 年、「大東京」という言葉が制度上の用語として公式に使われはじめた。

◀「東京日記」に見る周恩来の行動範囲
移動手段はもっぱら市電である。中心は神田神保町。１か月ほど谷中にも住む。早稲田、本郷、浅草にも足繁く通っている。このほか横浜に友人の送迎のため、東京駅にも出かけている。
（地図作成：河合理佳）

周恩来の行動マップ
＝市電
＝日記に記録がある回数
至大塚
駒込橋
2/27、3/1
季衡の女中を訪ねて田端へ
動坂下
1/26、2/1
日暮里へ
季衡を訪ねる
2/1-2/23 ごろ
谷中霊梅院に下宿
霊梅院
白山上
高等師範の受験に
高等師範
一高
高等学校前
本郷へ受験など
上野公園
広小路
伝通院前
早稲田
大曲
春日町
早稲田大学
早稲田へは毎月足繁く通う（新中会や山兄の見舞い、友人宅訪問など）
水道橋
万世橋
飯田橋
東亜学校
九段下
九段上
神保町
須田町
至新宿
行動の拠点神田区神保町
中華青年会、第一楼、玉津館、漢陽楼、維新號、神田劇場、東京堂など
神田橋
←7/20
大久保大山園へ
市谷見附
大手町
半蔵門
東京駅へ見送りや出発など
至新宿
四谷見附
赤坂見附
三宅坂
桜田門
日比谷
京橋
日比谷公園
6/4
青山高樹町へ
東美を訪ねる
3/9、4/9
日比谷公園へ
銀座

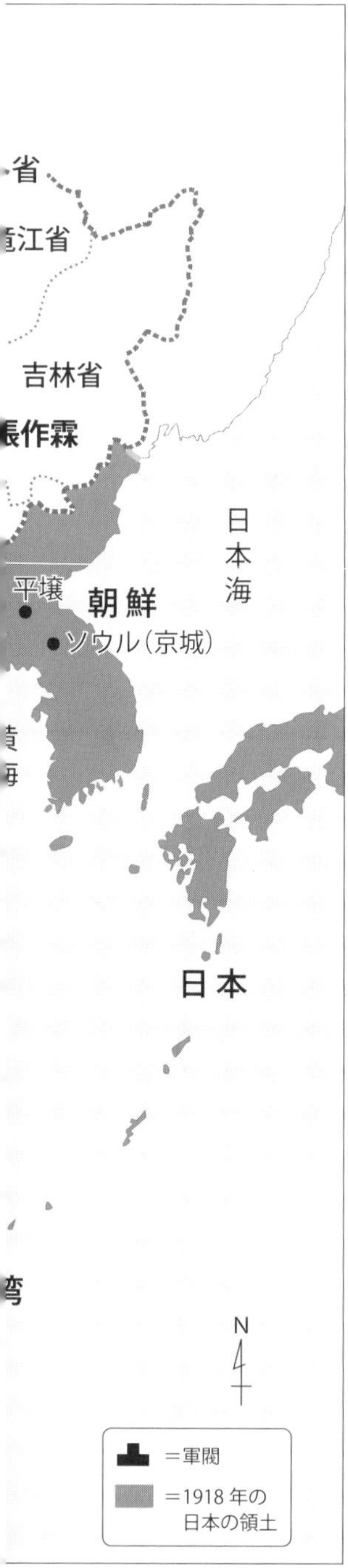

1910年代 中国の地名と出来事

◉湖北省 武昌・漢陽・漢口

（武漢三鎮とも呼ばれる現在の武漢市）

1911.10/10 武昌にて辛亥革命（第一革命）

◉江蘇省 南京

1912.1 孫文が臨時大総統就任

（中華民国成立）

◉直隷省 北京

1912.2 宣統帝退位　清朝滅亡

1912.3 袁世凱が第二代臨時大総統就任

1919.5/4 五四運動勃発

◉江西省

1913.7 第二革命

◉山東省 青島

1914 日本軍が占領　対華二十一ケ条要求の契機となる

◉雲南省 昆明

1915.12 第三革命

1880－1910年代 周恩来ゆかりの場所と出来事

◉浙江省 紹興（周恩来の本籍地）

1881.9/25 魯迅（周樹人）生誕

◉江蘇省 淮城（現在の淮安市）

1898.3/5 周恩来生誕

幼少期の12年間を過ごす

◉遼寧省 奉天（現在の瀋陽市）

1910 周恩来が四伯父の貽賡の家に居候（銀州の銀岡書院から）第六両等小学堂に転校

◉直隷省 天津

1913.8 周恩来、四伯父の貽賡の転勤にともない奉天から転居

南開学校に入学

1919.5/9 周恩来、日本より帰国

五・四運動に参加

◉東三省

1918.1/30 蓬仙、樸山と東山省を救うための手段を話し合う

＊『山川世界史総合図録』（山川出版社）所収の地図を参考に再構成したものである。（地図作成：河合理佳）

1910年代の中国地図

例　言

一、文章は口語体を採用する。
一、【修学】欄は、格言と詩句を収録する。（旧暦元旦から自分の所感を記すことに改めた）。
一、【治事】欄はその日の行動の概要を記す。
一、温度は、華氏による（正午）。
一、当日のスペースが不足するときは、翌日のスペースも使う。

周恩来

＊

原題は「学校日記」。手稿によるもので、右記は周恩来自身が日記の表紙に記した例言である。言及される人物の大半は、周恩来の南開学校の同学（同級生）か親族である。

＊「学校日記」の扉に「周恩来」という三字の署名があったが、反動当局の捜査によって露顕するのを防ぐために、保管者は「周」の一字だけを残し、「恩来」の二字と朱印を掻き取ったり塗りつぶしたりしている。また、「学校日記」の扉の裏に「翔宇」の二字の朱印が捺されている。朱印はともに漢字の最も古い書体である篆字《てんじ》。現物画像は口絵に掲載。

日記中の判読不能な文字については□で表している。ルビはすべて漢音表記である。

本書は、小学館文庫版『周恩来　十九歳の東京日記』の改訂新版である。当書は「学校日記」を原典とした『周恩来早期文集』（中央文献出版社）収録の「旅日日記」をもとに一九九九年に出版された。また、新中国版となる『周恩来十九歳的旅日日記』では、小学館文庫版の脚注、情報とともに新たな脚注を大幅に追加している。本書にはその内容を付加した。

右記の事情により、本書の脚注は四種類に分けられる。

[中]『周恩来早期文集』「旅日日記」の脚注（原注）
[日]小学館文庫版『周恩来　十九歳の東京日記』の脚注
㊥新中国版『十九歳的周恩来旅日日記』の脚注、またはその脚注内容により[日]を修正したもの。
㊐改訂新版である本書においてはじめて脚注を付加したもの、もしくは[日]に新たな情報を加筆修正したもの。

記号はそれぞれの脚注末尾に表記。複数の要素を含む場合は併記する。

文末に👤マークが付加されているものについては、382ページの「主な登場人物一覧」を参照。

一

帝都見物

今日から日記をつける

*一月一日（丁巳十一月十九日戊申）［火曜日］

気候：晴れたり曇ったり。*温度：七・二度。

修学　*悟れば則ち仏となり、迷えば則ち衆生《しゅじょう》なり。

治事　朝、*青年会に行き、*伯鳴《はくめい》、*天池《てんち》に会う。午後、*滌愆《じょうけん》、*蓬仙《ほうせん》、*滌非《じょうひ》が来る。三人が帰ったあと、*『南開思潮』を読む。夜、*鉄卿《てつけい》を下宿に訪ねる。

通信　滌愆、*安甫《あんぽ》、春生、*白濤《はくとう》の年賀葉書、*乃如《ないじょ》、*念遠《ねんえん》、*季賢《きけん》の手紙を受け取る。安甫へ速達で葉書を出す。

今日は、陽暦の正月元旦。*中華民国七年である。今日からこの日記を書きはじめる。一日も欠かさずに書き続けて、記念として残したい。老年になって若いころのことを思い出して、この日記をひもとけば、ちょっと面白いのではないか。業績を書き残して、後々、人に見せるなどということは、まったく考えてもいないし、そういう業績を残したいと願っているわけでもない。私は今年もう*十九歳だ。幼時から現在までを思い返してみても、本当になにも業績らしきものもなく、むなしく年月を過ごしてきた。亡くなった*父母に*地下で合わせ

*一月一日　一九一八年（大正七）の元日。㊐

*温度　原文の華氏表記の温度を摂氏温度に換算して記した（以下、同じ）。

[日]

*悟れば則ち仏となり……　「ひとたび悟りを開けば、いかなる人間でも仏（悟りを開いた人）になれるが、思い惑えば、衆生（凡夫）として生涯を終わることになる」という意味。㊥

*青年会　日記中の中華留日基督教青年会館の呼称。一九〇七年（明治四〇）、上海の中華基督教青年会が在日アメリカ公使館の援助のもとで、日本基督教青年会館に中華青年会を作り、英語を教えるという名目で多くの会員を獲得。一九一〇年（明治四十三）、本部を神田区北神保町十番地（現在の神田神保町二丁目）の中華留日基督教青年会館（一九一〇年建設、一九二三年（大正十二）の関東大震災で焼失、のちに再建）に置き、日本基督教青年会館から独立した。宿泊室以外に図書室、講習室などもあり、中国人留学↖

る顔もないし、いまも私を愛し、導き、世話をしてくれている伯父、恩師や友人にも申しわけが立たない。大きなことをいえば、国家や社会のためには、まったく力を尽くしていない。＊仏は報恩こそ無上のものだと説くが、私はまだ恩に報いてさえおらず、このままではどうして成仏などできよう。俗に「人は気概を持たなければならない」という。いま一度、この言葉に立ちかえって、報恩の志を立て、ひとかどの仕事をなしとげて、父母や親戚、恩師や友人たちの心を安んじよう。一生をむざむざと過ごすまい。生まれて以来、「情」という字の恩恵をこうむり、赤子の心については＊……

↙生たちのサロンの役割を果たし、留学生運動の参謀本部となった。㊐

＊**伯鳴、天池、滌愆、蓬仙、滌非、鉄卿**は、留学生で、ともに南開学校時代からの友人。㊥

＊**『南開思潮』**　南開学校生の同好会雑誌『敬業』、『励学』、『青年報』の三誌を合併し、一九一七年十二月から、一九二〇年二月まで発行された。㊐

＊**安甫**　本名は江勉。安甫は字。南開学校からの留学生。㊐

＊**白濤**　任白濤。㊐

＊**乃如**　伉乃如。南開学校の化学教師。周恩来とたびたび文通する。乃兄ともよばれる。㊥

＊**念遠**　施念遠。㊐

＊**中華民国七年**　民国元年は一九一二年（辛亥革命）。㊐

＊**十九歳**　周恩来は一八九八年三月五日生まれで、一九一八年一月一日は、まだ誕生日を迎えていないため、十九歳である。三月五日は旧暦だと二月十三日。中華人民共和国設立以降、共産党は暦を旧暦ではなく新暦（陽暦）であらわすことを推奨したが、誕生日に関して、周恩来は一貫して旧暦を採用した。こんなエピソードもある。一九四三年（昭和十八）三月十八日、この日は旧暦の二月十三日にあたり、周恩来四十五歳の誕生日であった。同僚たちは誕生日の茶会を用意したが、彼は出席せずに自身の処世訓、道徳観をまとめた「私の修養の要則」を書いた。これには「私的な行事は一切止めて、公の事業のために、あらゆる努力を行うべき」という彼の信念がこめられており、その信念のもと、茶会への出席を辞退したのであった。㊥㊐

＊**父母**　養父、養母のこと。当時、周恩来は、すでに死去していた養父の周貽淦を「父親」、養母の陳氏を「母親」と呼び、実父を「乾爹」（義父の意）、実母を「乾母・乾娘」（義母の意）と呼んでいた。㊐

＊**地下**　あの世のこと。中国古来の陰陽説の世界観では、地下には地上と同

↙じ世界があり、亡くなって「鬼」となった人が生きているとされる。その世界観は、始皇帝の兵馬俑や、日本で一世を風靡しキョンシーブームを巻き起こした映画「霊幻道士」などにも見られる。㊐

*仏は報恩こそ無上のものだと説くが……「報恩」とは仏教用語で恩返しのこと。『大乗本生心地観経』によると、この世には、一．父母の恩、二．衆生の恩、三．国王の恩、四．三宝の恩という四つの恩がある。「仏」とは、仏教の創始者である釈迦を意味する言葉で、十分に修行を積んだ人を指す言葉である。周恩来は日本で苦しい生活を送っていたが、親族への「報恩」を常に考え、仏教の精華による自己形成も忘れなかった。㊥

*…… 以下の記事は墨で塗りつぶされていて判読できない。㊥

母が十五の頃の墨跡を読み、涙

一月二日（丁巳十一月二十日己酉）［水曜日］

気候：朝雨、夜晴れ。温度：三・五度。

修学 *仏門十戒は、殺、盗、淫、両舌、悪口、妄言、綺語、嫉、恚《い》、痴。

治事 朝、滌愆、*冠賢《かんけん》が来る。二人が帰ったあと、*母親の遺墨を読む。午後、伯鳴に会い、*樸山《ぼくさん》にも出会い、いっしょに*浅草に映画を観に行く。

通信 剣帆《けんほ》の手紙を受け取る。

*仏門十戒 僧侶に対する仏教道徳における十項目の戒律と規則を指す。不殺生（殺さない）、不媮盗（盗まない）、不淫蕩（酒色など享楽的な生活をしない）、不搬弄是非（周囲を唆して騒ぎを起こさせない）、不悪語傷人（罵詈讒謗しない）、不説大話（大言しない）、不説不該説的話（言ってはいけないことを言わない）、不嫉妬（嫉妬しない）、不大声争吵（大声で主張しない）、不愚鈍（愚鈍であってはならない）。㊥

*母親 養母の陳氏（一八八〇―一九〇八）。㊥

*冠賢 童啓振。冠賢は字。河北省宣化出身。南開学校の同級生。㊥

*樸山 王葆曽。樸山は字、吉林省楡

朝、童《どう》冠賢が来て、呉《ご》滌愆の来るのを待った。江勉《こうべん》君のところにいっしょに出かけて、同君が南開同学会*の庶務になるよう誘うつもりでいたのである。しばらくして滌愆が来ると、二人はいっしょに出かける相談をしていたが、不意に、書記の職を陳《ちん》鉄卿がまだ受諾していないことを思い出したので、まず鉄卿に勧めに行くことにした。もともと、この書記の件は、総幹事である冠賢が私にやらせようとしたのだが、私は授業の予習をしなければならないし、三月には師範*を受験するつもりであるから、その暇がないだろうと考えて、辞退したのである。評議員もやめることを明後日の会議でみんなに伝えるつもりであるが、やめられるかどうかはわからない。

二人が出かけてから、母親が筆で書いた詩冊子*をひもといて数回朗読し、香を焚いた。しばらく静坐していると、つらくなり、思わず涙しそうになった。振り返れば母親がこの詩を作ったのは、二十六年も前のことであり、まだ十五歳で、母方の祖母のところにいたのだ。思い起こせば、時がたつのは速く、墨跡はまだ残っているが母親がこの世を去ってからすでに十年もの歳月が過ぎ去っている。母は、息子の私のことを、思ってくれているだろうか。

標市出身。南開学校の親友で、周恩来より三日早く東京に留学した。㊥

***浅草に映画を観に行く**　当時の読売新聞掲載の広告によると、「磯端伴蔵」「想夫憐」「大寶玉」（遊楽館）／「忠臣蔵」（富士館）／「ニコニコ大會」（電気館）などの作品が上映されていた。このころの映画は音や声が入っていない無声映画で、「活動写真」と呼ばれ、場面にあわせて、ストーリーを解説する活動弁士や音楽を演奏する楽師がいた。㊐

***南開同学会**　南開学校出身の在日留学生の組織。一九一七年（大正六）陳鋼（鉄卿）が設立。このとき童冠賢が総幹事、呉滌愆が副幹事。本書に登場するほとんどの学生が会員である。㊐

***師範**　東京高等師範学校（のちの東京教育大学、現在の筑波大学の前身）。㊐

***詩冊子をひもといて……**　焼香、静座、詩を読むなどの仏家の儀式によって、周恩来は陳氏を記念した。㊥

一月三日（丁巳十一月二十一日庚戌）［木曜日］

怠け病、発病

気候：冷え込みが厳しい。温度：一・七度。

修学　*三十にして結婚せざれば、結婚せぬかもしれぬ。四十にして仕官せざれば、仕官せぬかもしれぬ。

治事　朝、青年会に行って滌非に会う。下宿に帰り、靴屋に修理に出す。昼、『思潮』を読む。夜、蓬仙、滌非が来る。

通信　孫多杲君《そんたこうくん》の年賀葉書を受け取る。

朝、起きあがる前に、いつもよりひどく寒い感じがした。寒がれば寒がるほど起きるのがおっくうになった。十時すぎに、日が窓からさし込むのを待って、あわてて服を着換えはじめた。思うに、日本に来てからすでに三か月余りたったが、*学校に入らずに受験勉強をしているので、つい気ままに過ごし、勉強をさぼることもあって、南開学校時代の活発さがすっかり影をひそめてしまった。今後、この怠け病をなおさなければなるまい。

朝飯のあと、青年会に行って陳・夏《か》両君に会い、帰りに、早稲田に出かける

＊三十にして結婚せざれば……　「結婚」と「仕官」はそれぞれ、一個人としての生き方と社会的な事業を意味する。人生の問題に向き合う際に基準となる考え方を示す。理想的な人生を実現するには若いうちからの行動が不可欠だ、という意思を表した。㊥

＊学校に入らずに　一月十七日から東亜高等予備学校（36ページの＊参照）の授業に出ることになる。㊐

＊**丁立美牧師**　山東省膠州出身で、清末から民国初年にかけての中国教会の有名なリバイバル派の布教家（一八七一―一九三六）である。一九一八年、中国人留学生を対象とした布教活動を行うために来日した。リバイバル派とは「信仰復興派」とも呼ばれる、アメリカやイギリスのプロテスタント系キリスト教の教派。信仰の活性化を図るため、各地で説教を行った。丁立美は十三歳で登州（現在の山東省蓬莱）に渡る。米国長老教会の創立した文会館学び、二〇歳で卒業、地方で布教家として働いた。二十六歳

滌非と*丁立美《ちょうりつび》牧師に出会ったので、滌非に、夜、蓬仙といっしょに来るよう誘った。

昼間、一人、くさくさした気分で過ごしつつ、『南開思潮』を開けてみた。内容は玉石混淆で、さまざまな批判を加えることもできるだろう。四日前の南開同学会で『思潮』はよくないと批判した人がいたが、あまり公平な感じがしないので、明日の会議でこのことを討論しなければなるまい。だから、明日何も言えないということがないように、少し準備をした。夜、滌非と蓬兄《ほうけい》が来て、長いこと話し込んだ。

✎ 評議員を辞退

一月四日（丁巳十一月二十二日辛亥）［金曜日］

気候：曇り、のち晴れ。温度：三・六度。

修学　*結婚も仕官もせざれば、情欲の半ばは失《う》せる。

治事　朝、青年会に行って新聞を読む。夏伯鳴が食べものをくれる。帰ってから温めていると、蓬仙、滌非があいついでやって来たので、いっしょに食べる。午後、同学会を開催。夜、蓬仙が来る。

から文会館に戻り、二年間神学を学んだ。生涯をかけて、十八の省と日本、朝鮮で布教活動を行い、中国初の布教家として、キリスト教の土着化を推進、学生たちとともに活動した。南開大学創設者の張伯苓からは、「道範長留」（生きる道の模範として長く留まる）の四字を贈られた。一九二三年以降は、山東省藤県の華北神学校、天津聖経学院で教鞭をとった。一九三六年、九月二十二日に病没。天津の英国人墓地に埋葬された。㊐

*結婚も仕官もせざれば……　結婚も仕官もしなければ、人間の感情や欲望は半分になってしまうという意味。㊥

*新慧、醒亜、希陸、峙之はいずれも南開時代からの友人。新慧は周恩来よりも二歳下のため、慧弟とも呼ばれ、醒亜は年上のため醒兄と呼ばれる。㊥

*朶山　張綏祖。㊥

通信　新慧《＊しんけい》、醒亜《＊せいあ》、朶山《＊だざん》、希陸《＊きりく》、公孟《こうもう》の手紙を受け取る。新慧、峙之《＊じし》、蔭南《いんなん》の年賀葉書を受け取る。鴻階《こうかい》、敬咸《けいかん》に手紙を出す。

朝、手紙を二通書く。青年会に行って伯鳴、天池に会った。伯鳴が酒糟《さけかす》を一碗くれたので、持ち帰って温めていると、ちょうど蓬兄が早稲田から会いに来たので、いっしょに飲んだ。まもなく滌非も来たので、滋味を味わったが、あまり舌になじまなかった。

昼飯のあと、滌愆が来てしばらく話をしてから、いっしょに東亜学校＊に出かけた。同学会が開かれるので、二時まで待っていると、同学諸君が十七、八人やって来た。童冠賢が総幹事なので、議長になる。まず役員について、「総幹事童冠賢、副幹事呉滌愆、会計王善之《おうぜんし》、書記陳鉄卿、劉東美《りゅうとうび》、庶務高仁山《＊こうじんさん》、江《こう》安甫」と発表する。ついで、選挙のあと、評議員を補充したが、季衡《＊きしょう》、滌非、伯安《はくあん》、念生《ねんせい》、天池、子魚《＊しぎょ》、みな当選した。すぐ、評議部の会議が開かれ、私が辞職したいと申し出ると、みんな意外にも許してくれた。この数日間に考えていたことが思いがけなく実現したうえ、『思潮』を攻撃することも、私が反対したので、中止してくれた。

＊東亜学校　日華同人共立東亜高等予備学校。神田区中猿楽町五番地にあった中国人留学生のための予備校。一九一四年（大正三）、中国人留学生の教育に生涯を捧げた松本亀次郎によって創設された。戦前の中国人留学生五万人のうち二万人が同校で学び、最盛期の一九三三年（昭和八）十二月には学生数一〇五九名を数えた。周恩来が帰国した一九一九年（大正八）に三階建て五三〇余坪の校舎を増築している。（170ページのコラム参照）㊐↖

東亜高等予備学校外観
（画像提供：松本亀次郎記念 日中友好国際交流の会）

↙＊高仁山　南開時代からの友人。㊥

＊季衡　本名は厳智開。周恩来の親友。南開学校出身。一九〇四年（明治三十七）に南開学校の前身である敬業中学を創立した厳修（一八六〇―一九二九、203ページの＊参照）の五番目の子。㊥

＊子魚　王嘉良。南開時代からの友人。㊥

女中と言い争い、浅草で映画

一月五日（丁巳十一月二十三日壬子）［土曜日］

気候：快晴。温度：四・七度。

修学　＊綿綿たる葛藟《かつるい》　綿綿たる恨み、寸寸たる相思　寸寸たる灰。

治事　朝、＊館内でごたごたがあったので、怒って外出し、伯鳴を訪ね、本郷に出かけて樸山を訪ねるが、会えず。午後、伯安を訪ねて長いこと話し合ってから、浅草に遊びに行き、映画を見る。夜、遅く帰る。

通信　拱宸《きょうしん》から手紙を受け取る。

昨夜、蓬兄が晩飯を食べに来た。館内の日本食はあまりおいしくないので、出かけて洋食をいくつか頼み、ほかに酒を二本追加して、二人で食べながら話し込んで、とても楽しかった。

＊綿綿たる葛藟……「綿綿たる葛藟」は『詩経』「葛藟」からの引用。（原文は396ページ参照）「葛藟」は葛藤の意。一説によると、浪人の気持ちをつづった詩であるという。異郷の放浪者は、両親や兄弟の思いやりや気配りにじかにふれられず、悲しい気持ちになった。放浪の根本的な苦しみは、人情を失うことによるものであるということか。「寸」とは、長さの単位で、ここでは短いという意味。「寸寸たる相思寸寸たる灰」とは、「かなえられない思慕の念は、まるで暗闇のなかで生きているような気持ちにさせる」という意味。来日から約四か月が経ったこの日、周恩来は上記の詩歌を引用して、親族への思いを表した。㊥

今朝、起きると、女中が不意に部屋代を請求してきた。先月の部屋代と食事代が一元[*]余り不足していただけなので、数日待ってくれるよう頼んだ。女中はまったく取り合ってくれないうえ、さらに昨夜の洋食の注文票まで取り出した。いかにも無礼に取り扱われたうえ、私が日本語を話せないので、まったく相手にしてくれなかった。しばらくすると、女将もやって来て身ぶり手ぶりで部屋代を請求するので、いっそう嫌になり、相手にせず、服を着て出かけようとした。意外にも、女中が玄関まで追いかけてきて引き止めたので、靴をつっかけるや逃げ出した。

まず青年会に行き、伯鳴、天池と会って二言三言言葉を交わし、ついで本郷に行って樸山を訪ねたが、すでに出かけたあとだった。食事のあと、楊伯安のところに行き、かなり長いこと話し込んで、いっしょに浅草に映画を観に行った。下宿に戻ったときは十時をまわっていた。

*館内　下宿先の玉津館内と思われる。神田区表猿楽町二番地（現在の神保町一丁目あたり）にあった旅館。下宿も兼ねており、大正七年の時刻表（『公認汽車汽船旅行案内』）巻末に掲載されている玉津館の広告には「旅人宿八十五銭より、高等下宿十円より」とある。場所は、「神保町電車停留場より北へ一丁」。㊐

*一元　当時の換算レートによると、日本円の一円とほぼ同じ。一九二〇年の山手線初乗り運賃は五銭（〇・〇五円）であり、二〇二一年十月現在の山の手線初乗り運賃一四〇円（切符の場合の金額）と比較すると、当時の一円は現在の二八〇〇円に相当する計算となる（※物によって価格の上昇には差があり、一概にはいえない）。㊐

同学会の人間模様

一月六日（丁巳十一月二十四日癸丑）［日曜日］

気候：春めく。温度：九度。

*禅門の第一戒は……　禅宗は中国仏教の宗派の一つである。開祖は達磨。「虚言を弄さぬ」とは「嘘をつかない」という意味。㊥

修学　*禅門の第一戒は虚言を弄さぬことなり。

治事　朝、樸山を訪ねるが、会えず。*希天《きてん》、*介眉《かいび》に会って、長いこと話し込む。早稲田に出かけて冠賢に会う。食事のあと、蓬仙、白濤とともに滌非のところに行き、冠賢、東美らを訪ねる。

通信　乃如、*問凱《もんがい》、仲芳《ちゅうほう》、琢章《たくしょう》、竹君《ちくくん》、琴豪《きんごう》、琴弟《きんてい》の手紙、日成《にちせい》の葉書を受け取り、*述廠《じゅっしょう》、問凱に葉書を出す。

今朝、起きると、女将が私を見かけるや、「大変申し訳ありませんでした」と言った。初めは意味がよく分からなかったが、あとで考えてみると、昨夜、帰ってきたときに、不足していた金を耳をそろえて払ったので、あやまったのである。よく考えると、日本人の見識は、本当に卑にして小だといえる。

朝飯を食べ終えてから、本郷に出かけて樸山を訪ねたが、またも会えなかった。謝《しゃ》介眉の部屋で話をしていると、さらに希天に出会った。昼ちかく、介眉と別れ、早稲田に出かけて蓬兄、滌非を訪ねたが、ともに不在で、*中華館に行って冠賢に会う。

昼飯のあと、蓬兄、白濤とともに滌非のところに行き、しばらく話をしてか

*希天　王希天。原名（元の名）は王熙敬。吉林省出身。周恩来の三年先輩の留学生。㊥

*介眉　謝介眉。南開学校からの留学生。留学中に周恩来、希天などと親しくつきあった。㊥

*問凱、述廠はともに南開学校のクラスメイト。㊥

*中華館　早稲田にあったと思われる中華料理店。㊐

＊浅草に出かけてオペレッタを見た　当時の新聞広告によると、「女の誓」（オペラ館）／東京歌劇座「喜歌劇乗合自動車」「喜歌劇女軍出征」「喜歌劇ネポーの夢」「余興 ダンス」（日本館）などが上演されていた。オペレッタとはセリフ交じりの歌劇のことで、喜歌劇ともいう。これに対して原則的にセリフを含まず、悲劇的要素の強いものを正歌劇という。オペレッタは十八世紀のヨーロッパで流行したもので、日常生活をモチーフにし、音楽は軽快でユーモラス。喜劇的な要素があり、ラストは団欒か勝利で締めくくることが多い。

ら、また冠賢を訪ねて東美と楊《よう》・李《り》両君と会う。冠賢は、先日の同学会の会議で、私が会に不満を持っているのではないかと疑っている人がいたので、私が辞職する理由を説明しておいたと言った。さらに私の真意を質《ただ》したので、私も説明した。かなり長いこと話し合ってから、また中華館で晩飯を食べた。

夜、みんなで浅草*に出かけてオペレッタを見た。すべて日本語だったので、さっぱり分からなかったが、ダンスだけは悪くなかった。

主にフランス、イタリア、ドイツなどの国で流行した。「フィガロの結婚」は有名な演目の一つである。二十世紀初頭の日本でも、喜歌劇が盛んであった。㊥

引越し先、決まる!?

一月七日(丁巳十一月二十五日甲寅)［月曜日］

気候：昨日よりもかなり冷え込む。温度：四・三度

[修学] 我と善なる者を善人と為す(私と気のあう人は善人だ)。

[治事] 朝、樸山が来て、いっしょに貸間を探しに出かける。一か所あたってみるが、言葉が通じない。輪扉*《りんひ》を訪ねて助けを求める。昼飯のあと、三人で本郷に出かけ、いろいろな友人に会い、午後、神保町に帰って子魚とともに貸間を探す。

[通信] 公孟、柏栄*《はくえい》の手紙、雲弟*《うんてい》の葉書二通を受け取る。公孟に手紙、述廠、

＊輪扉　張鴻誥。南開学校の同級生で研数学館の予備校生。周恩来とともに高師・一高を受験する。㊥

＊柏栄　趙柏栄。南開学校の友人。南開学校では周恩来とクラスメイトであり、級長も務めた。㊥

＊雲弟　本名と経歴は不明。二月十五日の日記には、周恩来が天津から日本へ渡航する際、彼から『新青年』(12ページの＊参照)第三巻第四号をもらい、船中で読んだとある。親しい友人であり、互いに多くの手紙をかわした。周恩来が弌叔(61ページの＊参照)に雲弟のことを考えてほしいと頼んだこともある。㊥

琴豪に葉書を出す

ここ数日、東亜学校は正月休みだった。今日は始業日。早々に起き、まず個人教授＊のところに出かけて一時間教えてもらった。この先生は年輩だが、人格は乱れていない。九時に下宿に帰ると、じきに樸山がやって来た。いっしょに貸間を探しに行く。この旅館＊には、いたくない。ある一画に空き部屋があったので、家主に事情をきいてみたが、話がよく分からない。輪扉に助けを求めて、もう一度家主の話を聞いてみると、すでに借り手が決まっていることがやっと分かった。

昼飯は、樸山に誘われて輪扉も一緒に本郷に食べに行き、そこで滌愆、希天、介眉にも会った。二時に帰り、また子魚としばらく貸間を探したが、やはりちょうどいいのが一つも見つからなかった。路上で＊徐君沢溥《じょくんたくはく》に出会った。まもなく今の貸間から出るよと言ったので、あわてて見に行くと、とてもいい。あらためて徐君と会い、彼と友人が引っ越したら、そのあとに入ることにした。

夜、蓬兄、子魚、白濤、伯鳴が会いに来たが、ちょうど鉄卿のところに出かけていたので、半時間余り待たせてしまった。

＊**個人教授**　周恩来は朝、個人教授に学び、その後、学校に通うという生活を続けていた。この個人教授は、後に「松村先生」という名で登場する。（168ページ＊参照）。日

＊**旅館**　表猿楽町にあった玉津館と思われる。（38ページの＊館内参照）。日

＊**徐君沢溥**　徐沢溥。日

1918

◉下宿代の相場は月十七〜八円

当時、東京の学生下宿は、本郷、神田、牛込（早稲田）、芝に多く、下宿料（ほとんどが賄付き）は、本郷が高く、神田は安かった。本郷の代表電話&電灯付きの下宿屋で六畳を借りれば、賄料十円、電灯料八十銭、炭代を入れて月十七〜八円ほど。神田が安いといっても、一切を十三円以下で賄う下宿屋は、めったになかった（『生活』一九一五年）。

コラム 一

神保町界隈と留学生事情

中国人留学生が激増した時代

中国からの留学生が本格的に日本に来るようになったのは、日清戦争（一八九四―九五）以降である。日清戦争の敗北によって、中国人たちは西洋文明化された日本の国力を目の当たりにすることになった。そして、講和条約（下関条約）締結直後に、日本および西洋文化を取り入れるために十三人の中国人が渡日し、東京神田三崎町の学校兼寄宿舎（後の私塾亦楽《じらく》書院）で留学生活を始めている。

以降、急速に中国人留学生数が増加して、日露戦争後の一九〇六年（明治三十九）には少なく見積もっても八〇〇〇人（一説には二万人）を数えるまでに膨れ上がっている。日清戦争後に伝統的な官吏登用試験である「科挙制度」が廃止され、西洋的な学校教育制度の積極的な導入が決定されたにもかかわらず、中国国内での近代的な学校施設の整備が大きく立ち遅れていたという事情もあった。この頃、来日した留学生の中には、孫文（一八九九）、魯迅（一九〇二）、周作人《しゅうさくじん》（一九〇六）のほか、陳独秀《ちんどくしゅう》（一九〇一、『新青年』初代編集長）、李大釗《りだいしょう》（一九一三、陳独秀とともに中国共産党の創立メンバー）、郁達夫《いくたつふ》（一九一三）、郭沫若《かくまつじゃく》（一九一四）など錚々《そうそう》たる面々がいる。

日本に留学生が殺到したことには、大きく三つの理由があった。まず、近いので旅費が安くすみ、行き来もしやすい。次に、日本語は漢字を多く用いるので、書き言葉を理解しやすい。そして、日本には西洋文化の主たるエッセンスが移入されていることであった。

当時の留学生は、公費学生より私費留学生のほうがはるかに多かった。それは、一高、東京師範学校などの指定校の入学試験に合格すれば中国政府から官費留学生として学費が支給されるという制度のためで、まず私費で日本に渡ってから日本語などの基礎教養を学び、しかる後に大学を受験する学生が多かったからである。そういった、いわゆる予備学生が神田や早稲田にはあふれていた。周恩来の学んだ東亜高等予備学校は、こうした中国人留学生のための受験予備校の、代表的な存在であった（170ページのコラム参照）。

しかし、周恩来も当然予備学生であり、滞日期間中は、東亜高等予備学校をベースに生活している。本国からの書簡も、もっぱら「東亜高等予備学校付」であった。

周恩来の留学中に、中国人留学生の数は激減する。日記にも度々記述されているように、日華共同防敵軍事協定をめぐって在日留学生たちの抗議運動が高揚し、授業をボイコットして帰国する学生が続出したからである。また中国本土での軍閥間の対立が激化の一途を辿り、公費が払底したこともその一因となった。

神田神保町界隈は〝留学生の町〟だった

日記によれば、周恩来青年のおもな活動場所は、神田神保町である。当時から神田は、明治大学や中央大学、日本大学などが集まる学生の街であり、付近一帯には学生相手の旅館（長期滞在）や素人下宿が軒を並べていた。また駿河台下から九段下にいたる神保町界隈はすでに東京市きっての書店街であった。このような地理的な好条件もあって、大正初年頃には、中国人留学生が集まる〝留学生の町〟になっていた。

当時、神田には中国語専門の印刷所や質屋まであったほどで、煙草屋店頭に立つ娘は、片言の中国語をしゃべれなければつとまらなかった。下宿屋では「貸間あり」の貼り紙に「有空房子《ヨウコンファンズー》」と中国語で併記したと伝えられる。この神田において、周恩来がよく足を運んだのは、受験勉強のために通った東亜高等予備学校のほか、中国人留学生たちの組織である中華青年会、東京堂を中心とする書店街、そして中華料理店である。神田界隈に留学生相手の中華料理店が続々と開業したのもこの頃で、延べ一四〇軒が立ち並ぶ今の神田神保町周辺は〝中華街〟たる賑わいを見せていた。

周恩来が通った中華料理店

周恩来の日記には、神田神保町近辺の中華料理店が五軒登場する。「維新號《いしんごう》」「第一楼《だいいちろう》」「漢陽楼《かんようろう》」「源順號」、「会芳楼《かいほうろう》」だ。このうち、維新號、第一楼、漢陽楼の三軒は、一〇〇年以上も営業を続ける老舗。（源順號、会芳楼についての資料が見つけられない）。ちなみに二〇二二年現在、営業しているのは、維新號と漢陽楼。

日記の登場順にたどってみよう。

まず、維新號。一八九九年（明治三十二）創業。神田界隈でもっとも古い中華飯店の一つで、神田の店は戦前に閉じられたが、戦後、場所を移して再開され、現在も、銀座、赤坂などで営業を続けている。

一九一八年（大正七）五月六日には維新號で事件が起こった。翌七日の日記には、淡々とこう記されている。

「昨日、各省の同窓会の幹事、代表は宴会を名目に維新號に集まり、帰国総機関幹事を選出した。そのあと、日警に拘束されたが、まもなく釈放された」

『中国人日本留学史』（さねとう・けいしゅう著）によると、この日の秘密会議は、各省、各学校の代表四十六人（うち女性三人）が出席して、午後七時から開催されていた。そして、そこに午後十時頃、日本の警官数十名と刑事数名が踏み込み、乱闘の末に全員逮捕され、西神田署に連行された。途中、中華青年会の前を後ろ手に縛られた一行が通るのを、青年会館の二階、三階の窓から留学生たちが見送ったとある。なお、周恩来はこの夜、早稲田にいて事件を目撃していない。

五月七日は、中華民国政府が日本に対華二十一ヶ条要求の最後通牒を突きつけられた日にあたり、日華共同防敵軍事協定に対する抗議のための授業ボイコットや帰国運動をめぐって、在日留学生たちが大きく揺れていた。周恩来も、帰国派の先輩（蓬仙、冠賢、滌愆）たちを探して一日中訪ね歩くのだが、会えず、ついに夜になって蓬仙（蓬兄）と冠賢をつかまえられ、彼らの下宿のある早稲田まで出かけていた。

ついで、第一樓（正式名称は中華第一樓）。高級中華料理店であった。一九〇一年（明治三十四）に台湾出身の林文昭《りんぶんしょう》が開業。戦後に銀座通りに場所を移したが、開店以来、半世紀にわたって神保町すずらん通りで営業を続けていた。三代目主人で孫の林愛子さんによれば、彼は、明治大学法科卒業後、三十一歳の若さで同郷の料理番（コック）たちを集めて神田神保町に店を開いた。魯迅など初期の留学生たちも通ったと伝えられる。

林文昭は、実業家であると同時に社会運動家でもあった。一九一二年（大正元）の辛亥革命の際に大陸に渡り、孫文たち革命派と共闘し、孫文の来日に同行して帰日する。その後も、中国人労働者取り締まり撤廃運動等の中心的な人物となって活躍し、第一楼も繁盛を続けて、犬養毅や東郷平八郎など大物政治家や軍人たちの集う社交場となった。

六月十三日、旧暦の端午の佳節の日記では「たちまち懐旧の情にかられ、悲しくな」って、第一楼を訪れている。

そして、漢陽楼。一九一一年（明治四十四）創業。創業当時は神田中猿楽町（現在の神田神保町三丁目）に店を構えていたが、現在は移転して神田小川町にある。現在でもこの界隈で営業を続けているのは漢陽楼だけである。店には、一九一一年頃に撮影された初代店主の顧雲生《こうんせい》一家の記念写真が残っており、歴史の深さがうかがえる。

顧雲生さんは、来日当初、ロシア銀行の厨房で働いていたが、日露戦争により銀行が閉店し職を失う。「料理がうまいのだから店を開いたらどうか」という留学生たちのアドバイスにしたがって、中国人留学生向けに賄付き下宿を開いた。ここに孫文の率いる中国同盟会の面々も下宿していたと伝えられる。しかし、辛亥革命を機に大半の留学生たちが帰国し、下宿屋稼業が成り立たなくなってしまうが、帰国する下宿人たちが「お世話になったお礼に」と「漢陽楼」の屋号と、手作りの看板を顧さんに贈った。下宿人たちが名付けた「漢陽楼」という店名は「漢民族を燦々と照らす楼閣」という意味で、これが中華料理店漢陽楼の出発点となった。

三代目店主の故・林松英《りんしょうえい》さんによれば、当初はもっぱら中国人留学生専門の店で、味付けやメニューも本場の中国料理そのものであったらしい。

「店の裏には豚や鶏の塩漬け肉が干してあり、それらをもどして提供していました。中華料理にはお酒がつきもので、おそらく当時は、白乾児《パイカル》、五加皮酒《ごかひしゅ》や紹興酒《しょうこうしゅ》だったと思います」

若き周恩来も、多くの留学生が中国人下宿に住む理由を、「食事に便利だからである」（一九一七年十二月二十二日、陳頌一《ちんしょういち》宛の手紙）と書いている。当時漢陽楼は、一階が食堂、二階と三階は留学生たちのたまり場として開放されていた。

店主も代替わりを重ねて、現在は四代目・和田康一《こういち》さんへと引き継がれている。和田さんは語る。

「三代目の林松英さんから大事なことを教わりました。漢陽楼はこの歴史ある神田の街でコツコツと続けることに意味がある、と。そして、これは店のモットーにもなっているのですが、『目先の利益よりお客様第一、おいしいものを食べると、人は皆笑顔になる。そこに争いは起こらない』。そう繰り返していました。この先代の意志を五代目、林勇《はやしいさむ》に継承していきます。中国の人々は同郷の人をとても大切にします。困っていた

漢陽楼の店先にて撮影　写真上部の看板の右側に「民國元年春」の文字を読み取ることができる（中列右から2人目が初代店主顧雲生、その隣が妻、その隣が2代目顧佑来、前列右が長女、左が次女）。

ら手を差し伸べる習慣が身についています。異国で苦労している留学生たちに自由に交流できる場を提供したかったのでしょうね。旧店舗の一室に、たくさんの額や置物がありました。あれは世話になった方々がお礼にと置いていった品々だったようです」

周恩来が好んだ「清燉獅子頭《チンドゥンシーズートウ》」

顧雲生さんは、周恩来と同じく浙江省出身者であった(周恩来は生まれは江蘇省だが、原籍は浙江省)。江蘇省や浙江省の料理は、素材のうま味を活かしたあっさりした味付けが特徴だ。

周恩来がとくに好んだメニューが今も伝わっていると、和田康一さんは語る。

「いちばん好きだったのは、清燉獅子頭だと聞いています。大きな肉団子の澄ましスープ蒸し。あっさりとしたスープが肉のうま味と具材のそれぞれの味を際立たせます。江蘇省や浙江省特有の、素材のうま味を生かした淡白な味わいの料理です。ただし、これは値が張りますから、月に一度とかのちょっとぜいたくな気分のときに注文する。ふだんは手軽な豆腐を好んで食べていたそうです。ただし、中国の人たちは、日本人が好む冷奴のような食べ方はしません。豆腐をそのまま食べることはしない。かならず、焼く、煮るなどして味付けをする。豆腐を切り、ネギや醤油と一緒に焼いて食べていたのだと思います」

二〇一三年に、中国テレビ局の取材で周恩来の甥と姪が漢陽楼に来店した。その際、周恩来が獅子頭を好んでいたかを確かめたところ「好んで食べていました。こちらのお店のような蒸した獅子頭も食べていましたし、蒸さないで鍋で煮るものや、白菜と醤油で煮込んだものなども食べていましたよ」とのことだった。

また、周恩来が首相だったころの専属料理長によれば、やはり「江浙《こうせつ》料理特有の、淡白な味わいが好きでした。お粥のほか、野菜をとてもたくさん食べていました。もちろん、獅子頭も。首相時代は肉類よりも野菜が中心でしたね。とても体に気を遣っていましたから」と。あるいは、周恩来は、若き異境の日々の味わいを噛みしめていたのかもしれない。

漢陽楼の清燉獅子頭（撮影：元家健吾）

漢陽楼名物「獅子頭《シーズートウ》」の作りかた

❶豚の肩ロースを叩いてひき肉にする。
❷練りながら調味料（＊1）、たけのこ、しいたけ、くわい、ねぎなどの具材を入れてさらに練り、1つ260グラムの団子にする。
❸②を油で2度揚げする。
（和）「2回揚げるのは、外側を固くするため。中はまだ生の状態です」
❹蒸籠を火にかけて、肉団子を1人前ずつの器に入れる。
❺④に300cc程度の上湯（＊2）を注ぎ、2時間ほど蒸す。
（和）「こうすると蒸気で柔らかく蒸され、肉団子も崩れず、スープも澄んだまま仕上がるんです」

…………………………………

＊1　塩、砂糖、こしょう、卵、老酒、葱姜水（ツォンジャンスイ／ねぎの青いところをもんで、しょうがといっしょに浸した水）
＊2　ベースは鶏ガラスープ。金華ハムや丸鶏など高級素材を使い、丹念にアクを取りながら長時間じっくりとていねいに作りあげた、透明感のあるスープ。

（和）は四代目店主の和田康一さんのワンポイントコメント。

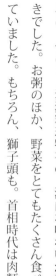

大正10年頃の神田古書店街

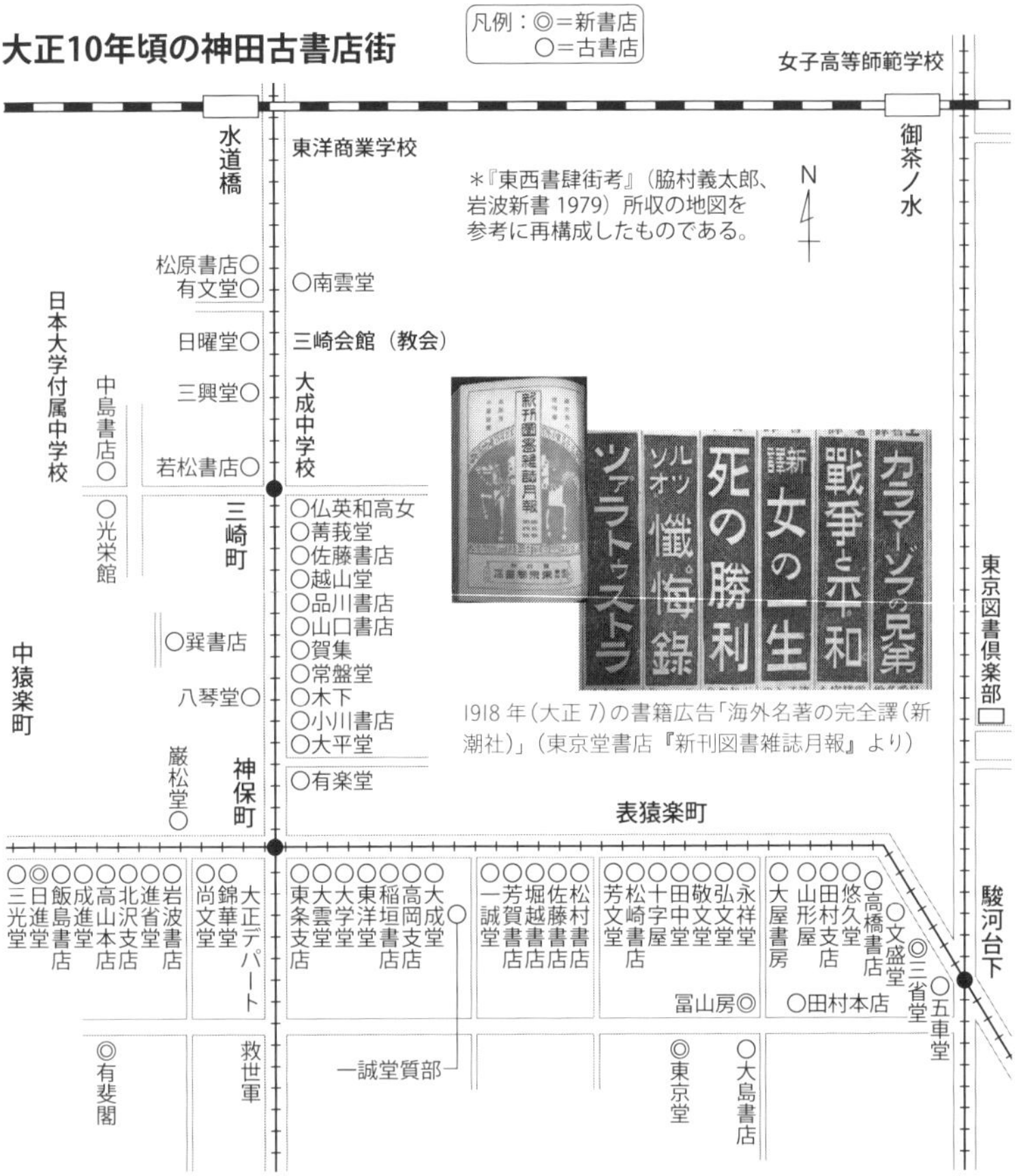

＊『東西書肆街考』（脇村義太郎、岩波新書 1979）所収の地図を参考に再構成したものである。

1918 年（大正 7）の書籍広告「海外名著の完全譯（新潮社）」（東京堂書店『新刊図書雑誌月報』より）

冨山房
1886（明治 19）創業。1913 年（大正 2）2 月 19 日の神田大火で木造店舗を焼失、同年 12 月に洋風三階建て白タイル張りの瀟洒な社屋となった。

東京堂
1890（明治 23）創業。同じく神田大火で焼失し、木筋コンクリート三階建ての新社屋が完成。「日本一の本屋」と評判になるも、関東大震災で灰燼に帰した。
（画像提供：株式会社 東京堂）

1918年頃の神保町付近

N
神田劇場
三崎町二丁目
三崎町三丁目
三崎町一丁目
猿楽町三丁目
西小川町一丁目
西小川町二丁目
裏猿楽町
5月7日
維新號で検挙
西神田署へ連行
西神田警察
研数学館
猿楽町二丁目
駿河台袋町
中華青年会
中猿楽町
猿楽町
今川小路二丁目
東亜高等予備学校
玉津館
北神保町
漢陽楼
猿楽町一丁目
靖国通り
神保町交差点
現在の漢陽楼
維新號
会芳楼
南神保町
松沢方
すずらん通り
裏神保町
今川小路一丁目
東京堂
第一楼
一ツ橋通町
駿河台交差点
表神保町

（地図作成：河合理佳）

伯父の死

一月八日（丁巳十一月二十六日乙卯）［火曜日］

気候：寒風が骨を刺す。温度：四・六度。

[修学] 死者已に死す、生者何ぞ堪えん！（死者はすでに逝ってしまった。残された者はこの寂寞に耐えられるのか！）

[治事] 朝、東亜学校に行き、実家からの手紙を受け取り、*八伯父の死を知る。悲嘆にくれるが、死因は分からない。午後、蓬・樸・滌・冠の諸友がやって来て慰めてくれる。

[通信] *八弟《はってい》の手紙、毓書《いくしょ》の年賀葉書を受け取る。*四伯父、実父、八弟に手紙を出す。醒兄《せいけい》、雲・禅《ぜん》両弟に葉書を出す。

昨日は、部屋探しのために、東亜学校の授業には出なかった。

今朝は、個人教授のところで授業を受け、東亜に行き、八弟の手紙を受け取る。開けて見ると、冒頭に「八叔父亡くなる」とある。わが身は海外にあって、不意にこの訃報を受け取り、そのせつなは痛みも悲しみも感じず、まるで知覚が麻痺してしまったようであった。思い起こせば、祖父の膝下には四人の息子

＊八伯父　周の実父の弟、周貽奎のこと。父方の従兄弟の長幼の序を排行（20ページの家系図参照）といい、一、二、三……と数字をつけてよぶ。周恩来の祖父の周殿魁には貽賡（いこう）、周恩来の実父である貽能（いのう）、貽奎（いけい）、周恩来の養父である貽淦（いかん）の四人の息子がおり、排行はそれぞれ四、七、八、十一であった。中国でも日本と同様、父母の兄を「伯父」、父母の弟を「叔父」と記載するが、日記の中では、「八叔父」「八伯父」と表記が混合している（本来なら父の弟にあたる貽奎は「叔父」）。原文の表現をそのまま用いた。㊐

＊八弟　周恩来の一番上の弟である周恩溥（おんぱく）のこと。字は博宇、幼名は和尚、周家の排行では八番目。㊥

＊四伯父　周貽賡のこと。四伯ともよぶ。周恩来は十二歳の時に四伯父のもとに身をよせた。㊐

＊父親　養父の周貽淦のこと。二十歳という若さで、肺結核で死去した。周

がおり、私の*父親は早く世を去り、ついで*四媽《しぼ》、*乾娘《かんじょう》、さらに母親が姉や弟とともに世を去り、四伯父は四媽の逝去八年後に、やっと*四姨《しい》を後添《のちぞ》いに迎えた。乾爹《かんた》は、身辺に兄弟がおらず、乾娘が亡くなってから十一年たっても、ずっと後添いがいなかった。父母ともに亡くなった分家のなかで、私が八伯父の肉親であることは当然なのだが、意外にも天はそのことを許さず、わが分家を男やもめ、女やもめ、孤独者ばかりにしてしまい、実に憐れさ、惨めさは極点に達する！　かとて加えて、家族の境遇がこのような大事に遭遇しているのに、どうすればいいのか、分からない！

伯父他界後の貧しい家族を思う

一月九日（丁巳十一月二十七日丙辰）［水曜日］

気候：北風が身を切る。温度：七・二度。

修学　南北東西、鰥寡孤独なり。（西を見ても東を見ても、男やもめ、女やもめ、みな孤独なり）

治事　朝、東亜に行き、私の*意にかなうクラスを探す。帰ってきて日本語を読み、昼に輪扉を訪ねる。夜、樸・滌・輪の三友が来る。

貽淦には子がいなかったため、周恩来が跡継ぎとなった。㊥

*四媽　周貽賡（四伯父）の先妻。㊐

*乾娘　実母の万冬児（万十二姑。一八七七―一九〇七）。㊥

*四姨　周貽賡（四伯父）の三番目の妻である楊氏のこと。㊥

*意にかなうクラスを探す　東亜高等予備学校には日本語、英語、数学、物理、化学、絵画などのカリキュラムが設けられ、日本語の授業は発音、講読、会話、文法、ヒアリングとライティング、作文、日本語訳など。日記によると、周恩来は来日後、まず東亜学校で日本語の授業を受けている。㊥

*淮　淮安。現在の江蘇省淮安市淮安区。周恩来の出生地。四一一年から城を筑いて郡、県を設置し、山陽郡、山陽県と名付けられ、その後の一五〇〇年余りの間、山陽郡、楚州、淮安軍、

昨日、八伯の訃報を受け取ってから、気持ちがひどく落ち着かない。

今日、東亜学校に中国からの手紙を見に行った。何回か見に行ったが、私あての手紙は一通もなく、実家が現在どうなっているのか分からない。四伯も＊淮《わい》に行ったのだろうか。先月、八弟から、＊鯨弟《げいてい》が南京に行ったという手紙を受け取ったが、おそらく戻っているだろう。＊八媽《はちぼ》と妹は、どうしているのだろう。この数年、八伯と八媽は苦しみをなめ尽くしている。毎日、借金に追われ、金がないのに家族に飯を食わさねばならず、質入れできるものは入れ尽くし、売れるものは売り尽くし、金を借りられるところもないし、掛け値で買えるところもない。もちろん面目も立たなくなり、恥知らずにも、人さまに飯をもらいに行こうとしても、もはや行くべきところもないだろう。八伯の病は、持病といっていたけれども、いままで医者に行って一銭でも払ったことがあっただろうか。まさしく貧乏のどん底だったのである。

玉津館から引っ越す

一月十日（丁巳十一月二十八日丁巳）［木曜日］

気候：昨日と同じ。温度：五・六度。

淮安路、淮安府などの治所の所在地となっていた。中国で三つ目に大きい運河である淮河があり、長江とつながっているため、古くから要衝地だった。明清時代には水運と製塩により最盛期をむかえ、運河沿線の四大都とされた。㊥

＊鯨弟　いとこの周恩碩（おんせき）のこと。八伯父である周貽奎のひとり息子。㊥

＊八媽　八伯周貽奎の妻の楊氏のこと。八伯父が亡くなったばかりなので、周恩来は貧しい八媽を心配している。㊥

1918

◉三俣の大雪崩、起きる
この日（一月九日）、各地に大雪。連日、記録破りの寒気が続いていた。同日午後十一時ごろ、新潟県南魚沼郡三俣村に大雪崩が起き、一五八名死亡（後に「三俣の大雪崩」とよばれる）。

修学 南に家郷を望むも帰る得ず。

治事 午前、樸山、子魚を訪ねる。昼間、輪扉とともに、貸間を仲猿楽町*三番地の松沢方に決める。午後、鉄卿、天池、伯鳴に会う。夜、玉津館から引っ越す。

通信 乃如の手紙を受け取る。

昨夜、輪扉が来て、こう言った。玉津館の近くに友人が住む貸間があり、その友人が今日引っ越すから、そこに引っ越さないか、と。さっそく、輪扉といっしょに見に行き、部屋はまあ悪くないし、まわりも静かで、私の意にかなった。輪扉に引っ越すつもりだと伝えた。

今朝、起きると、すぐ樸山のところに行き、どうしたらいいか相談した。玉津館から出るには金*がいくらか必要になる。樸山は、私が経理員*から借りることを承諾した。私は帰って、樸山の手紙を待った。午後、樸山がやって来て、いま経理員の手元に金がないが、数日待てば大丈夫だという。私にはそれがだめだという意味に聞こえたので、別に頼む人を探して、最後に鉄卿から十元借りた。夜、ついに輪扉と引っ越した。この貸間は六畳で、部屋代は一か月五元

＊**仲猿楽町**　『千代田区史』（中巻）巻末の行政区画変遷表では「中猿楽町」となっている。本書では日記以外では「中」を採用。王永祥、高橋強編『日本留学時期的周恩来』（中央文献出版社）によると、一九一八年一月十日から二月一日まで、周恩来は神田区中猿楽町三番地の松澤家に住んでいた。㊥

＊**金がいくらか必要になる**　周恩来の東京での生活費は、友人たちの援助によって賄われていた。巻末の「収支メモ」によれば、各月の援助の総額は、一月25元、二月35元、三月25元、四月30元、五月46元、六月85元……大正七年一月からはじまった猛烈な物価高騰を反映している。一高の入試に失敗した七月以降は不規則となり、友人からの借金が増えている。七月30元、八月（一時帰国する）24元、九月333元、十月55元、十一月25元、十二月44元……月平均63元となる。この年九月二日の『報知新聞』によれば、学生下宿の相場は、六畳一間賄料付きで22〜23円（本郷森川町）。生活費を含めて月

である。窓は南西に向いていて、午後になると日がさし込み、空気もいい。家主は男性で、対応もまあ悪くない。

故郷からの手紙届かず

一月十一日（丁巳十一月二十九日戊午）［金曜日］

気候：やや暖かい。温度：四・六度。

修学 ＊速きを欲すれば則ち達せず。

治事 朝、個人教授を訪ねるが会えず、下宿に帰ってくる。樸山が来る。食事のあと、滌非が来て、いっしょに日本人の教師を訪ね、帰ってから風呂にはいり、そのあと、青年会に行く。夜、友人に手紙を数通出す。

通信 渓如《けいじょ》、＊撼岳《かんがく》から手紙と葉書を受け取る。蓬兄、滌愆、撼岳に葉書を出す。乃如、慧弟《けいてい》に手紙を出す。

ここ数日、実家から手紙が来ないので、気持ちが落ち着かず、どうしようもない。今朝も、起きてすぐ、東亜に手紙を見に行ったが、やはり来ていない。八伯の死去という大事なので、四伯や乾爹がつら過ぎて、手紙を書く気に

40円ほどが平均的な下宿生活費であったらしい。㊐

＊**経理員** 当時、各省からの留学生の管理を一手に担っていた中華民国留日学生監督処の経理員のこと。中国人留学生に関わる受験情報の登録、審査を担当する係員である。監督処は、清国政府が学校と交渉や留学生のを統制するために、一九〇六年に設置。留学生の生活費、医療費、有事の際の帰国費用の援助など、留学生活のサポーターとしての役割もあった。㊥

1918

◉強い寒気にみまわれた一月

この一月の寒気は、そうとう厳しかったらしい。一月十日付の『東京朝日新聞』はこう伝えている。「全国は北西の風が吹いて晴だが中でも太平洋岸は快晴で日本海沿岸は曇天、北陸は降雪を続けている。東京でも八日の氷点下八度一

なれないのは当然だが、まさか八弟までが私に詳しい手紙を書いてくれないのは、どういうわけだろう？　あるいは、この訃報がまちがっているのだろうか？　だが、八弟の手紙には、八伯が亡くなり、四伯が家に帰ってくると明記してある。絶対にまちがいではない。

この三日間、夜も眠れず、考えれば考えるほどつらくなる。実家がどんな様子なのか分からないが、四伯が気をもんでいることはいうまでもない。だが、私は海外にいるため、ただちに帰って、ささやかでも四伯や乾爹を手助けできないことが恨めしい。いま現在、このような苦境にあっても、進むことも、退くこともできない。

ひるがえって、もし夏休み明けに日本に来なかったとしても、中学卒業程度の能力ではたしてなにほどのことができただろうか。おそらく家に援助もできないし、逆に大きなダメージを及ぼしたのではないだろうか。こう考えてみると、いまは、実家の苦境を日々念頭に置きながら、時々刻々勉学に励み、今年の官費留学生に合格すれば、そのときこそまさしく心が安らぐのではないか。一歩一歩向上していけば、あるいは報恩*の日も来るかもしれない。

いまや新しい貸間に引っ越してきたので、出費もはぶけるし、場所も閑静な

分より九日は更に一分増して八度二分となった。雨も雪もまだまだ当分は降るまい、そして此寒気も一寸続くだろう」

＊**速きを欲すれば……**　『論語・子路篇』の名言。早く成果を出そうとあせっても、目的は達成できない、つまり、急がば回れという意味。故郷を離れていた周恩来は、八伯父の死を告げられ、後事を心配し、家族からの便りを待ちわびていた。日記にこの言葉を書いたのは、そのときの切迫した心境と関係があるはずである。このような儒家の言葉は日記のなかにいくつか見られ、儒教思想が青年周恩来に影響を与えていたことがわかる。（中）

＊**撼岳**　薛撼岳。南開学校のクラスメイト。周恩来、新慧、蔡鳳らは同じ寝室で二年間過ごした。（中）

＊**報恩**　一月一日の日記にも「報恩」の記述がある。内蒙古民族大学の劉済生教授らの研究によると、周恩来の養

ので、勉強に没頭するには絶好である。もはやいかなる他事にも関わるまい。

↙母の陳三姑は仏教を信じ、彼が幼い頃から厳しく教え、また彼自身もみずから学習に励んだ。それゆえ仏教文化を含む中国の伝統文化に非常に精通していたという。南開学校時代には仏学の概論を学ぶ。一九一四年、周恩来は友人らと課外活動を行う組織「敬業楽群会」を発足するが、そのなかには「仏教研究団」なる組織もあった。一九一六年五月六日に開かれた全校作文コンクールでは、彼の「誠能動物論」が優勝。文中では「おびただしいことを言うなかれ、だますなかれ、仏の戒め」と仏教の精華を高く評価していた。また、一九一七年九月、渡日時に書いた詩「大江歌罷掉頭東」にある「面壁十年図破壁」の「面壁」とは、禅宗の祖である達磨大師の故事にちなむ言葉で、常に忍耐強くやり遂げることを表す。

日記の中で、仏教の教えに言及した箇所はほかにもある。日本滞在中、彼は常に経済的に苦境にあり、思想的にさまよい、進路も定まらず、親族のことを思い煩悶していた。みずからの心を癒すため、心の苦しみから逃れるため、自分の言行を検証するために、度々仏教思想を頼った。仏教思想は、青年であった周恩来に、良い影響はもちろんのこと、良くない影響も与えた。㊥

甥っ子としての罪

一月十二日（丁巳十一月三十日己未）［土曜日］

気候：急にまた暖かくなる。温度：十・二度。

修学 ＊小利を見れば則ち大事は成らず。

治事 朝、＊読書。ついで青年会に行く。昼飯のあと、子魚を訪ね、長いこと話す。夜、炭を買って帰り、火をおこして暖まる。

＊小利を見れば則ち……　前日の修学に書いた『論語・子路篇』の名言、「速やきを欲すれば……」に続く言葉。「目先の利益を追っていては、ついに大事を成すことはできない」という意味。周恩来はこの言葉を引用して、自分を

通信 乃如から葉書、公孟、問凱、＊碩陸《せきりく》、柏栄、雨辰《うしん》から手紙を受け取る。
述廠に手紙を出す。

今朝、起きる前に、寝ながら実家のことに思いをはせた。憐れな八伯は幼時から体に障害があり、生涯、幸せに恵まれなかった。私が家を出てから、すでに八年たった。家の情況は日を追って悪くなり、八伯が病気になっても、もちろん医者に行く金もなく、日に三度の飯さえ、粥すら食べられないこともあるのに、どうして飯のことなどあれこれいえようか！　境遇はかくも貧乏のどん底にあり、ましてや持病もあったのに……。考えてみると、われわれのような者が子や甥である罪は本当に大きい。

家族を想いながら日本食をやりくり

一月十三日（丁巳十二月初一日庚申）［日曜日］

気候：昨日と同じ。十・二度。
修学 ＊天下に真の是非は無し。
治事 朝、青年会に新聞を読みに行き、昼、樸山を訪ね、帰りに伯鳴に会い、

励ました。㊥
＊読書　中国語の「読書」には、読書と勉強という二つの意味がある。日
＊碩陸　石福霦。南開学校のクラスメイト。㊥

＊天下に真の是非は無し　中国清代末期、軍人でもあり政治家でもあった曾国藩は「責已者当知天下国家無皆非之理」という言葉を遺した。「国家天下のことは、道理で解決できないことはない」という意味。周恩来が日記に書いた言葉は、曾国藩のこの言葉と同じ意味をもつものである。㊥

鉄卿を訪ね、滌愆の引っ越しを知る。夜、少し買いもの。伯鳴、輪扉が前後してやって来る。

通信 性初《せいしょ》から手紙を受け取り、公孟、乃如、性初に葉書を出す。

昨朝、乃如からの葉書を受け取る。天津で四伯父に出会ったことは記しているのに、八伯の死には触れていない。まさか、四伯が乃如に知らせなかったわけではあるまい。あるいは、四伯には知らせたが、乃如は私が知らないと思って、私に知らせるのがつらかったのかもしれない。さもなければ、訃報のほうがまちがっているのだ。

今朝、また乃如に葉書を出し、このことに触れた。本当にまちがいであるよう願っているが、それこそまさに奇跡を願うようなものだ。

この数日、玉津館から引っ越してから、食事はすべて外食で、つぎつぎにあちこちの食堂に出かけて味見をしている。ときにはとてもまずいと思うこともあるが、賄《まかな》い付きよりもはるかに節約できる。南開時代のことを思い起こせば、昨年の前半だけはスポーツ*のために日ごろからたくさん食べていたが、ほかの二年余りはいつも校門の近くで買い食いをするか、小さな食堂に出かけて

＊スポーツ　周恩来は南開時代、勉学のかたわら身体の鍛錬もおこなった。毎朝ランニングをして、放課後は陸上やバスケットなどで汗を流した。㊐

いたので、かなり節約できていたと思う。いま、また日本でその方法を実行するのだ。私の望みどおりになれば、すばらしい。

伯父の埋葬すむ

一月十四日（丁巳十二月初二日辛酉）［月曜日］

気候：西北風が強い。温度：五・六度。

修学 我*と善なる者を善人と為す。

治事 朝、授業に出て、帰る。実家からの手紙と、弌叔《いちしゅく》*の手紙を受け取る。安堵する。昼、樸山が来る。午後、読書し、ついで青年会に行き、天池といっしょに浅草に遊び、送る。

通信 四伯父、弌叔の手紙を受け取る。四伯に葉書、弌叔、実父*に手紙を出す。

今朝、（個人教授の）授業を受けてから、東亜学校に行き、二通の手紙を受け取った。一通は四伯から、もう一通は高先生*から。この手紙が一日も早く着くことを願っていたが、今日、あいついで二通を受け取れたのは、本当に意外である。

＊我と善なる者を……　周恩来は同月七日にも同じ言葉を書いた。彼は渡日時に、先生や友人などからたくさんの援助を受けた、八伯の後事も、伯父たちが協力しあってくれている。こうしたことに多くの感銘を受けて、この言葉の意味にあらためて気付かされたのであろう。㊥

＊弌叔　高戈吾。奉天府の第六両等小学堂における恩師。在学中、弌叔の影響を受けて、辛亥革命に熱烈に共感した。㊥

＊実父　「父親」は養父をさすが、「実父」は文字通り実の父親である周貽能のこと。㊐

＊高先生　弌叔のこと。㊐

四伯の手紙は、八伯の死後の経緯を知らせるもので、二*伯と六*伯が五十元を送ってきたので、納棺を終えることができたという。また、四伯はさらに四十元を送金し、王大太爺《おうだいたいや》に手紙を出し、実家に行って面倒をみるよう頼んだらしい。この手紙を読めば、今回の訃報にはもはや疑問の余地がない。憐れにも、棺*にわずか二十余元、死装束に十数元という。八伯は生涯辛酸をなめ尽くし、死後でさえ、満足な衣裳、満足な棺を手にすることができなかった。四伯は言う、「わたしには八伯に合わせる顔がないし、祖父母に合わせる顔もない！」。ところが、子や甥であるわれわれは、伯父たちを援助したり、家を顧みたりする力もないくせに、毎日、飽衣飽食しており、本当に良心のかけらもない。これ以上できないほど、真摯に勉学に励まなければ、どうして立派な人間になれよう！

伯父への思い

＊二伯　周龢鼒（わだい）。周恩来の二祖父の次男、周家排行の二番目、周恩来の堂伯父。（中）

＊六伯　周嵩尭（すうぎょう）。周恩来の二伯祖父周駿昂の三男。周家排行の六番目。（中）

＊棺にわずか……　陰陽の世界観が根底にある中国では、この世とまったく同じ生活が、あの世で営まれると考えられていたため、できるだけ盛大な葬儀を行うことが故人の恩義に報いることとされた。八伯父の葬儀費用は貧乏予備校生である周恩来の生活費程度の額であり、その貧しさは計るべくもない。（日）

一月十五日（丁巳十二月初三日壬戌）［火曜日］

気候：昨日よりややよい。温度：四・七度。

修学　己*を克《せ》めて人を恕《ゆる》す。

治事　朝、授業に出る。帰ってきてから、本を読み、新聞を読む。昼、写真館に行って写真を撮ってもらい、ついで青年会に行って新聞を読む。
　日が暮れてから、路上で伯安に出会う。夜、本を数種買って帰り、読む。

　昨日受け取った四伯の手紙によれば、八伯は十二日の巳刻（午前十時）に亡くなった。日時を計算すると、陰暦の十一月のはずである。その日はまさに陽暦の十二月二十五日で、雲南起義*の日、そしてクリスマスの日である。思えば、私はそのとき、八弟に手紙を書いた。実家のことにも触れ、八伯に思いをはせてとてもつらくなり、八伯の苦しみはいつ終わるのか分からないと思った。意外にも、そのときには、八伯は淮城*の地ですでに世を去っていたのだ。
　こうしてふり返ってみると、なにごとにも兆候があることがよく分かる。まして、私と八伯は、実の叔父と甥ではないか。まったく良識に欠けている。これまでこのことを悟らなかったことが恨めしい。八伯の死後わずか十数日で新年を迎えた。終日、楽しくにぎやかに過ごしたが、どうして八伯たちの苦しい暮らし向きに思いをはせなかったのか。本当に不孝の極みというしかない！ ただし、孝をつくすには孝心が必要である。これまでは、八伯の訃報を知らなかったという口実もあり得たかもしれない。だが、今日からは、さらに大発奮

＊己を克めて人を恕す　『論語・顔淵篇』に「己を克めて礼に復（かえ）る」、『孔子家語』（こうしけご）「正論解」に「己を克めて義に服す」とある。㊥

＊雲南起義　一九一五年（大正四）から翌年にかけて起きた中国の内戦、護国戦争のこと。第三革命とも呼ばれる。もと雲南都督の蔡鍔（一八八二―一九一六）、国民党軍の将軍である李烈鈞（一八八二―一九四六）、雲南督軍の唐継尭（一八八三―一九二七）が、一九一五年十二月十二日に皇位に即くことを宣布した袁世凱（えんせいがい）（一八五九―一九一六）に反対して、同年十二月二十五日に雲南の独立を宣布し、護国軍を組織して蜂起した。㊐

＊淮城　現在の江蘇省淮安市（26ページの中国地図参照）。㊐

して勉強しなければ、八伯がこの数年受け続けてきた苦しみにまるで申しわけが立たない。憐れなことに、私は大きく成長したが、肉親たちは日を追って少なくなっている。

高先生からの手紙

一月十六日（丁巳十二月初四日癸亥）［水曜日］

気候：寒風が骨を刺す。温度：四・四度。

修学 成見を破除す（先入観を打破する）。

治事 朝、授業に出て、帰って新聞を読み、読書。昼間、青年会に行き、南開から新たにやって来た陳・李両同学に会い、樸山の友人の李君に会う。午後、読書、樸山が来る。夜、青年会に行く。

先日の高先生の手紙には、こう書かれていた。私の手紙を読んで、東京での生活費が不足がちなことが分かったので、自分が教育界で兼職を探して、その給料から毎月、なにがしかの援助をするつもりだと書いてある。さらになぜもっと早く詳しい情況を知らせなかったのかと私を咎めてもいた。この言葉に接して、感激した。驚きもした。思えば、私が最初に手紙を書いたとき、先生が心配するのではないかと思って、身のまわりの情況をありのままに知らせつつ、非常に苦しいなどとは書かずに、ときに経費が不足することもある、と記したにすぎない。意外にも、先生は私が苦境にあると考えたのだ。さらに、二伯にも知らせるように乾爹に伝えたという。

どうすればいいんだ！　この東京の地ですでに少なからぬ友人たちを心配させているというのに、どうして、さらに中国国内の人々に向かって騒ぎ立てることなどできよう！　ましてや先生の手元にも経済的なゆとりがあるわけではなく、京兆尹*における翌年分の給与まですでに使ってしまったというありさまなのだ。もし高先生が本当に金を送ってきたら、どうして安閑としていられよう。すでに、私は、苦しみというものに耐えられないわけではない。だが、実家の苦況には、どうしてのんびりしていられようか！

天池の帰国

一月十七日（丁巳十二月初五日甲子）［**木曜日**］

気候：冬の日*、愛すべし。温度：六度。

＊京兆尹　京兆尹公署。昔の官職名で、首都の長官。弌叔（高先生）は当時、京兆尹公署に勤めていた。㊥

＊冬の日　翌日の『都新聞』によれば一月十七日は「元日以来の絶好日和」。㊐

修学　其の心の安んずる所を行なえ。（心の平安が保てることをしなさい）
治事　朝、東亜に行って授業に出て、ついで個人教授のところに行く。昼、子魚、季衝が来る。午後、授業に出てから、駅*に行って天池の帰国を見送り、滌愆、東美、伯安に出会う。
通信　仲千《ちゅうせん》から手紙、介眉から葉書を受け取る。

今日から、東亜に通い、毎日、四時間の授業に出る。午前二時間、午後二時間である。個人教授のところは一時間である。授業時間が長いので、朝は起きてすぐに学校に行かなければならず、点心を食べる暇がないので、食事を二回にするつもりである。この機会に朝食をやめることができるのは、実にいいことだ。

午後、授業が終わってから、天池を見送るために急いで駅に行くと、ちょうど東美と天池が切符を買っているところだった。しばらくして滌愆、伯安も見送りにやって来た。四時*になって汽笛が鳴るや、汽車はゆっくり東京を離れ、天池も汽車とともに去っていった。日本に来てから二か月、何回か会っていたが、不意に去っていってしまった。実に、人生の離合集散は無常である。

*駅　東京駅のこと。当時、中国人留学生の使った大陸―東京間ルートは、おもに下関港、神戸港、横浜港経由の三つであった。いずれも東京駅発である。東京駅は、一九一四年（大正三）十二月開業。丸の内駅舎は、鉄骨赤レンガ三階建てで、明治・大正期を代表する建築家の辰野金吾によって設計された。周恩来たちが利用したのは、開業三年目の超モダンなステイションであった。丸の内駅舎は一九四五年（昭和二〇）の空襲による火災で屋根などが消失したが、一九四七年（昭和二二）までに修復、二階建てとなった。二〇〇三年には国指定重要文化財となり、二〇〇七年から、五年間かけて保存・復元工事がすすめられ、現在では創建当時の姿を見ることができる。丸の内駅舎はいまも東京駅丸の内口として、利用されている。なお、一九一八年当時、東京―上野間は未通なので、神保町―東京駅間は市電を利用したと思われる。㊐

*四時になって汽笛が鳴るや　周恩来

滌愆によると、遠沢《えんたく》が帰ってきて言うには、文珊《ぶんさん》が冬休みに家に帰ったときに何回か吐血したという。とても奇妙な感じがした。文珊のような健康な体で、どうして吐血などするものか。きっと、別の病気が原因にちがいない。

慧弟との写真

一月十八日（丁巳十二月初六日乙丑）［金曜日］

気候：ようやく春めく。温度：五・六度。

修学　人は*定《かなら》ず天に勝つ。

治事　朝、授業に出て、帰ってくる。禅弟、乃如に葉書を出し、授業で忙しく、あまり自分の勉強ができないことを知らせる。午後、同学の陳警倫《ちんけいりん》といっしょに、新たに来日した同学の李君を訪ね、非常に楽しく話をする。夜になって、やっと帰る。

通信　乃如、禅弟、叔梧《しゅくご》から手紙を受け取る。乃如、禅弟に葉書を出す。

昨日、駅に天池を見送りに行ったときに、仁山兄がすでに帰ってきていることを聞いた。中国国内できっとだれかから何かを言伝《ことづ》かってきているにちがい

が一時帰国したときに利用した列車と同じ国鉄の山陽本線第五列車急行下関行と思われる（３２２ページの＊参照）。㊐

＊人は定ず天に勝つ　『荀子』からの引用。「努力しさえすれば運命に打ち勝つことができる」という意味。周恩来はこの引用で、たゆまぬ努力をつづけるよう自身を鼓舞している。㊥

＊鼎章　天津の写真館。民国時代初頭、天津では、日本人が経営する武斎写真館と、広東出身の黄国華が設立し寧波出身の写真家王子銘が管理している恒昌写真館とが競い合っていた。その後、天津塩商人である王奎章の出資により子銘が恒昌写真館を受け継ぎ、鼎昌写真館と改称した。一九一二年、子銘病死後、同館の店員であった王潤泉と李耀亭が四〇〇元の資金を集めて受け継ぎ、「鼎昌」は「鼎章」に再び改名した。

ないと思っていたが、はたして、今朝、伯安が私を探しに来て、包みを一つ手渡し、仁山兄から言伝かってきたものだという。開けてみると、なんと乃如が私のために*鼎章《ていしょう》で焼いてくれた写真だった。慧弟と去年の夏に撮ったもので、たまらなくうれしかった。これで、経理員の登録もできる。写真がなかったので今日までできなかったのだ。これで登録することができる。

三日前、*電光写直館に行って十二枚一組の写直を撮ってもらった。写りはまあまあだが、あまりにも小さすぎて、これでは使いものにならない。

慧弟には四か月余り会っていないが、思えば、この二年、われわれ二人はたがいに心を許した友人としてつきあってきた。昨年の前半、意気投合して同じ部屋で暮らし、まさに蓬・醒両兄、雲・禅両弟、樸山、尹山《いんさん》を除けば、無二の親友であった。

東京の初雪

一月十九日（丁巳十二月初七日丙寅）［土曜日］

気候：なお、おだやかで暖かい。温度：五・四度。

修学 *人事を尽くす。

その後、天津の估衣街帰賈胡同から日本の租界（当時の治外法権の外国人居留地）であった旭街（現在の和平路（わへいろ）商店街）に移転。上層社会の紳士淑女を主な顧客として、モダンな背景の肖像写真を撮影。孫文や黎元洪も訪れた。㊥

*電光写真館　当時の写真は、撮影時のフラッシュの代わりとして閃光器、閃光粉を使用していた。主原料のマグネシウムに、助燃剤として硝酸ナトリウムなどを加えた閃光粉を閃光器にのせ、閃光器が放つ小さな火花で、引火、発火するという仕組み。それを周恩来は「電光」と呼んだか。㊐

*人事を尽くす　儒家の経典『中庸』からの引用。「人としてできる限りの

治事 朝早く起きて、雪花が舞っているのを目にするが、数分もたたないうちにやむ。滌非が来る。午後、授業に出てから早稲田に行き、蓬兄、滌非、冠賢、*化民《かみん》などの諸友に会い、蓬兄のところで話し込んで、夜になって戻る。

通信 *克忠《こくちゅう》、公孟からの手紙を受け取る。

今朝、起きたときに雪花が舞っているのを見かけたが、まもなくやんだ。東京に来てから、はじめて雪が降ったことになる。しばらくすると滌非がやって来たので、昼すぎに早稲田に行くと伝えた。

午後、授業が終わると、すぐに*電車に乗って早稲田に向かい、蓬兄、滌非を訪ねたが不在だったので、まず冠賢のところに行ってしばらく話をした。仁山、東美の帰りを待ったが、結局、帰ってこなかった。

晩飯のころ、蓬仙が私を訪ねて来たので、いっしょに*中華楼に行き、早稲田に戻って語り合っていると、まもなく滌非も帰って来た。蓬兄と同居していた徐化民も加わり、四人で九時すぎまで話をして別れた。

帰ってから、想った。以前、高先生に出した手紙で、雲弟のために仕事を探

ことを実行する」という意。㊥

*化民　徐化民。南開時代からの友人。㊥

*克忠　張克忠。南開学校低学年の時からの友人であり、敬業楽群会のメンバー。㊥

*電車　東京市電（のちの都電）江戸川線のこと。当時は路面電車で車両は木造。この時点では江戸川橋までの区間だが、約五か月後、早稲田まで開通。大正七年発行の『公認汽車汽船旅行案内』（時刻表）によると、全線均一料金で片道六銭、往復十銭。始発四時三十分、終電夜十二時。早朝割引あり（片道四銭、往復七銭。三月一日〜四月末、十月一日〜十一月十五日は五時から六時半まで。五月一日〜九月末は四時半から六時半まで。十一月十六日〜翌年二月末は五時半から七時まで）。㊐

*中華楼　一月六日には「中華館」とある。同じ店か。㊐

し出し、さらに学費を援助してくれるよう頼んだことがあったが、さてどうなったか、いまもって分からない。

三越呉服店に行く

一月二十日（丁巳十二月初八日丁卯）［日曜日］

気候：終日、快晴。温度：六・二度。

修学 白髪衰顔は意《おも》う所に非ず、心を壮にして剣を横たえ勲無きを愧《は》ず。

治事 朝、樸山を訪ね、いっしょに謝介眉を訪ねるが、会えず。昼飯のあと、青年会に行き、陳・李両同学といっしょに三越美服店に遊ぶ。夜、仁山、東美に出会う。

通信 四伯父からの手紙、雲弟、尹山からの手紙を受け取る。

＊白髪衰顔は意う所に非ず……　この周恩来の詩句は、日本の明治維新三傑の一人である西郷隆盛の詩「除夜」からの引用。（全詩は３９６ページ参照）西郷隆盛は薩摩藩の下級武士出身で、尊王攘夷派として倒幕運動に参加し、明治維新に貢献。しかしその後は、保守化した思想によって伝統的な武士社会と特権を守ろうとし、ついには官職を辞して帰郷した。一八七七年九月、西南戦争と呼ばれる武装反乱に敗れた後、自害。「除夜」では同年二月三日の九州を書いている。自分は老いても、剣をもち、武士たちを率いて、征戦する決意を詠んだ。

西郷隆盛は日本の武士道精神の代表として、梁啓超、陳独秀などに賞賛された。日清戦争敗戦後、梁啓超は中国が長きに渡り貧弱である原因を追究。一九〇四年（明治三十七）に『中国の武士道』を著し、序文で丹念に、中国武士道精神の崩解と消滅の道程、およびその原因を振り返った。そして、武士道精神の消滅によって中国の民族性が損なわれ、それが現代における中国の貧困や弱体化につながり、他国から虐めを受ける大きな原因の一つとなっていると述べた。陳独秀は、かつて西郷の名言「男子立身惟一剣、不知身敗与功成」を詠んだ

周恩来も、梁啓超や陳独秀の影響↖

↙で一時は、中国は日本にならって軍国主義の道を進むべきだと考えていた。「除夜」を引用したのは、西郷がみずからの理想実現に邁進したことへの敬意と考えられる。㊥

＊三越美服店　三越呉服店のこと。現在の三越日本橋本店。百貨店としての体裁を整えたのは一九〇四年。一九一四年（大正三）十月一日に新館増築、このとき日本ではじめてエスカレーターが設置された。「三越を訪れずして流行を語ることなかれ」、「今日は帝劇、明日は三越」など、キャッチフレーズも流行した（72ページのコラム参照）。

㊐　なお、この日と翌日の日記の本文は下のように墨で塗りつぶされている。

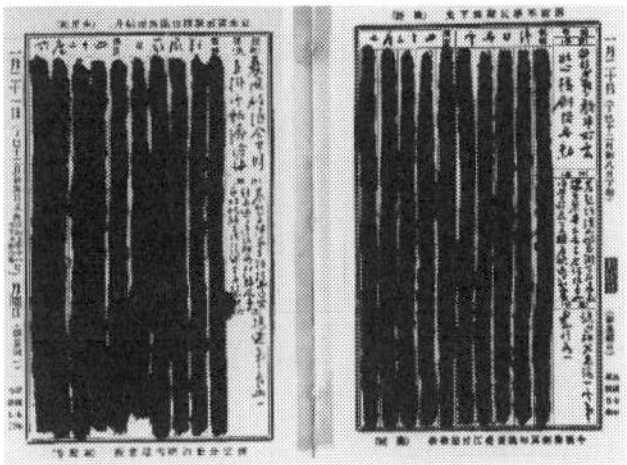

本文部分が塗りつぶされた1月20日と21日の日記

一月二十一日（丁巳十二月初九日戊辰）［月曜日］

自炊に満足

気候：狂風が吹き荒れる。温度：五・九度。

修学　＊風に乗り浪を破らば会《かなら》ず時有り、直《じか》に雲に帆を掛け滄海を済《わた》らん。

治事　朝、授業に出て、昼飯時に樸山の下宿を訪ねるが、会えず。午後、伯安を訪ね、帰りに食材を買い、晩飯を自炊。久しぶり。述弟《じゅってい》の手紙を受け取って読み、とてもうれしい。

通信　述弟からの長文の手紙を受け取る。

＊風に乗り浪を破らば……　唐代の詩人李白の「行路難・其の一」からの引用（原文は396ページ参照）。この日、日本は天候が悪く、強風が吹き荒れていた。周恩来はこの状況から連想して、この詩を引用したのであろう。前途に障害が立ちはだかっても、前に進めるときが必ず来ると確信し、自分自身を鼓舞している。㊥

コラム 二

三越呉服店

周恩来は、一月二十日の日記にこう書き記している。「陳・李両同学といっしょに三越美服店に遊ぶ」。三越美服店とは、三越呉服店、現在の日本橋三越本店のことである。当時、三越呉服店は、浅草に匹敵するほどの東京名物であった。

一九一四年（大正三）九月十五日、周恩来が来日する三年前に、三越呉服店は日本橋に地上五階地下一階の鉄筋鉄骨コンクリート造りの新館を竣工させた。

三越呉服店は「スエズ以東他に比なし」といわれるほどの華麗なルネサンス式大建築で、とりわけ正面入口まわりの装飾は、百貨店としては日本初のエスカレーターとともに開店当初から大評判を博し

百貨店初の三越呉服店エスカレーター
（1914年〔大正3〕）
（画像提供：株式会社三越伊勢丹）

た。また、内部には地上一階から五階まで吹き抜けの壮麗な大ホール（18×12ｍ）があり、十本のコリント式大理石柱が並び、その上をイルミネーション付きのアーチがつないでいた。天井のステンドグラス越しに外光が降りそそぎ、その光の中に階段が立ち上がるという趣向になっていた。設計を手掛けたのは、横河工務所（現在の横河建築設計事務所）の中村伝治。

三越呉服店外観（1914 年）
1914 年（大正３）の完成時には、多くの新聞が建物の豪華さを讃える記事を掲載。設計を担当した横河工務所の中村伝治は、欧米の百貨店建築の調査をしており、空間構成は 1872 年（明治５）に建設されたパリボン・マルシェに似ているといわれる。
（画像提供：株式会社三越伊勢丹）

五階と屋上をつなぐ立体的な屋上庭園には、洋風の大温室、稲荷、池と噴水、奏楽台、茶室「空中庵」があしらわれ、眺望台からは南は品川沖から北は上野・浅草方面まで、一望のもとに見渡せたという。さらに一九一七年（大正六）には、新たにコテージ風の清涼飲料売り場が設けられた。名称こそまだ「呉服店」だったが、事実上、現代のデパートをしのぐほどの荘厳な建築物として百貨店が登場したのである。

「今日は帝劇　明日は三越」

これが一九一四年（大正三）から一五年（大正四）に大ヒットした三越のキャッチコピーである。

帝国劇場は、一九一一年（明治四十四）に落成している。この帝劇は、高橋義雄、伊藤博文、渋沢栄一らによって、「世界に一等国たる日本が外国からの来賓を招くに際して必要な設備」として、巨費を投じて造られた。設計は三越と同じく横河工務所の中村伝治。バロック様式を加味したルネサンス様式で、部分的に日本のモチーフが取り入れられてはいるが、純洋風の本格的劇場建築であった。つまり、大正中期に東京駅の西に帝劇、東に三越という贅を尽くしたモダンの殿堂が出現したわけである。「今日は帝劇　明日は三越」は、三越が帝劇のプログラムに載せた広告コピーで、当時の庶民たちのモダン

創建当時 1911 年（明治 44）の帝国劇場外観
外壁には備前伊部の白色の装飾レンガが使われ、屋上には帝劇の象徴とされた能楽「翁」の彫刻像が施されている。（画像提供：東宝演劇部）

帝劇プログラムに掲載された三越呉服店の広告
（1914—1915 年）
このコピーは、三越PR 誌を編集していた浜田四郎作。同氏作の「今日お芝居に御出での方は、明日にでも三越へ御出で下さい」を下敷きに作られた。1920 年（大正 9）の流行歌「コロッケの唄」の三番の歌詞にも引用されていることから、市民への浸透ぶりがうかがわれる。
（画像提供：株式会社三越伊勢丹）

志向をずばりと掴む傑作であった。

三越呉服店は、大正時代初めから、次々にブランド商品をヒットさせて三越ブランドを不動のものにしている。三菱のロゴを刻印した「三越ミツワ石鹸」（大正二）、「三越学生靴」（大正三）、「三越オーデコロン」「三越打粉」（大正六）、周恩来が遊んだ一九一八年（大正七）には、下総《しもふさ》御料牧場のバターを一手に払下げられた「三越バター」、「三越冷蔵庫」（氷冷式）などが発売されている。また同年、第一次世界大戦終結直前の十月十八日には「欧州戦争写真展」が三越のホールで開催された。

この頃、最先端の女性モードも大きく変化する。着物から洋服へ。その和製アール・ヌーヴォーの旗手が三越呉服店であり、資生堂化粧品であり、竹下夢二であった。しかし周恩来の日記に、女性の影はない。

竹久夢二作「秋の雲」
PR誌『三越』（昭和３年10月号）の口絵。1919年（大正８）には夢二の展覧会も開催。当時人気絶頂の夢二の絵からは、女性ファッションが年々モダンになっていくさまがうかがえる。
（画像提供：株式会社三越伊勢丹）

述弟、留日断念

一月二十二日（丁巳十二月初十日己巳）［火曜日］

気候：黒雲が空をおおう。温度：五・六度。

修学 ＊衣を崑崙《こんろん》に振《ふる》い、足を扶桑《ふそう》に濯《あら》う。

治事 朝早く起き、午前中の授業に三時間出て、青年会に行って新聞を読む。昼飯のあと帰ると、＊山兄《さんけい》がすでに来ている。一時に東亜に行き作文の本を受け取り、ついで本郷に介眉を訪ねる。

通信 乃兄（乃如）、春源《しゅんげん》、＊膺九《ようきゅう》から手紙を受け取る。述弟、克忠に手紙、春源に葉書を出す。

昨日午後、述弟からの長文の手紙を受け取った。開封する前から、こちらへ戻ってこない話だと分かっていた。戻ってこられるなら、こんなに長文の手紙を書く必要はない。開封してみると、はたしてその通りであった。いままで手紙が来るのを切望していたが、やはり虚しい結果に終わったので、非常に、失望した！　述弟は、こう書いている。家の老人が自分をはるか遠方に行かせることに不安を感じているので、行けない。いまは、＊約翰《ユエハン》に行くつもりだ、と。

＊衣を崑崙に振い……　崑崙は、中国古代神話（山海経）に登場する、西にある楽土。または「万山の祖」といわれる崑崙山の略称。中華民族の発祥地として知られるが、ここでは中国のことを指している。「衣を振う」とは穢れやほこりを取り除くこと。後に衣服のほこりを取り除いて正すことを指すようになった。「扶桑」も、同神話で東海上にあるとされた国。そこに茂る大樹から太陽が昇るとされていた。日本が中国の東に位置することから「扶桑国」が日本を指すこともある。「足を濯う」とは本来足の汚れを落とすことで、後に世の埃を一掃して高潔を保つ比喩に用いられた。このふたつの句は中国にいても、日本に来ても、高潔な人格を保つことの大切さを表している。㊥

＊山兄　王樸山。㊐

＊膺九　張膺九。㊐

＊約翰　聖ヨハネ大学。アメリカの聖公会が一八七九年（明治十二）に上海に創立。「東方のハーバード大学」を

私のみるところ、約翰は教会の学校であり、わが国にとって実際になにもいいことはない。

今夜、大急ぎで速達の手紙を書いて、よく考えるように説いた。よく考えてから、その老人に東京に来ることの利点をよく説明して懇願すれば、老人の心を動かすことができるかもしれない。

目指した。一九〇五年（明治三十八）には米国ワシントン州の大学制度に則り、文学院、理学院、医学院、神学院を設置した。一九一三年（大正二）、大学院を追加。中華人民共和国の建国後、廃校になり、各学科が上海のさまざまな大学に吸収された。㊐

南開学校時代に撮影した写真。前列で座っているのが周恩来。写真中央が乃如。後列左は醒亜と思われる。その隣は新慧。（画像提供：ユニフォトプレス）

コラム 三

当時の中国

一八四〇年のアヘン戦争から、一九四九年（昭和二十四）の中華人民共和国成立までの約一〇〇年間は、まさに中国近代の激動期である。帝国主義列強による侵略に屈せず、国内の圧政を覆していくその動きは、清末の改良運動から、辛亥革命を経て、一九一九年（大正八）の五四運動を境に人民革命へと深化、拡大していく過程であった。

清末の改良運動

太平天国の乱（一八五一―六四）を、列強の武力によってようやく鎮圧した清朝は、曾国藩《そうこくはん》や李鴻章《りこうしょう》らの官僚を起用、西洋武器の導入によって清朝支配体制の再編強化をめざす「洋務運動」を推進した。しかしながら、日清戦争（一八九四―九五）の敗北後、一八九七―九八年にかけて、列強による「瓜分《かぶん》」つまり、分割や植民地化が急速に進み、康有為《こうゆうい》ら開明的な官僚層は、封建制から立憲近代国家への改革を建言して、危機を打開しようとする。一八九八年（明治三十一）の戊戌変法を頂点とする変法維新運動は、西太后ら保守派の巻き返しによって挫折し、清朝は最終的に再生の機会を失った。

「扶清滅洋」を唱える義和団事件（一八九九）以後、中国のはらむ社会矛盾は激化の一途をたどり、救国・

清朝打倒を唱える武装蜂起が多発。一九一一年（明治四十四）、孫文らの辛亥革命によって、清朝は滅亡、これを支えてきた支配層の官僚や士大夫（上流階級の人々）も没落することになる。周恩来は一八九八年（明治三十一）三月、江蘇省淮安に生まれたが、同年九月、戊戌変法の挫折により、変法の推進者康有為・梁啓超《りょうけいちょう》は日本に亡命している。

辛亥革命

清朝打倒をめざす孫文は、一八九四年（明治二十七）、ハワイで革命団体興中会を設立した。一八九五（明治二十五）年には、郷団（農村自警団）、会党《かいとう》（破産農民・遊民・無産者）、緑林《りょくりん》（盗賊）を糾合《きゅうごう》し、広州で第一回武装蜂起を企てたが失敗。亡命を経て、一九〇五年（明治三十八）、東京で中国革命同盟会を結成し、「民族の独立（民族主義）、民本主義の実現（民権主義）、資本節制による経済的不平等の是正（民生主義）」、すなわち三民主義を提唱する。この孫文の革命思想は、革命諸潮流を包摂しつつ、急速に浸透、以後の革命運動の指導的思想となった。

一九一一年（明治四十四）十月、武昌の湖北軍政府樹立を皮切りに、華中と華南の十五省で革命政府が成立、翌年には孫文を臨時大総統とする、アジア最初の共和国である中華民国臨時政府が南京に成立し、清朝は滅亡した。しかし、列強と結ぶ軍閥の巨

孫文　広東省香山出身。1905年、東京で中国革命同盟会を結成。妻の宋慶齢も革命家（中華人民共和国副主席）。（画像提供：孫文記念館）

頭袁世凱《えんせいがい》は、孫文にかわって北洋軍閥の根拠地北京で臨時大総統に就任するや、一九一三年（大正二）の国会選挙で第一党を占めた国民党(同盟会の後身)の最高指導者宋教仁《そうきょうじん》を暗殺、国会を無視して、独裁権確立を画策する。

こうした一連の軍閥の反動政策に追いつめられた革命派は、第二革命へ決起するが、北洋軍閥の武力に敗退、孫文や黄興《こうこう》ら革命指導者は海外に亡命を余儀なくされた。国会は袁世凱を大総統に選出、国民党の解散を命令、さらに一九一四年（大正三）には国会を解散した。こうして、辛亥革命の成果は、軍閥と官僚に奪取され、制度は清朝時代に逆行し、思想言論は弾圧され、儒教教育が強化されるなど、中華民国は形骸化するに至る。

対華二十一ヶ条要求

一九一四年、欧米列強の第一次世界大戦(一九一四—一八）参戦に乗じて、日本の大隈重信内閣は、中国の山東《さんとう》半島に出兵、ドイツ租借地の青島《ちんたお》を占領した。これを既成事実として、日本政府は翌年、山東省、南満州、東部内蒙古などの広大な地域における日本の権益や優先権を認めさせようとして、五項二十一ヶ条に及ぶ膨大な要求(対華二十一ケ条要求)を袁世凱政府につきつけた。日本の既得権拡大強化、さらには中国政府の従属化を図るこの要求は、中国の民族ナショナリズムを大いに刺激し、各階層に広範な反対運動を引き起こし、以後の日中関係における民族的対立の火種となるのである。日本政府は軍事力を背景に、五月七日、袁政府に最後通牒をつきつけ、同月九日にこれを受諾させた。この七日、九日は後に「国恥記念日」となる。

帝制復活をもくろんだ袁世凱は、一九一六年（大正五）に病死し、黎元洪《れいげんこう》が大総統に就任するが、日本政府と結ぶ軍閥・段祺瑞《だんきずい》国務総理が実権を掌握する。しかし同じ北洋軍閥の巨頭馮国璋《ふうこくしょう》は英米の支持を背景に、支配権をめぐって段と対立、北京政府は名目的な存在と化し、実質的には軍閥割拠の分裂国家の様相を呈する。

一九一七年（大正六）の清朝復活のクーデター（復辟）を収拾した段は、ドイツに宣戦布告、これを支援したのが、大隈にかわった寺内正毅《てらうちまさたけ》内閣である。総額一億四五〇〇万円にのぼる西原《にしはら》借款、さらに多額の兵器を段政府に供与したが、軍閥抗争に苦しむ中国民衆の反感を煽る結果となった。

第二革命に敗れた孫文は、日本に亡命し、一九一四年中華革命党を結成。袁死後の政局混乱のなか、広州へ戻り、全国に「護法」（旧約法と旧国会の回復）を呼びかけ、一九一七年九月、広州を拠点に西南軍閥と連合して広東軍政府を樹立、北京の北洋軍閥と対峙した。（第三革命）

『新青年』

辛亥革命の挫折以後の、こうした反動支配下にあって知識人たちの絶望は深く、やがて、「自己変革を経てはじめて人民は民国を支える主体となりうる」とする、「自覚」が思想の中心課題となっていく。

そのような世情のなかで生まれた雑誌『新青年』は、一九一五年、陳独秀《ちんどくしゅう》が上海で創刊し、群益書社（一九〇二年創立）が発行した。当初の誌名は『青年雑誌』であったが、第二巻より『新青年』と改称。「科学と民主」を掲げて、儒教批判を展開した。さらに一九一七年発行の第四巻第一号より、胡適《こてき》が口語文（白話文）による文学革命を提唱、同誌は新文化運動の旗手としての役割を果たす。こうした文学革命の具体的な成果として、中国近代文学の出発点となったのが、魯迅『狂人日記』（一九一八）である。

北京で民主擁護を叫ぶ『新青年』は、段政府から、孫文の軍政府と結託するものと見なされる。蔡元培《さいげんばい》を学長に戴く北京大学は、陳独秀や胡適など『新青年』の執筆者を多く擁していたため、様々な圧迫を蒙ったのであった。同誌は一九二〇年（大正九）九月の第八巻第一号から、中国の上海共産主義グループの機関誌となり、一九二五年（大正十四）四月からは、不定期刊行で五号まで発行、翌年七月に停刊した。後期の『新青年』では、マルクス・レーニン主義の著作や国際的なプロレタリア革命運動の体験記などが多く紹介された。

秘密軍事協定

日本の寺内内閣が供与した巨額の借款は、実際上は広東の孫文らの南方革命派を制圧するための軍資金に充てられ、北洋軍閥政権の反動支配を助長する結果となった。一九一七年の石井・ランシング協定で、アメリカは中国に対する日本の特殊権益を承認し、次いで一九一八年五月、前年に起きたロシア十月革命に対する武力干渉（シベリア出兵）をにらんで日華陸軍共同防敵軍事協定が締結された。この秘密軍事協定には日本軍の中国領内における自由行動、軍事基地の設置、中国軍の日本軍への従属化などが盛り込まれている。

この軍事協定の秘密交渉を知った在日中国人留学生は、反対運動に立ち上がる。日本警察の弾圧に憤激した留学生は、救国団を組織、授業放棄を敢行し、抗議のために一斉に帰国する。同時期、朝鮮で民族独立運動が全土に拡大、同年三月の三一運動の経過は、中国の新聞に詳しく報道された。

五四運動

一九一九年（大正八）五月三日、北京の学生は北京大学に集結し、第一次世界大戦後の講和条約不調印、五月七日の国恥記念日全国デモを決議する。翌五月四日、学生約三〇〇〇人が、各公使館に向けて抗議デモを敢行した。天津、上海、武漢など中国本土でも抗議集会が開かれ、ストライキ抗議行動は、罷課（学生）、罷市（商工業者）、罷工（労働者）の三罷闘争へと拡大した。

五四運動を出発点とする民族独立革命は、反帝国主義（排日）や反封建主義（反軍閥）を掲げて全国に波及し、やがてロシア革命に触発された社会主義運動として社会革命をめざすに至る。一九二〇年（大正九）、国際的な共産主義運動の指導組織であるコミンテルンは第二回大会で「民族および植民地問題に関するテーゼ」を採択。同年陳独秀を中心に、中国共産党上海発起組が設立された。続いて一九二一年（大正十）中国共産党創立大会が上海で開かれ、党の基本方針として、プロレタリア革命による共産主義社会の実現を決議するのである。

五四運動の活動家たち。写真には「中華民国八年五月四日の北京学界デモ集会で拘留された北京高等師範学校の愛国学生が七日に釈放され帰国した際に撮影」とある。（画像提供：ユニフォトプレス）

大正時代の東京風景　其の一

日本橋風景

日本橋の東側には17世紀初めから1935年に築地市場へ移転するまでの約300年にわたり、魚河岸とよばれる魚市場があった。現在でも鰹節や佃煮を扱う商店が多い。写真中央の橋は、1911年4月3日に架けられた20代目で、現存する国の重要文化財である。（画像提供：ユニフォトプレス）

1904年、東京駅の開業（画像提供：ジャパンアーカイブズ）

浅草大勝館

1908年７月に実業家の大滝勝三郎が映画常設館として開業。浅草のシンボル的存在となっていた。1921年の関東大震災で崩壊するも、1971年まで多くの作品を上映した。（画像提供：ジャパンアーカイブズ）

二　国を憂う

自国を憂う

一月二十三日（丁巳十二月十一日庚午）［水曜日］

気候：白雪が舞う。温度：二・二度。

修学 *人生三十にして奇功無く、区区たる七尺を天公に還《かえ》すを誓う。

治事 朝、授業に出る。*日本の新聞を読み、日本の国会の記事に感ずるところあり。夜、『*飲冰室文集《いんぴょうしつ》』を読み、重ねて感あり。苦い未来のことを思い、はっと*悟る。

通信 *警民《けいみん》、雨辰《うしん》の手紙を受け取る。

今朝、『朝日新聞』で日本の昨日の国会の事情、各党派の質問の様子、寺内内閣の各大臣の演説を読み、大いに感銘を受けた。わが国は現在まだ国会がなく、*臨時参議院は問題にならないので、とにかく絶対に解散すべきである。将来の政局は、*新国会であれ、*旧国会であれ、いずれにせよ能なしであろう。人民の水準、常識がこんな調子で、どうして優秀な国会などもつことができよう。仕官する者で、真に国のためを思っている者が何人いるだろう。よく考えてみれば、実に恐ろしいことだ。

＊人生三十にして奇功無く……　清末に維新の変法を唱えた梁啓超（一八七三―一九二九）の詩「去国行」からの引用（原文は396ページ参照）。「三十歳で手柄を立てたい、さもなければ命を落としてもいい」という意味。

　梁は近代中国に多大な影響を与えた啓蒙思想家である。広東新会出身で、字は卓如、任甫、号は任公、ほかにも飲冰室主人、飲冰子、哀時客、中国之新民、自由斎主人など多くの号をもつ。日記には「任公」の名で記される。一八九五年（明治二十八）、封建制から立憲君主制への近代化を図り、康有為（一八五八―一九二七）とともに変法自強運動とよばれる政治改革を展開。その集大成が戊戌の政変である。戊戌変法、戊戌維新ともいい、光緒帝（在位一八七五―一九〇八）が日清戦争敗北後の危機感を背景に康有為の提案をもとにして、戊戌の年の一八九八年（明治三十一）六月十一日から、日本の明治維新にならって実施した大↖

夜、また梁任公の文集を開き、「十年以後当《まさ》に我を思うべし、国を挙げて狂うが如く誰を語らんと欲するか。世界は窮まり無く願いは尽きず、海天寥廓《りょうかく》として立つこと多きとき」という詩句を読み、涙があふれそうになった。また、任公がこの詩を作ったのは二十七、八歳にすぎなかったことに不意に想いいたり、私はいまや年だけはすでに十九歳になっているのに、なにもなし遂げておらず、学は求めてもまだ門にさえ到達していない。まさに先人に対して慚愧にたえない。

↙胆な制度改革。ただし、あまりにも性急に推進されたため、大官らがサボタージュを起こし、実効があがらないまま、同年九月二十一日、西太后らによる政変（クーデター）により、わずか一〇〇日間ほどで失敗に終わった。その後、梁は日本に亡命し、『清議報』、『新民叢法』を発行して、変法自強説について詳しく論じた。ときにはアメリカやオーストラリアに赴き、立憲君主制を鼓吹し、留学生などの共感を得た。しかし、清朝皇帝のもとで改革を行おうとする「保皇」の立場であったので、日露戦争後、孫文らの革命論に押されるようになった。辛亥革命後、梁は一時、袁世凱政府の司法総長を務めたが、袁世凱の復辟などを厳しく排撃した。後に段棋瑞政府に加入し、新文化運動を提唱し、五四運動を支持している。梁の言葉の引用には、周恩来の祖国に対する志が表れている。㊥

＊**日本の新聞**　『東京朝日新聞』のこと。一八七九年(明治十二)に大阪で『朝日新聞』として創刊され、一八八八年(明治二十一)の東京進出にあたって東京発行分を『東京朝日新聞』、翌年に大阪発行分を『大阪朝日新聞』と改称したが、一九四〇年（昭和十五）には全国紙として再び『朝日新聞』に統一された。この日の『東京朝日新聞』朝刊には、前日に開かれた国会の内容や寺内首相の施政方針演説、外相や蔵相の演説などが載っている。㊐

＊**悟る**　日記中、度々「悟る」という表現がでてくる。「深く理解する」という意味。

＊**『飲冰室文集』**　梁啓超の文集。日本へ亡命中の十四年間、梁は、「去国行」、「自励」、「壮別」などの詩を書いた。彼の主張した維新思想と詩に詠まれた感情や思想などは、日本滞在中の周恩来に大きな影響を与えた。㊥

＊**警民**　凌警民。㊐

＊**臨時参議院**　正式な国会が成立するまでの暫定的な機関。民国初期には、二度、臨時参議院が成立した。一度目は、一九一二年一月に南京臨時参議院が北京に移されたもので、北京臨時参議院と呼ばれた。二度目は、一九一七年十一月十日に召集、王粲堂を議長、

那安都を副議長として開催され、翌年八月十一日に解散したものである。張作霖の復権が打ち砕かれ、第二期国会が正式に成立する前のもので、段祺瑞が御用国会をでっち上げるために成立させた。㊥

＊新国会　周恩来がこの日記を書いた時点ではまだ段祺瑞政府第二期国会、別名「安福国会」（北京の安福胡同にあったためこう呼ばれた（一九一八年八月十二日から一九二〇年八月まで開催））は設立されていなかったので、ここでいう新国会とは臨時参議院解散後に再び設立された議会のことを指すと思われる。㊥

＊旧国会　袁世凱政権下の国会を指すと思われる。一九一三年（大正二）四月八日に成立したが、袁世凱は第二革命を鎮圧後、同年十一月四日に国民党が反乱に関与していることを口実に解散を命じ、同月五日に再び国会を包囲。半数以上の国民党の議員が証書やバッジを押収され、定足数不足で国会が中断される事態となった。十一月十四日、参議院議長王家襄（一八七二－一九二八）と衆議員議長湯化竜（一八七四－一九一八）が連名で国会停止を発表。二十六日、袁世凱が帝国政治会議を組織し、国会権限を簒奪。一九一四年一月十日、袁世凱が国会解散と議員の送還を発表した。㊥

留学生穏健派VS激烈派

一月二十四日（丁巳十二月十二日辛未）［木曜日］

気候：ふたたび暖かくなる。温度：六・五度。

修学　＊十年以後当に我を思うべし、国を挙げて狂うが如く誰を語らんと欲するか。

治事　朝、柏栄《はくえい》の手紙を受け取る。国事のために心がはなはだ急《せ》く。昼、青年会に行って新聞を読む。午後、輪扉《りんぴ》が来る。夜、伯鳴《はくめい》のところに行き、

＊十年以降当に我を思うべし……　この詩は梁啓超の「自励・其の二」中の二句である（原文の一部は396ページ参照）。一九〇一年に書かれたもので、日本に亡命して三年が経過していた梁が、依然として変わらぬ国家の運命に対する懸念と祖国の政治をより良いものに変えたいという大いなる野心が表れている。詩は、「理想のために非難の矢面に立つことを恐れず、著述

長いこと話し合って帰る。

通信 柏栄、敬韓《けいかん》からの手紙、南開同学会からの葉書を受け取る。拱宸《きょうしん》、撼弟《かんてい》に手紙を出す。

天下のことで、準備せずに成功したものはない。十年前に日本に留学した学生に思いをはせれば、あくどい者はともかく、国を愛する人たちは、大半が二*派に分かれた。一派は革命に従事し、一派は君主立憲に賛成した。この両派の者は、みな国家をよくすることを望んでいたが、その構想を異にしていて、ついにたがいに攻撃しあうことになった。

激烈派は、穏健派には大きな望みはなく、奴隷根性があるとみなして、極力排斥した。穏健派も、激烈派は激怒し、やたらに罵るばかりで、建設的な考えがまったくなく、することなすことみなだめだとみなし、対立していた。

結局、この両派は日々旗を振って互いに排斥しあいながら、自分たちは準備をしていたのだろうか。やはり、まったく実力がなく、帰国していざ行動する時になると、一人ひとり化けの皮がはがれてしまった。どうして国のために何事かをなすことができよう。

を通じて後世一〇〇世の師となりたい。民権を求め、古い習慣を捨て、哲理を研究し、新知を保持することを一生の追求とする。今私を支持し賛成する人はいないが、理想の中国について誰と語り合うべきか、十年後の自分自身を思い浮かべてみよ」という意味。翌日にも「世界は複雑極まりなく、理想とはかけ離れるばかりだ」という意味の詩を引用している。周恩来は、天下を自分の責任とする梁の強情壮志に感動し、自分が十九歳になってもまだ勉学の途上にあり、前途が不透明であることを嘆いた。この詩は一月二十三日、二十五日にも引用されている。㊥

＊二派　激烈派と穏健派のこと。周恩来は、この二派がやたらにお互いを罵りあうばかり、排斥しあうばかりであることに納得できなかった。十年前の激烈派、穏健派の人達は今まさに中国政界に政治を施す人であり、現在の中国の難局は、この二派の主張が諸問題を解決できていない証だと思われた。㊥

留学生二派論

一月二十五日（丁巳十二月十三日壬申）［金曜日］

気候：小雨。温度：六度。

修学　世界は窮まり無く願いは尽きず、海天寥廓として立つこと多きとき。

治事　朝の授業のあと、手紙を数通受け取る。午後、東亜から帰り、季衡《きしょう》を訪ねるつもりで出かけるが、途中で山兄に出会い、いっしょに下宿に引き返し、滌愆《じょうけん》の来るのを待って議論。二人は夜になって帰る。

通信　八弟《はってい》、述弟《じゅってい》、蔚弟《うってい》、公孟《こうもう》の手紙を受け取る。四伯父、実父、弌叔《いちしゅく》、および乃如《ないじょ》、春源《しゅんげん》、敬韓に手紙を出す。

昨日は、東京に留学した学生は二派に分かれ、現在、政界で事を起こしているのは、老官僚と軍人を除けば、大半がこの両派のいずれかであることを書いた。過去六年の成果はこのありさまだが、今後どうなるか、あえて予測しようとは思わない。

激烈派についていえば、革命後、出しゃばったことが二度ある。まったく人を受け容れず、一世を覆うほど意気盛んだったが、時機が到来するや一敗地に

＊第二革命　失敗に終わった、袁世凱の国民党弾圧に抗する運動。一九一三年（大正二）三月二十日、袁世凱が国民党の最高指導者宋教仁を暗殺し、国会を無視して独裁権確立を画策、南方の革命勢力を壊滅させた。独裁体制を強化し、帝制への準備を進め続けた袁世凱に対し、同年七月十二日、中国政府の江西都督・李烈鈞が江西の独立を宣布。「討袁の檄文」を発したのを機に、南方の諸省が追随したが、九月一日、南京を袁軍に占領されて敗退した。㊥

＊帝制　洪憲帝制のこと。護国運動の結果、一九一二年（明治四十五）三月に中華民国臨時大総統に就任した袁世凱は、北洋系の強大な軍事力を背景に政府の実権を掌握。一九一六年（大正五）一月、中華帝国大皇帝即位の宣言をし、年号を「洪憲」と定めた。しかし、前年十月ごろから袁世凱に対する武装蜂起の計画がすすめられ、十二月二十五日には雲南省が独立を宣言、第三革命の口火が切られた。その結果、

塗《まみ》れたとだけはいえる。彼らが国を愛していなかったといえば、彼らに濡れ衣を着せることになる。その心は尊敬すべきであるが、その行ないは誅すべきなのだ。撼弟《かんてい》の彼らについての話は実に正しい。

穏健派は、時機が到来するたびに、往々にして、やがて失望することになる。たとえば、第二革命*後、帝制*は取り消された。復辟*《ふくへき》の失敗後は、おおむね彼らの思いどおりになった。しかしながら、じきにかならず打倒されてしまう。

そのほか、たとえば老官僚、軍人などはいっそう頭が単純で、つける薬はない。

上記の両派が失敗した原因をみると、大半は事前に準備していなかったがために、あのような結果になったのだ！

政治を熱く語る

一月二十六日（丁巳十二月十四日癸酉）［土曜日］

気候：暖かい。温度：七・八度。

修学 待ち*て春の回《かえ》るを得れば、終《つい》に当《まさ》に東風有るべし。

治事 今日は寝すごして、授業には出ず。午後、李君象模*《りくんしょうも》を訪ねてしばらく

翌三月二十二日に袁世凱は帝制の取り消しを宣言し、六月六日に憂憤のうちに死去した。㊥

*復辟　ここでは清朝復活運動のこと。一九一七年（大正六）年六月十四日、安徽省督軍の張勲（一八五四―一九二三）は、黎元洪と段祺瑞の対立（府院の争い）に乗じ、「調停」を口実に三千人の「弁子兵」を率いて北京に乗り込んだ。入京後は歴史を逆行させようと復辟の茶番劇を画策し、七月一日には皇帝溥儀を再登場させ、清朝の復活を宣言した。これは各地の軍閥の反対に遭い、同月十二日に失敗に終わり、張勲は一九二三年九月十二日、天津で死去。㊥

*待ちて春の回るのを得れば……　寒さの厳しい冬が過ぎれば、暖かい春がかならずやってくる。周恩来が自分を激励するために書いた言葉であろう。㊥

*李君象模　李象模。南開学校の友人。

話し、日暮里に季衡を訪ねるが、会えず。帰途、蓬兄《ほうけい》に出会い、しばらくして季衡もやって来て、とても楽しく歓談。

通信 乃兄、蔭南《いんなん》の手紙を受け取る。公孟に手紙、乃兄、述弟に葉書を出す。

東京留学の両派の事情について話したが、現在の国内政局の大半は彼らが支配しているといえる。*西方留学の学生は、すべてこの両派の支配下にある。さもなければ清廉高潔を自任して教育に従事している。しかしながら、教育機関は行政の命令を受けなければならず、しょせんこの両派の勢力圏を出ていない。この両派が準備をしなかった事情を論ずれば、あまり勉強しなかったことは小事にすぎず、最大の欠陥は*立身の真正の基本がないのにこの劣悪な社会と戦いを交えたことである。それゆえ、火の粉が自分の頭に降りかかってくるごとに、戦うや敗れる。ふだんは東京留学の連中が人を罵り大法螺を吹くのにまかせているが、自分たちが政権の座につくとやはりひどい。けっして旧官僚ほどひどいわけでなく、手段は他人よりすぐれており、軍人の鉄砲もうまく使うが、やはり自分に実力がないので抵抗勢力との対峙に堪えられないのだといえよう。

このように論じてくると、われわれは現在この地にやって来て学を求めてい

㊥ *西方　欧米。ちなみに東方は日本の意。㊐

*立身の真正の基本　「真に身を立てる（国に貢献する一員になる）ための基礎となる精神」といった意味か。㊐

1918

● **「四十五日」太刀山引退**

一月二十六日から三日間、九段の靖国神社境内で、幕内戦歴（31場所）１９７勝27敗を記録した横綱太刀山の引退相撲興行が催された。太刀山の突き技は強烈で、「四十五日（一月半＝一突き半）」で勝負がつく、と称された。翌場所からは、横綱に栃木山、西方大関に千葉ヶ崎、東方大関に九州山が昇進。四横綱四大関となり、隠居した大雷に「昔は、横綱どころか大関、関脇さえ滅多に出なかったのに……」と嘆かせた。経済同様、相撲番付もインフレ時代に突入した。

るが、もっとも重要なことは、志気を鋼のように強固に鍛え、利のために動かず、権勢に屈しないことだ。さもなければ意味がない。自分のことですら信じられないのなら、さっさと死んでしまったほうがいい。

醒兄より結婚の知らせ

一月二十七日（丁巳十二月十五日甲戌）［日曜日］

気候：昨日と同じ。温度：五・九度。

[修学] ＊鉄肩で道義を担い、辣手《らつしゅ》で文章を著す。

[治事] 昨日、＊醒兄《せいけい》の結婚の吉報を受け取り、今日、さっそく山兄に知らせに行く。昼飯のあと、＊漢陽楼に行って同学会の月例会を開く。出席者は二十余人。夜、仁山《じんさん》が来て議論する。帰ってから青年会に行く。

[通信] 禅弟《ぜんてい》から葉書を受け取る。

昨日、蓬兄が来て言うには、醒兄の手紙に、「正月休みに家に帰ると、家長から陰暦臘月《ろうげつ》（十二月）二十一日に結婚するよう命じられた」とあったという。この話を聞きながら、醒兄がもともと早婚を望んでいなかったことを思い出し

＊**鉄肩で道義を担い……**　明代後期の官僚、楊継盛（一五一六―一五五五）の『大明湖鉄公祠連』からの引用。「道義」とは道徳と正義を指し、「辣手」とは、大胆な手法を指す。「鉄の肩が道義の重責を担い、老練な手が鋭い文章を書いている」という意味である。つまり、「真理を堅持し、敢えて行い敢えて言う」ということ。この二句は楊自身の身の処し方を描いている。彼は、明代の政治家で「十罪五奸」（ありとあらゆる悪行）を行う大奸臣の厳嵩（一四八〇―一五六七）を、勇気をもって批判した。拷問を受けても屈服せず、最終的に殺害されたが、その精神は世の人々から称賛された。周恩来は日記にこの詩歌を引用して自分の志を追求することを表現した。㊥

＊**醒兄**　醒亜のこと。㊐

＊**漢陽楼**　神田区中猿楽町にあった中華料理店。当時は日本人客はなく、事実上留学生の食堂だった。現行のメ

た。結婚が決まったのはずいぶん前のことで、これはきっと父母の考えに違いない。醒兄には祖父母と父母がおり、祖父母はすでに六十余歳であり、孫の嫁を早く見たがるのは当然である。醒兄は親孝行だから、もちろん背くことはできない。幸いにも、醒兄の夫人が結婚後もひきつづき勉強してかまわないと言っている。これはすばらしいことだ。季衡が近々天津に帰るので、醒兄に渡してもらうよう祝いの品を託し、さらに遠慮などするなと祝文を書いて、私と蓬・山両兄が署名してはどうかと蓬兄に相談すると、心から賛成してくれた。

　今日、山兄にきいたら、やはり喜んで賛同してくれた。しかし、その祝文は非常に書きにくかった。醒兄とわれわれとの交情からすれば、他人行儀な挨拶ではなく、心のこもった言葉を書くべきなのだ。

　このように考えると、ちょっと知恵を絞らなければならなかった。

醒兄結婚遥賀会の計画

一月二十八日（丁巳十二月十六日乙亥）［月曜日］

気候：雪が降り、半尺ほど積もる。温度：二・五度。

修学 ＊前路の蓬山　一万の重み、頭を掉《ふ》って顧みず吾れ其れ束す。

ニューで当時からあったと思われるのは、焼き豆腐や清燉獅子頭など。そのほか鮒の煮つけや赤貝のしょうゆ漬けなどの家庭料理が出されていた。一階では小物が売られ、南開同学会の会合は二、三階で行われていたらしい。初代店主は周恩来と同郷であった。現在は神田小川町三丁目で営業している（42ページのコラム参照）。㊐

2022年現在の漢陽楼外観（撮影：元家健吾）

治事 午前の授業のあと、問凱《もんがい》の手紙を受け取り、各友人の近況をかなり詳しく知る。午後、滌非《じょうひ》とともに蓬兄を訪ねるが、会えず。夜、蓬・樸（山）両兄が前後してやって来て話をする。

通信 問凱、季衝の手紙を受け取る。

今日はもともと樸兄（山兄）と早稲田に蓬兄を訪ねる約束をしていたので、授業が終わってから*神保町で電車を待っていると、思いがけず、帰ろうとしていた滌非に出会った。結局、いっしょに電車で早稲田に行ったが、蓬兄は家にいなかった。山兄にも会えないだろうと思い、滌非としばらく話して帰ってきた。

晩飯を食べ終わると、蓬兄がまずあらわれ、ついで山兄もやって来た。期せずして一堂に会し、さまざまな話をした。われわれが醒兄のために買うつもりの祝いの品を書き出すとともに、醒兄の結婚日に、われわれ数人がここで「遥賀会」を開くことにした。相談がまとまると、二人は帰った。

二人が帰るやいなや、季衝から手紙がきた。まもなく帰国するため、部屋の面倒をみる人がいなくなるので、引っ越してきてくれという。今回の帰国で、アメリカ留学の希望がおそらくかなうだろう。今使っている物はもちろん持っ

＊前路の蓬山……　梁啓超が日本に亡命したときに書いた「去国行」という詩の最後の二句「前路蓬山一万重、埠頭不顧吾其東」の引用（原文は３９６ページ参照）。「たとえ前途に蓬莱の仙山が一万あったとしてもその苦難を顧みずに東へ向かうのだ」という意味。周恩来が日本に来る直前につくった七言絶句「大江歌罷掉頭東」（14ページ参照）の第一句にある「掉頭東」という言葉は、この詩を参考にしたものと思われる。㊥

ていくことができないので、どうしても部屋の面倒をみる者が必要なのにちがいない。しかも、このことはすぐ公表するわけにいかない。下宿を引き払うわけにいかないし、無人のままにしておくわけにもいかないので、私が引っ越すのがいちばんいいようだ。

受験へのあせり

一月二十九日（丁巳十二月十七日丙子）［火曜日］

気候：快晴。温度：三・八度。

修学 ＊風塵《ふうじん》に孤剣在り、湖海《こかい》に一身単《のみ》なり。

治事 朝、季衡を訪ねて三十日に移ることを決める。午後、蓬・山両兄が、醒兄の結婚日が変わったので、昨日決めたことはとりやめると言う。夜、輪扉がやって来て、蓬兄は輪扉といっしょに帰り、山兄とは夕飯のあとに別れる。

通信 述・雲《うん》両弟の手紙、醒兄の葉書を受け取る。雲弟に手紙を出す。

日本に来てからすでに四か月余りたつが、日本文も、日本語も少しも上達し

＊神保町で電車…… 当時の東京の市電。中央線は東京駅まで開通していなかった。運賃は片道券が六銭、往復券は十銭。㊐

1921年頃の神田神保町通り
（画像提供：ジャパンアーカイブズ）

＊風塵に孤剣在り…… 梁啓超の詩「壮別」中にある「風塵孤剣在、湖海一身単」の引用（原文は397ペー

ていないと思う。*高師の試験がじきに始まるのを目前にして、いっそう力を入れて勉強しなければ、いうまでもなく、合格する見込みはまったくなく、受験する見込みさえおそらくないだろう。日数を計算すると、わずかに一か月余りしか残っておらず、しかもさまざまな科目をすべて受験しなければならない。かつて学んだことがあるとはいえ、すべて英語によってであった。いまや日本語のテキストを使っているので、あらゆる名詞をあらためて記憶しなければならない。

　*季衡の貸間については、引っ越しの件を今日承諾した。今後は、郊外に住むことになるので、おそらくいまよりも勉強できるようになるだろう。さらに、あそこに住めば、訪ねてくる人もいないだろう。私一人で、勉強のほかに、なにかすることがあるだろうか。勉強だ、勉強だ、時間はもはや私を待ってくれはしないのだ。

国勢論

一月三十日（丁巳十二月十八日丁丑）［水曜日］

気候：愛すべき日射し。温度：七・五度。

ジ参照）。周恩来はこの言葉によって、親族への情にとらわれず、国のために奔走したいという大志を表している。㊥

＊高師　東京高等師範学校のこと。師範に同じ。㊐

＊季衡の貸間　東京美術学校を卒業する季衡は、日本を離れてアメリカに留学することになり、帰国する直前に、経済的に困窮していた周恩来を自分の部屋に住まわせた。季衡が間借りしていたのは、谷中の霊梅院（１０４ページのコラム参照）という閑静な寺であり、住むにも勉強するにも良い場所であった。周恩来は二月一日に引っ越し、季衡はその二日後に帰国した。㊥

＊天長地久　時有りて尽きんも……白居易「長恨歌」の最後の二句。「天地は尽きるときがあるが、この恨みは綿々と、いつまでも尽きることがないだろう」という意味。この二句の抜粋は、東三省を失ったことと関係しているはずである。㊥

修学　天長地久*　時有りて尽きんも、此の恨みは綿綿として尽くる期《とき》無し。

治事　昼、授業のあと、山兄が来て、今晩、神田の寓居に転居するという。いま私がいるところとはなはだ近い。午後、李君を訪ねるが会えず。陳《ちん》・李二同学が、私の寓居に来る。

昨日、蓬兄と山兄が東三省*のことをいろいろと話した。聞いていて、大きな感慨を催す。思うに東三省は、現在、ほとんどすでに日露の勢力圏に組み込まれてしまっている。現在の国勢をもって論ずれば、東三省を救うのは非常にむずかしいが、救わなければ中国全体の危機に関わる。中国全体の力で東三省を救うことは、不可能であるばかりか、絶対に成功しない。私はいつも、東三省はかならず亡びるが、中国は絶対に亡びないといってきた。いきなり聞くと、私の主張があまり妥当でないと思うかもしれないが、実際にはまちがっていない。わが中国が本当に東三省と手を切ることができれば、絶対に東三省を救うことができる。たとえ救うことができなくても、中国が亡びるようなことはない。東三省を強大にするには、絶対にまず、東三省人が自治できるようにすることから着手しなければならない。現在の急迫した事態から東三省を救うには、

＊東三省　かつての満州、現在の中国東北部のこと（26ページの地図参照）。遼寧、吉林、黒竜江三省からなる。日本の大陸政策も、帝政ロシアの黄河以北ロシア領化計画も、東三省を生命線と見なしていた。一九〇四年から一九〇五年にかけて、この東北部をめぐって起こった日露戦争はロシア帝国の敗北に終わり、日本はロシアから遼東半島の租借権、南満州鉄道、安奉鉄道（朝鮮と満州を結ぶ鉄道）を奪い、列強の仲間入りをはたすことができたのである。一九一五年、日本は満州における権益を維持するため、袁世凱政権に対華二十一ケ条要求を突きつけ、最終的に受諾させた。周恩来は、東三省が日本とロシアの手に落ちる危機と、袁世凱・段祺瑞ら北洋政府の無策に直面し、東三省の自力救済のために「自治」の考えを打ち出す。「自治」は民国初期に流行した政治思潮で、章炳麟（一八六九－一九三六）や胡適（一八九一－一九六二）に代表されるものである。周恩来は、東三省の自治

東三省の独立が不可欠である。政府に頼らず、みずから活路を謀り、紅鬍子《ホンフーツ》を招聘して銃砲を造り、まず軍・政両面から着手し、十四個師団を整備することができれば、日本など恐れることはない。この問題は実に東三省人の切実な問題であり、東三省の人材の問題でもある。

引っ越し決定

一月三十一日（丁巳十二月十九日戊寅）［木曜日］

気候：終日、晴れ。温度：四・四度。

修学　*黙然として相顧みて哂《わら》い、心適《かな》うも心を忘る。

治事　朝、起きると山兄が来る。いっしょに出かけると、同郷の謝《しゃ》君に出会い、ともに山兄の下宿に行き、輪扉および李君象模に会う。午後、家主を待つが、帰ってこない。滌非、山兄、仁山、*徐君静庵《じょくんせいあん》らがみなやって来る。

通信　滌非、禅北《ぜんほく》、仲甫《ちゅうほ》から葉書を受け取る。醒兄、公孟に手紙を出す。

今朝は起きるのがかなり遅かった。というのは、昨夜、ここから引っ越す事

を提唱し、列強の支配からの解放を目指した。しかし一九三一年の満州事変で、東三省は完全に日本の手に落ちた。㊥

***紅鬍子**　土匪、馬賊のこと。ただし、ここでは欧米人に対する蔑称である大鼻子（ターピーツ）のことか。㊐

***黙然として相顧みて哂い……**　白居易の「舟中李山人訪宿」という詩の最後の二句「黙然相顧哂、心適而忘心」の引用である（原文は397ページ参照）。江に舟を停め、友人が訪ねてくる情景が記されている。「友人同士が会うと顔を見合わせて笑い、心から喜びあう」という意味である。哂は微笑みの意。また『荘子・達生篇』には「知忘是非、心之適也」という句がある。「是非の分別を忘れているのは、心とその対象が一致しているからである」という意味。周恩来はこの日、多くの親友に会った。白居易の句を引用して、その喜びを表している。㊥㊐

***徐君静庵**　徐静庵。㊐

情を説明しようとして、家主の帰りを待ち、十二時すぎにやっと寝たからであるが、家主はそのときにもまだ帰ってこなかった。今日、私が起きたあと、家主はまた出かけてしまった。しばらくすると、山兄がやって来て、この部屋に引っ越してくるという。午後まで待ち、別の間借人に、今日、引っ越す、家主が帰ってくるのを待つまでもないと伝えるつもりだった。すると意外にも、彼のほうが、引っ越すという。彼が引っ越し、家主も帰ってこなければ、私は絶対に引っ越すことができない。しばらくして、滌非が、童《どう》君や黒竜江の二人といっしょに部屋を見に来た。彼らに、夜、家主が帰ってきたら、確認して返事すると答えた。彼らが帰ってから、仁山が鉄卿とともにやって来たが、二言三言話しただけで帰っていった。

夜、鉄卿がまたやって来て、わが同学会のかつての評議部五人で明日写真を撮るというので、承諾した。晩飯を食べたあと、山兄が徐君静庵とともに、街頭から鉄獅子を買ってきた。信天《しんてん》に贈るつもりなのだ。見たところ、いいもののようだが、ちょっと高すぎる。山兄と徐君静庵が帰ったあと、家主が来たので、自分は出ていくが、友人が二人引っ越してくるとを伝えた。すると、この貸間は明け渡してもらわなければならないという。それを聞いて、自分はうまいと

1918

◉物価急騰で簡易食堂現る

この頃から米相場が不安定で物価急騰。味噌、醤油、塩、大豆に続いて、野菜が高騰。一年で倍の値段にはねあがった。前年に一本一銭で買えた人参が二銭から五銭。こうした状況を契機として、一月に、医師で社会事業家であった加藤時次郎が芝区烏森町（現在の港区新橋）に生活困窮者のための「平民食堂」を開店。七月七日付の読売新聞によれば、「御飯付豚料理一人前十銭」で提供していた。こうした簡易食堂と呼ばれるものが、この頃からあらわれ始める。

きに引っ越していくと思ったが、二人は引っ越してくることができなくなった。やりとりをしているところに、山兄がまたやって来たので、部屋の話がだめになった事情を手短かに説明した。

写真撮影

二月一日（丁巳十二月二十日己卯）［金曜日］

気候：昨日と同じ。温度：六・六度。

修学　＊漢使却回して寄語憑《たの》み、黄金にて何れの日にか眉を購わん。

治事　朝、山兄が来る。＊車を雇って午後に引っ越すことにする。午後、鉄卿の下宿に行くが、途中で冠賢に出会い、いっしょに＊写真館に行き、はじめて仁山が帰国することを知り、四時に引っ越したあと、見送る。

今日、昼に路上で偶然冠賢に出会った。仁山が今日帰国するという。とても奇妙に思った。この前帰国したばかりなのに、どうして帰国しなければならないのか。冠賢は、実家に用事ができたからだという。今度帰ってしまったら、もう戻ってこられるかどうか分からないと思う。帰るやいなやすぐに帰る。本

＊漢使却回して寄語憑み……　白居易「王昭君・其の二」からの引用（原文は397ページ参照）。「漢の使者よ、お願い、元帝に伝えていつ私を黄金で買い戻してくれるのかと」という意。王昭君とは、前漢の元帝の宮女であった女性のこと。和親政策のために北方遊牧民である匈奴の王に嫁がされ、宮廷に戻ることなく一生を終えた。王昭君の生前のエピソードは、広く哀話として、多くの文学作品を生み出した。この詩には、元帝に対する王昭君の思いと、やむをえず出塞（辺境の地へ行くこと、つまり匈奴へ嫁ぐこと）しなければならない無力さが表現されているが、同時に国家の平和のために自分を犠牲にするという献身的な姿勢も表現されている。㊥

＊車　おそらく人力車のこと。当時はまだ一般市民には自動車利用が普及していなかった。㊐

当に人の離合集散は無常である。写真館に行って、仁山に会ったが、話したいことが山ほどあるのに、何から話せばいいのか分からなかった。

写真を撮り終わったあと、山兄とともにまず下宿に戻り、先に運送屋に荷物を日暮里へ運ばせた。二人ですぐ駅に向かい、仁山が出発するのを見送ってから、私は季衝の下宿に行った。しばらくすると、荷物が運ばれてきたので、さっと片づけ、本を読んだり、女中と話したりしながら待っていると、十一時すぎになって、季衝はやっと帰ってきた。

＊写真館に行き……周恩来の東京滞在中の写真に、南開同学生らしき友四人と撮影したものがある。石庭を背景に厚手のコートをはおり、いかにも二月の大寒中のものに見える。この写真がこの日撮影したものだとすると、ほかの四人は、南開同学会のメンバーか。㊐

保田との出会い

二月二日（丁巳十二月二十一日庚辰）［土曜日］

気候：非常に暖かい。温度：十度。

修学 ＊君王若し妾が顔色を問えば、道《い》うこと莫かれ宮裡のときに如かずと。

治事 昨夜、季衝の下宿屋に移ってくる。今朝、季衝、日本人の＊保田《やすだ》君と食事をともにする。昼飯後、電車で、神田に行って、授業に出る。夜、

後列右から周恩来、樸山、鉄卿。前列右から仁山、冠賢と思われる。
『周恩来画伝』（中共中央文献研究室周恩来研究組 四川出版集団 四川人民出版社所収）

山兄と会い、伯鳴とともにその下宿に行って、泊まる。

昨夜、季衡の住む下宿屋に引っ越してきたが、気に入った。とてもいい。今朝、早く起きて、季衡と、もう一人、日本人美学生の保田君と朝食をともにした。食時の後、季衡としばらく話をした。

昼飯のあと、電車*で神田に向かい、授業に出る。放課後、青年会でしばらく新聞を読んでから、山兄の下宿を訪ね、いっしょに信天への贈り物を持っていった。また青年会に戻り、夏伯鳴とともに下宿に帰る。二人で長いこと話し合った。季衡が帰ってきて、明日、国に送り返す物を整理する。私も慧弟に届けてもらう物を託した。

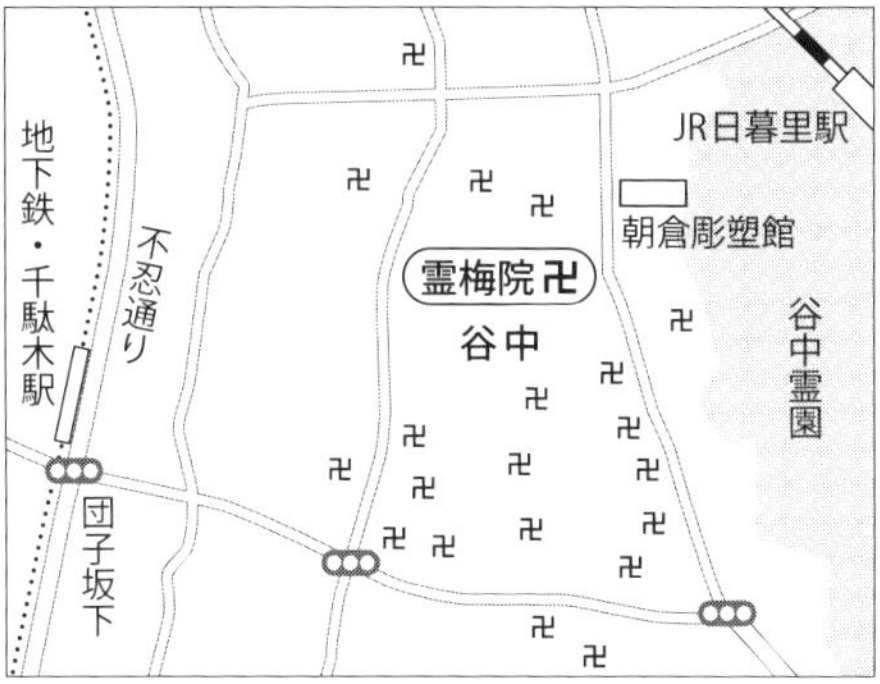

霊梅院周辺の地図。(作成：河合理佳)

*君王若し…… 前日の日記に書かれた白居易「王昭君」の詩のつづき。「元帝にもし私の様子を聞かれたら、宮殿にいたときの容姿には及ばないとは言わないでください」という意味。㊥

*日本人の保田君 保田龍門（一八九一―一九六五）。龍門は号で、本名は重右衛門。和歌山県出身で東京美術学校（現在の東京藝術大学）の卒業生。日記中には、「学生」と記載されているが、日記の書かれた一九一八年当時は、すでに卒業し、日本美術院の研究所で彫刻の勉強を始めている。季衡も下宿していた谷中の霊梅院という寺で周恩来と知り合う。霊梅院は現在、全面的に改修されているが、いまも同じ場所に建っている（台東区谷中五丁目）。周恩来と保田は後に留学先のフランスで再会する（104ページのコラム参照）。㊐

*電車で神田に向かい…… 一九一八年当時、霊梅院から市電動坂線の停留所「団子坂下」までは歩いて10分ほど。神田神保町まで、乗り換えを含めて三十分ほどか。㊐

コラム 四

美学生保田

周恩来の「東京日記」に、ただ一人実名入りで登場する日本人がいる。

「今朝、早く起きて、季衝と、もう一人、日本人美学生の保田君と朝食をともにした」（二月二日）

「日本語と英語を交えて保田君と話す。さらに、彼が私の像を描く」（二月六日）

この保田と周恩来との関係については、一九九九年春、郡進剛（TVプロデューサー）によって興味深い事実が発掘されている。以下、その概要をまとめておこう。

保田とは、後に日本を代表する彫刻家となる保田龍門《やすだりゅうもん》（本名重右衛門《じゅうえもん》）のことである。一八九一年（明治二十四）、和歌山県那賀郡龍門村荒見（現在の紀の川市）の生まれ。画家を志し、小学校では代[*2]

保田と季衝と思われる留学生。「九段檀上写真館」とある。（＊1）

用教員をしながら受験勉強をした。一九一二年(明治四十五)、東京美術学校(現在の東京藝術大学)に二十一歳で入学する。

周恩来の日記に登場する一九一八年(大正七)二月当時、保田は二十七歳。周恩来より七歳年上であった。周恩来は「美学生」と書いているが、東京美術学校を卒業したのは、周恩来が来日する半年前(大正六年三月)である。保田は、卒業後も下谷区(現在の台東区)谷中の寄宿先(霊梅院という寺)にとどまって作品制作を続けていた。二人が出会った当時、保田はすでに新進気鋭の洋画家で、「肖像(石井氏の像)」を院展に出品し、高山樗牛賞を受賞するほどであった。美術学校時代から霊梅院裏手の納屋を改造し、手製のアトリエに仕立てて、保田龍門自筆の年譜[*3]には「大正二年、二十二才　谷中霊梅院の三畳に下宿、物置を借りてトタン屋根をきりぬきガラス窓を入れる。真上からレンブラント光線がおちる」と書かれている。

この保田のアトリエに周恩来を引き入れたのは、

霊梅院外観。門の看板に「土方歯科診療所」とある。当時の住職、土方丈山(ひじかたじょうざん)は住職でもあり歯科医もあったため、寺に向かって右側の敷地に歯科診療所が設けられていた。おそらく大正時代に撮影されたもの。(画像提供：霊梅院)

美術学校で保田と同級だった季衡（厳智開《げんちかい》）である。季衡と周恩来は南開学校の同級生で、周恩来の日本留学のための渡航費用を出してくれたのは、季衡の父である厳修《げんしゅう》（南開学校の創設者）である。季衡は、美術学校で、保田と親しいつきあいがあったらしく、周恩来が来日した頃、保田のアトリエのある霊梅院に寄宿していた。

　その季衡が二月早々に帰国して、アメリカに留学することになった。そこで、霊梅院の季衡の部屋に周恩来がそのままおさまることになり、二月一日の夕方に引っ越してきたわけである。

　ところが、二月二十三日には「朝、保田君が、この貸家は引き払わなければならないので、明日引っ越すと告げる」とある。たった三週間の間借りであったが、頻繁に住所を変えていた当時の周恩来にとっては、さほど短いものではなかったのかもしれない。

保田家からは、龍門の長男である保田春彦《はるひこ》氏（武蔵野美術大学教授）によって、当時の様子をうかがわせる貴重な筆談メモが発見されている（左写真）。「ふつう／市外の貸間は／清潔なので外国人には

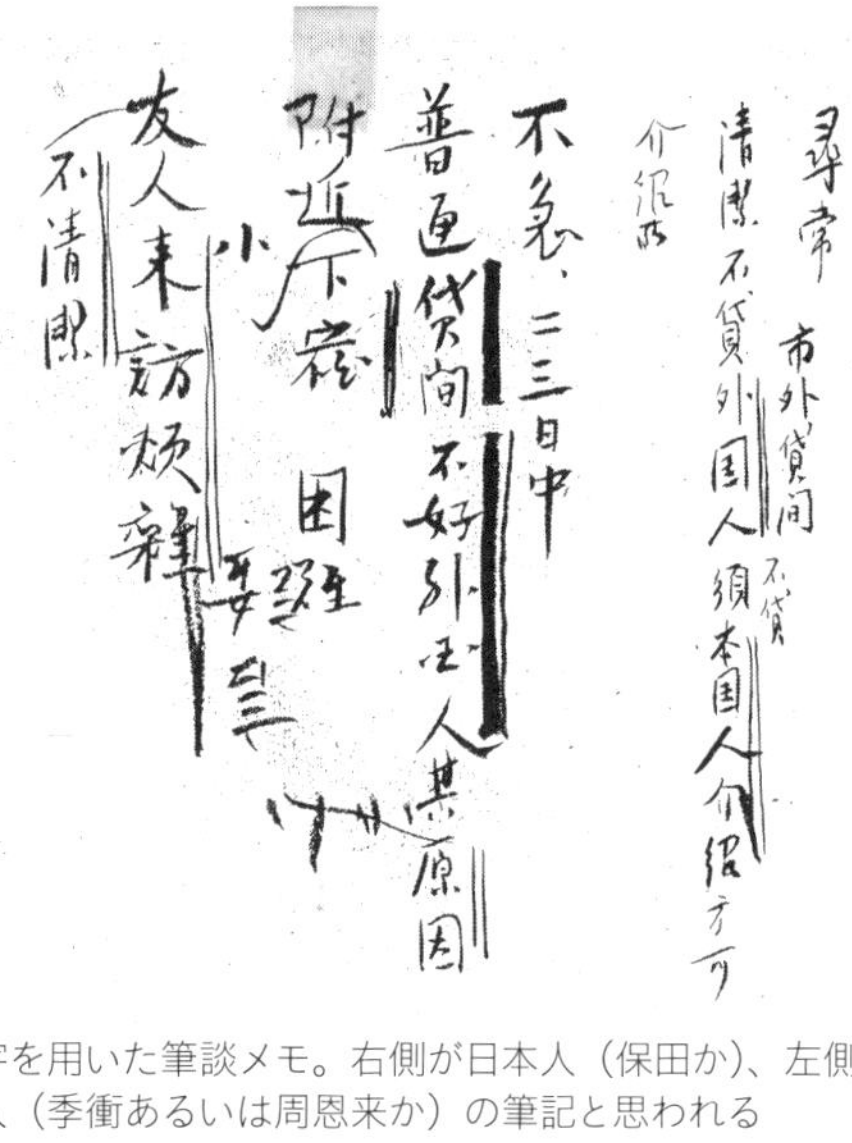

漢字を用いた筆談メモ。右側が日本人（保田か）、左側が中国人（季衡あるいは周恩来か）の筆記と思われる

貸さない／日本人の紹介があれば／貸す」
「急がないので、二、三日中に／普通の貸間が外国人を歓迎しない理由は／清潔でない／友人の来訪が多くてうるさいからだ／付近の小さな下宿は困難である」

部屋探しにまつわる筆談のようで、右が保田と思われる日本人、左が季衡あるいは周恩来とおぼしき中国人とのやりとりである。

また、当時の保田のスケッチブックから、保田自身の自画像とともに周恩来の肖像スケッチ（116ページの＊参照）が見つかっている。和服を着て、眼光鋭く前方を見据える、若き十九歳の堂々たる周恩来である。「彼が私の像を描く」と周恩来が日記に書いた一九一八年（大正七）二月六日の作品と断じて、まず間違いないと思われる。

一九九九年、小学館文庫版『周恩来十九歳の東京日記』発刊後、保田の末娘にあたる方より、保田自身が書いた当時の日記のコピー（左写真）が同封され

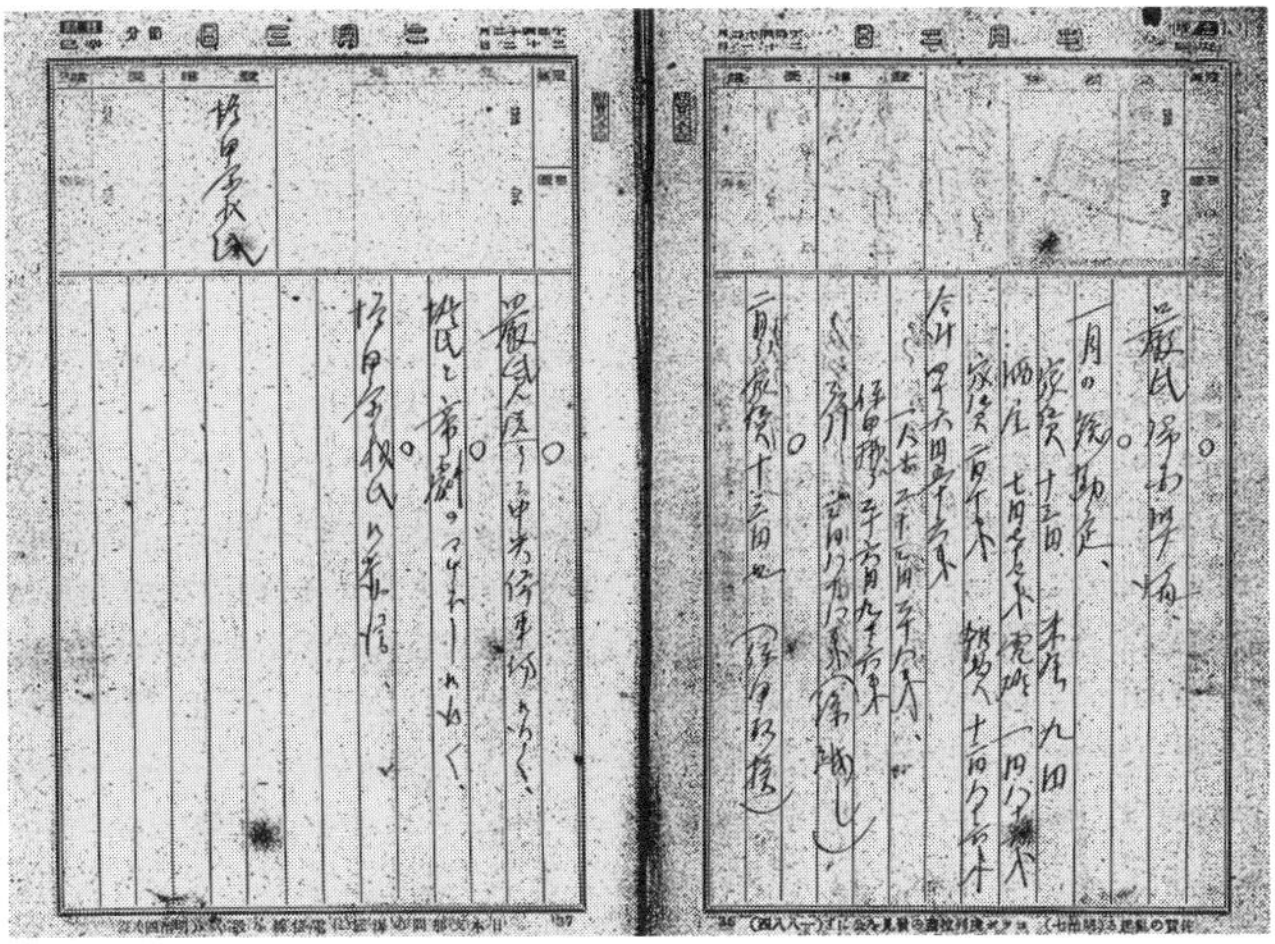

保田龍門が書いた二月二日の日記。「一月の御勘定、家賃十三円、□□九円、酒屋七円七十七銭、電話一円八十六銭、家□二円十銭、雑費十二円八十六銭、合計四十六円五十六銭」

た手紙が届いた。空白部分も多いその日記には、このように書かれている。「二月一日 周氏今日より来る、二月二日 厳氏帰国準備、二月三日 厳氏見送りして中央停車場に行く、二月六日（受信欄に）厳兄、周氏□氏の□□、厳氏に発信、二月二十四日 日暮里に引越し、霊梅院に来る」。中央停車場とは現在の東京駅のこと。周恩来の二月三日の日記には「朝、季衝を駅まで見送る。ともに見送った者は六人」とあり、その六人の中の一人が保田であったことがわかる。

保田と周恩来は、後に再会している。

一九二〇年（大正九）夏、保田はパトロンを得て渡欧し、一九二三年（大正十二）秋に帰国するまで、パリで絵画修業に励む。

一方、帰国して南開大学に在籍していた周恩来も、厳修らの援助によって、一九二〇年（大正九）十月にふたたびパリ留学の途につくことになる。

ときを同じくしてパリに渡った二人は異国の地で再会した。一九二一年（大正十）、つまり保田が三十歳のときの自筆年譜にはこのような記載がある。「丸茹の周恩来、研究所へ来る。皆の彫刻をマカロニーだとひやかす。中心は空《から》の意ならん」

周恩来は、このパリ時代に、中国共産党に入党した。英語版の『共産党宣言』、『空想から科学へ』、『国家と革命』などをむさぼり読んで、共産主義への信念を固めたといわれる。

保田龍門は、帰国後、故郷和歌山にアトリエを開き、後に和歌山大学教授として後進の指導に尽力しながら、関西画壇の重鎮として長く活躍した。

息子の春彦氏は、霊梅院での周恩来の話を父から聞いた記憶はないとのことだが、おそらく保田は、激動の隣国である中国で活躍する周恩来の姿を、新聞やニュース等で見知っていたにちがいない。一九六四年(昭和三十九)、日中国交正常化(一九七二年九月、日中共同声明調印)を待つことなく、病没した。

1914年頃に撮影された、アトリエの保田龍門。『自畫裸像 或る美術家の手記・保田龍門遺稿』(保田龍門著、三木多聞編)所収。

＊1　小学館文庫版『周恩来 十九歳の東京日記』に掲載された保田と季衡の写真は、故保田春彦氏所蔵であったが、現在は写真の行方は不明。本書掲載の写真は小学館文庫版から流用したものである。

＊2　資格を持たない教員のこと。戦前の小学校では、授業の多くが代用教員によって担われていた。

＊3　保田龍門が三十八字三十五行の不定型の原稿用紙(「弘学社」と片隅に印字あり)十三枚分に書き残した、自身の年譜。

親友季衡の旅立ち

二月三日（丁巳十二月二十二日辛巳）［日曜日］

気候：小雨がぱらつく。温度：六・四度。

修学 *万事禍は福の倚る所と為り、百年身与《と》命とは相持す。

治事 朝、季衡を駅まで見送る。ともに見送った者は六人。神田まで行ったところで蓬兄に出会い、いっしょに山兄を訪ねるが、すでに出かけていて、蓬兄と市内で昼飯を食べる。午後、帰る。夜、保田君と心置きなく話す。

通信 乃兄《ないけい》の封書、琢章《たくしょう》の葉書を受け取る。

今朝は、季衡が早朝八時に出発するので、早く起きた。朝飯を食べてから、いっしょに駅まで行く。六、七人が見送りに来た。季衡が乗ったのは*午前八時半発の急行である。定刻に、列車は汽笛を鳴らしながら発車し、季衡の姿も見えなくなった。

この三日間で、あわただしく二人を見送った。おそらく二人とも勉強のためにふたたび東京に戻ってくることはできないだろう。

＊万事禍は福の……　梁啓超の詩「自励・其の一」（原文は３９７ページ参照）をもとに書いた周恩来自作の句。「禍は福の倚る所」とは老子の思想であり、福と禍は互いに依存しあい、互いに転化するもので、災いと幸せは順ぐりに訪れるという意味。「百年身」という言葉は、清朝の小説家魏秀仁（一八一八―一八七三）の小説『花月痕』からの引用。「一度足を失えば千古恨（千年の恨み）となり、再び振り返れば百年身となる（百年の人生が終わる）」とある。百年身とはつまり人間の一生のことである。周恩来は梁の詩をもとに、人生百年、人それぞれの運命は自分の努力次第で決まると考えた。ずっと実の兄弟のように過ごしてきた季衡が米国に留学することになり、それが周恩来に感慨を抱かせ、同時に自分を鼓舞してさらなる努力をする決意をさせたのであろう。㊥

＊午前八時半発の急行……　一九一八年発行の『公認汽車汽船旅行案内』によると、午前八時三十分東京駅発の特

仁山とは、南開時代は単に同郷という関係にすぎず、さほど深い付き合いはなかったが、東京に来てよく話をするようになってみると、だいたい同じようなことを考えていて、意気投合するようになった。ちょうどいい仲になったところで、不意に別れることになった。この先、もう一度いっしょに勉学に励もうとしても、おそらくとてもむずかしいだろう。

季衝は、私が南開に通い始めたときには、すでに南開を去っていた。だが、去年の秋、ひとめ会うや、まるで旧友のごとく仲よくなり、東京に来てからも、何かにつけて情をかけてくれて、実の兄弟のようにつきあってくれた。援助もしてくれて、また非常に尽力してくれた。本当に心の底から感激している。ところが不意に、会う機会が減った。彼はまもなくアメリカに行くことになるだろう。季衝にとってはとてもいいことだが、私には非常につらいことになるだろう。

急下関行き（下関着が翌日の午前九時三十八分）がある。当時の寝台料金は、一等のみ一晩ごとの料金制で一晩五円、二等は二人床が四円五十銭、一人床が三円。㊐

二月四日（丁巳十二月二十三日壬午）［月曜日］

気候：快晴。温度：八・五度。

修学 ＊天遠く一身老大に成り、酒醒めて満目《まんもく》是れ山川。

治事 朝、信天に手紙を出し、結婚を祝す。昼、神田に行って授業に出る。授業のあと、青年会に出かけ、＊盧《ろ》君にきいて国歌の楽譜を書き写す。ついで、＊回数券を買って帰る。夜、女中に日本語を学ぶ。

通信 問凱の葉書を受け取り、信天に手紙を出す。

日本を知るべきだ

人は気力さえあれば、どこにいても学問を求めることができる。どうして終日教科書にしがみついて学を求める必要があろう。日本に来てからは、何ごとに対しても学を求める眼光により、日本人の一挙一動、あらゆる行為を観察するよう、われわれ留学してきた者は注意すべきだと思う。毎日、新聞を読むときには、かならず一時間余り費やすことにしよう。時間は貴重だというけれども、彼ら（日本）の国情をかならず知るべきだ。古人は、「＊己を知り彼を知れば、百戦百勝」と、うまいことを言っている。この言葉は国のために精励するのに、

＊**天遠く一身老大に……**　これは梁啓超の七言律詩「腊不尽二日遺怀」（原文は397ページ参照）の中の二句。遠い海外に居候し、酔いも醒めて、自分がどこにいるかわからないという描写である。梁は革命派との論戦に敗れ、『新民叢報』が廃刊となった後、日本の横浜の中華街に隠居した。この詩にはその挫折感が表れていて亡命生活の苦い記録でもある。周恩来がこの二句を引用したのは、自分の孤独な心境とつながったからであろう。㊥

＊**盧君にきいて国歌の楽譜を……**　国歌は国家民族の尊厳を象徴するだけでなく、国家の歴史と、民衆の心境をも反映する。盧君については詳細不明。周恩来が書き写した国歌は「卿雲歌」（第一次）か、あるいは中華雄立宇宙間の一節か。（民国以降の国歌の変遷については397ページ参照）。㊥

＊**回数券**　当時、市電の回数券は、20回九十五銭、30回一円四十銭、50回二円三十銭（全線均一料金で片道六銭、往復十銭）。通学回数券は25回八十↖

実に重要な道理である。

もっとも奇怪なのは、一部の留学生が日本人と交際している者を目にすると、漢奸《かんかん》（売国奴）と罵ることだ。もちろん、日本人と交際している者には、国を案ずることがどういうことなのか本当は分かっていない者もいる。ただし、天下のことについては、英雄はもともと普通人の議論など気にかけないが、大平の人はやはり衆人の世論に従って歩んでいるのだ。もしこの道を閉ざしたら、誰があえて民衆の怒りを買うだろうか。日本留学も無駄だといえる。

↙銭、50回一円五十五銭。後者の利用には年齢制限があり、中学校（十二〜十七歳程度）及同相当以下と決められていたため、十九歳の周恩来は使えなかったたか。㊐

アメリカからの手紙

二月五日（丁巳十二月二十四日癸未）［火曜日］

気候：暗雲が垂れこめる。温度：四・五度。

修学　＊天下は正に事多く、年華は殊に未だ闌《たけなわ》ならず。

＊**己を知り彼を知れば、百戦百勝**　春秋戦国時代（紀元前七七〇―前二二一）の軍事思想家である孫武（紀元前五三五年頃―（生没年不詳））の作とされる兵法書『孫子・謀攻篇』に、「彼を知り己を知れば、百戦して殆（あやう）からず」とある。「敵の実情を知り、己の実情を知っていれば、百戦戦っても敗れることはない」という意味。同じく「地形篇」に「彼を知り己を知れば、勝乃（すなわ）ち殆からず」とある。㊐

＊**天下は正に事多く……**　梁啓超の詩「壮別」（原文は397ページ参照）からの引用。闌とは、最も盛んなときという意味。「いま世の中は多事多難だ

治事　朝、慶應義塾の入学案内を読む。昼、電車で神田に行って授業に出る。午後、青年会に行って新聞を読む。夜、帰ってから友人に手紙を数通出す。

通信　柏栄、雲卿《*うんけい》から手紙を受け取る。仲甫、天民《*てんみん》、琢章に手紙、春谷《*しゅんこく》、剣帆《けんはん》、超民《ちょうみん》、偉如《いじょ》に葉書を出す。

今日、青年会で、孔《こう》雲卿のアメリカからの手紙を受け取り、読んでとてもうれしかった。ただし手紙のなかで、アメリカに留学した学生たちについて、「アメリカに留学した学生には、出しゃばりたがるという悪癖がある。これをいまの上海の流行とみる。すなわち、会長や書記の地位を掠《かす》め取るや、それだけで大きな功が成ったとみなし、急いで帰国して人をだましては金を稼ぎ、表面的には公平無私を装いながら、裏では利己的に振る舞い、いまあちこちに猖獗《しょうけつ》する利権争奪の輩になりおおせる。もちろん、真に時代を憂うる愛国の士がまったくいないと断じるわけではないが、まだそういう人物を見たことがない！」とあった。

この言葉は、本当に、耐えがたい。この情況は、現在、日本に留学している

が、我々の最も輝かしい時代はまだ盛りを迎えていない。だから国のため、家族のために最善を尽くそう」という意味である。㊥

＊雲卿　孔雲卿。南開学校の親友。『校風』の編集長を務めたことがある。㊥

＊天民　沈天民。南開学校の同級生。㊐

＊春谷　黄春谷。南開学校時代からの友人であり、周恩来と同じく「南開新劇団」の初期メンバー。㊥

1918

◉とまらぬ物価高騰

石鹸、砂糖、魚など、諸物価が高騰。石鹸は約四十銭も値上がり。魚は、小鯛が一枚十五〜三十銭と少々高めだが、かなり需要はあった。牛肉は、青島牛が来たため、やや値下がり（『中央新聞』一月五日付）。

学生たちといかなる違いがあるというのか。なるほど、名目上は、一派は穏健を旨とし、一派は激烈を旨としている。激烈派の者が帰国すれば、しょせん、穏健派が歓迎されるのにはるかに及ばない。だが、アメリカに留学した学生の手練手管は、日本に留学した学生よりも優秀だ。

しかしながら、真の志士は、実際にはいたるところにいる。出しゃばるのが嫌いなので、知っている人がいないというにすぎない。

「世界は窮まり無く願いは尽きること無し」

二月六日（丁巳十二月二十五日甲申）［水曜日］

気候：風雨が街をおおう。温度：三・三度。

修学 *此の夕べ天涯の空に涕涙《ているい》し、他年の夜雨に思量する莫《な》し。

治事 朝、四伯父に手紙を出し、本を数ページ読む。昼、授業に出る。授業のあと、山兄を訪ねるが、会えず。帰宅し、日本語と英語を交えて保田君と話す。さらに、*彼が私の像を描く。

通信 四伯父、文珊に手紙を出す。

*此の夕べ天涯の空に……　周恩来自作の詩。「今日の夕、故郷から一人遠く離れた異国の空に涙を流し、雨の夜、考えないようにしても忘れられない」という意味。中国の旧正月が近づいて、東京の街が風雨にさらされるなか、閑静な霊梅院で、周恩来は感傷に浸り、この詩を作ったのであろう。㊥

およそ天下の人で、真に能力を有する者は、かならず修養を積むことができる。虚心になることができる。情況を見極め、利害を度外視して、やるべきときは命がけで実行する。やるべきでない場合は、身を隠して頭を出さないか、あるいは力を尽くして反対する。このような人物は、常に胸中に確固たる考えを秘めていて、軽々しく変えようとはしない。そもそも、成功するしないは論ずるに値しないが、そういう人物が話すときには、かならず自説は実現すると確信しており、多少の痛みをこうむったところで気落ちするわけにいかないし、微々たる成功で満足することもできない。

梁任公（啓超）の「世界は窮まり無く願いは尽きること無し」という詩句に、私は賛同する。思うに、現代に生きる人間は志をもつべきだ、かならず。普通の人は飽衣飽食することで満足するが、大志を抱く人は、国を救い、社会のために力を尽くしたいと願っている。ズバリ、言おう。毎日働いて、それでも食が尽きる。そんなことって、ありうるだろうか。着るものがなくなることだって、ありえないだろう。だが、国家や社会は無窮無尽である。果てしがない。それゆえに世界の人々の志、希望も永遠に満たされることはないのである。

＊**彼が私の像を描く** 保田の描いた周恩来のスケッチが残っている。[目]

（画像提供：保田春彦）

このとき保田の描いた自画像も同じスケッチブックから発見されている。[目]

（画像提供：保田春彦）

中国青年批評

二月七日（丁巳十二月二十六日乙酉）［木曜日］

気候：曇り、のち晴れ。温度：五・九度。

修学 ＊天下寂寥として風雨歇《や》み、幾たびか生まれて修得し梅花に到らん。

治事 朝、禅弟に手紙を書くが、書き終わらず、神田に行って伯安に個人教授のことを伝える。青年会に寄って山兄、伯鳴に会う。一時に授業に出て、五時に帰る。夜、＊女中を相手に日本語を学ぶ。

通信 実父に手紙を出す。

昨日、人の立志について書いたので、今日はわが中国の現状に思いをはせてみる。大半の青年は、口先では盛んに「愛国」や「救国」と言うが、将来、世に出たときにその言葉を実践できるかいなかは、度外視されている。結局、「救国」や「愛国」に奔走できない。それればかりか、他人を損ない己に利するにしても、これまでの人よりさらに巧妙にやらなければならないのである！　＊これこそ、孔雲卿のいうところの「表面的には公平無私を装いながら、裏では利己的に振る舞い、いまあちこちに猖獗する利権争奪の輩」にほかならない。彼らは、

＊天下寂寥として……　南宋末期の政治家、詩人謝枋得の詩「武夷山中」（原文は398ページ参照）からの引用のようだが、原文は「天下」ではなく「天地」、「風雨」ではなく「山雨」。南宋が元軍に敗れた後、謝枋得は福建省の山中で清貧の生活を送った。風雨がやむと、あたりはひっそり寂しくなる。何回生まれ変われば、梅の花のような品格を修得できるのかを枋得は嘆いている。周恩来は、風雪に負けない寒梅のように高潔な品格を追求する崇高な精神を、この引用によってあらわしている。㊥

＊女中を相手に……　霊梅院に引っ越した周恩来は、日本語の会話を練習し、口語の不慣れを補うために女中を雇った。日本語の口語はむずかしく、周恩来が受験に失敗したのも、口語の不慣れが重要な原因の一つである。㊥

＊これこそ孔雲卿のいう……　同級生の雲卿からきた手紙に書かれていた言葉。雲卿自身が留学先のアメリカで感じたことである。周恩来はこの視点に

実は社会的に非常に恐るべき人物たちなのだ。中国の存亡も、彼らの手中に握られている。この種の人たちは、おおむね二派に分かれる。一派は、民国元年、二年に頭角を現した人たちで、愛国の旗を振り、いたるところででたらめに叫び騒ぎ、手段を弄して人びとをだましている。別の一派は、とくにこの二年ほど台頭してきている人たちで、きわめて穏健重厚な様子を装いながら、もっぱら激烈党を排斥し、連中には何もできないと言いつのって、自分たちは逆に公事にかこつけて私腹を肥やし、陰険な手段を弄している。

　この両派はともに社会の心理に上手に迎合しながら歩んでいるのである。俗にいう「明剣は躲《かわ》し易く、暗剣は防ぎ難し」だ。うまいことをいう。前派の人びとは、いまや、社会の中で虚勢を張っているだけで、何の役にも立たないことはすでにわかっている。この種の毒がさらに長くこの世界に伝染し続けることは許されない。ただし、後派の連中は、社会における偽善者であることがまだ理解されていない。善人だと信じられている。この種の連中は、国内ではいずれかの党派に属していて、国外留学の経験者たちである。

　私は、断定はしない。批判もしたくない。このような人たちは、すでに、どこにでも、いるからである。

深く賛同するのみならず、それを中国国内の政局と結びつけて考えた。同種の人間は、社会的には恐るべきもので、一旦政権を握れば亡国の憂があると述べており、彼はその批判のなかで、真の愛国、救国精神は、私利を謀らない公正な心から生まれるという認識を示している。この認識が彼の一生の光明磊落、公正無私を定めたと言うべきである。㊥

古きを除いて新しきに換える力を持て

二月八日（丁巳十二月二十七日丙戌）［金曜日］

気候：晴れたり曇ったり。温度：七・六度。

修学　涙して雲を看ること又た一年、楼に倚りて何事ぞ凄然とせざらん。

治事　朝、ひき続き禅弟への手紙を書く。昼、神田に行って授業を受け、山兄に会う。授業のあと、また山兄のところに行く。夜、保田君の誘いに応じて、いっしょに神田に行き、伯鳴を訪ねる。

通信　禅弟に手紙、蓬兄に葉書を出す。乃兄の手紙を受け取る。

旧暦によれば、今日は十二月二十七日。旧暦元旦まであますところ二日、立春から四日が経っている。冬が去り春が来れば、気象はまるっきり改まるようである。

いま、私は日本で暮らしている。日本の国内事情は、日ごとに発展しているようにみえる。われわれの国家を論ずれば、日に日に立ち遅れている。「積重《じゅうせき》返し難き」（積弊は改めにくい）悪現象が日に日に増えている。古きを除いて新しきに換える力も、日に日に増強しなければならない。

*涙して雲を看ること……　梁啓超の七言律詩「腊不尽二日遣怀」の二句。眼に涙を浮かべ、荒涼とした寂しさを感じている様子をあらわした詩である。この二句は、隠居期間の梁啓超の孤独と敗北感を表現したものである。中国で最も厳粛な家族団らんの場である旧正月が近づいていたこの日、周恩来は、梁が当時感じたような孤独と寂しさを感じずにはいられなかったのであろう。二月四日の日記にも同詩から「天遠く一身老大に成り、酒醒めて満目是れ山川」を引用している。㊥

*元旦　中華民国以降、中国でも西暦（中国でいうところの公暦）の一月一日を元旦とした。しかし周恩来は自分の誕生日同様、中国古来の暦法に従い、旧暦新年の第一日を元旦としている。㊥

*われわれの国家を論ずれば……　辛亥革命失敗後、袁世凱、段祺瑞を代表とする北洋軍閥が相次いで国家政権を支配し、売国条約（対華二十一ケ条要求）に調印して、国家の主権を売り↖

渡したために、国の状況は好転したとは言えなかった。孫文は、軍部が以前にも増して横暴になり、民衆は一層貧困になってきたと指摘した。それが周恩来の心を揺さぶったのであろう。㊥

✎恋愛観・結婚観

二月九日（丁巳十二月二十八日丁亥）［土曜日］

気候：たしかな、陽春。温度：六・一度。

修学 *自由恋愛に男女（の別）無く、人生何ぞかならずしも妻孥《さいど》有らん。

治事 朝、乃兄に手紙を出し、『*新青年』を読むよう勧める。昼、青年会に行って子余《しょ》に会う。午後、授業のあと、山兄を訪ねるが、会えず。謝君介眉に会い、夜、帰って入浴。

通信 乃兄に手紙を出す。

今日、乃兄に手紙を出し、結婚こそは人生最大の苦悩だと書いた。乃兄はすでにその苦味を知っているので、きっと賛成してくれるにちがいない。人がこの世を生きていくのに、恋愛と夫婦は別の問題である。

*自由恋愛に男女（の別）無く……「自由恋愛では、男女は平等であり、かならずしも結婚して、子どもを産み育てなければならないとは限らない」という意味。周恩来はこのときプラトニック主義的恋愛観の影響を深く受けていた。プラトニックラブは古代ギリシアの理性主義の伝統に根ざしており、心の疎通を追求し、肉欲の排斥を尊ぶものである。恋愛と結婚は別物、恋愛は心の疎通であり、結婚は社会を構築するためのものである。だから周恩来は、乃兄への手紙で、恋愛から結婚に踏み込んだ夫婦が本当の夫婦であり、単に家庭を組織するため、子孫を継ぐための結合としての結婚に反対の意をあらわした。㊥

恋愛は、情欲から生まれる。男女を隔てず、万物を隔てず、およそ一方が情を発すれば、もう一方が感応し得る、これこそが恋愛というものである。だから、馬や犬でも情のつながりをもつことができるのである。

夫婦については、家庭を作り子孫を伝えていくためにこそ、この結合がある。しかし、恋愛から生まれる夫婦こそ、真の夫婦である。傍《はた》の人のそそのかしに従った夫婦、あるいは一時的な感情に駆られた夫婦には、大きな価値などない。こう考えてみると、恋愛の範囲は広く、夫婦の範囲は狭い。恋愛には夫婦の情愛もありうるが、夫婦は絶対に恋愛を包括することができない。もっとも笑うべきことに、現今の人たちはこの恋愛の道理を理解せず、この二文字を耳にすると、夫婦の神聖な条件と見なす。ところが、実際には、両者には大きな距離があるのである。

＊『新青年』　反封建、新文化を提唱した啓蒙誌。孔教問題にも積極的に取り組んだ。一九一五年（大正四）九月、前身となる『青年雑誌』が創刊。翌年九月発行の第二巻第一号から『新青年』と改称し一九二六年まで続いた。魯迅の『狂人日記』もこの雑誌に発表された。㊥

祖国は大晦日

二月十日（丁巳十二月二十九日戊子）［日曜日］

気候：小雨、終日降りやまず。温度：五・一度。

修学　今夕是れ何夕かを知らず＊、強いて児童に趁《じょう》じてひとたび歌を蹋《ふ》む。

＊今夕是れ何夕かを知らず……　周恩来自作の句。北宋の政治家である蘇軾（一〇三七—一一〇一）が中秋の名月

治事　朝、新聞を読み、慧弟に手紙を出す。午後、蓬・山両兄がいっしょにやって来る。しばらく話をしていると、滌愆が来たので、ともに閑談。食後、ぶらぶらする。夜十一時、滌愆が帰り、蓬、山は泊まる。

通信　慧弟《けいてい》に手紙を出す。慧・述両弟、荘尚厳君《そうしょうげんくん》、天興徳《てんこうとく》の手紙を受け取る。

今日は陰暦の大晦日である。道理に従えば、わが中国が陽暦を使うことに改めたからには、太陰暦の節気はもはや祝うべきではない。ただし、陰暦の習慣は長い年月を経ており、忘れ去るのは容易ではない。加えて*「身は異郷に在って異客と為り、佳節に逢う毎に倍々《ますます》親《しん》を思う」のである。現在、われわれは東京で勉学にいそしんでいるが、故郷でみなが祝うのは陰暦の正月である。いうまでもなく、この時期に、大いなる感慨を覚えざるをえないことはいうまでもない。

だから今日この日に、蓬・山両兄と滌愆の三人を私のところに来て閑談しようと誘ったのだ。一つには独りで望郷の念に駆られてしまうのを免れるためであり、もう一つにはこれを機会に知り合い同士が団欒するためである。この二つの意味があったので、保守派であるかいなかにはこだわらなかったのだ。

を歌った詞「水調歌頭」に「不知天上宮闕、今夕是何年」という一節がある。「天上の宮殿を知らず、今宵はいつの中秋にあたるのか」という意味である。周恩来は中秋の名月によって、実弟への限りない郷愁と、世間から自立した自分の気持ちを表現している。また「蹋む」は「踏む」とも書く。歌を踏むとは「歌に従い、舞い始める」という意味。『後漢書』の「東夷伝」のなかには「舞輒数十人同伴し、地を踏んで節を為す（舞いは数十人がほかの人のあとに付きながら地を踏み、調子をとる）」という一節がある。中国旧暦の大晦日の夜、この句によって親族への懐かしい気持ちを表し、現在の複雑な心持ちを整えようとしたのだろう。㊥

＊**身は異郷に在って異客と為り……**唐代の詩人である王維（六九九―七六一）の「九月九日　山東の兄弟を憶（おも）う」に「独り異郷に在って異客と為り、佳節に逢う毎に倍ます親を思う」とある。㊥

コラム五

周恩来の恋愛・結婚観

新中国版より、短評「周恩来恋愛婚姻観」李海文、張紅安

周恩来は日本滞在前後の時期、プラトン主義的恋愛観に多大な影響を受けていた。渡日前、南開学校の理事であった厳修《げんしゅう》に、「そんなに周恩来が気に入ったのなら、なぜ婿に迎えようとしないのか」と言った人がいたそうだ（厳家の子孫である王光美の兄の夫人は、厳家が周恩来に結婚を申し入れたことはないと述べている）。その話を聞いた周恩来は、親友の輪扉（張鴻誥）に「私は貧乏学生だ。厳家に婿入りすれば、私の将来は間違いなく厳家に左右される」と、答えたという。

この出来事をきっかけに、彼は結婚問題について真剣に考えるようになり、先のような、未熟ではあるが哲学的な見解に至ったのかもしれない。

周恩来の青年時代の結婚観は、プラトンのみならず、『新青年』がひろめた独身主義（二月十五日の日記）や、はじめて中国人留学生によって書かれた小説『留東外史』にも影響を受けていることを、日記からうかがい知ることができる。また、その後の日記でも、「夫婦には子供を産む以外の機能はない」（五月三十一日付）、「夫婦の間は『情』の字の結合に非ず」（六月二日付）など、恋愛や結婚の問題について自分の考えを述べている。世の中の大半の

人々にとって、結婚の目的とは家系を継承することであり、感情的な理由で結ばれるのではないと主張する。

彼は、自分自身の恋愛観や結婚観についても積極的に開陳している。たとえば、「恋愛は自由であり、男女の別も、肉体的欲求もない」(六月一日付)、「『情』は一潔《ひたすら》に至り、白に至る物為り（『愛』とは最も純度が高く、清らかなものである)」（六月四日付）などである。また六月六日に同級生の伯安と「情」という言葉について、長い間語り合ったり、六月九日には新中学会で「婚姻問題と独身主義」というテーマで講演を行った。この日の演説は、周恩来が長い間考え続けてきたことの総括であったに相違ない。この青年時代の思想と批評が、後の周恩来の成熟した恋愛・結婚観の基礎を築いたのであろう。

一九二〇年（大正九）末、周恩来は*勤工倹学《きんこうけんがく》のために渡仏し、そこで共産主義の信念を確立後、中国共産党に入党した。生きる道を選び、齢を重ねるにつれて、周恩来は結婚の問題をより深く、より明確に認識するようになる。

フランス滞在中、彼は二人の女性と出会う。張若名《ちょうじゃくめい》と鄧穎超である。二人は、五四運動の初期に周恩来と一緒に、天津で学生運動のリーダーをしていた人物である。ともに有能で、目覚ましい活躍をし、また組織の一員としての自覚を持っていたので、よき友人となった。張若名は美しく、周恩来とは懇意になったがイデオロギー的に弱く、ヨーロッパに到着後、革命に挫折し、共産党を後にした。一方、鄧穎超は張若名より若かったが、当時すでに革命に献身的で、多くの業務をこなす能力に長けていた。周恩来は、鄧穎超との文通を通して恋愛関係となり、一九二五年（大正十四）八月八日、革命の中心地である広州で、生涯のパートナーとなった。

一九四六年（昭和二十一）五月十一日、周恩来と鄧穎超、銭瑛《せんえい》らは、中国共産党代表団のメンバーである李晨《りしん》と陳浩の結婚式に出席。鄧穎超は二人の結婚を祝福し、夫婦間の「八互《はちご》」、すなわちお互いを尊敬し、愛し合い、助け合い、励まし合い、信じ合い、慰め合い、譲り合い、理解し合うべきだとの言葉を贈った。「八互」は周恩来と鄧穎超二人の結婚生活の集大成であり、「八互」の原則を守ることで、手を取り合って艱難辛苦《かんなんしんく》を乗り越えてきた。子供がいないことや、高い地位を得たことなどを理由に、夫婦仲が悪くなることはまったくなかったという。

一九五六年（昭和三十一）、周恩来は、姪の周秉徳《へいとく》が結婚相手の選択に悩んでいると聞き、彼女を自宅に招いた。彼は青春時代を回顧し、若い頃の思い出を語り、はじめて自分の「秘密」を若い世代に明かした。「私が革命に身を投じると決めた時、彼女（張若明）は、革命家の生涯の伴侶としてふさわしくない人物だと考えた。彼女は生涯にわたって革命家ではいられず、革命の艱難辛苦に耐えることはできないであろう、と。そこで、私はあなたたちの七伯母（鄧穎超）を選んだ。彼女への手紙を書き、文通で関係を深めたのだ」と。

結婚には「志が同じ相手が必要である」という、彼の考えの中枢を表した言葉である。この結婚観は、彼に幸福な結婚をもたらした。周恩来と鄧穎超は、共通の信念のもとに革命的な家族を築いただけでなく、その愛を民衆と国へも広めたのである。

＊「労働に励み、倹約して勉強する」という意味。一九二〇年前後の中国では、勤工倹学する若者をフランスへ派遣する運動が盛んであった。

陰暦元旦の抱負

二月十一日（戊午正月初一日己丑）［月曜日］

気候：暗雲が立ちこめる。温度：五・七度。

「考えるなら、現在よりも新しい思想を考えなければならない」
「行うなら、現在の最新の事業を行わなければならない」
「学ぶなら、現在の最新の学問を学ばなければならない」

以上、三宝*の如し。

修学　万象*は都《すべ》て心に由《よ》りみずから造られ、寂寥《せきりょう》の天地は情に関わらず。

治事　昨夜、蓬・山両兄と話し込み、明け方三時にやっと眠る。九時に起き、朝飯をすませると、滌愆がやって来たので、三人で彼の下宿へ行った。自分たちで食事を作り、とても楽しい。午後、神田に行く。夜、帰ってから静坐。

通信　拱宸の手紙を受け取る。碩陸《せきりく》、問凱に手紙を出す。

わが家には、「大年初一*に高興〔愉快〕にあらざれば、一年晦気《かいき》〔不運〕なり」

＊三宝　仏教における三つの宝、すなわち仏（悟りをひらいた人）、法（その教え）、僧（仏の教えをひろめる人）のこと。この日の日記には「考えるには……」「行うなら……」「学ぶなら……」を自分の人生の三宝とすると書かれている。これは彼が『新青年』から多くの影響を受け、思想、行動、学問において定めた方針であり、新年の志向でもある。日本滞在中の周恩来にとって、思想上の大きな転換点となった。㊥

＊**万象は都て心に由り……**　周恩来自作の句。王維の詩「登河北城楼作」の「寂寥たる天地の暮れ、心は広川と与に閑けし（寂しくも暮れゆく天地、心は広々として川のように静かである）」から影響を受けている。「宇宙のすべてのものは心から生まれ、その静かで広々とした天地は情とは関係ない」という意味。㊥

＊**大年初一**　陰暦の元旦のこと。㊐

＊**私は今日、志を立てた**　『新青年』を読んだ後、周恩来は思想的に大きな

という格言がある。今日は大年初一だが、どうやって自分を愉快にさせればいいのか。不愉快にさせる事情が実に多すぎる。家訓を守って、しばらく不愉快なことは考えないことにしよう。

まず、今日は元旦なので、本年に実行すべき方針を立てよう。辟易するのは、平素自分の立てた志を実行しない人間だ。そういう人間が余計なことをするのは嫌いだ。

*私は今日、志を立てた。その志は早くから定まっていたものだ。しかし、今日考えるべきは、今年実行すべき方針であり、大げさなうわべだけの話よりも実があるからには、身近であり、かつ実行しやすくなければならない。まず、それを書き出して、旧暦元旦の書き初めにする。

第一、考えるなら、現在よりも新しい思想を考えなければならない。

第二、行うなら、現在の最新の事業を行わなければならない。

第三、学ぶなら、現在の最新の学問を学ばなければならない。

思想は自由でなければならず、行動は誠実でなければならず、学問は明晰でなければならない。

㊥衝撃を受けた。旧暦の元旦に、古い思想を捨て、新しい思想と真の学問を追求し、具体的に実践することを志した。

1918

●世論は寺内内閣を批判

ジャーナリズムは、元老の山県有朋（やまがたありとも）の直系で元朝鮮総督の寺内正毅内閣を、大正デモクラシーに逆行するとして、当時内閣がかかげていたスローガン「秉公持平（へいこうじへい、公平公正という意味）」とかけて閉口内閣、またその外見と非立憲をかけて寺内ビリケン内閣と揶揄。大正七年九月、米騒動により総辞職。

家族を思って眠れず

二月十二日（戊午正月初二日庚寅）［火曜日］

気候：やや冷え込む。温度：六・九度。

修学　＊思想の自由には限界がなく、身を宇宙の広大な空間に置く。

治事　朝、実父に手紙を出す。思いが実家のことに及ぶ。昼、神田に行くが、＊記念日なので、学校は休み。授業はない。伯鳴を訪ね、四川の劉《りゅう》君と長いこと話し込み、警倫《けいりん》、興唐《こうとう》にも会う。

通信　実父、二伯父、弌叔に手紙を出す。

一昨夜は大晦日だった。蓬・山両兄が私の下宿にはじめて泊まり、長いこと話し込んだ。午前三時にやっと眠ったが、そのとき、わが家のことを思い出した。四伯は黒竜江にいる。天地は氷雪におおわれる。酷寒の地で、肉親が一人もいない。乾爹《かんた》は北京にいるが、毎月の給料は、暮らしていくのがやっとのことで、毛皮つきの服もなく、うまいものも食べられない。八媽《はちぼ》も、八伯が亡くなってから、どれほどつらい思いをしていることだろう。

弟や妹に目を向ければ、さらに心が傷む。憐れにも＊黒弟《こくてい》は、父親にも会えず、

＊**思想の自由には……**　周恩来自作の句。大意は「一旦思想の自由を獲得すると、天地と宇宙の広大な空間に身を置くようである」。この句は二月十一日の日記に記されている三宝の中の第一宝と同じ意味で、思想の束縛から逃れた後に、思想を自由に駆けめぐる愉快な気持ちを言い表している。㊥

＊**記念日**　何の記念日か、不明。この日、寺内内閣の施策方針に反対する一団が、大日本帝国憲法発布三十周年祝賀記念国民大会を上野公園と精養軒で開催している。午後四時の閉会後に、二重橋に向かおうとした群衆と警官が衝突。大乱闘で上野警察署署長らが負傷し、群衆のなかにいた首謀者十七名は上野署に連行された。「紀元節」は前日の二月十一日。日本四大節（四方拝、紀元節、天長節、明治節）の一つで、神武天皇即位の日を明治政府が「紀元」と定めた。「紀元節」の呼称は第二次世界大戦終了後に廃止され、その後「建国記念日」と改称された。㊥㊐

＊**黒弟**　下の弟の周恩寿（おんじゅ）

兄の世話もできない。さぞやつらい思いをしているにちがいない。

天津の家では、年の瀬を迎えて、四姨がどれほど心配し、またどれほど怒鳴られていることだろう。ああ、これからの一年のことを思うと、わが家の面々は非常につらい。しかも東西南北に散り散りばらばらだ。

やはり、私のほうがややましかもしれない。だが、心静かに自問してみれば、私自身もとても不安で、転々と寝返りをうって眠れなかった。さらに、父母やその墓のことを考えてしまう。*棺が埋蔵されずに剥き出しのままになっているそうだ。考えれば考えるほどつらくなり、即刻帰国して、これらのことを処理できないのが恨めしい。

再び家族を思う

二月十三日（戊午正月初三日辛卯）［水曜日］

気候：とても暖かい。温度：七・五度。

修学 *手を握りて遙かならざるを願い、想像して何《いず》れ語をか作《な》さんか。

治事 朝、実家へ手紙を数通書く。昼飯のあと、青年会に行って新聞を読む。四時、山兄を訪ねる。途中で浙江教育団の参観者たちに出会う。夜、帰っ

のこと。留学のため、家を出ていた。㊥

＊棺が埋葬されず……　父は養父の周貽淦、母は養母の陳氏を指す。周恩来が一歳にもならない時、貽淦が死去。一九〇七年（明治四〇）には実母の万冬児が、翌年には養母が死去した。剥き出しの棺は実母のものである。万冬児は肺結核が原因で、清江浦で他界。外祖母は葬儀に過剰な要求をしたが、実父の周貽能はお金がないために妻を埋葬できず、棺桶をしばらく清江浦にある庵に安置しておいた。一九三五年（昭和一〇）までに棺桶は淮城に運ばれ、周家先祖の墓地に埋葬された。㊥

＊手を握りて遥かならざるを……　周恩来自作の詩。「手を握り」とは、握手のこと。握手は面会のときの挨拶であることから、「会う」こと自体を意味する。会える日が遠くないことを願い、会った瞬間にどんな言葉を交わすかをイメージする、という意味。新年

て述弟に手紙を出す。

通信 述弟、公孟、剣帆、伯鳴の手紙を受け取る。大伯父*、三伯父*、五伯母*、およびハ弟、虎《こ》・蔚両弟、秉和《へいわ》、述弟に手紙を出す。

昨夜、実家に数通の手紙を書き、今朝もひき続き数通書いた。感無量にならざるをえない。思い出してみると十数年前は、さいわいなことに一家はみな淮城*で暮らしていた。当時は、伯父数人がみな家にいた。伯父自身がよそで働いていても、その家族はみな淮城にいた。伯父数人の家族、兄、弟、姉、妹がみな一つの門のなかに暮らしていて、毎日、いっしょに遊び、怒ったり、仲よくしたり、言い尽くせないほどいいことばかりの毎日だった。

最初に家を出ていったのは二伯と二媽媽《にぼぼ》で、ついで六伯と六媽《ろくぼ》が清江*に引っ越していき、さらに乾爹《かんこ》と乾娘が母と私を連れて清江に引っ越した。そして、一年もたたないうちに、三伯、ついで三媽が奉天*に去った。四媽が世を去り、大姉《たいし》と数人の弟も亡くなった。続けて、八伯と八媽も清江に去った。さらに半年もたたないうちに、乾娘が病気で没した。夏が過ぎると、母も世を去った。当時、わが分家では葬儀がひっきりなしに行われ、まさに悲惨極まりなかった

にあたり、周恩来は親族を思い、二月十二日、十三日と立て続けに親族に手紙を書いた。この詩は、親族に会いたい気持ちが切実であることを表わしている。㊥

＊**大伯父** 周貽豫（いよ）。周恩来の二祖父、周駿翁（しゅんぼう）の長男であり、周家の排行で一番上のため、大伯父と言う。㊥

＊**三伯父** 周貽謙（いけん）。周恩来の五祖父、周子龍（しちょう）の長男で、親の従兄弟も含む周家の排行の三番目となるため、三伯父と言う。㊥

＊**五伯母** 五伯父の妻であるためこのように呼ばれる。周恩来は万十三姑とも呼んだ。㊥

＊**淮城** 現在の江蘇省淮安市（26ページの地図参照）日

＊**清江** 現在の江蘇省淮安市清江浦区（26ページの地図参照）。当時は清河県と称した。周恩来の外祖父である万青選は清河の知県に勤め、清江浦に定住。周恩来の祖父が死去し家が傾いた後、一九〇四年に実母の万冬児と↖

といえよう。秋になると、四伯が奉天に去り、乾爹が湖北に去り、われわれが淮城に戻った。そして、二年たらずで、私が家を出た。ここ数年の間に、*五伯と八伯があいついで世を去り、各家長が東遷西移し、淮城にいた数人の者もいなくなった。

　いまや、南京にいる者も、奉天にいる者も、黒竜江にいる者も、北京、天津にいる者もいる。各所に移動分散し続けて、まったく定まっていない。思い起こせば、まさに人の世の移り変わりは推し量ることができない。親戚も、ここ十数年のあいだに六姑、五姑、十姑が世を去り、この世にとどまっているのは大姑、四姑、七姑、八姑の四人だけである。兄弟も、排行の数字で数えると三十余人いなければならないはずだが、いま、数えてみると、わずか十二人しかいない。姉はいなくなった。妹二人のうち、一人はすでに嫁いで、子どもが一人いる。さらに十年がたって、私が学業を終えるころには、さらに、どんな ふうに変わってしまっているのだろうか。

↙養母の陳氏が彼とふたりの弟を連れて外祖父の家に移り、その後に陳氏の家に移った。外祖父の豊富な蔵書及び陳氏の教えが、幼年期の周恩来の性格の形成と教養に大きな影響を与えた。一九〇七年に万冬児が亡くなった後、彼は陳氏に付いて揚州の宝応で二か月間暮らした。翌年に陳氏も病気で死去したため、周恩来がふたりの幼い弟を連れ、清江から改めて本籍地の淮安の駙馬巷に帰り、一九一〇年に同地を離れるまで住んだ。㊥

＊奉天　現在の遼寧省瀋陽市（26ページの地図参照）。一六二五年、清の太祖ヌルハチ（一五五九―一六二六）が後金（清の建国時の国号）の主都をここに定めたが、清の軍隊が入国した後は北京へ遷都したため、第二の首都となり、「奉天承運（天に奉じて運を承る、天の意思に従い、天命を受ける）」の意にちなんで、「盛京」から「奉天府」に改称。「奉天」の名が正式に登場した。一九二八年末、張学良は易幟（えきし）の後、奉天省を遼寧省に、奉天市を瀋陽市に改名したが、満州事変により日本人を首班とする奉天市政府が成立。一九四五年の日本の敗戦後、満州国の崩壊とともに奉天府も自然消滅。再び瀋陽の名が使われるようになった。㊥

㊐

平凡な一日

二月十四日（戊午正月初四日壬辰）［木曜日］

気候：霙（みぞれ）まじりの雪。温度：六・九度。

[修学] *万籟《ばんらい》の声のなかに淅瀝《せきれき》を聞き、書を手に持ちて意は夷然《いぜん》たり。

[治事] 朝、手紙を数通書く。昼、神田に行って授業に出て、青年会に行って謝君介眉に会う。夜、帰って、周辺を散歩し、部屋に戻って『新青年』を読む。

[通信] 雨辰の手紙を受け取る。四姨、および慧弟、乃兄、季衡、柏栄、剣帆に手紙を出す。

『新青年』を読み開眼！

二月十五日（戊午正月初五日癸巳）［金曜日］

気候：晴れ。温度：六・二度。

[修学] *風雪残留して猶《な》お未だ尽きず、一輪の紅日已に東より昇る。

[治事] 朝、『新青年』を読み、夜、帰ってからまた読み、排孔*（孔子排斥）、独身、文学革命の諸主義に心から賛成す。

＊五伯　五伯父。周貽鼎。原名は貽定、字は静之。周恩来の三祖父の周聯駿（れんしゅん）の一人息子。外祖父万青選の十三番目の娘、万十三姑を妻とした。㊥

＊万籟の声のなかに淅瀝を聞き……　周恩来自作の句。「万籟」は、自然界の万物から発した響きであり、「淅瀝」は擬声語、つまり風雨や落葉のかすかな音の形容で、「夷然」は、平静で落ち着いた様子を表す。この詩は、周恩来が自然界の風雨のなかで静かに読書する愉悦の心境を表している。㊥

＊風雪残留して猶お……　周恩来自作の句。「吹雪はまだやんでいないにもかかわらず、東には一輪の赤い日が高く昇っていた」という意味。風景を通して現在の自分の感情を表現し、新思想を東昇する太陽にたとえている。『新青年』読後、「古い思想を捨てて新しい思想を求めたい」という志を立て、高揚した気持ちを表した。㊥

通信　醒兄の手紙を受け取る。述・撼両弟、更生《こうせい》に葉書を出す。夜、また述弟に葉書を出す。

　以前、中国にいたときは、校内のことで多忙を極めたので、一昨年創刊された『新青年』に特に注意もはらわなかった。本屋で買ってきて読んだこともあるが、読むそばから忘れてしまった。加えて、当時は「漢学」（古書の字句を解釈する訓詁の学）と、「古文の模倣」という二つの大きな過ちを犯しており、これらの改革的な考えに関心を抱くはずもなかった。天津から出発するときに、雲弟が『新青年』第三巻第四号をくれたので、旅行中に読んでみてとても気に入った。東京に到着後、季衝の下宿で第三巻の全号を見かけ、とてもうれしく思った。すぐに手に取って読みはじめ、数冊読んだところで、それまでの誤った考え方を一掃できた。

　その後、神田に引っ越して、独り暮らしをはじめたので、私は世上の一切の事情を眺めながら、何かにつけ回り道をするようになった。「*苦海無辺なれど、頭《こうべ》を回《めぐ》らせば是れ岸なり」。万有を排棄し、しかしあの「*無生」の道を歩むのには及ばず、ことをわきまえている人にくらべ騒がしい日々を過ごしてきたの

＊**孔子排斥、独身、文学革命**　初期の新文化運動が宣伝した主な内容である。孔子排斥とは、孔子を始めとする儒家の古い思想や道徳に反対し、西洋の科学的、民主的思想を広めようとする行為である。独身と不婚主義は同義であり、日記のなかでもそうした結婚観の記述が何度も見られる。文学革命とは、新文化運動における陳独秀、胡適らの主張であり、文学作品によって中国がいかに時代遅れで危機的状況なのかを人々に啓蒙しようとした。陳独秀は一九一七年の『新青年』二巻六号に「文学革命論」という文を発表し、「文章を飾り立て、こびへつらうような貴族文学を打ち倒し、平易で抒情的な国民文学を建設すること」、「陳腐で誇張的な古典文学を打ち倒し、新鮮で誠実な写実文学を建設すること」、「難解でわかりにくい山林文学を打ち倒し、明瞭で通俗的な社会文学を建設すること」という「三つの主義」を確立することを新文学の目標とした。この頃の中国の文学では、古典の語法を基礎↖

に、いつも情という難関を突破することができず、人類と絶対に断絶することができなかった。釈迦は「この世には成仏しない者が一人いる。私こそその一人だ」という。釈迦ほど大きくはなれないけれども、有縁《うえん》の者とことごとく断絶させられている。私にできなければ、いったいだれが*達磨《だるま》の面壁に学ぶことができるというのか。しかし、できない。だが、考えないわけにもいかない。ずっとこの苦しみにかき乱されてきたが、今年の一月になって、やっと少し楽になった。これからは、*心を「自然」に用い、進化の軌道に従いながら、もっとも*大同の理想に近い、かつ最新のことを実行しなければならない。数日の間は言動をつつしもう。月初めから、心中がとても落ち着いている。

↙とする文語文が主流とされており、白話文（口語文）は下層民が使うものであった。周恩来が日記を白話文でつづっているのは新文化運動に対する積極的な反応といえよう。㊥

***苦海無辺なれど、頭を回らせば是れ岸なり**　「苦しみにはこれで終わりというものがないが、ものの見方を変えれば、悟りはすぐそこにある」という意味。㊐

***「無生」の道**　「無生」は「不生」ともいう。仏教の八不（はっぷ）の一つである。「中論・観因縁品」のなかに「諸法は自生せず、またほかより生れず。不共に無縁の因なし、是故無生知る」とある。すべての事物は自因生でもなければ、他因生でもなく、共因生でもなく、また無因生でもない。つまり、生滅の変化を否定し、すべての事物は縁から生まれるとする。それにより、人やものへの執着から解放され、とらわれることのない正しい見識を得られるとされる。周恩来は日本で苦境に立たされていたとき、仏教の無生主義に心を寄せていたことがある。しかし、世の中の人との情を切ることはできず、徐々に「無生」への思いを打ち消していった。㊥

***達磨の面壁**　18ページの*面壁参照。

***心を「自然」に用い、進化の軌道に……**　自然、進化はダーウィンの進化論の主要観点である。ダーウィンは、生物間には生存闘争が存在し、適応者が生き残り、そうでないものが淘汰されることは、自然の選択であると説いた。生物は遺伝、変異、そして自然選択を通し、低級から高級へ、簡単から複雑へと、種類も少ないものから多いものへと進化し発展してきたとす↖

る。周恩来はこのとき、民主科学思想の影響のもと、進化論の思想も理解し、受け入れていた。㊥
＊大同の理想　大同思想の目指す、差別のない自由平等のユートピア世界のこと。清末の康有為は『大同書』において孔子を民主共和の祖とし、大同思想を展開した。また孫文も、三民主義の「民生主義」は大同主義であるとした。㊥

迷いから醒める

二月十六日（戊午正月初六日甲午）［土曜日］

気候：北風強し。温度：四・三度。

修学　不婚主義。

治事　朝、早く起きる。昨日、これまでの一切の事情を看破したので、心中がとても愉快になる。夜、青年会に行って演説を聴く。

通信　訓忱《くんしん》、剣帆の手紙を受け取る。雲卿に手紙を出す。

この数日、続けて『新青年』第三巻を精読し、やっと分かった。これまで中国で考えていたことのすべてが見当外れで、基準にできるものは一つもない。日本に来てから重んじるようになった「無生」主義も、たしかにきわめてすぐれているが、実行するのは容易ではない。

＊三つの主義　二月十一日（旧暦の元旦）に立てた「最新の思想」「最新の事業」「最新の学問」についての志を指す。「事業」とはライフワークのこと。周恩来にとってのそれは、中国の改革である。㊥㊐
＊新しい紀元　紀元はある重大な意義を持った新しい始まりを意味する。周

要するに、これまで考えてきたこと、やってきたこと、学んできたことは、すべて役立たずだったのである。今後は、二月十一日に定めた*三つの主義にもとづいて生きていかなければならない。古きと新しきとの確執にとらわれることなく、また、古きに恋々としてもならない。今日からは、私の「思想」、「学問」、「事業」のために、*新しい紀元が開かれることを願う。

恩来は『新青年』を通して、新文化運動によって広まった孔子排斥と、文学革命などの主張を受け取り、民主と科学の新思想を樹立し、その新思想のもと、新しい事業の開拓を望んでいた。㊥

すべてを捨て、新たに切り開く

二月十七日（戊午正月初七日乙未）［日曜日］

気候：晴れ。温度：五・六度。

修学 *二十世紀の新国民。

治事 朝、少し寝坊。朝食のあと滌愆を訪ねるが、会えず。神田に行って伯鳴、山兄、子魚《しぎょ》に会う。昼飯は子魚の下宿で食べる。午後、青年会に行ってもう一度山兄に会う。三時、上野から歩いて帰る。夜、滌愆がやって来て閑談。

通信 伯鼬《はくゆう》の手紙を受け取る。剣帆、訓忱、鏡宇《きょうう》、乃兄、醒兄に葉書、季衝に手紙を出す。

＊二十世紀の新国民　周恩来は『新青年』読後、過去の思想の束縛から脱したことで、よりいっそう国家に貢献できる人になることを望んでいた。㊥

＊「更生」「重生」　仏教の輪廻転生観には、更生論（生まれ変わり）や涅槃重生（肉体は大きな痛みと苦しみを受けてはじめて、より美しい肉体に生まれ変わることができる）などの教義もある。周恩来は「更生」と「重生」という言葉で、自分が生まれ変わったことを表現している。㊥

一昨日、忽然と迷いから醒め（覚醒）、これまでの一切のことは重んずるに足らぬこと、取るに足らぬことと見なしてから心の中がとても愉快になった。「従前の種々の譬《さとり》は昨日死んだ如し」。いまの私の思想は、この句と少しも異なるところがない。

現在の私にとって宗教は、普通の人が信ずるのよりもおそらく十倍も楽しいようである。宗教家はつねに、人は宗教を信ずれば「*更生」（生まれ変わる）、「*重生」（死後に生き返る）できると言う。私が今回深く会得し、これまでのすべてを捨て去り、「新しい思想」を切り開き、「新しい学問」を求め、「新しい事業」を実行しようとしていることは、事実上、「重生」、「更生」と同じことだと思う。フランスの女優*ベルナールはいつも、自分は子どもだと言っている。今日は、この句を借りて、いまの私自身を子どもであると見なしてみよう。ハッハッハッ！

＊**ベルナール**　フランスで最も有名な女優の一人、サラ・ベルナール（一八四四―一九二三）。十九世紀から二十世紀初頭にフランスをはじめ、ヨーロッパ各地、アメリカなどで活躍した。一九一五年に膝の骨結核が原因で右足を切断した後も舞台では活躍した。感情的な演技を得意とし、古典的なフランス喜劇の中の悲劇的な役や、現代の社会的な役を演じてることにも長けていた。さらに男役の演技も高評価であったという。画家ミュシャの出世作「ジスモンダ」は彼女の芝居のポスターである。『新青年』第三巻第六号にはベルナールを紹介する記事もある。㊥㊐

サラ・ベルナール
（画像提供：ユニフォトプレス）

1918.2.17

コラム 六

『新青年』がもたらした思想革命

新中国版より、短評「《新青年》帯来的思想革命」 李海文、張紅安

周恩来は二月の日記で連日、「『新青年』を読んだ」と記述している。

二月九日には、乃如に手紙で、『新青年』を読むように勧め、二月十四日夜、帰宅後に家の周辺をぶらぶら歩いたあと、部屋に戻り『新青年』数冊を読んだ。二月十五日は朝から『新青年』を読み、夜は帰宅後に再読。排孔（孔子排斥）、独身、文学革命の諸主義に、心から賛同した。二月十六日の日記にはこう書いた。「この数日、続けて『新青年』第三巻を精読し、やっと分かった。これまで中国で考えていたことのすべてが見当外れで、基準にできるものは一つもない」。二月十八日には、「弌叔への手紙にさまざまなことを書いた。その中で自分がここ数日で生まれ変わったことにふれた。いま、心の中は喜びに満ちあふれ、自分が以前「思想」「学び」「行動」と思っていたことに、取り入れるべき点はまったくないことに思い至った」

『新青年』は新文化運動勃興のシンボルとして一九一五年（大正四）九月に創刊、胡適《こてき》によって、「新しい時代を創造した」と評された。しかし、同誌が周恩来に衝撃を与えたのは、一九一八年（大正七）の日本滞在中である。新文化運動がさかんになった

時期、周恩来は天津の南開学校に通っていた。天津は、北京の玄関口。華北工業が源を発する地で、華北経済と文化の中心でもある。近代資本主義工業やブルジョア思想が広がっており、教育も充実、華東の上海と肩を並べていた。

南開学校は国内でも一流の学校で、国語、外国語、歴史などの文系科目はもとより、数学、物理、化学などの理系科目があり、さらには英語での授業も行われた。また、学校側は課外活動も奨励。このように開放的な都市で、前衛的かつ進歩的な学校に通っていた周恩来が、なぜ当時『新青年』の影響を受けなかったのか。これについて二月十五日の日記に次のような記載がある「以前、中国にいたときは、校内のことで多忙を極めたので、一昨年創刊された『新青年』に特に注意もはらわなかった。本屋で買ってきて読んだこともあるが、読むそばから忘れてしまった。加えて、当時は『漢学』（古書の字句を解釈する訓詁の学）と、『古文の模倣』という二つの大きな過ちを犯しており、これらの改革的な考えに関心を抱くはずもなかった」

学業や学校事務に追われ、『新青年』に注目する暇がなかったことは、南開学校での四年間の学生生活が証明している。周恩来は一九一三年（大正二）八月に南開学校に入学した。同級生の回想によれば、南開学校では国語、英語、数学の三科目を基礎科目としていたが、なかでも英語を厳しく重点的に指導していた。四年生を除き、すべての学年で毎週十時間、英語の課外授業が行われ、教材の一部には英語の原書が使用されていた。学校側の力の入れようがうかがえる。入学当初、英語が苦手だった周恩来は、難関を克服するために毎朝早起きをしては、身支度と朝食をすませた後の時間、昼間やそれ以降の授業外の時間をすべて勉強に充てるほど勤勉で真面目な学生だった。学習上の困難を克服し、学校側が要求する厳しい学習レベルに達した後、周恩来は仕事や課外活動に力を注ぎたいと望むようになる。二年生で特待生となると、校則により、学校のために奉仕せねばならなかった。彼は半分仕事をして半分勉強し、学校のために書写してはガリ版を切った。

一九一四年（大正三）の冬休みの後、周恩来は同じクラスの友人である蓬仙（張瑞峰）、醒亜（常策欧）とともに「敬業楽群会」を立ち上げ、会報誌『敬業』を出版。南開新劇団にも入団し、「仇大娘」「一元銭」などの新劇にも出演した。また、学報『校風』の編集長、演説会副会長、国文学会幹事、江浙同窓会会長、新劇団の舞台美術部部長なども務めている。それゆえ学業と仕事の両立はハードで、学校の事務も忙しく、名実ともに多忙であったといえよう。

〝二つの大きな過ち〟と記した「漢学」と「古文の模倣」とは、歴史上の諸子百家の思想を学びつつ文章を書くことであり、これが当時のおもな学習内容であった。すなわち白話文を提唱した新文化運動から見た過ちであり、その影響によりみずからも白話文を使うようになったことを意味する。

『新青年』は、創刊当初は周恩来に影響を与えなかった。その根本的な理由は、彼のそれまでの環境と中国の情勢にある。南開時代、周恩来は十三～十七歳の少年期であり、家庭、学校、社会が彼に期待することはもちろん勉学であった。渡日したのは、十九から二十歳の青年期。一人の青年として自分の未来、将来の職業、家庭の責任を考えなければならず、またどのように国家や社会のために力を尽くすか考慮しなければならなかった。国家がますます危機的状況を迎えていたため、後者の問題は特に切迫していた。

周恩来は、日本滞在中の中国の情況についてたびたび日記に記した。「現在の国勢をもって論ずれば、東三省を救うのは非常にむずかしいが、救わなければ中国全体の危機に関わる」（一月三十日付）、「日本の国内事情は、日ごとに発展しているようにみえる。われわれの国家を論ずれば、日に日に立ち遅れている」（二月八日付）と、自国を憂慮した。さらに、一九一八年の四～五月には日華共同防敵軍事協定の締結と、それに対する反対運動が、十九歳の周恩来を政治運動へと押しやった。

南開時代の周恩来は、『新青年』を読んでもその内容はあまり覚えていなかったようだが、東京に向かう船上で友人の雲弟から手渡された『新青年』三巻四号を読んだところたちまち魅了された。季衝の下宿では、「第三巻全号を見かけ、とてもうれしく思った」（二月十五日付）とある。船中、偶然読んだことから新しい思想に出会い、東京到着後はみずから『新青年』を探し求め、手に入り次第何冊も続けて読んだのだった。二月十七日には、この変化を「一昨日、忽然と迷いから醒め（覚醒）」と表現している。「覚醒」とは、それまでの環境と情勢から生まれる「成長」のことである。

新しい思想を手に入れた周恩来は、南開時代に受け入れていた仏教の「無生主義」について二月十五、十六日の日記で「実行するのは容易ではない」と記し、「軍国主義」、「賢人政治（哲人政治）」についても二月十九日に「大きな誤りであった」と断言した。「より新しい思想を考えること」「最新の事業を行うこと」「最新の学問を学ぶこと」を人生の「三宝」に例え、彼はこの三つの宝を守ることで新時代を切り拓きたいと切に願ったのである。

周恩来に最も大きな影響を与えたのは、『新青年』第三巻である。第三巻には、「対独外交」「ロシア革命とわが国民の覚醒」「旧思想と国体問題」などの陳独秀の国際的時事評論、李大釗《りだいしょう》の「青年と老人」をはじめとする国内時評、陳独秀らが各地で行った講演、社会で話題になっている問題に関する書簡、読者フォーラム、国内外の大事件などが掲載されている。周恩来は、『新青年』の閲読から一歩進めて、国家や社会に対する若者の責任、中国の政治的発展に影響を与える国内外の出来事、国家の政治や経済、人民の生活などの問題、現在の中国北洋政府における政治の闇、ダーウィンの進化論など西洋の自然社会科学の思想、国外の有名な政治家、軍事家、文学者などについても理解を深めた。

「覚醒」の後、「大きな誤り」を払拭し、彼は新たな指標を設定した。自由な思想で、着実に物事を行ない、誠実な態度で学問を学ぶことを追求したのだ。『新青年』は、日本滞在中だった周恩来の新しい世界への扉を開いたといえる。陳独秀は、新文化運動を主導した際に「中国を救い、共和国を建設するためには、まず思想革命を行うことだ」と言った。『新青年』は、確かに周恩来に思想革命をもたらしたのである。

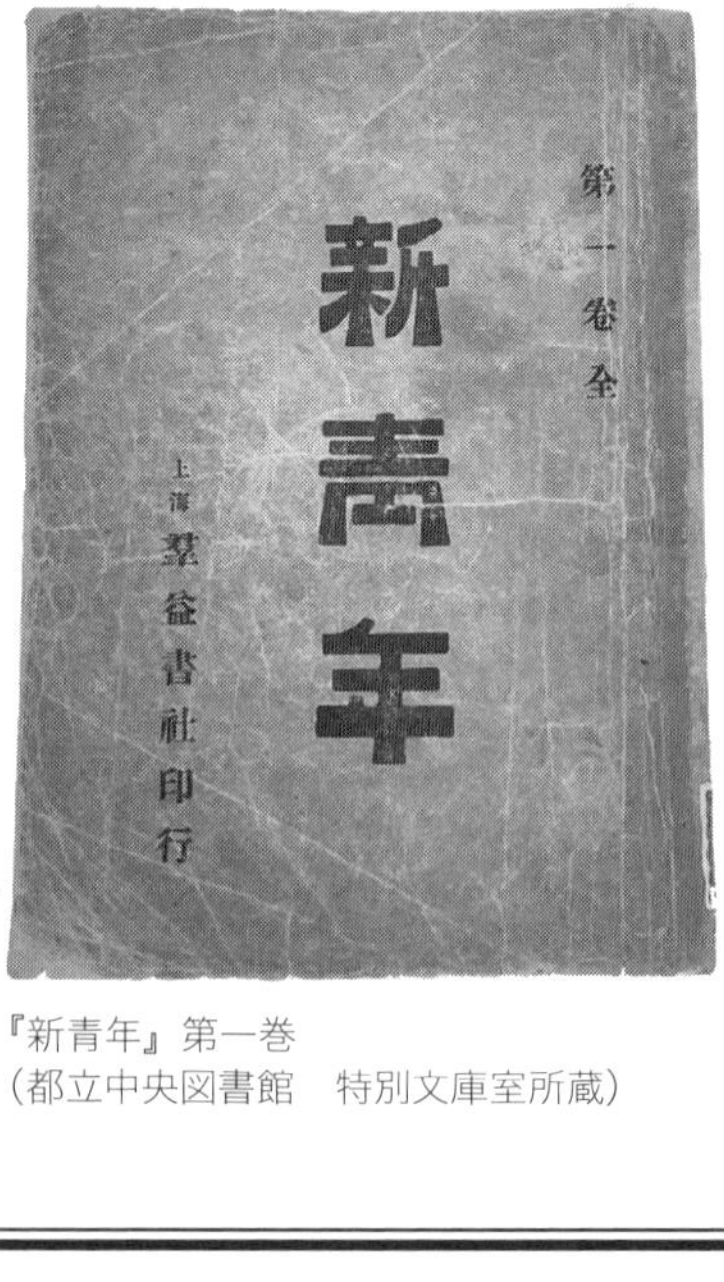

『新青年』第一巻
（都立中央図書館　特別文庫室所蔵）

三

受験失敗

「混世魔王」と「中人の資」

二月十八日（戊午正月初八日丙申）［月曜日］

気候：ひどく冷え込む。温度〇・六度。

修学　*新陳代謝。

治事　朝、昨日に続いて弌叔《いちしゅく》に手紙を書く。昼、神田に行って授業に出て、輪扉《りんぴ》に会う。今日の*高等工業一次試験はかなりの結果が出せたらしい。夜、帰るとひどく冷え込み、北風が強く、東京は今年のように寒いことはここ十数年間なかったらしい。十二時まで本を読んで、寝る。

通信　弌叔に手紙を出す。

今朝、弌叔への手紙にさまざまなことを書いた。その中で自分がここ数日で生まれ変わったことにふれた。いま、心の中は喜びに満ちあふれ、自分が以前「思想」「学び」「行動」と思っていたことに、取り入れるべき点はまったくないことに思い至った。弌叔の手紙にある「その得るところを究めれば大いにこれを門外に標すべし」という語句とも意を異にしない。

弌叔はまた、「社会のために*混世魔王を造る」が、「大半は*中人の資にすぎな

*新陳代謝　古いものが次々と新しいものに入れ替わること。周恩来はこの考えを、個人や社会が絶えずみずからを更新していく必要性を認識するものとして日記に書き記した。㊥

*高等工業　東京高等工業学校のこと。当時の校長である手島精一（一八五〇―一九一八）は海外留学経験や岩倉使節団への随行などで得た見識と実践で工業技術教育のパイオニアとして評価された。一九二九年（昭和四）に東京工業大学に改称した。㊐

*混世魔王　文字通り、社会をかき乱す魔王。日記中ではトルストイを混世魔王とよんでいるが、この言葉は決して侮蔑的な意味ではなく、大著を著し、時代に大きな影響を与えた人物として評価している。㊥

*中人の資　中等度の資質、知恵を使う能力のこと。一人の人間の知能は中等度の水準であり、誰であれその点において例外はないということ。㊥

*トルストイ　レフ・トルストイ（一八二八―一九一〇）。ロシアの作

い」とも述べている。弌叔によれば、現在の学生の大半はこの二つの流れに帰す。学生たちが、私自身をも含めて、真に「混世魔王」の本領、あるいは「中人」の資格を有していれば、社会は大きく進化し、太平の様相を色濃くすることができるであろうが、おそらく、われわれはこの「本領」、この「資格」さえ、まだ有していない。ただ、「混世魔王」であれ「中人の資」であれ、私の考える「思」、「学」、「行」の三つのことを、進化の軌道、自然の妙理に従いながら前進させていくしかないのではないか。

「混世魔王」について言えば、トルストイ*こそ最大の「混世魔王」である！ワシントン*は「中人の資」に過ぎないのではないか。しかしながら、この二人が世界にもたらした「進化」と「平安」は巨大な力を内部に秘めているのである。

軍国主義を排す

二月十九日（戊午正月初九日丁酉）［火曜日］

気候：晴れ。温度：六・七度。

修学 二十世紀の新国家主義*。

治事 朝、本を読み、興味がますますわいてくる。昼、神田に子魚《しぎょ》を訪ねるが、

家、思想家。既成宗教を批判したため、一九〇一年にロシア正教会から破門された。㊐

＊ワシントン　ジョージ・ワシントン（一七三二―一七九九）。一七八九年、アメリカの初代大統領となる。独立戦争と建国において重要な役割を果たした、アメリカ合衆国建国の父の一人。周恩来はワシントンも「中人の資」に過ぎないと考えていたが、トルストイと同様に、世界を前進させるうえで大きな影響を与える人物とみなしている。㊥

＊二十世紀の新国家主義　国家主義は近代ヨーロッパに端を発する。国家の

会えず。途中、蓬兄《ほうけい》に出会い、言葉を交わし、帰ってきてまた読書。夜、季衡《きしょう》の友人が来訪し、二言三言言葉を交わして帰る。

いま、中国人の大半は、こう思っている。現政局は完全に少数の軍人の手に握られているので、今後彼らの手からそれを奪い、政事を掌握するのはとてもむずかしい、と。「*虎穴に入らずんば、虎児を得ず！」。この言葉から、さまざまな思いに駆られる。将来の政局について言えば、国をよく治めることに精励できるようにするには、軍事からまず手を着けないかぎり、脈々と続く「*北洋系」や「*士官系」を打倒するのは非常に困難だ。したがって、「*軍国主義」の考えは捨てがたい。さらに、対外的な、国家の立場というものもドイツに学ばなければならないのではないか。それゆえに、袁世凱の*独夫政治、親ドイツ主義に逆に賛成し、その死を惜しむ。政治に対しても、やはり*賢人政治の方法でやりたがり、真正の*民本主義を排斥する。現在、知識人と称する人たちは、ほとんどみなこのように考えており、私もそのうちの一人だ。

しかしながら、詳細に考究すれば、ドイツの軍国主義はすでに各国の反対を招いている（日本は含まず）。まさか、われわれがその後塵を拝さなければな

主権を優先し、国民を率いて国家の利益を守り、国家を率いて国民の利益を守るという政治理念と実践のことをいう。周恩来がこの時期に取り入れた新しい思想のなかにも、この国家主義という考え方が含まれていた。㊥

＊**虎穴に入らずんば……**　『後漢書』「班超伝」に由来することわざ。リスクを避けていては功名や成功は得られないことのたとえ。㊐

＊北洋　日清戦争後の一八九五年（明治二十八）に、袁世凱が編成した北洋陸軍は、辛亥革命の勃発とともに、袁世凱の政治活動を支える私的軍団と化し、北洋軍閥とよばれた。馮国璋（一八五九―一九一九）、段祺瑞、徐世昌（一八五五―一九三九）、王士珍（一八六一―一九三〇）などが北洋系の中心人物である。㊥

＊**士官**　日本の陸軍士官学校の卒業生を中心とする軍閥。初期の「仕官系」は帰国後、清国が整備した新軍の要職に就き、辛亥革命中には指導者として活躍、独立の立役者となった。㊥

らないというわけではあるまい。袁世凱の古い頭は、もはや二十世紀に受け容れられがたい。皇帝になろうと思わなくても、長続きできるはずがない。日本が反対しなければ、袁世凱の事業は早々に成功していたという人がいる。この考え方にはまったく道理がない。中国人一人ひとりが袁世凱の考えに賛成していれば、「復古」、「君憲」、「孔教」、「軍国」という四つの主義はとっくに実行されている。どうして日本の許可など必要であろう。さらに、日本も軍国主義を実行している国である。

軍国主義の第一条件は「強権があって、公理がない」ことである。二つの軍国主義的政策が同じ場所でぶつかれば、いうまでもなく、どちらが強く、どちらが弱いかを比べなければならない。しかも、軍国主義は領土の拡張をもっとも重要視する。およそ軍国主義を実行する国は、かならず領土を拡張しようとする。拡張できなければ、そこで勝負がついてしまう。だから、日本が袁世凱に対立したのは、当然のことなのだ。日本がドイツと戦ったのも、当然なのである。しかし、この先、欧州*の戦争終結後には、ドイツの軍国主義存続はおそらく困難だろう。日本の軍国主義は、またどこかの国と戦わされるだろう。「軍国主義」は二十世紀には絶対に存続できなくなると思う。私はこれまで「軍国

＊軍国主義　武力と軍備拡張を尊び、武力の乱用と侵略の拡大を立国の基本とする国家体制。国家の政治、経済、文化、教育などあらゆる分野の活動を、完全に軍事統制下に置く。歴史上ではオスマン帝国、ロシア帝国などが軍国主義であった。当時のドイツ、日本も徐々に軍国主義に進んでおり、それらの国に学んだ若き日の周恩来は、軍国主義による「北洋系」や「士官系」の打倒に賛成していた。しかし第一次世界大戦や日本での実際の観察を通し「強権があって、公理がない」軍国主義の大拡張が、必然的に人類に無尽の戦争苦難をもたらすに違いないということがわかり、このとき軍国主義による救国の主張を断念した。㊥

＊独夫政治　独夫とは国民に見放された支配者、独裁者のこと。独夫政治とは、個人的な専制君主の独裁のことである。㊥

＊賢人政治　プラトンが唱えた哲人政治のこと。プラトンにとって名誉政治、寡頭政治、民主政治、僭主政治のど↖

主義」と「賢人政治」という二つの主義が中国を救うことができると考えてきたが、いま考え直してみると、大きな誤りであった。二十世紀の進化の潮流のなかでは、国家主義、世界主義を実行しなければ、みずから滅亡することになるのである。試みに、ドイツの軍国主義がいま世界に受け容れられているか、見てみよ。

中国人は目を閉じて話をするのが好きで、世界の大勢を見たり、進化の潮流を観察したりせずに、根も葉もないことを言って、中傷する。この種の主義がどうして存続することができようか。

↙れ一つとして満足できるものはなく、理想国家における理想の政治形態は哲人政治、すなわち哲学的な王（＝哲人）による支配であるべきだと考えていた。哲人だけが、永遠不変の概念に関する真の知識を持ち、現実と本質と現象とを正しく区別し、冷静な生活を送ることができると考え、哲人が支配すべきとした。梁啓超は一時「賢人政治」に賛成し、段祺瑞政府の財政部長も務めたが、すぐに退任。このとき、周恩来もすでに「賢人政治」が中国を救うことができないと認識していた。「賢人政治」はその後、中国で「善人政治」の主張へと発展し、一九二二年（大正十一）に胡適が「善人政府」を呼びかけたが、呉佩孚（一八七四—一九三九）の支持を得た「善人政府」はたった七十二日間で倒閣された。当時、ヨーロッパですでに共産主義者であった周恩来はこの主張に反論するため、「胡適の〝努力〟を評す」という特集記事を発表。「悪の基礎」の上の「努力」で「良い政府」を作ろうとしても必ず失敗に終わると強調した。㊥

＊民本主義　中国儒家の核となる思想である。出典は『書経』の「民為邦本、本固邦寧」。民は惟れ邦の本なり、本（もと）固ければ邦寧（やす）し。「国民は国の根本である。根本がしっかりしていれば、国は平穏だ」という意味。つまり人民を国家の礎とみなし、人民の心がどちらに向かうかということが重要であると考えること。大正デモクラシーの立役者である吉野作造（288ページの＊参照）も民本主義を説き、それは一九二五年の普通選挙制の導入への足掛かりとなった。㊥㊐

＊欧州の戦争　第一次世界大戦（一九一四年七月—一九一八年十一月）のこと。主戦場がヨーロッパであったため、欧州大戦とも呼ばれた。世界の再分割と世界的覇権をめぐる争奪戦↖

であり、世界規模の帝国主義間戦争であった。ドイツ帝国、オーストラリア〝ハンガリー帝国〟をはじめとした国々が「同盟国」陣営を結び、大英帝国、フランス第三共和国、ロシア帝国、イタリア王国、アメリカ合衆国などが「連合国」陣営として戦った。欧州史上最も破壊的な戦争である。七〇〇〇万人以上が動員され、戦闘員と非戦闘員合わせて一六〇〇万人以上が戦死、二〇〇〇万人が負傷（人数に関しては諸説あり）し、三五九九億ドルが費された。損失金額は戦前の各交戦国の富の総額の約半分である。一九一七年（大正六）二月に段祺瑞政府が「連合国」への参加を発表したので、中国人は第一次世界大戦に非常に注目していた。このとき、まだ第一次世界大戦は終息していなかったが、周恩来にとっては、この戦時下の情勢を観察したことが、軍国主義による救国という主張を断念する重要な原因となった。

第一次世界大戦は、資本主義制度に内在する矛盾をさらけだし、欧州文明の優位性を大きく低下させた。とりわけ、一九一九年（大正八）のパリ講和会議で、中国山東省の権益を日本へ譲り渡したことは、帝国主義の面目をさらに失墜させ、中国の五四運動の導火線となった。日本から帰国した周恩来は天津で五四運動の潮流に身を投じた。第一次世界大戦は、先進的な中国人の西方への見方を変え、五四運動後の周恩来は再びヨーロッパに留学し、まったく新しい祖国の道を探し求めた。㊥

打倒！軍国主義

二月二十日（戊午正月初十日戊戌）［水曜日］

気候：強風。温度：十三・九度。

修学 軍国主義打倒。

治事 朝、保田君が季衡から手紙が来ていると言う。東京に行くのは三月になるとある。昼まで本を読み、神田に行って授業に出て、子魚に会う。帰ってきて、また読書。夜、滌愆《じょうけん》を訪ね、長いこと話し合い、帰る。

コラム 七

周恩来と読書

ながく中華人民共和国総理を務め、内外の信望を集めた〝不倒翁〟、周恩来。こうした周恩来のスタンスはどのように形成されたのか。渡日前後の若き周恩来は、なにを読んでいたのだろうか。

周青年は天津の南開学校を一九一七年（大正六）に卒業後、日本に渡るが、当時としては近代的な南開学校にあって、校内誌『校風』の編集に携り、梁啓超ら啓蒙的知識人の学内講演会を開催している。課外で歴史書『史記』を愛読する一方、明末清初の反清思想家である顧炎武《こえんぶ》や王夫之《おうふし》を読み、ルソー「民約論」、モンテスキュー「法の精神」、ハクスレー「進化論」などにも接している。中国古典から、当時の新思想、ヨーロッパの啓蒙思想まで、総じて啓蒙的、教養的読書といえよう。

当時は陳独秀らの『新青年』が新文化運動を開始した時期にあたっているが、周恩来はむしろ、渡日時に『新青年』のバックナンバーを再読して、その新文化運動、文学革命理論に傾倒するのである。

とくに、渡日当初は日本語読解もままならず、いきおい『南開思潮』や『上海時報』、後に『中国年鑑』『不忍』などの中国の雑誌や新聞を、青年会館や東亜高等予備学校で読む毎日であった。とりわけ梁啓超を愛読したらしく、『飲冰室《いんぴょうしつ》文集』『意大利《イタリア》三傑伝』などを読んだことが日記に記されている。

　当時、大正デモクラシーさなかの東京は、あたかも雑誌の興隆期にあたっていた。第一次世界大戦による未曾有の好景気にあって、書籍や雑誌の販路は大きく拡大し、特に雑誌の創刊ラッシュは著しく、書店に並ぶ雑誌は五〇〇種を超え、部数も数万部へと飛躍的に増大した（『東京堂百年史』より）。デモクラシーに「民本主義」の訳語を与えた吉野作造は、当時の代表的な総合誌『中央公論』で論陣をはっていた。一九一七年には『主婦之友』、十八年には『赤い鳥』、『新しき村』が創刊され、米騒動後の一九一九年に誕生した『我等』、『改造』、『解放』の三つの総合誌は、やがて社会主義運動を醸成する媒体となっていく。同年一月には河上肇《かわかみはじめ》が『社会問題研究』を創刊する。

　書籍のベストセラーには徳富蘆花『みみずのたはこと』、新渡戸稲造『一日一善』などがあがっているが、文学界は、ようやく夏目漱石らの大文豪時代から、自然主義・白樺派の円熟期を経て、芥川龍之介、菊池寛、谷崎潤一郎ら新世代の活躍時期を迎えていた。一九一五年（大正四）に『羅生門』（芥川龍之介）、一九一七年（大正六）に『父帰る』（菊池寛）、『月に吠える』（萩原朔太郎）が発表され、翌年には

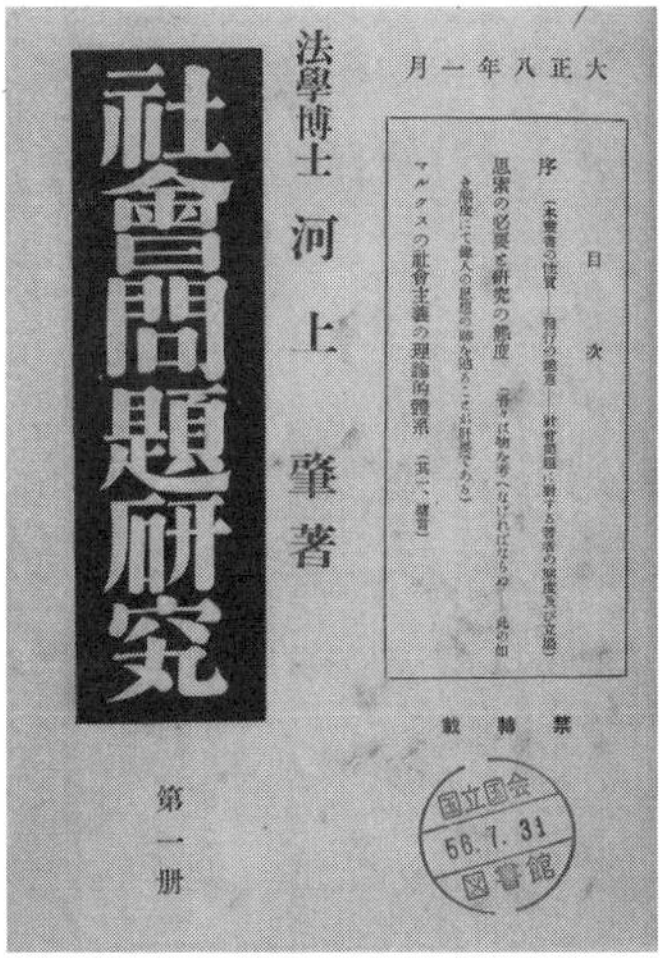

『社会問題研究』　河上肇創刊の個人雑誌。はじめて日本にマルクス主義理論が紹介された。（国立国会図書館所蔵）

『地獄変』（芥川龍之介）、一九一九年に『田園の憂鬱』（佐藤春夫）などが続く。

「温和、誠実」「厳粛、活発」な周青年は、当時日本で流行した仏教の「無生思想」に関心をもつがあきたらず、やがて陳独秀ら『新青年』の孔子排斥、独身主義に激しく共鳴する。

そうしたある日、神田神保町にある東京堂書店の店頭で、刊行されたばかりの『露西亜研究』（おそらく『露西亞評論』の誤記と思われる）を立ち読みし、ロシア二月革命以降の政治党派についての論文を暗記し、日記に概略を記す（四月二十三日付）のである。

翌五月には、中国における日本優位を確立する日華共同防敵軍事協定に反対する中国人留学生の抗議行動が激化した。救国団の帰国決議に、いまだ官立学校入学の初志を果たせない周恩来は、鬱屈した心を抱えて、一人神田劇場（２６５ページの＊参照）に足を運ぶこともあった。

その頃から早稲田の救国団「新中学会」の中心的メンバーとして活動するのだが、一方で日本にいる中国人留学生を描いた長編小説『留東外史』（平江不肖生作）を読み、「『情』という言葉に深く感銘を受け」と日記にある（六月一日付）。

中国の雑誌や新聞に常に目を通し、東京朝日新聞を購読、雑誌『日本一』（２４５ページの＊参照）などの日本の対中国論調にも敏感な青年周恩来は、国難を憂えると同時に、同学（留学生仲間）や、故国の血縁や知人の難儀に憂慮する「情」の人でもあった。

七月十五日に徳富猪一郎（蘇峰）の『支那漫遊記』（一九一八）を読んだことが日記から見えるが、神田の書店でさまざまな本を買った後、八月に失意を胸にいったん帰国する。天津の図書館で、中国古典の集大成『四庫全書』を閲覧したことがわずかに記されているものの、以後日記の終わる十二月二十三日まで、読書の記録はみられない。

　帰国後の周恩来は、天津の五四運動において指導的役割を果たし、九月には南開学校大学部に入学、翌二十年、デモ隊を指揮して逮捕され、生涯において最初で最後の入獄を経験する。出獄した周恩来は、「勤工倹学生《きんこうけんがくせい》」（１２５ページのコラム＊参照）としてフランスに留学、英語版マルクス／エンゲルス「共産党宣言」、エンゲルス「空想から科学へ」、レーニン「国家と革命」などを耽読した。

　日本で大正デモクラシーの息吹に触れ、五四運動、獄中生活を経て、ヨーロッパ留学でマルクス主義の洗礼を受けた周恩来は、一九二一年に二十三歳で中国共産党に入党する。以後、現代中国に至る困難な道を、不世出の宰相、調整役として歩き通すのである。

二月二十一日（戊午正月十一日己亥）［木曜日］

読書

気候：風。

［修学］読書は真に楽しみ有り。

［治事］朝、読書。昼、神田に行って授業に出、子魚を二度訪ねるが、会えず。授業のあと帰ってくると、保田君から、引っ越しは二十四日に決まったと言われる。夜、読書、一時に寝る。

二月二十二日（戊午正月十二日庚子）［金曜日］

受験失敗

気候：風。

［治事］朝、読書。昼、神田に行って子魚を二度訪ねるが、会えず。輪扉、伯安《はくあん》を訪ねるが、やはり会えず。樸山《ぼくさん》に会う。三時、また子魚を訪ね、会う。授業のあと、数冊の参考書を買って帰る。夜、理髪、入浴、十二時まで読書。

＊この日から……　この一段は、周恩来が一九一八年三月六日に東京高等師範学校を受験したのち、合格しなかったことがわかってから補記したものである。㊥

＊高師　周恩来が日本で受験した学校は、高等師範学校と第一高等学校の二校である。高等師範学校の受験は三月初旬、第一高等学校の受験は七月初旬。㊥

*この日から三月六日まで、高師*の受験準備のために、日記も毎日は書けなかった。わずかに【治事】欄に記入しただけだった。現在、高師はすでに試験が終わり、結果も発表されているが、私の名はやはり載っておらず、「名が深山に落ち*」たことはいうまでもない。ただし、今回の試験や何回かの模擬試験を経験して、官立学校の入学試験の内情にいささか通ずることができた。問題も、どのように出題され、どのように解答すべきか分かった。今回の経験によって、七月の*第一高の試験に対する秘訣をもいささか覚《さと》った。何日間か多忙であったけれども、時間を空費したとはいえず、結局、勉強には無意味なものなどないのだ。

大塚窪町にあった東京高等師範学校外観（画像提供：毎日新聞社）

＊名が深山に落ち　正しくは「名、孫山より落つ」で、落第、不合格を意味する。南宋の政治家、范公偁（一一二六—一一五八）の『過庭録』からの引用。宋の時代、蘇州に孫山という学者がいた。彼はユーモアの才能にあふれた人物であった。彼が科挙の試験を受けるために他郡へ赴いた際、村人から「息子も一緒に連れて行ってくれ」と頼まれた。息子は試験に失敗、合格者リストの末尾に名前があった孫山は、息子よりも先に村に帰った。村人が息子の合否を問うと、「（合格者の）名前の末尾は孫山、賢郎（あなたの息子）の名は孫山の後ろにある」と言ったという（これは「息子の失敗」という不愉快な真実を、受験に成功して満足しているそぶりを見せないように伝えるための絶妙な方法といえる）。周恩来が高等師範学校の受験に失敗したことは、日記から明らかである。㊥㊐

＊第一高　第一高等学校（現在の東京大学教養学部の前身）。㊐

二月二十三日（戊午正月十三日辛丑）［土曜日］

気候：朝は雨、夜は晴れ。

治事 朝、保田君が、この貸家は引き払わなければならないので、明日引っ越すと告げる。午後、神田に行き、山兄に、一時的に彼の下宿に移って数日泊まることになると話す。夜、滌愆を訪ねるが、会えず。

通信 公孟、克忠《こくちゅう》の手紙を受け取る。季衡に葉書を出す。

祖国の借金表

金を借りることは、いまや中国ではすでにありふれたことになっている。いかなることをするにせよ、この借金という技がなければすべてが徒労に終わってしまう。ある日、『上海時報』が借金の一覧表を掲載したが、欧州の戦争（第一次世界大戦）の勃発（一九一四年七月）から民国六年（一九一七年）の年末までの借金の総額は、日本からのものだけでも一億に達している。それを抄録して、考査の材料にする。

漢冶萍公司借款　二、五二〇　単位（千元）

＊一時的に彼の下宿に移って　周恩来は霊梅院から引っ越さなければならなかったが、新しい下宿先が見つからないので、やむを得ず樸山の下宿に数日間住まわせてほしいと伝えた。二月二十四日に周恩来は霊梅院から樸山が借りている東京神田区神保町の下宿へ引っ越した。㊥

＊借金　一九一六年から一九二〇年まで、段祺瑞は北洋政府の実質的な権力者であった。連年の戦争で経済が崩壊したので、段政府は統治を維持するために日本を含む西側諸国から膨大な額の借金をした。周恩来は、当時『上海時報』に掲載されていた、第一次世界大戦勃発時（一九一四年）から一九一七年までの中国政府が日本から借款した額の一覧表を写し取り、中国経済の窮乏と、借金のために失い続ける国益を痛感した。㊥

＊『上海時報』　康有為や梁啓超など、海外の維新派が一九〇四年（明治三十七）に『時報』に出資し、上海で創刊した。梁啓超は同誌の創刊準備に

海関私債	一、〇〇〇
漢口造幣廠借款	二、〇〇〇
奉天借款	三、〇〇〇
四鄭《してい》鉄路公債	五、〇〇〇
広東洋灰廠《ようはいしょう》借款	一、七〇〇
吉長鉄路借款	六、五〇〇
第二次善後借款*墊款《てんかん》	一〇、〇〇〇
直隷省水災借款	五、〇〇〇
広東省借款	一、〇〇〇
交通部借款	三、〇〇〇
興亜公司借款	五、〇〇〇
漢口水電公司借款	一、〇〇〇
交通銀行借款	五、〇〇〇
広東塩税担保借款	一、五〇〇
山東省借款	一、五〇〇
第二次交通借款	二〇、〇〇〇

直接関与。誌名、創刊の挨拶と体裁がすべて彼の手によるものである。創刊当時、上海『時報』は康や梁が国内で立憲君主制を推進するための重要な言論媒体であった。袁世凱の国盗り事件（辛亥革命によって孫文らが革命政権を樹立したが、その新権力を北洋軍閥を率いる袁世凱が簒奪した事件）の後に『時報』は袁世凱批判に転じ、その日の重大ニュースに合わせて短い記事を掲載する「時評」という欄を初めて設けた。周恩来はこの『時報』から段祺瑞政府の借款に関する記事を読んだのである。㊥

＊元　中華民国は清国時代からの銀本位制を採用し、一元銀貨は、当時アジア諸国間の貿易決済に広く使われていた「メキシコドル（墨銀）」と等価であった。㊐

＊墊款　立て替え金の意味。㊐

そのほか　六、四四九
合計　八一、一七〇

以上の数字は、わずかに欧州戦争以後、民国六年年末までの日本からの借款だけだ。民国七年の幣制墊款、電信借款、参戦借款は算入されていないのに、まもなく一億元に達しようとしている。利息は平均六分以上である。銀価の低落、取扱業者の取り分を考えれば、国家が実際に得たのは半額にすぎない。条件面における無形の損失、利権の剥奪については、いっそう想像を絶する。

引っ越し

二月二十四日（戊午正月十四日壬寅）［日曜日］

気候：晴れ。

治事 朝、荷物を片づけ、滌愆を待つが現れず。十一時、運転手が荷物をもっていく。女中に別れを告げ、滌愆を訪ねるが、また会えず。神田に行って会い、いっしょに師範に行って願書を出す。夜、蓬兄が来る。

通信 鎮瀛《ちんえい》の手紙を受け取る。季衡に葉書を出す。

二月二十五日（戊午正月十五日癸卯）［月曜日］

気候：晴れ。

治事 朝、火をおこして湯を沸かす。本を読みながら、湯が沸くのを待ち、顔を洗い口をすすいだあと、外出して食べものを買う。昼、遠沢《えんたく》が来る。午後、*経理員のところに行って登録。帰って来ると、希天《きてん》、滌愆、伯安《はくあん》があいついでやって来る。夜、話し込み、十二時に寝る。

通信 慧《けい》・雲《うん》両弟、柏栄《はくえい》、炎范《えんはん》の手紙、醒兄の葉書を受け取る。慧・雲両弟に葉書を出す。

✎一九一七年、在中外国人事情

一九一七年にわが国に在住する外国人の人数を、海関（税関）の調査した人数および設立公司の数である。*以下に記す。

	人数	公司数
日本	一四四、四九二	二、八一八
ロシア	五一、三一〇	二、九一四

*経理員のところに行って登録　周恩来は、公費で高等師範学校を受験するために、中華民国留日学生監督処の経理員のところへ登録の申し込みに行かなければならなかった。㊥

*以下に記す　周恩来はこの日の日記に、一九一七年に中国に滞在していた外国人の数と、中国に設立された外国企業の数を書き写した。日本、ロシアを含めた十六か国の外国人と国籍不明の外国人は合計で二二万四八三人、会社は七〇五五社が設立されたことがわかる。この一覧表は周恩来の国事への関心を示すものである。㊥

イギリス	八、四七九	六五五
アメリカ	五、六一八	二一六
ドイツ	二、八九九	一三一
ポルトガル	二、二九七	五一
フランス	二、二六二	一二七
スイス	五一三	三
デンマーク	四五〇	一七
イタリア	四一六	四一
ベルギー	三二四	一八
オーストリア	三一七	一八
スペイン	三〇〇	八
オランダ	二九六	二一
ノルウェー	六七七	七
ハンガリー	一八	〇
無協定諸国	二一五	八
合計	二二〇、四八三	七、〇五五

輪扉と語る

二月二十六日（戊午正月十六日甲辰）［火曜日］

気候：晴れ。

治事 朝、読書。午後、個人教授のところに行って授業を受ける。夜、輪扉が来て高師の試験について話し、十二時に寝る。

通信 季衡、琴豪《きんごう》の手紙を受け取る。

田端の季衡の女中を訪ねる

二月二十七日（戊午正月十七日乙巳）［水曜日］

気候：雨。

治事 朝、読書。十時、季衡が三月末に戻ってくることを知らせるため、田*端に行って季衡の女中を訪ねるが、会えず。午後、帰って□□に行き、夜十二時に寝る。

通信 *瑞岐《ずいき》の手紙、日本人の女中の冠免子*の葉書を受け取る。

＊田端に行って…… 市電で動坂下まで行き、あとは歩いた。あるいは市電で上野まで行き、山手線か。日

＊瑞岐 蔡瑞岐。蔡風。南開学校の同級生。日

＊冠免子 日記中、日本人女性でただ一人名前が記載されている人物。詳細は不明。㊐

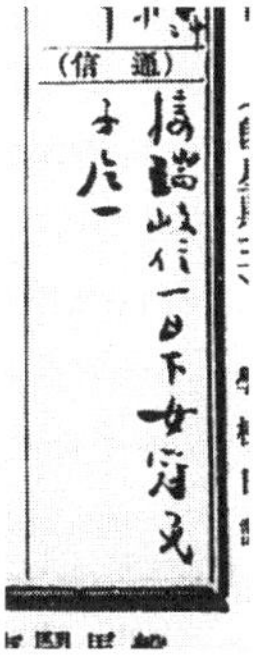

2月27日の日記、【通信】部分。「冠免子」と書かれている。

移転？

二月二十八日（戊午正月十八日丙午）［木曜日］

気候：雪*。

治事　朝、読書。昼、貸間を見に行く。移らなければならない*からである。
午後、子魚が来る。夜、十二時に寝る。

通信　高師の通知を受け取る。

＊雪　この日東京は、終日大雪。約二寸（約六センチ）の積雪を記録。翌日の『読売新聞』には「向島や上野、雪見に出かける楽隠居もあり」とある。(日)

＊移らなければならない……　季衡から引きついだ霊梅院を出て、楪山の下宿に一時同居しているため。(日)

季衡の為替送金

三月一日（戊午正月十九日丁未）［金曜日］

気候：晴れ。

治事　朝、山兄と引っ越しの件を決め、昼まで読書。田端に行って女中を訪ね、しばらく話し、季衡の為替送金のことを知る。ついでに保田を訪ね、少し話をする。帰ってくると、山兄はすでに新居に*移っている。

通信　保田君の手紙を受け取る。鉄卿に手紙、乃兄《ないけい》に葉書を出す。

＊山兄はすでに新居に……　楪山は東京神田区三崎町で新しい住まいを見つけ、周恩来は楪山の下宿の二階に同宿した。夏休みにしばらく帰国し、東京に戻った後もここに寄宿した。(中)

三月二日（戊午正月二十日戊申）［土曜日］

季衡の荷物届く

気候：晴

治事 朝、読書のあと、自分で食事を作る*。午後、輪扉が来る。季衡の女中から、季衡の荷物が車で送られてくる。夜、読書し、十二時に寝る。

通信 乃兄および女中の手紙、女中の葉書、四姨《しい》の手紙を受け取る。

*自分で食事を作る　周恩来は一月に玉津館を出た後、当初は散発的に外食していたが、後に朝食を中止し、一日二食にした。より節約するために、自炊する日が増えている。三月二十一日の日記には、自炊の様子をさらに詳しく記述した。彼は時に動物性食品を避ける菜食主義者でもあった。東京時代の周恩来のこれらの行動はすべて、金銭的な困窮からの生活費の節約と無関係ではないだろう。㊥

三月三日（戊午正月二十一日己酉）［日曜日］

高等師範入試

気候：晴れ。

治事 今日、師範に受験に行く。日はわずか一日であるが、読書は力を増す。昼、子魚がやって来る。夜、輪扉が来る。一時まで読書して寝る。

三月四日（戊午正月二十二日庚戌）［月曜日］

入試二日目

気候：晴れ。

治事　朝、六時に起き、輪扉が来て、*いっしょに高師に行く。午前、日本語、数学、地理の三科目を受験。午後、歴史を受験。帰ってきて、明日の試験に備える。

通信　克荘《こくそう》、鉄卿《てっけい》の手紙、信天《しんてん》の葉書、述弟《じゅってい》の手紙を受け取る。

入試三日目

三月五日（戊午正月二十三日辛亥）［火曜日］

気候：雨、のち晴れ。

治事　朝、輪扉を訪ね、ともに師範を受験する。午前、英語、理、化、博物の四科目の試験。午後はなし。帰ってきて、明日の口頭試問に備える。入浴し着替える。夜、遠沢が来訪。

口頭試問

三月六日（戊午正月二十四日壬子）［水曜日］

気候：雨。

治事　朝、輪扉を訪ねると、旅館の玄関先で出会い、いっしょに高師に行く。

*いっしょに高師に行く　三月四日から三月六日の日記には高師の受験状況がすべて記載された。三月四日午前は日本語、数学、地理、午後は歴史の試験。三月五日午前は英語、物理、化学、博物、午後は試験なし。三月六日午前は口頭試問、午後は身体検査となっている。㊥

*新聞を二時間読む　この日の『東京朝日新聞』の主な内容は次の通り（第一面は全面広告）。㊐
「昨日の衆議院」
「貴院豫算文科會」
「選挙法別表改正案提出」（定数是正）

午前、口頭試問。午後、身体検査。帰ると、子魚、鉄卿、東美《とうび》が来る。夜、青年会に行き、伯鳴、伯安に会い、＊新聞を二時間読む。

通信　冠賢の葉書、寿之《じゅし》の手紙を受け取る。冠賢に返信の葉書を出す。

「出兵決定段取」（シベリア出兵をめぐる連合国との協議）
「李烈鈞辞職す」（支那情勢）
「萬引が殖えた」（物価騰貴の影響）
「青鉛筆」（「近頃ロシアで……」）
小説「霞七段」（後藤宙外）
小説「多賀兄弟仇討」（碧瑠璃園）

疲労！

三月七日（戊午正月二十五日癸丑）［木曜日］

気候：晴れ。

修学　＊独り立つも藤枝の如く弱くなる勿《なか》れ。

治事　朝、かなり遅く起きる。連日、疲れすぎていたため。午前、手紙を数通書く。輪扉が来る。午後、蓬兄を訪ね、夜まで話し込んでから帰る。九時、伯安、子魚が来て、長いこと話し込み、帰る。

通信　醒・乃両兄の手紙、雲弟《うんてい》の書留を受け取る。季衡、乃兄に手紙、克忠《こくちゅう》、剣帆《けんはん》に葉書、壮飛《そうひ》に手紙を出す。

＊独り立つも藤枝の……　「独り立つ」は単独で立つこと。「藤枝」とは、藤の花ではなく蔓性植物の枝のこと。意味は「自分の力を頼みに事を成すときには、蔓のように弱々しくてはいけない」。試験のプレッシャーに立ち向かう勇気を持つよう、自分で自分を励ましたと読むべきだろう。三月十一日の日記には「孤剣」の言葉があり、この文章と同じような彼のモチベーションが伝わってくる。㊥

三月八日（戊午正月二十六日甲寅）［金曜日］

鉄卿と長話

気候：曇り。

治事 朝、輪扉を訪ねるが、会えず。昼、輪扉が来る。午後、手紙を数通書く。夜、鉄卿が来て、長いこと話し、十時にやっと帰る。

通信 訓忱の手紙、述弟の葉書を受け取る。訓忱《くんしん》、仲芳、鳳蓀《ほうそん》、雲・禅・述・慧四弟に手紙、乃・醒両兄、希天、鉄卿に葉書を出す。

＊東京堂　二〇二二年現在、千代田区神田神保町一丁目（当時は神田区表神保町三番地）にある書店。一八九〇年（明治二十三）三月十日開業。周恩来が通った店舗は一九二三年（大正十二）の関東大震災で焼失。㊐

三月九日（戊午正月二十七日乙卯）［土曜日］

日比谷公園で見た日本学生

気候：晴れ。

修学 自新して已まず。

治事 朝、手紙を数通書く。午後、＊東京堂に行って英語の本を数種購入。三時、＊日比谷公園に行く。園内の風景がすばらしい。散策する男女の学生が多い。夕飯を終えて帰ると、徐・劉両君が山兄を訪ねて来る。

通信 朶山《ださん》の手紙を受け取る。朶山に手紙、撼弟《かんてい》、問凱《もんがい》、碩陸《せきりく》、柏栄に葉書、

東京堂の売場（1919年）
（画像提供：株式会社東京堂）

超民《ちょうみん》、偉如《いじょ》に手紙を出す。

この数日、高師の受験準備のために、精神が疲れ切っていた。今日からは、外を、歩きまわりたい。

山兄に日比谷公園に行くようすすめられた。午後三時、電車で出かけてみた。公園に着いて、あちこち見てまわると、たしかにいい公園である。大半が人工的な風景であるけれど、とても幽雅な感じがする。もっとも感動したのは、一群の男女の学生がやって来て、ある者は読書し、ある者は散策し、またある者はスポーツをしていることである。なにをするにせよ、かならず教育的な意味が含まれている。

あるところでは、二人の小学生の女の子が地面にうずくまって、土を盛り上げているのが目に入った。中国の子どもたちが土と遊ぶのと同じだと思った。近寄って見ると、なんとよそから雑草を持ってきて、それを植えながら遊んでいるのだ。

この様子を見ていると、*日本の小学校の教師が教育的な能力を有していることがよく分かる。中国の子どもが土で遊んでいれば、かならず自分のおしっこ

戦前の日比谷図書館。1908 年創建、1945 年に空襲により全焼。（画像提供：都立中央図書館）

＊日比谷公園　日比谷（東京都千代田区）にある日本的要素を含めた西洋式公園。一九〇三年（明治三十六）開園。園内に、公会堂、図書館、野外音楽堂などがある。大正期には、市民集会の場としてもしばしば利用され、東京社会史に欠かせない存在といえる。㊐

＊日本の小学校の教師が……　子どもの何気ない遊びから、周恩来は日中間の初等教育の格差を感じた。こうした

で泥を捏ねるだろう。子どもには知識がない。この種のことは、すべて家長や教師が教えなければできない。

　中国人は、口を開けば「東洋（日本）は襤褸《ぼろ》の邦」という。しかし、よく考えてみれば、日本がどうして襤褸であろう。中国のほうがいささかふがいないのである。このこと一つから類推しても、日本人が中国人を軽蔑するのも不思議ではない。日本人の知識は子どものころから鍛えあげられたものなのだ。中国人は一知半解なのであって、どうしてものごとに精通しているといえようか。

勉強へのあせり

三月十日（戊午正月二十八日丙辰）［日曜日］

気候：雨、風。

治事 朝、東京堂に行って本を探し、子魚のところに行ってしばらく話をする。昼、部屋に戻って飯を作り、字を書く。二時、日本人の松村先生*がやって来て、ついで希天も来る。夜、青年会に行って新聞を読む。雨がますますひどくなる。

通信 雲弟、柏栄の手紙、拱宸《きょうしん》の葉書を受け取る。雲弟、柏栄に手紙、滌愆、

体験は教科書には書かれていない無言の書であった。若き周恩来の日本に対する客観的理解を深め、「東洋は襤褸の邦」という評価が偏見にすぎないことを明らかにし、後に「対日二分法（少数の軍国主義者と大多数の日本国民を厳格に区分するという考え方）」を主張し実行する基礎となったのである。㊥

＊松村先生　東亜高等予備学校初代校長の松本亀次郎のこと。最初の受験に失敗し、動揺気味の周恩来を気づかっての来訪と思われる。

　松本亀次郎（一八六六―一九四五）は、遠江国城東郡嶺村（現在の静岡県掛川市上土方嶺向）出身。静岡師範学校卒業後、宏文学院（日本語学校）の教師を経て、北京の京師法政大学堂（現在の北京大学）で教壇に立ち、帰国後、神田神保町に東亜高等予備学校を設立。

拱宸に葉書を出す。

師範の入学試験が終わってから、ひどくいらだっている。七月の第一高等学校の入学試験は、しっかり準備しておかなければ、合格する見込みなどない。合格するつもりなら、いまから勉強しなければ、絶対に可能性はない。昨日、日比谷公園に出かけたとき、歩きながら、ずっと今後の勉強法について考えていたが、徐々に腹案ができてきた。今日、筆を執り、昨日考えたことをもとに日程表を作ったので、明日から始めるつもりだ。

学校に入ってすでに七年が経っているが、学校の時間割りのほかに、これまで自分で時間割りを作ったことがない。今日、前例を打ち破り、未経験のことをやってみた。この時間割りはかならず守らなければならない。守れるよう心から願っている。

以後、終生、中国人留学生の日本語教育に尽力する。一九九五年、出身地の大東町が顕彰事業実行委員会を組織し、評伝『松本亀次郎の生涯――周恩来・魯迅の師』(早稲田大学出版部)を出版。(170ページのコラム参照)㊐

東亜高等予備学校校長時代の松本亀次郎
(画像提供：松本亀次郎記念 日中友好国際交流の会)

コラム 八

松本亀次郎と東亜高等予備学校

「松村先生」「個人教授」と記された亀次郎

「日本は中国を侵略し、塗炭《とたん》の苦しみを与えた。しかし日本には、松本亀次郎《まつもとかめじろう》のような人もいた。桜の頃に日本を後にしたが、その頃また日本へ行ってみたい」——。

一九七二年の日中国交正常化以前、訪中した作家の井上靖らと会見した周恩来総理が語った言葉である。

松本亀次郎は、日記に登場する東亜学校（東亜とも）、正式には「東亜高等予備学校」の創設者である。東京高等師範学校の受験を控えた周恩来は、午前中は亀次郎から個人授業を受け、午後は東亜学校に通う日々を過ごしていた。日記では、周恩来は亀次郎のことを「松村先生」と偽名を使うか、「個人教授」と名を伏せて記している（六月十七日の日記には、ついつい〝松本先生〟と書いてしまっている）。厳しさを増す一方だった当時の日中関係のなかで、毅然と中国人留学生たちの側に立っていた亀次郎の立場を慮《おもんぱか》る周恩来の心情が見て取れる。

ここでは、松本亀次郎の生涯を概観しながら、明治以来の教育事情、そして松本と中国人留学生たちの交流について触れていく。

教師、亀次郎を生んだ時代背景

亀次郎は一八六六年（慶応二）生まれ。出生地は現在の静岡県掛川市近郊、土方村《ひじかた》である。貧しい木挽き職人の子に生まれ、寺子屋で勉学に触れたのが七歳のとき。小学校では熱心に勉強に励み、十一歳になると教師の手伝いをする「授業生」となり、早くも教える立場に立った。明治時代になり、新しい学校制度が始まったものの、教壇に立つ教師不足は深刻。そのため学業優秀な上級生が授業生となる例は多かったが、そんな事情のなかでも亀次郎の十一歳という年齢は異例のことだった。

ここで、明治維新で大きく変革した近代日本の教育制度について簡単に触れておこう。

江戸時代を通じて、全国には諸藩が設立した藩校や民間の有志らが興した私塾、寺子屋など大小さまざまな学校が存在した。幕末には、欧米の学問である洋学を取り入れるために蕃書調所《ばんしょしらべしょ》[*1]や海軍伝習所《かいぐんでんしゅうじょ》[*2]などの学校が幕府によって設立され、諸藩から秀才が集められて先進的な学問の習得に励んだ。これらの学校は、教育内容や教科書はもちろん、学習する科目まで千差万別で統一された基準などはなく、教育を受ける機会も平等ではなかった。明治政府が求める近代国家の礎となる人材を育成するためには、全国の子どもたちが均等な初等教育を受ける仕組み、つまり義務教育制度が必要だった。

一八七二年（明治五）、文部省（現在の文部科学省）は、現代の教育制度のさきがけとなる「学制」を公布。公布から数年で全国に二万校を超える小学校が設立された。その後一八七九年（明治十二）に公布された教育令、八〇年に公布された改正教育令を経て、満六歳以上の児童に義務教育を施す尋常小学校が設置された、教育制度が成立する。

教育制度の整備に伴って、教員養成の取り組みもまたスタートする。一八七二年（明治五）、東京に師範学校（後に東京師範学校、東京高等師範学校と改称された。現在の筑波大学）が設けられた。「新しい教育」を日本全国で実現するために、明治政府にとって教員の養成は急務であった。

亀次郎が十一歳の若さで教壇に立ったのは、日本の教育制度が揺籃期にあったことと無関係ではない。師範学校を卒業した学生はまだ非常に少なく、教員不足は深刻だった。亀次郎は授業生として教壇に立つなかで、教師を一生の仕事にしたいと志すようになる。

亀次郎は、戸長の鷲山顕三郎《わしやまけんざぶろう》らの支援を受けて、地元静岡県で教員を養成するための最高学府だった静岡師範学校を受験する。ところが本試験、特別試験と続けて不合格。校長に嘆願書を送り、二年生への編入を許された。

静岡師範を卒業した亀次郎は、静岡高等小学校で教鞭を執る一方で、さらなる学びを目指して東京高等師範学校の受験を試みる。一年半続けた教職と受験という二足のわらじは見事に成功。高等師範に進学するが、猛勉強と粗食がたたって脚気を患い、わずか三か月で退学を余儀なくされてしまった。

以後、亀次郎は学校教育に専念する。静岡の各地で教員を務め、母校静岡師範の教授に採用される。さらに請われて三重師範、佐賀師範の教授に就き、佐賀では日本で初めての方言辞典となる『佐賀県方言辞典』（河内汲古堂、一九〇二年出版）の編集にあたった。

日本語教育のはじまりは宏文学院

一九〇三年（明治三十六）、亀次郎三十七歳のとき、彼の人生に大きな転機が訪れる。嘉納治五郎《かのうじごろう》との出会いである。近代柔道の父として知られる嘉納には教育者としての側面もあり、この時期は東京高等師範学校の校長を務めていた。嘉納は日清戦争の後、当時の外務大臣である西園寺公望《さいおんじきんもち》の依頼で清国留学生の教育に携わることになった。留学生は二〇〇人を超え、一九〇二年（明治三十四）、嘉納は新しく宏文学院《こうぶんがくいん》（当時は弘文学院）を設立した。ここで日本語文法を教える教師として、『方言辞典』を編集した亀次郎に白羽の矢が立ったのである。このときから、亀次郎と中国人留学生との関わりが始まることになる。

亀次郎はさっそく上京し、宏文学院の教壇に立った。担任した留学生はみな優秀だったが、そのなかでひときわ翻訳論に優れた学生がいた。周樹人《しゅうじゅじん》、後の筆名を魯迅という。魯迅は一九〇二年に二十歳の若さで官費留学生として日本を訪れ、〇九年まで留学していた。亀次郎は後年執筆したエッセイで、魯迅の言語感覚の鋭さ、精妙さを高く評価している。

宏文学院での亀次郎の授業は理論的でわかりやすいと非常に好評で、その評価は中国人留学生を経由して、中国の大学で教壇に立つ日本人教授たちにも伝わっていた。一九〇八年（明治四十一）、亀次郎は北京の京師《けいし》法政学堂の教師として迎えられることになる。欧州列強や日本との戦争に敗れ、近代化が急務だった清朝が設立したエリート養成校である。

しかし北京での教師生活は、歴史の荒波を受けて終わりを告げることになる。一九一一年（明治四十四）十月、武昌（現在の武漢）で兵士たちが蜂起し、各省は次々と清朝からの独立を宣言した。辛亥革命の始まりである。翌年一月には孫文が中華民国の成立を宣言、二月に入ると宣統帝が退位し、およそ三〇〇年続いた清朝は倒れた。翌月の三月、亀次郎は北京を離れ帰国する。

留学生の想いをかなえた東亜高等予備学校

　だが、亀次郎の心に灯った中国人留学生教育の火は消えなかった。一九一四年、亀次郎は私財を投じて東亜高等予備学校を設立する。場所は神田猿楽町、現在の千代田区神田神保町二丁目にあたり、神保町交差点のほど近くである。中華民国という国家経営が軌道に乗り、再び増え始めた中国人留学生たちのために、日本語を学べる学校を作ってほしいという、かつての教え子たちの熱い願いに応えたのだ。周恩来青年が入学するのは、設立四年後のことである。

　しかし時代は、中国に対する日本の帝国主義的侵略へと進んでいく。周恩来が東亜学校に通う一九一八年五月、中華料理店「維新號」で中国留学生拘禁事件が発生する。周恩来自身は同席していなかったため難を逃れたが、留学生四十六人が逮捕、拘禁されたのだ。これに対して、松本亀次郎ら学校関係者は文部大臣、外務大臣を訪問して当局の行動に抗議している。なかでも亀次郎は、「(政府当局者は)留学生についてまったく何も知らずに語っている」と厳しく批判し、新聞にも取り上げられることになった。

東亜高等予備学校跡地の石碑（神田神保町２丁目愛全公園）。「周恩来ここに学ぶ」とある（日中友好協会千代田支部建立）。＊2022年現在、公園整備の為石碑は一時撤去中。（画像提供：松本亀次郎記念 日中友好国際交流の会）

激動の時代につらぬいた日中友好のまなざし

周恩来が東京を去ったのち、一九二三年（大正十二）に起こった関東大震災で校舎は全焼する。しかし、わずか一か月後には焼け跡にバラックの校舎を再建。亀次郎本人もここに住み込み、授業を再開している。東亜学校は、「震災後最も早く授業を再開した学校」として知られることになった。二五年、六十歳になっていた亀次郎は東亜学校の経営から身を引くが、教頭として教壇に立ち続けた。一九三〇年（昭和五）には、中国教育事情の視察のため、北京時代以来二十年ぶりの訪中を果たしている。この訪中ではかつての教え子たちと旧交を温める一方で、中国人民の日本帝国主義政策への強い反発を目の当たりにし、胸を衝かれる思いをしている。

だが、亀次郎の情熱とは裏腹に、歴史はさらに暗い方向へと進んでいく。一九三一年には満州事変、翌年には五・一五事件、三三年には国際連盟からの脱退と、日本は国際社会からの孤立を深め、侵略戦争の泥沼にみずから踏み込んでいく。

「（中国は）今や眠れる獅子にあらずして、国を挙げて自覚し、勇猛に帝国主義に反抗しているのであ

震災後に建て直された東亜高等予備学校。教団に立っているのは松本亀次郎。（画像提供：神谷日出男）

る。（中略）圧抑を加えた国に、何らの利益を将来せぬのみならず、永久に悪感を貽すばかりである」二〇年の訪中後に亀次郎が著した『中華五十日游記・中華教育視察紀要』に記された一節である。彼は政治活動家ではなかったが、誰よりも中国の若者たちと関わってきた立場から、日本の帝国主義的政策に厳しい批判を突きつけたのだ。

　二一年、亀次郎は東亜学校の教頭を辞し、教壇を離れた。だが、日中交流と教育への思いは止むことはなかった。三五年、日本語を学ぶ中国人のための雑誌『日文研究』の編集総顧問を引き受ける。雑誌の題字を揮毫した郭沫若《かくまつじゃく》、長文の翻訳を寄せた魯迅は、それぞれすでに名を成した大家だったが、恩師のために喜んで骨を折ってくれたのである。

　亀次郎は、四〇年に来日した最晩年の教え子である汪向栄に「抗日の第一線にいる指導者のなかには、日本留学をして帰国したものが少なくない。もし政策が改められなければ、この先を想像しただけでも、たまらない」と述べている。明治、大正、昭和と三つの時代を教育に身を捧げてきた亀次郎にとって、生まれ育った国が道を誤り、そしてみずからの教え子たちと戦うという事態はどれほど不条理でどれほど悲しむべきことだっただろうか。

　一九四四年（昭和十九）、故郷・掛川に転居した亀次郎は、終戦後の四五年九月にひっそりと世を去った。七十九歳であった。終戦までに、日本を訪れた中国人留学生はおよそ五万人とされている。そのうち東亜学校で学んだ留学生は実に二万人を数えた。亀次郎の業績は歴史の波に消えたかに見えたが、日本で学んだ中国人留学生の心に確かに残っていた。冒頭の周恩来の述懐は、それをよみがえらせたのである。

亀次郎の平和思想は次の世代へ

周恩来は、一九七六年に他界する。「桜の頃、また日本へ行ってみたい」という願いはかなわなかったが、一九七九年には夫人の鄧穎超が来日し、周恩来の遺言に従って亀次郎の親族と面会を果たした。現在、亀次郎の生家跡地は「松本亀次郎公園」となり、二〇二一年には彼の功績を讃える小記念館「鶴峯堂《かくほうどう》」が建立された。

「真の提携は相知り相信ずる者の間にのみ行はるべきもので、其の点に就いては、両国家相互の関係も、個人相互の交際と、毫も変りが無い筈だ」

日中交流と教育に生涯を捧げた亀次郎が遺したこの言葉は、今もその輝きを失ってはいない。

本コラムは鷲山恭彦（東京学芸大学名誉教授）の論文「周恩来の日本留学と東亜学校校長の松本亀次郎」を元に、再構成したものである。

＊1　一八五六年、開国に伴い、人材育成のために創設された江戸幕府直轄の洋学研究教育機関。

＊2　一八五五年、江戸幕府が長崎に創設した、海軍に関する教育機関。オランダの近代的な海軍の軍事学を旗本、御家人、諸藩士から選抜して学ばせた。

鶴峯堂外観
高さ約 5.6 メートル、広さ約 11 平方メートル。檜造りの八角堂。堂の名前は、高天神城のある鶴翁山（かくおうざん）にちなんで亀次郎がみずからを「鶴峯」と号したことに由来する。
（画像提供：松本亀次郎記念 日中友好国際交流の会）

一日睡眠七時間、勉強十三時間半

三月十一日（戊午正月二十九日丁巳）［月曜日］

気候：晴れたり、曇ったり。

修学 孤剣。

治事 朝、六時起床。一時間読書。新聞を買いに出て、帰ってから読んでいると、冠賢《かんけん》、鉄卿が来て、馬《ま》氏兄弟と宋毓芬《そういくふん》の三人の同学が来ていることを教えてくれる。午後、授業のあと訪ねる。夜、山兄と同郷の冬《とう》君が訪ねて来る。

通信 保田君に葉書、四伯に手紙を出す。

これからは、勉強に没頭する。友人とのつきあい、手紙のやりとりは簡単にすませなければない。緊急を要することを除いて、けっして勉強を犠牲にして別のことをやってはならない。俗に「鉄杆（鉄棒）も磨《と》げば刺繍針になる」という。自分の決意さえ堅固であれば、希望が実現しないことはないのだ。私の決めた時間割りは、一日は睡眠七時間、勉強十三時間半、休憩そのほかが三時間半。毎週日曜日には、友人を訪ねて話し合い、そしてかならず心の落ちつけ

＊「報恩」後にこの世を去る　このときの周恩来はすでに仏教教義の消極的なもの、つまり合理的根拠のない教えによる束縛（仏教教義のなかには、「因果応報：善行を積まないと罰があたり、地獄へ行く」など根拠のない教えも少なくない）からは脱していたが、自分を育て援助してくれた家族や友人への報恩（恩返し）は望んでいた。幼いころの彼の家は荒れており、実父の稼ぎが少なく家計はひっ迫していた。加えて実母と養母も立て続けに亡くなり、周恩来と二人の弟は四伯父など親族に育てられた。彼は、終生伯父の厚遇を忘れなかった。

　さらに、日本に留学するための旅費や生活費は、先生、学友たちも出資してくれた。周恩来はこれら援助の恩に報いることを望んでおり、その恩に報いてこそ、安心してこの世を去ることができると思っていた。後日、周恩来はその思いを一つひとつ着実に実施することにする。㊥

るところに行って脳の筋肉を休めよう。公園であれ、野外であれ、本を持っていけば、きっと有意義な時間を過ごせるはずである。

雑念に煩わされることなく、身体も損なわれず、いっそう強健になれるだろう。飯は自分で作り、菜食に徹し、朝飯は食べず、健康的な生活を実践していけば、病気にもなるまい。「菜食」と「不婚」の二大主義を守れば、寿命はかなり延びるし、「報恩」*後にこの世を去るという私の思惑も容易に実現するだろう。考えているうちに、とても痛快になってきた。

寝坊を悔やむ

三月十二日（戊午正月三十日戊午）［火曜日］

気候：晴れ。

修学　菜食主義。

治事　朝、かなり遅く起きる。昨日、早起きして勉強することを決めたばかりなのに、今日はもうこの有様である。今後、絶対に改めなければならない。昼、輪扉が来る。三時に個人教授のところに行き、帰りに、本を二冊買う。夜、読書し、十一時に寝る。

通信 滌愆の手紙を受け取る。

三月十三日（戊午二月初一日己未）［水曜日］

今朝は早起き

気候：晴れ。

治事 朝、六時半起床。一時間読書。外に出て新聞を買い、帰って読む。十一時、山兄と同郷の楊子芬《ようしふん》が来て、昼、帰る。午後、読書。三時、個人教授のところに行く。帰ってきて入浴。夜、青年会に行く。

通信 八伯母、般若《はんじゃく》の手紙を受け取る。

三月十四日（戊午二月初二日庚申）［木曜日］

疲れた

気候：晴れ。

修学 旧情を回想し限り無く憾《うら》む。

治事 六時半に起き、一時間読書。東亜に出かけ、禅弟《ぜんてい》の手紙を受け取り、帰って開封すると、はなはだ長文である。昼、飯ができあがる頃、輪扉が来る。午後、読書。疲労感あり。夜、個人教授のところから帰り、また読書。

三月十五日（戊午二月初三日辛酉）［金曜日］

輪扉合格

気候：晴れ。

治事 朝、鏡宇《きょうう》の手紙を受け取り、とてもうれしい。午後、授業のあとで輪扉に会い、高師の合格発表のあることを知る。帰ってくると、輪扉が訪ねて来て、彼の合格を知り、非常に喜ぶ。私の合否は聞かなかったが、まちがいなく不合格であろう。夜、滌愆が来る。

三月十六日（戊午二月初四日壬戌）［土曜日］

不合格決定

気候：雨。

治事 朝、輪扉が来て、彼が高師で日本人と同じクラスになったことを知る。私はいまなお通知を受け取っておらず、不合格にちがいない。午後、希天が来る。樸山は四時に蓬兄のところに行く。私は禅弟の手紙を持っていく。

通信 天民《てんみん》の手紙を受け取る。滌愆に葉書を出し、新中《しんちゅう》への葉書を盧に託す。

掲示板に我が名無き

三月十七日（戊午二月初五日癸亥）［日曜日］

気候：朝雨、夜晴れ。

治事 朝、はなはだ遅く起きる。輪扉が来て、「経理員を訪ねて合格発表を見ろ」と告げる。私の名がないのを確かめ、心がとても落ち着く。昼飯のあと、山兄といっしょに部屋のなかを□日かけて片づける。夜、理髪し、外食し、青年会に行って演説を聴く。

今日も勉強する

三月十八日（戊午二月初六日甲子）［月曜日］

気候：晴れ、暖かい。

治事 朝、読書。午後、東亜の授業に出てから、個人教授を訪ねる。夜、入浴、

1918

◉与謝野晶子、出兵に反対

当時新聞紙上を騒がせていたシベリア出兵について、与謝野晶子は次のように語っている。

〈先づ私の戦争観を述べます。「兵は凶器なり」と云ふ支那の古諺にも、戦争を以て「正義人道を亡ぼす暴力なり」とするトルストイの抗議にも私は無条件に同意する者です。（中略）それを越ゆれば軍國主義や侵略主義のための軍備に堕落することになります。私は日本の軍備が夙に此程度を甚だしく越えて居ることを恐ろしく思つて居ります。（中略）之は日本軍が自衛の範囲を越えて露西亜の護衛兵となるのですから、名義は立派なやうでも断じて応じることの出来ない問題です。露國は露人自身が衛るべきものだと思ひます。露人に全く自衛の力が無いとは思われません。（後略）〉（『横浜

手紙を数通書く。

通信 四伯父および乃兄の手紙を受け取る。保田君に葉書、四伯父、実父、弍叔、および雲弟、乃兄、克荘、章叔《しょうしゅく》に手紙を出す。

貿易新報』より「何故の出兵か」一九一八年三月十七日）

松村先生病気

三月十九日（戊午二月初七日乙丑）［火曜日］

気候：晴れ。

治事 朝、輪扉、山兄とともに種痘*を受けに行く。午後、授業に出てから、ついで個人教授を訪ねる。松村先生が病気で、授業を受けられない。青年会に行って新聞を読み、晩飯を食べて帰ってくると、輪扉が来る。

通信 琢章《たくしょう》の手紙を受け取り、禅弟に手紙を出す。

亡き母を思って眠れず

三月二十日（戊午二月初八日丙寅）［水曜日］

気候：強風。

修学 遺墨猶《な》お存するも、音容久しく杳《くら》し。傷ましい哉！

＊種痘　天然痘の予防接種。種痘免疫は、最初に中国で発明され、十八世紀から欧州に広く普及した。一九一八年の日本が種痘法を天然痘の予防に用いていたことは、現代予防医学の概念が早く浸透していたことのあらわれである。一九四九年、中華人民共和国建国後、天然痘による疫病を撲滅するために周恩来が舵を取って国民への種痘普及を推進し、六〇年代初頭に天然痘を撲滅した。一九八〇年十月、世界保健機構は全世界で天然痘が撲滅されたと宣言。種痘も廃止された。㊥

[治事] 朝、輪扉を訪ね、昨日書いた手紙の下書きを手渡す。昼、読書。昼飯のあと、東亜の授業に出る。三時半、松村先生を訪ねる。夜、帰って自習。たまたま思いが家のことに及んで亡き母に思いをはせ、眠れず。

[通信] 禅弟に手紙を出す。

自炊と読書

三月二十一日（戊午二月初九日丁卯）［木曜日］

気候：晴れ。

[修学] 自らを欺くこと勿《なか》れ。精一、寡欲。堅忍精進、準備時間。

[治事] 朝、読書、十時、蓬兄が早稲田から来て談じる。話をするうちに昼になる。鉄卿が来て私に仁山の手紙を手渡し、帰る。蓬・山両兄とともに青年会で食事。河南王《おう》君に出会い、盧・夏・李諸君に会う。午後、帰宅。食事を作って、食べる。

[通信] 仁山《じんさん》の手紙、南開同学会の葉書を受け取り、仁山に返信を出す。

今夜、自炊することに決めているのに、すでに二か月間おかずを作っていな

1918

◉新聞小説に不朽の名作続々と

文学界では芥川龍之介、菊池寛、谷崎潤一郎、佐藤春夫らの世代が活躍しはじめた。新聞連載小説には、有島武郎「生まれ出づる悩み」（『大阪毎日新聞』三月十六～四月三十日）、芥川龍之介「地獄変」（『大阪毎日新聞』五月一日～五月二十二日）、島崎藤村「新生」前編（『東京朝日新聞』、『大阪朝日新聞』五月一日～十月五日）などがあり、執筆陣は華やかであった。この年に発表された作品には次のようなものがある。倉田百三「戯曲・俊寛」（三月）、久米正雄「受験生の手記」、田山花袋「残雪」（五月）、菊池寛「無名作家の日記」（七月）、「忠直卿行状記」（九月）、谷崎潤一郎「ちひさな王国」（八月）、佐藤春夫「お絹とその兄弟」（十一月）など。

いことに思い至った。今日は日本の皇霊祭*で、学校は休みである。われわれ中国人も日本に住んでいるからには、国に入りては俗に随《したが》い（郷に入らば郷に従い）、日本国民とこの祭日を祝った。とは言っても、何もすることがないよりも、自分の食べるおかずを作るほうがましだ。面白いし、仕事ともいえる。献立をまとめ、さっそく街に出かけて肉、里芋、魚、醤油、葱を買い、帰って火をおこし、鍋いっぱいに作った。

作りながら、梁任公の編んだ『意大利《イタリア》三傑伝』*を読む。この伝記は何回も読んだことがあり、内容に多少まちがっているところもあるが、おそらく英語、イタリア語の伝記と大差ないだろう。西洋の偉人で、もっとも好きなのがカヴール*なので、『三傑伝』を読むたびにかならず感動する。今回、日本に来て初めて読み直した。日本で半年余り過ごした後なので、感動する部分がとても多かった。

＊皇霊祭　皇霊は歴代の天皇の神霊のことで、毎年、春分と秋分の日に、天皇が、皇霊が祀られている皇霊殿で大祭を行う。かつては、国定の祭日であった。㊐

＊『意大利三傑伝』　おそらく『意大利建国三傑伝』のこと。一九〇二年（明治三十五）に新中国文化出版社が発行した人物伝記。著者は梁啓超。梁は、ジュセッペ・マッツィーニ（一八〇五―一八七二）、ジュセッペ・ガリヴァルディ（一八〇七―一八八二）、カミロ・ベンソ・カヴール（一八一〇―一八六一）をイタリア建国の「三傑」と呼び、この「三傑」がなければ今日のイタリアはないと記した。「今日の中国国民のために法をなすことができる者は、イタリアの三傑に如かず」、「新中国を造るには、三傑の一人になろうとする心意気が必要だ」と述べている。『意大利建国三傑伝』は天命論という唯心主義の歴史観に基づいており、梁は、中国国民に「三傑」を見習うよう呼びかけ、中国に「三傑」が現れることを期待した。この本は当時の中国の進歩的な青年たちに大きな影響を与えた。㊥

＊カヴール　カミロ・ベンソ・カヴール。イタリア統一の功労者で、一八六一年にイタリア王国の初代首相になる。就任三か月で急死。カヴールは周恩来が最も崇拝している政治家である。㊥

コラム 九

早稲田界隈

田園地帯から「学生街」へ

日本を代表する学生街の一つ、早稲田、高田馬場。大隈重信が早稲田大学の前身にあたる東京専門学校を創設した一八八二年（明治十五）から、今日に至るまで、早稲田は学生の街でありつづけている。青年周恩来は、一九一七年九月の来日後、早稲田に住み、友人の蓬仙と同室で暮らした。その後引っ越しを繰り返し、都内を転々とするも、日記中では、十七回にわたって早稲田を訪れている。また、翌年七月の一時帰国後、十月ごろには早稲田にある新中学会の寄宿舎「新中寄廬」で暮らしたという説もある。早稲田は、周恩来にとって深い縁のある土地だ。

東京専門学校開校当時、早稲田、高田馬場界隈は一面にミョウガ畑が広がる田園地帯。まだ鉄道の駅もなく、当然ながら交通の便はよくなかった。そのため、学生や教職員が学校の近くに居を構えることになり、これが「学生街」としての早稲田の基盤となった。一九〇二年に「早稲田大学」に改名し、大学正門に通じる早稲田新道が開通すると、現在の早稲田鶴巻町界隈に下宿屋が林立する。加えて学生の本分たる勉学には欠かせない書店、古書店も軒を連ね、現在に続く学生街としての体裁を整えていった。

また、若々しい大学生にとっては、遊びももう一つの本分である。早稲田、高田馬場に隣接する神楽坂は、早稲田の学生たち定番の遊び場となった。早慶戦のあとなどは、街を早稲田のシンボルである角帽が埋め尽くした……という記録も残っている。

一九一〇年（明治四十四）、早稲田大学の学生や近隣住民の請願に応じて、国鉄山手線「高田馬場駅」が開設される。一九一八年には東京市電が延伸し、早稲田駅が誕生した。交通の便が良くなったことで、早稲田の学生たちの住みかは早稲田、高田馬場界隈だけにはとどまらず拡大していく。

清国留学生の受け入れ

早稲田大学が清国留学生の受け入れをはじめたのは一八九九年のこと。同年に勃発した義和団事件で日本を含む列強との格差を痛感した清国政府は、体制変革と教育の近代化を推し進めることになる。なかでも急務となった普通教育（日本の旧制中学程度）を、清国政府は、日本留学という手段で補うこととした。これにより、立身出世を目指すには日本留学が欠かせないこととなる。さらに日露戦争で日本が勝利したことで、西洋に対する日本の地位が相対的に向上し、日本への留学熱は一層高まりを見せたのであった。一九〇五年から翌年にかけて、来日する清国留学生の数がピークをむかえる。この時期、日本での普通教育を必要としていた留学生は、八〇〇〇人から一万人に及ぶという。

また、日本の大学や教育機関は清国留学生の争奪戦を繰り広げた。どれだけ短い期間で普通教育を修了させられるかを競い、心ある清国留学生から「学店」「学商」と軽蔑の視線を浴びる学校もあったという。ある私立大学は、この「清国留学生バブル」で傾いた経営状況を建て直したともいわれている。

当然だが、短期間の速成教育では本来求められる学力が得られるわけもない。

早稲田大学は、一九〇二年に数名の留学生から速成教育課程の設置を求められたが謝絶している。こうした状況を憂えた早稲田大学は、「速成教育是正」を掲げ、一九〇五年に清国留学生の中等教育のための専門機関「清国留学生部」を設けた。清国留学生部には、本科進学のための予備教育で日本語と普通学を受講する予科と、政法理財科、師範科（物理化学科、博物学科、歴史地理科）、商科の三専科からなる本科、研究科があり、修了後は早稲田大学に進学する道も開かれていた。特徴は、本科の師範科に物理化学科が設けられていたこと。早稲田大学にもまだ理工科が設置されていなかったころで、物理化学科は最も多くの卒業生を輩出し、清国留学生部の最大の特色となった。

革命家を育む地、早稲田

孫文とともに中国同盟会を率い、のちに国民党を結成する宋教仁は、一九〇六年に清国留学生部予科に入学して学んでいる（後に中退）。宋教仁は『我之歴史』という日記を残しており、当時の清国留学生の日常を窺い知ることができる。

周恩来が加入した、救国の志を持つ学生団体「新中学会」が創設されたのも早稲田。創設メンバーである童冠賢は早稲田大学で法学を学び、後に中華民国立法院院長（国会の議長にあたる）に就いている。同じく新中学会の創設にかかわった高仁山は、早稲田留学を経てアメリカのコロンビア大学で修士号を得るが、一九二八年に三十四歳の若さで張作霖によって殺害された。ほかにも蓬仙、滌非、化民、徐静庵などが早稲田に住んでいたことが、日記からうかがえる。

またこの頃、孫文の辛亥革命を支援したことで知られる宮崎滔天《みやざきとうてん》（東京専門学校出身）の家を多くの清国留学生が訪れ、交流を深めていたことも知られている。滔天は「世界的人間」（日本人である前に人間であること。自分の行うべきことを、世界人類の一人として考えること）という理想のもと、中国で革命を起こすことが、世界革命への一歩を踏み出すことになると考えていた。こうした先達の存在も、留学生が早稲田を目指すひとつの理由となっていたかもしれない。

一九〇六年、日本で学んだ清国留学生が、清国の考課（官吏採用試験）に全員不合格だったことにより、清国政府は「留日速成学生の派遣停止」を決定し、一九一〇年に清国留学生部は閉部に至る。短命に終わった清国留学生部だが、開設以来一〇〇〇名を超す留学生がここで勉学に励み、閉部以降も、一九一一年には二〇七名、一二年にも一六六名と、多くの清国留学生が早稲田大学を学びの場として選んだ。中国人留学生たちが、祖国を憂い、革命を羨望し、心血をそそいで学び、遊び、生きた痕跡が、そしてそれを育む包容力が早稲田にはあったのであろう。一〇〇年以上経った現在でも、早稲田は多くの中国人留学生に選ばれている。早稲田に流れる「革命」の血は、脈々と受け継がれているのかもしれない。

三月二十二日（戊午二月初十日戊辰）［金曜日］

山兄と「進化論」を論ず

気候：朝晴れ、夜風雨。

修学 世界は進化し*、永遠に停止することはない。

治事 朝、読書。昼、飯を作って食べる。食後、東亜に行き、『校風』*を入手して読む。三時、青年会に伯鳴《はくめい》を訪ねるが、会えず。夜、山兄と「進化論」について詳細に論じあい、ふたたび伯鳴を訪ねる。

通信 乃兄の手紙を受け取り、季衡兄に手紙を出す。

三月二十三日（戊午二月十一日己巳）［土曜日］

雲弟からの手紙

気候：強風。

治事 朝、雲弟の手紙を受け取り、大いに思うところあり。読書のあと、昼飯。午後、東亜の授業に出てから、個人教授のところに行く。夜に帰って、読書。輪扉が八時に来て、しばらく話してから帰る。十一時まで読書して寝る。

*世界は進化し……　一八五九年、ダーウィンの『種の起源』が出版された。彼は進化論を体系的に論じ、中世ヨーロッパの宗教神学観を一挙に打ち破った。進化論は近代中国の先進的な人々にも大きな影響を与えた。㊥

*『校風』　一九一五年八月三十日から一九一九年五月二十六日まで週刊で発行された南開学校の学内刊行物。言論、紀事（歴史上のエピソードや人物論などを自由に描いた文章）、警鐘（時事問題を扱った短文）、演説、文苑（詩やエッセーなど）、小説などで構成されており、掲載記事は、鉄卿（主筆）、冠賢（文苑部主任）の執筆によるものが多い。一九一六年五月、「誠能動物論」というテーマで論文が募集され、周恩来の論文は優秀作品に選ばれた。

『校風』の前身は『南開星期報』。一九一九年五月二十六日『校風』は第一二七号に達した時点で一時中断し、五四運動の要請に応えて『南開日刊』を同日発行した。同年十一月七日『校風』復刊。現在までに確認されている『校風』

【通信】雲弟の手紙、問凱の葉書、公孟《こうもう》の手紙を受け取る。

同学会で演説

三月二十四日（戊午二月十二日庚午）［日曜日］

気候：晴れ。

【治事】朝、英書を読み、十二時、飯を作って食べる。午後、同学会に行って会議を開く。出席者二十人。新来の同学の馬君らを歓迎する。冠賢に演説するようすすめられ、最近感じていることを述べる。夜、帰って、十一時まで読書。

【通信】敬甫《けいほ》の手紙を受け取る。

雲弟の誤解を解く

三月二十五日（戊午二月十三日辛未）［月曜日］

気候：雨。

満*二十歳の誕生日。

【治事】朝、雲弟の手紙を受け取る。醒兄を誤解しているので、少し説明しよ

の最終号は、一九二〇年十二月二十四日に発行された一五一号である。雲卿が編集長、周恩来は経理を担当し、同誌の発行に情熱をそそいだ。周恩来は日本遊学中も『校風』に関心をもち、読み続けていた。㊥

＊満二十歳の誕生日　周恩来の誕生日は一八九八年三月五日で、旧暦では二月十三日である。一九一八年の旧暦二月十三日は、新暦（陽暦）では三月二十五日にあたる。周恩来はつねに旧暦で誕生日を考えた。㊐

うと思うのだが、私と山兄ではとても対処しがたい。午後、教えさとす内容の手紙を書いて雲弟に出す。夜、蓬兄、滌非《じょうひ》が来て、九時まで話して帰る。

通信 四伯父の手紙を受け取る。乃兄、述・雲両弟、柏栄、剣帆、および『南開思潮』社の手紙を受け取る。四伯父、実父、弌叔、および醒兄、雲弟に手紙、述弟に葉書を出す。

李士翹と夏伯鳴来る

三月二十六日（戊午二月十四日壬申）［火曜日］

気候：晴れ。

治事 朝、読書。昼、東亜の授業に出る。夜、個人教授のところから帰って飯を作るが、できあがる前に、李士翹《りしぎょう》君が夏伯鳴とともに来て、長いこと話してから帰る。

通信 南開同学会の手紙、朶山、剣帆、章叔の手紙を受け取り、乃兄、慧弟に手紙を出す。

1918

◉日米船鉄交換契約で船舶提供

第一次世界大戦で米国が鋼材の輸出を禁止したことで、日本の造船業は窮地に立たされた。そこで当時、造船の分野に進出していた鈴木商店の金子直吉（一八八六ー一九四四）が米国大使と直接交渉。米国から鋼材を受け取る日本が船舶を引き渡すという、日米船鉄交換契約が成立

「三月二五日正式に船鉄交換の協議を成立せしめたり。之に依れば米鉄交換の為めに提供する船舶は十二隻重量噸九萬九千百五十噸にして其内容左の如し。

	隻数	重量噸数
川崎造船所	四	三六、〇〇〇
日本郵船	三	二二、五五〇

三月二十七日（戊午二月十五日癸酉）［水曜日］

冠賢と大いに語る

気候：晴れ、夜小雨。

治事 朝、冠賢を早稲田に訪ね、時事問題および今後の勉学方針について長いこと話し合い、午後に帰る。山兄が言うには、蓬兄が来ているのだが、まだ会えないらしい。夜、伯安を訪ねる。

通信 大伯父の手紙を受け取り、琢章に葉書を出す。

鈴木商店	三　二二、三〇〇
浅野造船所	一　一一、五〇〇
浦賀船渠	一　六、八〇〇
合計	一二　九九、一五〇」

（『中外日報』大正七年三月二十八日付）

三月二十八日（戊午二月十六日甲戌）［木曜日］

滌非と話す

気候：晴雨半ばす。

治事 朝、読書。昼、東亜の授業に出る。夜、滌非が来て、長いこと話してから帰る。

『太平洋』を読む

三月二十九日（戊午二月十七日乙亥）［金曜日］

気候：雨。

修学　悟

治事　朝、同学熊《ゆう》君と路上で出会い、同学会の会費を手渡され、かわりに納入してくれるよう頼まれる。午後、授業。帰ってから『太平洋』*を読む。

夜、希天が来る。

通信　超民の手紙を受け取る。

*『太平洋』　一九一七年三月に上海で創刊。李剣農、楊端六、周生ら英仏留学生らが編集した刊行物で、政治論を主とし、文芸を副とする英国和解主義の色彩を持つ同人誌である。文芸では主に西洋文学の翻訳紹介に力を入れている。「西花余香」というコーナーで田山花袋がしばしば西洋小説の感想文を寄稿していた。一九二五年六月、全四巻四十二号で休刊。同誌の趣旨は「学理を考証し、財政経済問題について是非を論じ、いかなる党派にも与せず、新たな党派を打ち立てることもせず、門戸自立を旨とするものである」。

一部の研究者は『太平洋』と『新青年』は、学者で社会活動家の章士釗（一八八一－一九七三）が刊行した『甲寅』が源流と指摘している。袁世凱が帝政を復帰させた後、政論の多かった『甲寅』は、一九一五年末に停刊させられた。その後、陳独秀らは『新青年』を創刊し、思想文化啓蒙に転じて、新文学運動と倫理革命を提起した。また、英仏派のメンバーは『太平洋』を創刊して『甲寅』の政論と法政論を継承し、引き続き政情を論じ続けた。『太平洋』と『新青年』は、互いに刺激しあって新文学と新道徳に対する人々の需要に応え、新文学は政論のスタイルを改良し、政論が時代の需要に適合するように変革した。それゆえ、『太平洋』の価値は『新青年』に劣らないものがある。従来は『新青年』が五四運動や中国共産党の創立に貢献したと評価されてきたが、この『太平洋』が及ぼした多大な影響、貢献は、再評価されるべきものである。㊥

三月三十日（戊午二月十八日丙子）［土曜日］

気候：雨。

治事　朝、手紙を多数受け取り、読む。返信を出す必要があるものばかり。とりわけ慧弟は、進学すべきか否か意見を求めており、特に急を要す。午後、滌愆、滌非、魯軒《ろけん》、戢生《しゅうしょう》が来る。夜、『不忍』*を読み、感ずるところあり。山兄と痛飲す。

通信　雲・慧両弟、問凱、蓬兄の手紙を受け取る。

山兄と痛飲

洋書を扱っていた丸善書籍売り場
（画像提供：丸善雄松堂株式会社）

＊『不忍』　辛亥革命後に康有為が創刊し、編集長を務めた月刊誌で、康の個人雑誌である。同誌は一九一三年（大正二）二月に上海で創刊、広智書局から発行された。康の弟子の陳遜宜、麦鼎華、康思貫などが編集した。同年十一月に第八号を出版した後、康有為が母親を亡くしたため、休刊した。一九一八年に第九、十合併号を出して停刊。この雑誌には政論、教育論、文芸などのページがあり、国内ニュース、付録以外は、すべて康が単独で執筆した。雑誌名『不忍』については、発刊の言葉で次のように述べている。「法律が蹂躙され、政党は争いに賭けて、国粋は失われている現実に鑑みて、現状を忍ぶことはできぬ。ゆえに忍ばずと題した」。変法維新の失敗後は「中国では共和政体は実行できない」と、儒教を国教とし、清朝を復活し、君主立憲制を主張した。雑誌の創刊主旨には康の思想が反映されている。周恩来は日本滞在中に康有為や梁啓超などの本を広く読み漁った。㊥

三月三十一日（戊午二月十九日丁丑）〔日曜日〕

山兄と早稲田へ

気候：晴れ。

治事 朝、大寝坊した。昨夜の深酒のため。十一時、山兄とともに早稲田に行き、滌非および徐静庵《じょせいあん》を訪ねるが、ともに会えず。冠賢に会い、復青《ふくせい》、白濤《はくとう》を訪ねる。夜、白濤が滌非、子君《しくん》とともに来る。

通信 述弟の手紙を受け取る。

四月一日（戊午二月二十日戊寅）〔月曜日〕

慧弟へ進学について長い返事を書く

気候：晴れ。

治事 朝、『不忍』を読む。輪扉が来る。昼、授業に出て、夜、帰る。雲弟に手紙を出す。慧弟に長文の手紙を書き、進学のことを論ずるが、書き終わらぬうちに、夜がふけて、寝る。

通信 乃兄、雲弟、頌言《*しょうげん》、質達《しったつ》の手紙を受け取り、雲弟に返信を出す。

1918

◉丹那トンネル、着工

四月一日、東海道線・熱海—函南間の丹那トンネル工事着工。湧水、劣悪地盤、長距離という悪条件もあって難工事となり、完成は昭和九年三月十日。丹那トンネル完成までは、全列車が上りは沼津、下りは国府津で補機（補助の機関車）を連結し、御殿場経由の山登りを強いられた。距離にして十二キロだが時間にして二十分（特急で）遠まわりをしていたことになる。

＊頌言　陳頌言。南開学校の同級生。浙江省出身。日

『政治史』を読む

四月二日（戊午二月二十一日己卯）［火曜日］

気候：晴れ。

治事　朝、ひきつづき慧弟あての手紙を書く。十時、早稲田に行き、徐静庵、蓬兄に会い、書物を買う。夜、帰って慧弟あての手紙を書き、投函。輪扉が来て談じる。『政治史』*を一ページ読む。

＊『政治史』　正式名称は『政治史概説』。エドワード・ジェンクス（一八六一—一九三九）の著作で、政治学の経典。翻訳は厳復。別名『社会通詮』。ジェンクスは、イギリスの法学の権威で、ロンドン大学の経済・政治学部英語教授、メルボルン大学の法律学部主任を務め、ケンブリッジ大学、オックスフォード大学で教鞭をとった。この本では歴史発展段階の観点から、トーテム社会（未開社会）から宗法社会（宗族からなる大家族社会）を経て軍国社会に至る過程として歴史を描いている。「軍国社会では個人は社会の基本細胞を組成し、人民は平等である。しかしながら宗法社会では、社会は家族によって構成され、個人はそれぞれの宗族の統括を受けており、宗法の拘束に縛られ、自由がない」と述べた。ジェンクスはみずからの研究に依拠して、人類社会の政治進化史を描いた。

　厳復（一八五四—一九二一）は、福建省福州出身の中国近代啓蒙思想家、翻訳家。その最大の功績は体系的に西洋の政治学、社会学、政治経済学、哲学と自然科学を中国に紹介したことで、翻訳した著作には『天演論』、『原富』、『群已権界論』、『群学肆言』、『モンテスキュー法意』、『ミュラー名学』、『名学浅説』などがあり、当時これらは社会に大きな影響を与えた。二十世紀の中国で最も重要な啓蒙翻訳者であった。彼は『政治史概説』を一九〇三年（明治三十六）に翻訳して翌年商務印書館から出版した。厳復は当時の中国が軍国社会の段階、すなわち七割は宗法社会、三割は軍国的性質をもつ国家に発展したと考えたため、この本の分析を借りて、中国人が近代中国の社会制度と中国史の未来の発展方向を探求できると思ったのである。この本の翻訳出版は、当時の中国思想界、政界に巨大な反響をもたらした。㊥

四月三日（戊午二月二十二日庚辰）［水曜日］

また二十ケ条の要求、山兄発病

気候：晴れ。

治事　朝、山兄の顔が腫れ、持病が再発したのかと疑う。昼、青年会に行って中華美術展覧会を参観。ついで、英字紙を読み、日本政府がまた＊二十ケ条の要求を中国に提出したことを知る！

通信　范・琴両老伯、四伯父に手紙を出し、実父、慧弟、天民、蓬兄、剣帆、作賓《さくひん》、問凱、八弟、般若、柏栄、超民、朶山、寿之、炎范に葉書を出し、瑞岐、＊柳猗《りゅうい》、敬甫に手紙を出す。

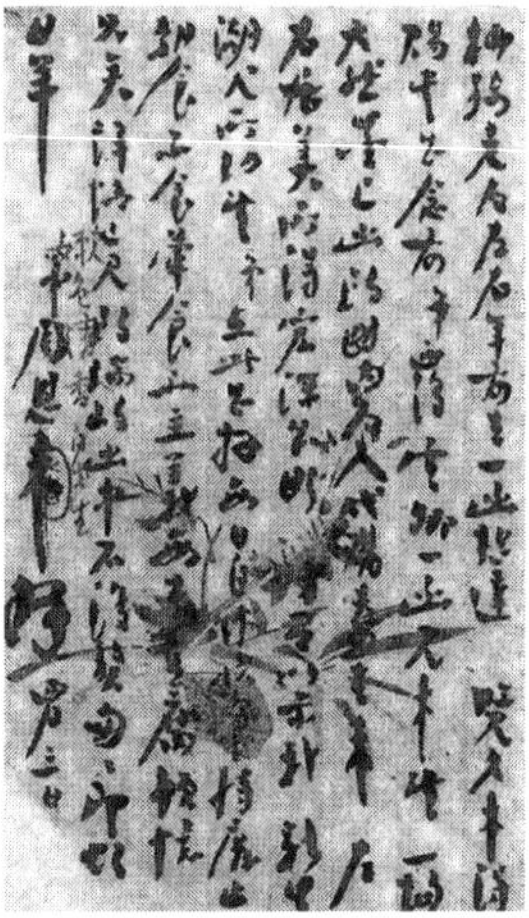

４月３日に周恩来から柳猗に出した手紙

＊二十ケ条の要求　「対華二十一ケ条」とは別もの。おそらく一九一八年三月から日本が段祺瑞政府に調印を求めていた「日華共同防敵軍事協定」のこと。五月二十三日の日記には、「日華陸軍共同防敵軍事協定」の十二ケ条が書き写されている。これと、「日華海軍共同防敵軍事協定」の八ケ条、合わせると二十ケ条である。「防敵」とは、十月革命後のソビエト、ロシアに備えることである。この協定が結ばれると、帝政ロシアの中国東北部への侵攻に代わって、日本軍が中国東北部に入り、日本の従属地域として独占される恐れがあった。一九一八年三月二十五日、日中両国は東京で同協定について文書交換を行った。このニュースは多くの留学生の関心を集め、最終的には、大規模な帰国抗議の波を引き起こした。㊥

＊柳猗　馮文潜（一八九六―一九六三）。柳猗は字。南開学校の同級生で親友。（上写真は、この日周恩来が柳猗に出した手紙）㊥

四月四日（戊午二月二十三日辛巳）［木曜日］

留学生の風紀を論じる

気候：晴れ。

治事　朝、昨日の日本の要求のことを思い、わが政府はどうしているのか！と憤慨する。九時、授業に行く。同時に滌愆が来る。午後、希天が来て留学生の風紀の改良について論ず。夜、興唐のところに行く。

通信　公孟の手紙を受け取る。

＊留学生の風紀の改良　これは二月七日の留学日記に記載されていたことと同じ内容か。「愛国」「救国」と口にするが、実際には人を損ない、己を利する留学生に、周恩来は不満がある。同じ留学生の身である周恩来にとっても何が真の愛国であるかを考えさせるテーマだったのだろう。㊥

四月五日（戊午二月二十四日壬午）［金曜日］

目の疲れ

気候：晴れ。

修学　清明の時節。

治事　朝、個人教授の授業を受ける。昼、読書、ついで東亜に行く。帰ってくると、滌愆が在室。まもなく鉄卿が来て、しばらくして帰る。希天が山兄の病気見舞いに来る。夜、目が疲れ、本を読めず。

＊清明　二十四節気の一つで、春分後十五日目をいい、陽暦の四月五、六日頃に相当する。杜牧（八〇三―八五二）の『清明』に「清明の時節雨粉粉　路上の行人　魂を断たんと欲す」とある。㊐

四月六日（戊午二月二十五日癸未）［土曜日］

慧弟に小説を書く

気候：晴れ。

治事　朝、滌愆が来る。午後、東亜の授業のあと、青年会に行って多数の同学に会い、新聞を読む。帰ってくると、冠賢、鉄卿、士翹らが山兄の病気見舞いに来る。夜、*慧弟のために小説を書く。

通信　拱宸、克忠の手紙を受け取る。

四月七日（戊午二月二十六日甲申）［日曜日］

蓬兄、伊香保温泉から帰る

気候：雨。

治事　朝、ひきつづき小説を書く。十時、蓬兄が伊香保温泉から帰る。早くもしばし論争になる。午後、徐君が来て、蓬兄と出かける。まもなく山兄が帰ってき、蓬兄がまた来て、夜まで話し合って帰る。

通信　禅弟の手紙を受け取る。

＊夜、慧弟のために……　慧弟は当時『南開思潮』の副編集長を務めていたので、小説を書いたのは『南開思潮』に掲載するためだと思われる。原稿は九日に発送されたが、題名や内容などは不明。周恩来は南開時代から小説を書くことに高い情熱を示し、「射陽憶旧」「巾国英雄」などの小説を書いた。姪の周秉徳によると、建国後に国務院総理を務めた周は、「引退したら、作家の巴金（一九〇四―二〇〇五）が小説『家』を書いたように自分も長編小説『房』を書きたい」と語ったという。㊥

四月八日（戊午二月二十七日乙酉）［月曜日］

山兄入院

気候：晴れ。

治事　朝、授業に出て、帰ってくると山兄が部屋にいない。たびたび外出しているにちがいない。昼、滌非が来る。食後に蓬兄が来て、山兄が入院したと告げる。このところ顔がひどく腫れていた。希天、滌愆が来る。

通信　公孟、剣帆の葉書、雲弟の手紙を受け取る。

四月九日（戊午二月二十八日丙戌）［火曜日］

上野へ花見

気候：晴れ。

治事　朝、書いた小説に手を入れて、慧弟に送る。午前の授業のあと、はなはだ憂鬱になる。午後、思い立って、上野に花見に行き、日比谷に春を探る。花陰での読書ははなはだ趣き深い。夜、山兄の見舞いに行く。

通信　慧弟ついで、乃兄に手紙、雲弟、拱宸、克忠、頌言に葉書を出す。

1918

◉教科書はより児童目線へ

この年、尋常小学校の教科書が改訂された。文部省は従来の尋常小学国語（明治四十三年三月改訂）を改め、児童中心を標榜する新読本〈ハナ、ハト、マメ、タコ、コマ〉を発行した。

＊尋常小学校とは、第二次世界大戦前の初等教育をほどこす義務教育の学校。当初は四年制だったが、一九〇八年に六年制に延長された。

伯鳴と語る

四月十日（戊午二月二十九日丁亥）［水曜日］

気候：雨。

治事 朝、かなり早く起き、二時間余り読書してから、授業に出かける。帰ってきて読書。午後の授業のあと、輪扉が来る。夜、伯鳴が来て、長いこと話してから帰る。

通信 述弟、念遠《ねんえん》の葉書を受け取る。

読書、読書

四月十一日（戊午三月初一日戊子）［木曜日］

気候：雨。

治事 今朝も昨日同様にしばらく読書してから、授業に出る。午後、授業のあと帰ってくると、蓬兄が来て、季衡、信天らがすでに到着していることを告げる。輪扉も来る。夜、青年会に行き、同学の盧、張、夏に会う。

通信 乃兄の書留を受け取る。

信天夫妻と会う

四月十二日（戊午三月初二日己丑）［金曜日］

気候：小雨。

治事 朝、季衡を訪ね、*範翁《はんおう》先生および信天夫婦に会う。午後、帰宅。三時に山兄の見舞いに行き、冠賢に会う。夜、蓬兄を待って、十一時に帰る。

通信 剣帆の手紙を受け取る。

音楽会、博覧会へ

四月十三日（戊午三月初三日庚寅）［土曜日］

気候：雨。

治事 朝、授業に出る。午後、子余《しよ》を訪ね、半時間ほど話して別れる。王善之《おうぜんし》を誘って*上野公園の音楽会に行き、そのあと食堂で夕飯を食べる。夜、王と*電気博覧会を観に行き、十時に帰る。

*範翁先生　南開学校の創始者厳範孫（厳修）の尊称。名は修、字は範孫、号は夢扶、別号は偍屚生。原籍は浙江省慈渓。一八六〇年天津生まれ、翰林出身。貴州学政、学部左侍郎などを歴任したが、戊戌変法が失敗した後、辞職し里帰り。張伯苓とともに学校を創設し、一九〇七年（明治四十）に「南開中学校」と名付けた。一九一八年には張伯苓らとともにアメリカの大学へ教育視察に赴き、帰国後には南開大学の創設に着手。中国における封建教育の革新と教育の近代化を推進した先駆者である。渡米視察の途上であった厳修が、東京に立ち寄ったため、周恩来など東京にいる南開の学生たちは季衡の下宿に集まった。厳修は周恩来の才能を高く評価し、つねに彼を支援した。一九二〇年に周が天津反動当局刑務所から出所した後、渡欧も援助。一九二九年（昭和四）三月十五日、病没。㊥

＊**上野公園**　東京市台東区（現在の東京都台東区）の公園である。広大な敷地内には、博物館や美術館、動物園などの施設があり、総合的に文化、芸術を楽しめる。もとは江戸時代、三代将軍徳川家光によって建立された東叡山寛永寺の境内であった。明治維新後に官有地となり、一八七六年（明治九）に公園として開園。一九二四年（大正十三）には、宮内庁を経て東京市に寄贈された。上野恩賜公園ともいう。有名な桜の名所でもある。保田龍門の出身校である東京美術学校も、上野公園内にある。

　また、園内には西郷隆盛の像が建てられており、これは江戸無血開城の功績を称えて一八九八年（明治三十一）に作られたものである。しかし、この無血開城後の一八六八年五月十五日、上野は、戊辰戦争の戦闘の一つである上野戦争の舞台となった。彰義隊（旧幕府軍）と薩摩、長州藩（新政府軍）との闘いで、新政府軍はアームストロング砲など最先端の武器を用い、上野一帯が焼け野原となる。このとき、新政府軍を指揮した一人が西郷隆盛であった。壮絶な戦いの末、新政府軍が圧倒的勝利をおさめる。一八八一年（明治十四）には、彰義隊の犠牲者を慰霊するために、上野公園内に彰義隊の墓が立てられ、現在も残っている。㊥㊐

＊**電気博覧会**　大正年間は博覧会ブームで各種の大博覧会が催された。この年の三月より上野公園で開催された電気博覧会について、雑誌『日本一』（五月号）に以下のような記事がある。「近代文明の精華を蒐めたる電気博覧会――一夜に要する総燭光は横浜市位の都市を煌々と照らすことが出来る（中略）イの一番に目につくのは昼間色ランプ。此は東京電気会社の出品にして、中央壇上に立てる人形が電気仕掛で運動する度に、同一の友禅メリンスの切れをカーボン、タングステン及び昼間色ランプが交々照して居る。（中略）其他正面入口の東側には、工業応用の部には、芝浦製作所の特別館があり、小電動機標準型、家庭応用の部には、大型撹拌機、洗濯機、アイロン、水汲みポンプ、アイスクリーム製作機がある。之等の家庭用機械は皆、燈火用電燈に連結する仕組につてゐる頗る重宝なもの、ミシンを使ふにも洗濯するにも湯を沸かすにも簡便に用達することの出来るものである。特に人目を聳動してゐるのは三噸の起重機で、毎日実地に操縦し文明科学の進歩の偉大なる業績を紹介してゐる」。㊐

上野公園で開催された電気博覧会（1918年）
（画像提供：毎日新聞社）

四月十四日（戊午三月初四日辛卯）［日曜日］

保田に謝罪

気候：晴れ。

治事 午後、季衝の依頼に応じ、保田を訪ねて謝罪。四時、早稲田に行って山兄を見舞う。夕飯のあと、冠賢に会い、錫凡《しゃくはん》を訪ねるが、会えず。十一時、神田に帰る。

通信 雲卿の葉書を受け取る。

四月十五日（戊午三月初五日壬辰）［月曜日］

範老と語る

気候：晴れ。

治事 午前、授業のあと、季衝の衣裳箱を運転手に渡して本郷に運んでもらう。午後、季衝を訪ねるが、会えず。滌愆のところに行って八時まで話し、ふたたび季衝を訪ねるが、まだ帰ってこない。範老と話していると、真夜中に季衝が帰ってくる。泊まる。

通信 醒兄の手紙、雲弟の手紙と本、白濤の葉書を受け取る。

四月十六日（戊午三月初六日癸巳）［火曜日］

東亜で授業

気候：晴れ。

治事　昨夜は遅くなり、神田に帰らず、蓬兄の下宿に泊まる。今朝、帰ってきて授業を受ける。午後、東亜に行って授業に出る。夜、青年会に行って伯鳴に会う。

通信　南開同学会、克荘の手紙、滌非、公孟の葉書を受け取る。

四月十七日（戊午三月初七日甲午）［水曜日］

本郷菊富士ホテル

気候：晴れ。

治事　今朝、季衝と菊富士ホテル*で会う約束あり。朝、出かけ、十時まで待って会い、帰る。午後、信天とともに山兄を見舞う。六時、同学会の歓迎会に赴き、歓を尽くして十時に散会し、また青年会に行く。

通信　撼弟、柏栄、乃兄、八弟の手紙を受け取る。

＊菊富士ホテル　本郷菊坂町八二番地（現在の本郷五丁目）にあったホテル。一九一四年オープン。尖塔のある木造の三階建洋風建築で、竹久夢二、谷崎潤一郎、直木三十五、宇野千代、宮本百合子、坂口安吾ら多数の著名人が利用した。東京大空襲で焼失。㊐

四月十八日（戊午三月初八日乙未）［木曜日］

張君のトラブル

気候：晴れ。暖かい。

【治事】朝、授業のあと、同学の*張君恩海《ちょうくんおんかい》と*監督処に登録に行くが、張君の来京手続きが不備なため、すこぶる解決しがたい。公使館、監督処の両所を往来し、二時にやっと帰る。

【通信】剣帆、琴豪、禅弟、念遠、雲弟、醒兄、警倫《けいりん》に葉書、述弟、大伯父に手紙を出す。

*張君恩海　張恩海。(日)

*監督処　中華民国留日学生監督処。周恩来はこのとき引き続き官費の一高を受験するため、監督処で資格審査を受け、許可を得る必要があった。(中)

四月十九日（戊午三月初九日丙申）［金曜日］

山兄退院

気候：晴れ。

【治事】朝、季衡を訪ねるが会えず、希天、滌非のところに行く。昼すぎ、帰ってきて授業に出る。午後、山兄が退院し、蓬兄も来る。輪扉が見舞いに来る。夜、また季衡を訪ねる。滌愆、冠賢が来て、話をして十一時に帰る。

通信 霆軒《ていけん》先生の手紙を受け取り、返信を出し、安甫《あんほ》に葉書を出す。

四月二十日（戊午三月初十日丁酉）［土曜日］

張恩海に会う

気候：晴れ。

治事 朝、範老、季衡および信天夫婦を見送り、八時に帰る。十一時に青年会に行って張恩海に会い、帰ってきて昼飯。午後、授業のあと、一時間半昼寝。希天が来て、輪扉に会いに行き、輪扉の下宿で夕飯。夜、蓬兄、滌非が来る。

四月二十一日（戊午三月十一日戊戌）［日曜日］

荒川に花見

気候：晴れ。

治事 朝、青年会に行って盧、張、夏の諸同学に会い、昼飯のあと、警倫・樹唐《じゅとう》両同学があい次いで来る。しばらくして、いっしょに警倫《けいりん》のところに行く。三時に荒川*に花見に出かけ、次いで浅草*に行ってサーカス

＊荒川に花見　一八八六年（明治十九）、南足立郡江北村（現在の足立区江北から鹿浜付近）の荒川の堤に三〇〇〇本余りの桜が植樹され、桜の名所となっていた。当時、王子電気軌道（現在の都電荒川線）は赤羽から三ノ輪まで通っており、三ノ輪から浅草まで徒歩で二十分程度。また千住までは市電が通っていた。周恩来はいずれかの方法で浅草に向かったと思われる。日

東京一の桜の名所であった荒川堤。さまざまな種類、色があったため「五色桜」とよばれた。（画像提供：ユニフォトプレス）

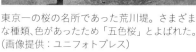

を見る。

伯安の合格を祝う

四月二十二日（戊午三月十二日己亥）［月曜日］

気候：雨。

治事　朝、読書。授業のあと、蓬兄が来て、昼に帰る。午後、授業に出て、帰ってきて読書。夜、伯安を訪ね、出発を見送るとともに、□□高工への合格を祝す。夜、各所に手紙を出す。

通信　瑞岐の手紙を受け取る。克荘、撼弟に手紙、柏栄、乃兄、慧弟、述弟、公孟、八弟に葉書を出す。

＊浅草に行ってサーカスを見る　三月十七日付『都新聞』には、大竹娘曲馬（おおだけむすめきょくば）一行についての記事がある。「米国新帰朝を看板に浅草・仲見世今半の隣の空地で遣ってゐる一行は七八つから十七八位までの小娘五十餘人支那人の奇術娘曲馬各種の輕業みな目を驚かすばかり（中略）、連日大入」とある。ほかには四月二十日の『都新聞』に深川座での鈴木義豊一行の「自転車曲乗」の広告がある。㊐

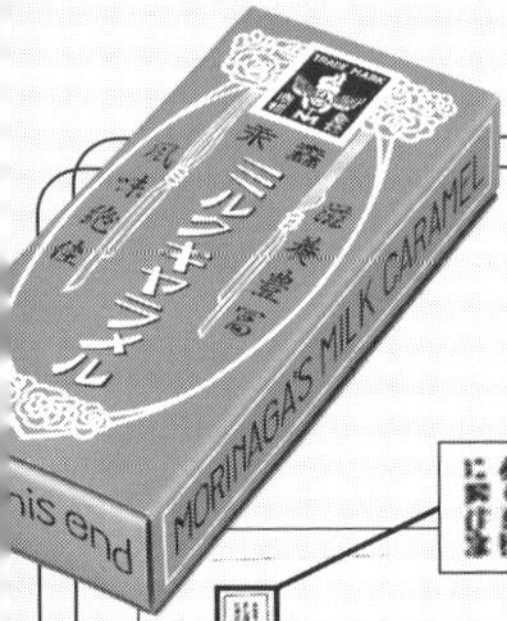

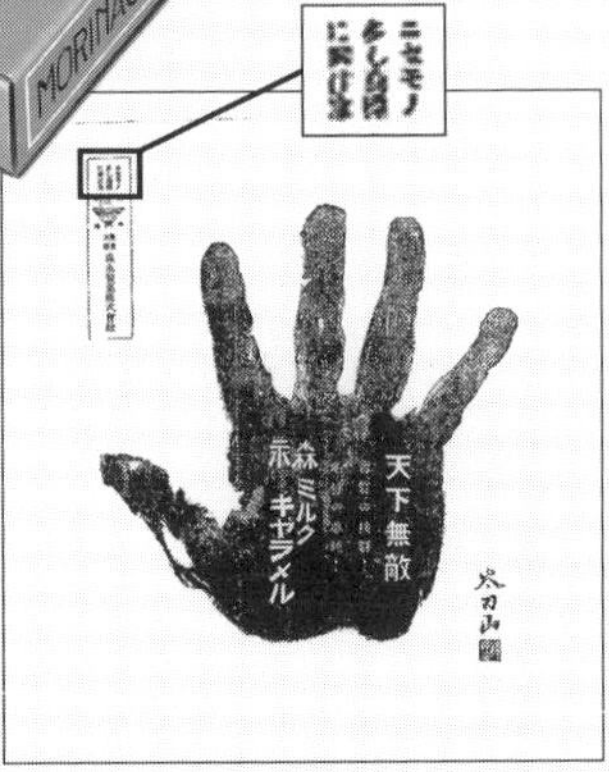

局《きょく》用鉛筆

創業15年目の1901年(明治34)、「逓信省《ていしんしょう》の御用品」として正式に採用された眞崎《まさき》鉛筆製造所（現在の三菱鉛筆）の鉛筆。最初に納入した2B、HB、2Hの３種類は昭和34年まで愛用された。

逓信省は、通信、交通運輸の行政を管轄とした官庁。1934年(昭和9)に行政整理のため解体され、現在その事業は総務省、国土交通航空局、日本郵政(JP)、日本電信電話(NTT)が担っている。1918年当時、庶民にとって、鉛筆は一本五厘ほどもする貴重品だった。日記の原文を見る限り、周恩来はもっぱら筆と墨を使用していたようである。

森永ミルクキャラメル

キャラメルは1899(明治32)にはじめて発売。当初はひと粒ずつワックスペーパーで包み、それを10ポンド缶に入れて1粒5厘でバラ売りしていた。1914年（大正3）に、「森永ミルクキャラメル」として黄色い箱に入ったポケット用（10粒入り）が5銭で発売された（写真右上）。1919年(大正8)には、大横綱太刀山の手形による「天下無敵森永キャラメル」と書かれた新聞広告を大々的に掲載。「ニセモノ多し商標にご注意」の一文から、当時、類似品が出まわっていたことがうかがえる。

獅子印《じしいん》ライオン歯磨

1896年(明治29)7月発売の「獅子印ライオン歯磨」。ピンク色の粉歯磨きで、発売当初は、小袋入りで3銭。その後、瓶入りや桐箱入り、缶入りが発売される。知名度を上げるため新聞に広告を掲載したり、5～7名ほどの楽隊をひきつれて沼津をスタートし、東海道から山陽道の各都市を43日間かけて宣伝して回ったというエピソードも。

ライオン押出管入（チューブ入）煉《ねり》歯磨

1911年(明治44)発売の国産初のチューブ入歯磨き。アメリカなどでは、明治中期からチューブ入り歯磨きが作られ、広く浸透していたようだが、1918年(大正7)当時の日本の庶民は、もっぱら粉歯磨きを使っていたようである。

1918

大正時代のはやりもの 其の一

四

勉学か革命か

四月二十三日（戊午三月十三日庚子）［火曜日］

気候：雨。

ロシアを語る！

治事 朝、読書。授業に出る。昼、滌非《じょうひ》が来る。午後の授業のあと、帰ってきて、慧弟《けいてい》の葉書を受け取る。進学について私の意見に賛成であることを知り、はなはだうれしい。夜、子余《しょ》を訪ね、東京堂に寄って本を買う。

通信 慧弟の葉書、超雲《ちょううん》の手紙、鏡宇《きょうう》の写真同封の手紙を受け取る。

今夜、「東京堂」に本を買いに行って、しばらく新刊の雑誌を立ち読みした。刊行されたばかりの『露西亜研究』*をめぐってみると、ロシアの現今の党派について詳細に取り上げた論文が掲載されていた。その場でざっと目を通して暗記した内容のおおよそを以下に記す。

一八一七年*にナポレオン*がモスクワから敗走したとき、ロシアの人々に民族思想というものを残していった。一般国民はその影響を受け、十二月党《デカブリスト》*という党を結成する。これこそロシアの革命党の起源にほかならない。

*『露西亜研究』 原典にも明らかに『露西亜研究』とあるが、正しくは『露西亜評論』（一九一八年三月一日創刊、進文館）と思われる。四月に刊行された第二号にこの論文とおぼしき記事「露國革命派の系統」（今井政吉）が掲載されている（2－5ページに全文掲載）。㊐
　周恩来は、この論文を通じて、露西亜革命党の起源、ロシアの党派の現状およびレーニンなどの「過激派」政党の基本的な主張を理解し、社会主義を実行する国々にとって、ロシアが世界で最初の試験場になるだろうと認識した。十月革命後のロシアが、世界や当時の中国の青年たちに与えた影響の大きさがうかがえる。㊥

***一八一七年** 正しくは一八一二年十二月。㊐

***ナポレオン** ナポレオン・ボナパルト（一七六九－一八二一）。一七九九年にクーデターを敢行して執政政府を樹立し、第一執政に就任。一八〇二年に終身執政、一八〇四年に皇帝に即位、

一八六二年にいたって、ロシアの青年志士たちはロシアの政治が腐敗し、農民が資産階級の圧政にさらされているのを見かねて、ここで改革を行わなければ、ロシアの進歩は絶望的であると確信した。こうして、「自由と民主」の旗幟を掲げて、各所で秘密結社が結成される。不幸にも秘密が徹底されず、ロシア政府に察知され、*チェルヌイシェフスキーをはじめ全員が逮捕されてシベリアに流刑になった。そのために革命はしばしば停頓したけれども、一般の人々の国民心理としては彼らに強く同情することになった。政府による圧迫がひどくなればなるほど、改革を望む国民の心情はますます堅固になり、百折不撓《ひゃくせつふとう》の精神が、昨年の春についに、ロシア皇帝を打倒する。*臨時政府が組織されて、ロシアの国民はすこぶる幸福になったのである。

ただし、革命の党派事情もはなはだ複雑で、君主立憲に賛成するもの、民主に賛成するもの、さらに無政府に賛成するものもあり、意見は一致しない。それゆえ、革命から一年たってもロシアの国内情況はまったく安定していない。臨時政府は、人員を総入れ換えする。国民の心情も、まだ歩むべき道筋が定まらない。しかし、これもおよそ改革というものがかならず経なければならない段階であろう。単にロシアだけの特殊事情ではない。

モスクワ遠征の失敗後、一八一四年に退位。(日)

＊十二月党　ツァーリズムの打倒と農奴制の廃止を目標として、一八二五年の十二月（デカブリ）にペテルブルグで武装蜂起した人々。たちまち鎮圧された。(日)

＊チェルヌイシェフスキー　ニコライ・チェルヌイシェフスキー（一八二八―一八八九）。ロシアの評論家。獄中で小説『なにをなすべきか』を執筆し、一八七〇年代のナロードニキ運動に大きな影響を及ぼした。一八六二年に逮捕され、七年間の懲役を経てシベリアに流刑、十八年間を過ごす。(日)

＊臨時政府　一九一七年（大正六）の二月革命で成立、同年の十月革命で打倒された。(日)

現在のロシアの党派は、三つに分類できる。

一つは立憲民主党《カデット》で、この党の主張はおおむね君主立憲で、責任内閣制に賛成する。革命後、最初に権力を握ったのはかれらにほかならない。

もう一つは*社会民主党である。この党は二派に分かれ、一派は過激派《*ボリシェヴィキ》で、完全な民主主義を主張し、資産階級の制度を打破し、武力で一切を解決する方針を実行している。その行動様式は社会革命党《*エスエル》ときわめて近しく、党首は現執政の*レーニン氏である。もう一派は、温和派《*メンシェヴィキ》で、民主主義であるが、民主までいかなくても、君主立憲を主張する。資産階級の除去は資産階級と接近しなければならず、*ケレンスキーの執政の時代に、連立内閣を結成し、この派が多数を占めていた。

三つ目は社会革命党である。党内は三派に分かれている。第一は正統的社会主義派で、この派の人は農民の中産階級の人□族であり、三派が合同して結成された。それゆえ、彼らの主張は非常の平和である。第二は国家社会主義派であり、この派の人は土地を国有化すべしと主張する。第三は激烈な社会主義派で、資産階級制度を極端に排除することを主張するが、その主義は社会民主党内の過激派ときわめて似かよっている。

*社会民主党　正しくはロシア社会民主労働党。ソヴィエト連邦共産党の前身。後に過激派と穏和派に分裂する。㊐

*過激派　ボリシェヴィキ。一九〇三年（明治三十六）にロシア社会民主労働党が二派に分裂したときレーニンの率いた左翼急進派。ロシア革命において主導的な役割を果たす。㊐

*社会革命党　エスエル。ロシア帝政時代の政党。ナロードニキの流れをくみ、専制の打倒と土地革命を目標とした。二月革命で政権を担い、十月革命で分裂、勢力を失った。㊐

*レーニン　ウラジーミル・レーニン（一八七〇―一九二四）。一九〇三年（明治三十六）の社会民主労働党の分裂により、ボリシェヴィキの指導者になる。㊐

*温和派　メンシェヴィキ。マルトフ、プレハーノフなどが率いるロシア社会民主労働党の右翼派。十月革命ではボリシェヴィキと対立し、その後、反革命にまわる。㊐

*ケレンスキー　アレクサンドル・

要するに、ロシアの現在の各党派は、保皇党の少数の人を除けば、大きな目的はすべて「自由」、「民本」の両主義の域を出ない。現在の情況にもとづいていえば、君主立憲の希望は、おそらくすでに再生する機会がないだろう。過激派はその趣旨が、もっとも労農両派の人の心理に合っているので、勢力が日を追って増大している。資産階級制度、宗教の束縛は、すべて打破されてしまった。世界で社会主義を実行する国家は、おそらくロシアを最初の試験場にするだろう。

以上の話は、すべてその論文からの書き写しではない。私が書き加えたものも少なくないが、事実には杜撰なものはない。

ケレンスキー（一八八一－一九七〇）。一九一七年（大正六）の二月革命後、臨時政府に入閣、同年七月に首相に就任し、十月革命後に亡命。日

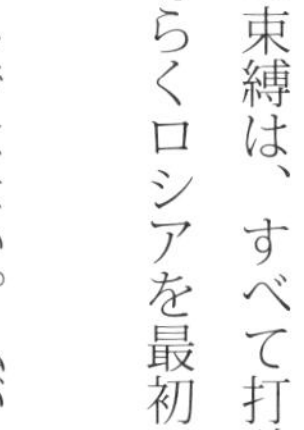

『露西亜評論』表紙（大宅壮一文庫所蔵）

参考資料
全文掲載

政治評論　露國革命派の系統

文學士　今井政吉

『露西亜評論』（一九一八年四月発行　第一巻第二号・進文館刊）所収

昨年三月以來、今尚ほ繼續《けいぞく》しつゝある露國革命に参加した人々を、試に革命派といふ總稱《そうしょう》の下に一括してみるならば、是等革命派に屬する人々が、時運の推移につれて色々系統を異にして居る。そこで革

命の變遷《へんせん》を理解し、且つ之に多少興味を拂《はら》ふとするには大體《だいたい》革命派の系統を心得て居ねばならぬ。露國の研究者は言ふ迄もなく此方面に明るいことゝ思ふが、斯る研究に時間の餘裕《よゆう》を持たない一般讀者の爲め、自分は左に其概略を述べてみやうと思ふ。斷《ことわ》つて置くが、極めて簡單な筋道を示す丈《だ》けで、隨《したが》つて説明の充分ならざる點《てん》や、全く觸れずに終わる點の多いのは己む《(ママ)》を得ない。

「ナポレオン」が一敗地に塗れて巴里に逃げ込んだ所《どころ》へ、聯合軍が追跡して其處へ攻め寄せた。露國の將校連が、佛國革命の思想に接觸したのは此時で、露國に革命思想の流入する淵源も亦茲《ここ》に發した。それが動機となつて一八一七年頃より露國青年將校等が十二月黨《デカブリスト》といふ革命團を作へた。彼等は佛國の革命に心醉し、飜《ひるがえ》つて祖国の社會狀態を顧み來る時、政體改良の必要を痛切に感じたのである。一八二五年の十二月に愈々《いよいよ》其旗擧《あ》げをなし、奴隷制度の廢止、自由教育、自由機關の設置を主張した。要するに當時の革命派は、自由を主眼として、此自由を持來《もちこ》さんが爲めに、主憲政治の樹立を希望したものとみてよい。

然るに革命派の主張は、其後次第に變化して旗幟《きし》がモツト鮮明になり出した。それは卽《すなわ》ち革命の主體を農民問題に置かんとしたこと是れである。謂《おもえ》らく農民の共有制度《オープシナ》(數人の土地所有者が一團となつて、其土地の總計を協同財産となし、團體の各人は其土地の一區域を利用する權利を有する如き制度)こそ、將來に於ける社會形式の基礎となるべきものだと。純露主義者等が、共有制度を世界に誇るべき露國の一特徴と數へて居る如く、露國の農民社會には、以前斯の如き制度が存したのである。然るに農民の手より段々土地が奪はれて、彼等が奴隷の境遇に沈論した所に、社會主義者等の乘《じょう》ずべき缺陷《けっかん》があつた。一八六二年に捕縛せられて、六四年に西比利亞《シベリア》へ流された「チエルヌイシエフスキー」などは、農民に與《あた》ふといふ檄文《げきぶん》を書いて、革命思想を鼓吹した。一八六二年に組織せられた「土地と自由」といふ秘密結社をみても、當時の革命派が那邊《なへん》に頭を注いで居たかゞ解る。昨年の革命にも、市中を練り歩く群衆は赤地の旗に金色の字で「土地と自由」を盛に書いて居た。

一八七〇年に至つて、露國の革命派は大體三種に分れた。今之を説明してみやう。

一、自ら治め自ら治めらるゝは、是れ露國に特有な共有制度の特徴であつて、露國の社會も茲に基礎を置かねばならぬ。現在の政治組織は畢竟《ひっきょう》民衆を利用する機關であるから、暴動によつて之を破壊せねばならぬと。これは即ち「バクーニン」一派の主張である。

二、新たなる社會へ推移する徑路は複雜であつて、爾《しか》く急速に行くものでない。随《したが》つて暴動などの手段に依らず革命思想の發達智識の涵養より始めねばならぬと。「ラウロフ」一派は此主義で、随て國家形式をも否定しない。

三、前二者の折衷したもので、社會主義の宣傳は漸進的ではあつてはならぬが、併し其方法は國家權力を以て命令的に實行せしむるにあるとした。「トカチエフ」一派は之に屬《ぞく》して居る。

革命の手段に美異はあるが、主眼とする所の農民階級保護に存するは皆同一と云つてよい。

然るに其中露國へ外國資本が投ぜられて、工業組織が段々變つてきた爲め、從來革命運動と云へば、農民を主體としたものが、今度は勞働者を主とするやうになつて來た。即ち從來のものを農民本位、農業政策的と云ふなら、今度は勞働者本位、工業政策的と云へやう。

「プレワーノフ」に由《よ》つて唱道《しょうどう》せられた社會民主々義は即ち之である。彼は一八八三年に「社會主義と政爭」を著し、又一八八四年に「我等の不一致に就て」を著し、若し露西亞の革命が勝利を占むる時ありとせば、吁《けん》は勞働者階級の革命であると云つた。社會民主團、勞働解放組といふものが、弗々《ふつふつ》起り出して、活動を始めたのも此時からである。

斯《かか》る二種の革命思想と運動とは、一時調和を保たれた時もあるが、又段々離れて激烈な論戰を始めることもあつた。後に社會民主黨の人々が猶太人《ユダヤじん》同盟會（又の名を全露猶太人勞働者同盟會）と合體し、一八九八年「ミンスク」の大會で、露國社會民主勞働黨を作つた。斯《か》くて社會民主黨が積極的態度を取る中に、農民を主とする一派が分離することゝなり、一九〇五年に社會革命黨なるものが組織せられたのである。「ケーレンスキー」内閣に農務大臣となつた「チエルノフ」は即ち其首領で、大綱としては農民、勞働者、智識階級の利害は一致すと考へた。

そこで是迄の革命派を主體について分類してみると、自由思想を標榜するもの、農民を主體とするもの、勞働者を主體にするものとの三者に區別することが出來る。今日社會主義者として、或は又革命運動者として活動するものは、この三者の孰《いず》れかに屬する。而して如上《じょじょう》三種も亦その中に多少の分派が生じ、過激派とか温和派とかを作つたのであるから、之を極く簡單に分類して示すことゝしやう。

一　立憲民主黨

國民自由黨から解放同盟が生じ、夫れが一變して今日の立憲民主黨となつたもので、智識階級の人々、就中自治體に關係ある自由思想の人々は之に屬して居る。昨年の革命に先鋒となつた「ミリユコフ」の如きは、其首領であつて、立憲君主政、責任内閣が、平生の主義綱領であつた。

二　社會民主黨

之は一九〇三年海外に開かれた大會で、所謂過激派《ボリシエヴイキ》と温和派《メンシエヴイキ》とに分かれた。

イ　過激派、純政治的革命を目的とし、陰謀的手段を喜び、軍隊的に活動せんことを主張する。この派は社會革命黨と終始接近を保ち、互に提携して行動せんと欲するもので、現に露國の政權を把握して居る「レーニン」は其領袖《りょうしゅう》である。

ロ　温和派、純然たる社會民主黨の面目を發揮して活動せんとするもので、日頃から來るべき革命は產業經濟的革命ならざるべからずと思惟し、隨て社會革命黨よりも寧ろ中產階級者に近づく傾向を持つ。之迄屢々《しばしば》過激派と合體してみたが、內容實質の差異は到底斯る形式の合同を許すべくもなかつた。「プレワーノフ」は其首領である。

三　社會革命黨

社會民主黨に對する此黨の分離は前に述べた。而《しこう》して此黨にも亦次の如き三派がある。

イ　正統社會主義派、農民と勞働者と智識階級(智的勞働に從事する者)とを結合し、以て政治的社會的革命を行ふべしと主張す。

ロ　國家社會主義派、農民が地主の所有する土地を強奪することを否定し、法案により土地の國有を主張するものであつて、政體は共和よりも寧ろ立憲君主制に近い。

ハ　過激社會派、国家社會主義派と反對に、地主の所有する土地を農民が強奪するのを是認し、脅迫行爲、財産奪取を革命の捷徑《しょうけい》と考へ、国家社會を無政府状態に導かんと企《くわだ》つるものである。

極く簡單であるが、一括して革命派と稱《しょう》せらるゝものを、更に分類してみると上述の通りになる。そこで之を今次の革命に就て一寸述べてみると、其始主として革命の中心を形成したものは、自由主義の立憲民主黨であつた。然るに其後「ケーレンスキー」内閣で立憲民主黨の人々と、所謂聯《れん》立内閣を作つたものは、社會民主黨の温和派に屬する人及び社會革命黨の国家社會主義派、正統社會主義派に屬する人達である。是等の人々は所謂憲法議會を開き、其處《そこ》で政體問題を定め土地問題を決することに意見の一致する所あつたが、併し土地を國有とするか、又は農民自身に分與するかに就て、個人として屢々意見の衝突を來したことがある。次で昨年十一月以降政權を握つた過激派は、其政綱前に述べた通りで、それに社會革命黨の過激社會主義派のみが參加して居る。

斯く系統的に調べてみると、社會民主黨といふ同一傘下にありながら、温和派丈《だ》けは立憲民主黨と手を握り易く、又社會革命黨といふ同一名稱の下に存し乍《なが》ら、過激社會主義派が過激派と協同する理由も解ると思ふ。

七輪で炊飯

四月二十四日（戊午三月十四日辛丑）［水曜日］

気候：晴れ。

治事　朝、蓬兄が来る。授業のあと、帰る。山兄が七輪*を買って火をおこし飯を炊き、大いに喜ぶ。午後、*童君警春《どうくんけいしゅん》、王善之があいついで来る。夜、風呂から戻ると、輪扉が来て話をする。

通信　克荘、乃兄の手紙を受け取る。実父、弌叔に手紙、八弟に葉書を出す。

*七輪　土製のコンロ。㊐
*童君警春　童警春。㊐

滌非ほか五名慶應大学合格

四月二十五日（戊午三月十五日壬寅）［木曜日］

気候：晴れ。

治事　朝、読書。午後、滌非が来る。南開の同学五人とともに慶應大学*に合格したという。それを聞いて、とてもうれしい。夜、蓬兄が来て、しばらく話して帰る。

*慶應大学　慶應義塾大学。一八五八年、近代思想家の福澤諭吉（一八三五―一九〇一）が中津藩奥平家の中屋敷内（場所は江戸の築地鉄砲洲、現在の東京都中央区明石町の一部）に開塾した「蘭学塾」がその起源である。その創設は、学制（日本最初の近代的学校制度を定めた教育法令）で設立された東京大学よりも古く、国内では最も歴史の古い大学である。一九二〇年（大正九）に、早稲田大学とともに私立大学として認可された。㊥㊐

味噌汁作りの妙法

四月二十六日（戊午三月十六日癸卯）［金曜日］

気候：晴れ、のち雨。

［治事］朝、読書。十時、授業のあと、帰宅中に、錫凡ら同学に出会う。凌警民《りょうけいみん》老同学がじきに来ることを知る。午後、飯を炊いているときに、不意に味噌汁作りの妙法がひらめき、うれしいかぎり。夜、青年会に友を訪ねる。

［通信］述弟、安甫の葉書、滌非の葉書を受け取り、慧弟に手紙を出す。

羅紹雲へ手紙

四月二十七日（戊午三月十七日甲辰）［土曜日］

気候：晴れ、のち雨。

［治事］朝、読書。授業のあと、帰宅してまた読書。午後の授業のあと、江安甫を訪ねるが、会えず。夜、友人に手紙を数通出す。

［通信］冠賢の葉書を受け取る。冠賢、鏡宇に葉書、羅紹雲《らしょううん》同学に手紙を出す。

終日歓談

四月二十八日（戊午三月十八日乙巳）［日曜日］

気候：晴れ。

【治事】朝、読書し、十時に風呂に行く。昼、滌愆が来る。午後、青年会に行って上海から来たばかりの凌警民、雨辰、昆仲《こんちゅう》に会い、終日、歓談。夜、帰宅して、手紙を数通書く。

【通信】慧弟に葉書、述弟、克荘、乃兄、瑞岐、雲卿に手紙を出す。

雲弟、資金難！

四月二十九日（戊午三月十九日丙午）［月曜日］

気候：晴れ。

【治事】朝、やや遅く起き、あとで深く悔いる。蓬兄が来て、二、三言葉を交わしただけで帰る。十時、授業のあと、警民、昆仲を紹介するため、白濤に会いに行く。午後、醒兄の手紙を受け取り、雲弟がますます苦境にあることを知り、手紙を国内に出して援助の方法を算段する。

【通信】醒兄の手紙を受け取る。賛武、乃兄に手紙、醒兄に葉書を出す。

✎日本の歳入超過額

四月三十日（戊午三月二十日丁未）［火曜日］

気候：夜、雨。

治事 午前の授業のあと、青年会に行き、帰宅して読書。午後の授業のあと、急いで帰宅して、また読書。夜、九段に靖国神社*の大祭を見に行くが、雨に降られたのでやめる。青年会で新聞を読み、伯鳴の部屋に行き、しばらく話す。

*日本の大蔵省が、欧州戦争の勃発から本年四月までの外貨の収支統計を発表した。

収入超過額	
輸出超過額	一、一七〇、〇〇〇、〇〇〇元
貿易外収入	八六二、〇〇〇、〇〇〇元
合計	二、〇三二、〇〇〇、〇〇〇元
支出（国際貸借とその超過額）	

＊靖国神社の大祭を見に行く……　四月三十日付けの『東京朝日新聞』は、次のように伝えている。「九段の賑ひ　▽靖国神社例祭　本日勅使参向　靖国神社の春季例大祭は廿九日から三日間に執り行はれると云ふので昨日の九段はお午（ひる）頃から参拝の人達で雑沓を極めて居た、例に依つて神門前の広場を曲馬其他の見世物小屋や露店が一杯に巣をくつて早くも参詣者の足を止めて居る神殿では此日午後三時から賀茂宮司以下の神宮陸海軍の祭典委員等列席厳かに祓所の儀本殿の儀を行つたが今三十日は午前九時に勅使午後二時東宮御使の御参向があり本日田尻市長も十五区長を従へ自動車を連らね市民を代表して参拝する筈である又余興の大角力、能楽、琵琶、剣舞等は何れも三十日境内で演ずることになつて居る」

　靖國神社は東京都千代田区九段北にある神社で、一八六九年に明治天皇の命により、「招魂社（しょうこんしゃ）」として創建された。㊐

同盟国政府債券引受額	五七八、〇〇〇、〇〇〇元
内イギリス	二八〇、〇〇〇、〇〇〇元
フランス	七六、〇〇〇、〇〇〇元
ロシア	二二二、〇〇〇、〇〇〇元
同盟国公債買入額	一三四、〇〇〇、〇〇〇元
対支（中国）投資	一一八、〇〇〇、〇〇〇元
外債等償還額	二九二、〇〇〇、〇〇〇元
小計	一、一二二、〇〇〇、〇〇〇元
在外正貨外国債等運用投資増加額	一八二、〇〇〇、〇〇〇元
正貨増加、及び兌換銀行保有金額	七二八、〇〇〇、〇〇〇元
合計	二、〇三二、〇〇〇、〇〇〇元

＊**日本の大蔵省が**……　大蔵省（現在の財務省）は、第一次世界大戦勃発以来、一九一八年（大正七）四月までの収入超過額を発表した。この戦争によって、日本は明治維新以来の経済的低迷と、当時の財政難を解消した。日記に記されたこの記録は、日本の政治経済の実態を把握し理解することを周恩来がいかに重要視していたかを示し、日本が第一次世界大戦によって財を築いたことを表している。㊥

靖国神社大祭に感慨を催す

五月一日（戊午三月二十一日戊申）［水曜日］

気候：雨、のち晴れ。

治事　朝、読書。昼飯のあと、半時間、昼寝。夜、九段*をぶらぶらしていると、

＊**九段をぶらぶら**……　九段は神保町に近く、大学や留学生向けの下宿、書店などがそろっていたため、大正時代には中国人留学生の集結地のひとつであった。㊥

靖国神社の大祭に遭遇し、はなはだ大きな感慨を催す。
通信 乃兄の手紙を受け取る。慧弟、冠賢に手紙、乃兄に葉書を出す。

国事はますます悪し

五月二日（戊午三月二十二日己酉）［木曜日］

気候：晴れ。
修学 *常人の及ばざる所無く、終《つい》に以て為すこと有るに足らず。
治事 午前、読書し、新聞を読み、授業に出る。ほかに何もなし。午後の授業を終え、晩飯のあと、輪扉と李君が来る。七時、青年会に行って会話を学び、授業のあと、長いこと新聞を読むが、*国事はますます悪し。
通信 問凱の手紙を受け取る。

この一、二日以内に、*中日新約が成立しようとしているので、このところ留学生のあいだで、全員帰国の議論が起こっている。一高生の殷汝潮《いんじちょう》がまず決起し、一高同窓会が会議を開いて賛成し、代表八人を選び、諸方に遊説《ゆうぜい》に出かけ、ビラを発布し、各省の同郷会、各校の同窓会の意見を集約している。

＊**常人の及ばざる……**　「及ぶ」とは、追いつくの意。「有為」とは、道教で無為の対であり、為すべき所ありの意。全句の大意は、「普通の人間にとって追いつけないものはない、発奮して為すべきことを為せば、成果は生まれる。無為とは、努力しないことだ」。「午前、読書し、新聞を読み、授業に出る。ほかに何もなし」、「七時、青年会に行って会話を学び」という毎日の厳しい学習スケジュールを見ると、次の目標に向けた周恩来の努力が読み取れ、この言葉も理解できる。㊥

＊**国事はますます悪し**　日華共同防敵軍事協定交渉について、多くのマスコミが報道していた。一高受験を準備していた周恩来は、その報道に深い関心を寄せた。五月上旬、日本にいる中国人留学生は段棋瑞政府が日本と締結した「日華共同防敵軍事協定」に反対し、抗議デモと授業放棄の活動をしている。周恩来は授業放棄こそしなかったが、一部の活動には参加した。㊥

＊**中日新約**　日華共同防敵軍事協定

留学生全員帰国

五月三日(戊午三月二十三日庚戌)[金曜日]

気候:晴れ。

治事 朝、三時間読書。家主が大掃除をしようとしているので、東亜に行って回避。夜、青年会に行って授業を受ける。留日学生が全員帰国を提起する*と聞く。

通信 剣帆の手紙を受け取る。問凱、剣帆に返信の葉書を出す。

一高同窓会が今日行動を起こし、帰国の主張を宣布したが、方法については議論しなかった。成城学*、一高が決起するなか、指を切って血書する者*がいた。

(日華陸軍共同防敵軍事協定と日華海軍共同防敵軍事協定)の中国側の呼称。前者の調印は五月十六日、後者の調印は五月十九日であったが、ともに正式な内容が公表されたのは翌年三月十五日であった。㊐

＊全員帰国を提起すると聞く 日本にいる中国人留学生たちは、各省同郷会、各校同窓会に意見を求めた結果、日華共同防敵軍事協定の調印に抗議するため、一斉帰国すると決定した。日記によると、この決定によって東亜学校の学生数が減り始めたが、最終的には「一斉帰国」できなかったようである。調印に抗議した中国人留学生たちは、国益のためには個人の損得を考えない、人格者たちであった。㊥

＊成城学 おそらく成城学校のこと。成城学校は「文武講習館」として京橋区(現在の中央区)築地に一八八五年(明治十八)に設立。軍人志望の少年の養成にあたった。一八八六年(明治十九)、「成城学校」と改称し、一八九一年、牛込区原町(現在の新宿区原町)へ移転。一八九八年(明治三十一)に中国人留学生をいち早く受け入れた同校では、蔡鍔、陳独秀、呉玉章など中国近代の多くの著名人が学んだ。㊥㊐

＊指を切って血書 中国人留学生が「日華共同防敵軍事協定」の調印に反対して指を切って血書をしたためた。㊥

五月四日（戊午三月二十四日辛亥）［土曜日］ 帰国討議!! 私は消極反対

気候：雨。

［治事］今日、各省の同郷会が開かれ、留日学生の全員帰国のことを論議する。午後三時、数省が帰国を決定したが、*私はこの件については消極反対の主義を持し、口を閉ざして言わず。

［通信］慧弟、冠賢の葉書を受け取る。慧・禅両弟、仲芳、四伯父、実父に手紙、八弟に葉書を出す。

吉林省同郷会がまず今日の午後に会議を開き、帰国に賛成の意を表明した。奉天省がこれに続いた。夜、また数省が賛成を表明。黒竜江などの省と聞く。今夜、総会が各省の会長および評議員を集めて総会会議を開いた。

五月五日（戊午三月二十五日壬子）［日曜日］ 大中華民国救国団結成

気候：雨。

＊私はこの件については……　授業放棄、一斉帰国による抗議について、まず奉天省（現在の遼寧省の一部）、吉林省、黒竜江省の三省の同郷会が積極的に賛成し、親友の蓬仙、滌愆、希天らはいずれも授業放棄、一斉帰国を主張し、調印に拒絶を示す中心人物となった。周恩来が日本に留学する学生全員の帰国に同意しなかったのは、一高受験の準備に追われていたことと、真に時勢を憂えるということは何か、愛国とは何かを深く考えていたことに関係している。事態が深刻化するに従い、周恩来の考え方も変わり、最終的には日本を離れ職業革命家の道を歩むことになる。（中）

治事　今朝、議論がますます分かれる。蓬・滌・希三兄が帰国の主要人物であるので、私は今日はじめて滌愆に会って方法についていろいろ議論する。午後、蓬兄が来て、次いで輪扉も来る。

通信　述弟の手紙、天民の葉書、蓬兄、遠達《えんたつ》の手紙、霆軒先生の手紙を受け取る。

五月五日の留東各省及び各校代表会議の議*決事項。

各代表は外患の緊急、祖国の危殆《きたい》を前にして、団体を組織することを群議し、ともに救済の法を図った。その組織方法は以下の如し。

（一）本団を「大中華民国救国団」と命名し、全体留日学生によって組織する。

（二）本団は、一致して外国に対し、決してその国の内政には干渉しないことを以て主旨とする。

（三）本団の幹部は、各省同郷会の会長あるいは代表、並びに各校同窓会の会長あるいは代表が組織する。

（四）本団は、幹事長一人、副幹事長二人を置く。

*議決事項　帰国による抗議の件は、五日までに直隷省（現在の河北省）など十余りの省の留日学生の賛成を得た。行動を統一するために、希天ら各省および各校の留学生代表は会議を開き、「大中華民国救国団」を結成することを決定。授業放棄、一斉帰国などの十四項目を提示した。このときの周恩来は、留学生全員の授業放棄や一斉帰国こそ主張しなかったものの、邪魔にならない程度に帰国に関する議論に参加し、救国団の組織規則を定めた「大中華民国留日学生救国団の組織方法」を滌愆と協力して立案した。㊥

（五）本団は、以下の五部を分設する。
①文事部、②庶務部、③会計部、④招待兼糾察《きゅうさつ》部、⑤交際部。
（六）本団が重大問題の発生に遭遇した時は、幹事長が各部長を召集して臨時会議を開催して、対処することができる。
（七）本団の組織大綱は、幹部全体会議によって修改することができる。
（八）帰国する時、各省同郷会の会長及び代表は自省の学生が一致した行動を取るよう統率する。
（九）各省はそれぞれ四人以上の先発隊を派遣する。*半数が北京に、半数が上海に赴き、一切を準備する。各校の先発隊は、半数が北京に、半数が上海に赴き、各省の先発隊に協力する。
（十）先発隊は東京から出発する。期日は五月七、八両日と定める。
（十一）凡そ各人の帰国旅費は、各省が自ら調達する。
（十二）本団の公金は、下記の方法で調達する。
①在日僑商から募捐《ぼえん》（寄附金を募集）する。
②各省の同郷会及び各校の同窓会の公金は、収入に見合う公用に充当しなければならない。

＊半数が北京に……　翌一九一九年（大正八）五月、中国全土に波及した五四運動は、北京の学生たちの排日デモに端を発し、これに大衆が呼応するかたちではじまった。日

③前留日学生総会所有の公金は全額本団の公用に充当すべきである。

（十三）対僑商募捐員は、広東、浙江、福建、山東の四郷同郷会が各々二人を推挙し、本団が信任状を交付して、手分けして募捐を行なう。

（十四）本団の幹部は、各省の同郷会、各校の同窓会が各々一人を挙げ、正副幹事長及び各科の事務員を互選する。

五日夜、各省の同郷会、同窓会の各幹事あるいは代表は、一高倶楽部《クラブ》に集まって討議した。

五日、直隷、河南、江蘇、湖北、湖南、雲南、四川、貴州、山西、山東、陝西などの省が帰国に賛成することを議決した。

帰国派三兄を訪ねる

五月六日（戊午三月二十六日癸丑）［月曜日］

気候：晴れ。

治事 朝、蓬兄、冠賢に会いに早稲田に行くが、会えず。本郷に希天、滌愆を訪ねるが、やはり会えず。午後、伯安、蓬兄、滌愆、輪扉が来る。

夜九時、蓬兄と早稲田に行き、冠賢に会う。

通信 醒兄の手紙、霆軒先生の手紙を受け取り、述弟に手紙を出す。

国恥記念日、維新號の検挙事件

五月七日(戊午三月二十七日甲寅)[火曜日]

気候：晴れ。

修学 国恥記念。*

治事 昨夜は蓬兄の下宿に泊まる。今朝、冠賢を訪ね、帰国しない真正の方針、および反対派がみずから処す立場について論ず。昼、希天らに会う。午後、希天を横浜に送る。*夜、蓬兄らが来る。

通信 公孟、柏栄、竟成の手紙を受け取り、霆軒先生に手紙を出す。

早大*は昨日、授業を放棄して帰国することを議決した。昨日、各省の同窓会の幹事、代表は宴会を名目に維新號*に集まり、帰国総機関幹事を選出した。そのあと、日警*に拘束されたが、まもなく釈放された。昨日、帰国を議決したなかに広東、浙江などの省があり、今日にいたって各省がすべて議決した。

＊国恥記念　一九一五年（大正四）五月七日を中国の人々は、屈辱的な意味を込めてこのように呼んだ。同年一月十八日、大隈重信内閣の中国公使である日置益（ひおきえき）は、中華民国大総統の袁世凱に対し、中国を独占するための「対華二十一ヶ条の要求」を提出した。二十一ケ条は五項目に分けられている。

第一項　山東省にあるドイツのすべての権益を日本に継承、さらに拡大する。

第二項　南満州・東部内蒙古における各種利権を拡大する。

第三項　漢冶萍公司（かんやひょうこんす：中華民国最大の製鉄会社）の権利を制御する。

第四項　中国沿岸の港、島を他国に貸与、譲渡しない。↖

↙第五項　中国中央政府の顧問として日本人を採用する。
国内で強い反対運動が起きるなか、中国側は五月一日に修正案を提出。日本政府はその要求通り第五項を削除したうえで、五月七日に同月九日午後六時までに回答するよう袁世凱政府に最後通牒を突きつけ、受諾させた。調印の知らせが伝わると、「中華民族の恥辱である」と中国中が騒然となり、後に日本政府から最後通牒が通達された五月七日を「国恥記念日」と定めた（受託した九日についても同様に呼ぶことがある）。㊥

＊横浜に送る　当時の時刻表によると、京浜線電車で東京ー横浜間約五十分。十五分間隔運転で、三等二十八銭。八月には三十四銭に値上がりしている。㊐

＊早大　早稲田大学。前身は東京専門学校。一八八二年（明治十五）に、大隈重信が創立した。所在地は東京都新宿区戸塚町。㊐

＊維新號　当時、今川小路（現在の神田神保町三丁目）にあった中華料理店（42ページのコラム参照）。明治三十二年創業。店名は、創業当初、付近に下宿していた中国人留学生たちが名づけた。日本の明治維新に学んで祖国を再建したいという願いを込め、自分たちの集まる飯店を「維新號」と呼んだ。五月六日の夕方、王希天、阮湘など各省同窓会の幹事は維新號で帰国総機関幹事を選び、結局、出席者全員が日本の警察に逮捕された（逮捕された人数について、本書解説（4ー4ページ）には四十数人、『中国人日本留学史』（さねとう・けいしゅう著）には四十六人とある）。㊥

＊日警に拘束　猿楽町八番地の西神田署に連行された。正当な理由が見つからないため、翌日には釈放された。㊐

議論、議論

五月八日（戊午三月二十八日乙卯）［水曜日］

気候：晴れ。

治事　朝、津電＊を見に東亜に行くが、まだ来ていない。昼、伯安の下宿に行く。

午後、蓬兄、輪扉、滌非、樹唐があい次いで来る。夜、青年会で伯鳴と同郷に会う。

＊津電　天津発の電報。㊐

✎ 救国団、李国英、張光亜らの罪状を発表

五月九日*（戊午三月二十九日丙辰）［木曜日］

気候：晴れ。

［治事］朝、青年会に行って伯鳴に会い、雨辰を見送る。九時、山兄とともに冠賢を訪ね、途中で善之に出会い、いっしょに早稲田に行く。午後、帰ってくると、蓬兄、輪扉、介眉が来て、三時、輪扉といっしょに駅に行って滌非を見送る。帰って青年会に行き、冠賢、伯鳴らに会う。夜、伯鳴、樹唐が来て、蓬兄も来る。

［通信］乃兄の電報、希天の葉書を受け取る。

留日学生の李国英《りこくえい》、張光亜《ちょうこうあ》ら反帰国派の十八人が「罪言」を発表。署名は、南華生《なんかせい》ら十八人となっていたが、調査によって李国英らと分かる。劉鈞《りゅうきん》（江西人）は「帰国して取るべき方針」の七ケ条を発表。

江蘇省の先発隊が宣言書を発表。希天が神戸に行けば乗船券が買えると発表。高工同窓会は、明日から全員が授業を放棄して帰国することを議決。*明大がこれに続いた。

＊五月九日　五月六日の支那留学生拘禁事件について五月九日付の『東京日日新聞』（現在の毎日新聞）に、「支那留學生拘禁事件に就いて」というタイトルで、吉野作造の投書がある。「予は昨日（七日）都下の各新聞にて神田區の某警察署が日支兩國間の重要なる外交問題につき不穏激烈の言動を爲せるの故を以て、數十名の支那留學生を拘禁留置せりとの報道を見、再び憂愁の情禁ずる能はざるものがあつた。昨秋は支那留學生の發行する雜誌に過當の壓迫を加へて彼等の排日感情を唆つた事があつたが、其ぬくぼりの未だ冷めざるに今また此事あり。政府と政府と美辭を列ねて交歡するも斯くして何の處に日支親善の實を期するを得べしとするか留學生諸君は實に彼國優秀の青年にして近き將來に於て民國各方面の中堅となる人々ではないか」㊐

＊**留日学生の李国英、**　日本にいる留学生の間では、集団で授業を放棄して帰国するかどうかで意見が分かれており、反帰国派の李国英、張光亜らの行為は一斉帰国を妨害するものだった。日記によると、

救国団が、李国英、張光亜らの罪状*を発表。
今日、留学生監督*が各省同郷会の会長、各同窓会の会長を集め、全学生の一斉帰国をやめるように議論しようと試みるも、要領を得なかった。監督は結局途中で退席し、戻ることはなかった。一同はその場をかりて連合救国のことを議論した。

授業放棄、相次ぐ

五月十日（戊午四月初一日丁巳）［金曜日］

気候：雨。

治事　朝、起きるとひどい大雨。青年会で新聞を読み、帰宅してから、また数時間読む。昼飯のあと、伯鳴が来る。ついで滌愆、達兄《たっけい》、魯軒も来る。蓬兄を□□□に送り、帰宅してから青年会に行って、多数の同学に会う。

今日、慶應大学で授業放棄、全員帰国を議決。救国団が桂乃瑾《けいのきん》、徐冠、周発栄《しゅうはつえい》の三人の罪状を発表。湖南同郷会の先発隊が明大の周某《なにがし》の罪状を発表。北京に赴く先発隊が東京で血書を同人に送付。先発隊六〇〇余人が宣言書を発

反帰国派の影響を取り除くために、五月十三日に留学生らは、張光亜らの主張である「罪言」に反論する「駁罪言」（ばくざいげん）を発表し、五月二十七日に帰国団糾察部が李翰章、李国英、蘇州の金ら三人の「罪状」を発表した。㊐

＊明大　明治大学。現在は東京都千代田区神田駿河台に本部を置く。前身は岸本辰雄（一八五一―一九一二）、宮城浩蔵（一八五二―一八九三）、矢代操（一八五二―一八九一）が一八八一年（明治十四）に設立した明治法律学校である。一九〇一年（明治三十四）に清国から呂烈煌が入学したとき、当時の新聞に「清国法学生のさきがけ」と報じられた。㊥㊐

＊罪言　罪言文。救国団からすれば帰国しないことは「罪」であった。反帰国派を批判する文書のこと。㊐

＊罪状　罪言に同じ。㊐

＊留学生監督　中華民国政府が在日留学生のために派遣した監督官。北洋政府の役員であり、留日学生の抗議の帰国を阻止しようと試みたが、群衆を止められないとみて、隠れるように退却した。㊥

して、全員の帰国を促した。この数日、他県にいる中国の学生各派の代表が東京にやって来て、詳しい情況および帰国方法を探っている。周某が「＊励志文《れいしぶん》」を発表。

今月二日、煙台を出港した船から、＊彭翼仲《ほうよくちゅう》が海に身を投じて死んだが、その絶命の詩で、「霹靂一声中日の約、奴何ぞかならず更に生を貪らん」と詠じている。彭君は＊洪憲帝制のときに何回か誣《しい》られ、今回は憤慨して、義のためにわが身を顧みず、憤然と長逝したのだ！

＊励志文　同志を激励する文章。㊐

＊彭翼仲が海に……　彭翼仲（一八六四―一九二二）は清朝末期の著名な新聞記者で、『啓蒙画報』『京話日報』『中華報』などの新聞を創刊した。一九〇六年（明治三十九）、「中華報」は保皇党派の呉道明、范履祥が逮捕され処刑されたことを報道。奕劻、那桐、袁世凱などの高官が保皇党派を秘密裏に処刑したことを暴露したために為政者の恨みを買い、新聞社は閉鎖され、翼仲は新疆に流刑、監禁された。その後、袁世凱が皇帝を名乗ったとき、政権に与しなかったため、『京話日報』も発禁となった。日華共同防敵軍事協定締結のニュースが広まった後、彭翼仲は、悲憤から一九〇五年に入水自殺した革命家の陳天華のように死をもって抗争することを決心し、身を投じる前に辞世の詩を残した（原文は３９８ページ参照）。詩の大意は「困難なことは、失敗から成功に到る。財産を潰してから知る朋友の有難さ。霹靂のなかで目覚め、他日の成功を約束する。お前はなぜおめおめと生きるのか、と自省しつつ」。彭翼仲はその後、同船者に発見され、殉国は未遂に終わったが、それは周恩来には伝わっていなかったのかもしれない。㊥

㊐＊洪憲帝制　90ページの＊帝制参照。

✎学校側が授業放棄への対応を協議

五月十一日（戊午四月初二日戊午）［土曜日］

気候：晴れ。

［修学］*労働が生産し、産物が生に資す。

［治事］今朝、起きてすぐ青年会に行く。帰宅後に*王君蘭方《おうくんらんほう》、*徐君達九《じょくんたつく》が来て、話し、十一時になる。本郷で滌愆を見送り、午後、蓬兄およびほかの友人を見送る。夕食時に盧、張君に会い、帰宅後に徐君と輪扉が来て、話す。

［通信］警綸の葉書、拱宸の手紙を受け取る。

今日、東京の各私立大学および予備校が連合会議を開催した。わが国の学生全員の授業放棄に対する対応を協議し、その結果、*速やかに帰国し交渉して諸問題を解決し、再来日して勉学にいそしむようすすめるビラが貼り出された。言葉は、とても柔らかい。名を連ねている学校はあわせて十一校である（文言に誤りあり、十二日付の日記を見よ）。

*誅奸団が、*段政府は二〇万で留学生を買収し、全員の帰国を阻止したと宣布。

＊労働が生産し、産物が生に資す　「生に資す」とは、何かに依拠して成長すること、国民の生計に資すること、経済という三つの意味がある。（この時代には経済学という社会科学の用語が生まれておらず「国民の生計に資する」「生活の糧とする」など、個人の経済生活と国家の経済とが区別されていなかった）。前後の文脈から判断して、労働こそが生産物すなわち富を生むという意である。日本滞在中の周恩来は『新青年』から深い影響を受けた。『新青年』の三巻一号には惲代英の「物質実在論」が載り、二号には章士钊の「経済学の総論」が載り、社会に対する労働階級の重要な役割を彼が理解する助けとなった。㊥

＊王君蘭方　王蘭方。(日)

＊徐君達九　徐達九。(日)

＊速やかに帰国し……　この日の東京朝日新聞は東亜学校の松本校長の話として「同校千余人の学生は一人も出てない」と伝えている。(日)

＊誅奸団　帰国派がつくった団体。「誅

*鉄血団が、李国英らに対する最後の手段を発表した。

昨夜、反帰国派のビラを発布した李国英らが殴打され、病院で死亡したという噂が流れる。また、数人が殴られたともいわれる。

「留東学界同人」文書

五月十二日（戊午四月初三日己未）［日曜日］

気候：晴れ。

［治事］朝、青年会で盧君に会い、白濤にも会う。午後、下宿に帰る。徐君が来て閑談。食後、盧君および伯鳴を訪ね、長いこと新聞を読む。

［通信］*琴翁《きんおう》老伯、鉄卿の手紙を受け取る。


今朝、「留東学界同人」署名の「帰国前後弁法十九条」が発表された。桂乃瑾によれば、調査部が罪状を公表したことになっているが、そうではない。ある人が集団の名をかたって暴露したという。

昨日、私立十一校が会議をして、「留東中華民国学生に告ぐ」を発表したと記したが、すべて伝聞であったためか、誤りがあった。今朝、その文言を読ん

奸」とは「裏切り者に天誅を加える」の意。
＊鉄血団　同じく帰国派で鉄のように強固な意志を持ち、血判書をかわした者たちといった意味。
＊段政府　北洋軍閥の段祺瑞（一八六五—一九三六）を国務総理とする当時の内閣。一九一六年六月—一九一七年五月、一九一七年七—同年十一月、一九一八年三—同年十月。日

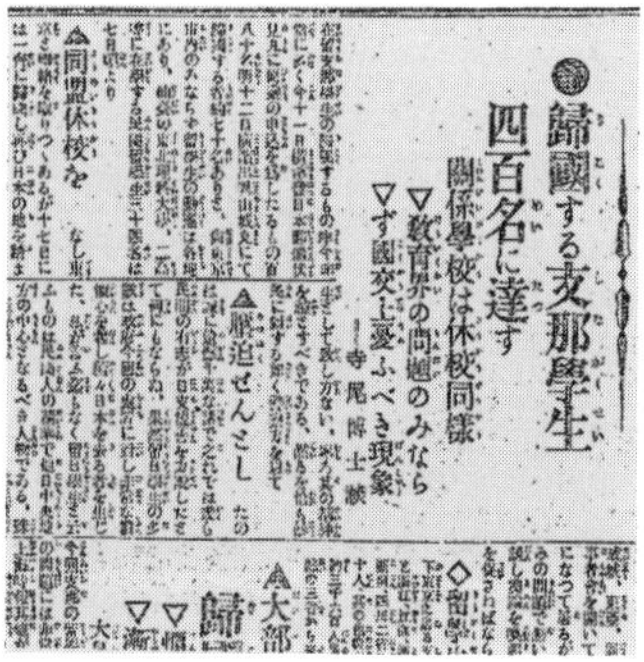

左は留学生帰国騒動をとりあげた記事（一九一八年五月十一日付『東京朝日新聞』）

でみると、「今回の時局に対して、諸君の行動は固《もと》より愛国の熱誠から出たもので、われわれもともに議論するところであるが、その根本の事実の真相を逸しないことが大事である。われらは諸君の学業が妨げられ、留学の目的が中途で挫折することに対して傍観するに忍びず、速やかに政府当局と交渉し、諸君の憂慮を解き、気持ちを安んじて、学業（の継続）を精励するよう期すものである」とある。

来電によれば、奉天先発隊は、奉天に到着し、まだ帰国しない者は速やかに帰国するよう促したという。

帰国の真義について宣言を発表した人がいる。

「駁罪文」発表

五月十三日（戊午四月初四日庚申）［月曜日］

気候：晴れ、のち雨。

治事　朝、青年会に行く。ついで早稲田で冠賢に会い、魯軒を訪ねるが、会えず。監督処に行って経理員に広島高師についてきく。午後、帰宅すると、輪扉、伯鳴が来る。夜、長い間、手紙を書く。

＊琴翁老伯　李金藻（一八七一―一九四八）のこと。字は芹香、また署琴湘、別号は択廬。日記では琴伯ともよばれる。冠賢の父。李金藻は一九〇三年（明治三十六）に日本に渡り、弘文学院師範科に学んだ。帰国後、直隷学務処省視学と総務課副課長、直隷巡按使公署教育科主任、天津広智館長、天津市教育局局長、河北省政府委員兼教育庁などを歴任。著名な教育家であり、南開学校の理事もつとめた。周恩来は冠賢一家と親しく、日本にいる間、手紙も書いた。一九四八年（昭和二十三）に死去。㊥

通信 琴翁老伯に手紙を出す。

「留東学界同人」が、「駁罪文」を発表。

慶應がふたたび全員の授業放棄を発表。早大も同じ。

張光亜が個人行動を宣言し、相手方の無礼を痛罵した。

留日学生監督は、昨日、教育部の訓令を発表したが、電文には曖昧な文言が多く、誠意がみられない。

四代表が官僚に会見

五月十四日（戊午四月初五日辛酉）［火曜日］

気候：晴れ。

治事 朝、青年会で白濤と盧君に会う。本郷に行って、預金を引き出そうとしたが、引き出せず。神田に帰って、もう一度行ってみるが、やはり引き出せず。経理員に紹介状をもらい、早稲田に行く。夜、盧念生を駅で出迎える。

通信 乃兄の手紙、羅紹雲の葉書を受け取る。慧弟、醒兄、達如《たつじょ》、天民に手紙を出す。鉄卿の手紙を受け取る。

中堅会のビラは日本人の偽造であることを、連合会が調査して発表。振華学会および南華生らのビラも同様に暴露された。

「帰国同人」*署名の「救国団に警告す」という公開状。

昨日、十一校の私立学校の代表四名が日本の文相*、外相*および警察総監*に会見した。外相は、「中日協約は、シベリア出兵問題に関係があるだけだ、軍事行動は両国ともに秘密を守る。新聞の宣伝報道はすべて事実ではない」と発言。同時に、「覚書*」を発表し、今日の新聞の片隅に掲載され、各学校は型どおりに貼り出した。

「帰国同人」署名の「救国団及び鉄血団に警告す」が発布された。

福岡高工はすでに全員が授業を放棄して帰国。

*「帰国同人」　帰国派の留日学生を示す署名。㊐

*文相　一八七一年（明治四）、文部省が設置された。当時の文部大臣は岡田良平。（一八六四―一九三四）。二〇〇一年一月、文部省と科学技術庁が文部科学省に統合された。㊥㊐

*外相　外務省大臣。当時は後藤新平（一八五七―一九二九）。㊥㊐

*警察総監　東京都の地方警察である警視庁の警視総監。㊥

*「覚書」　五月十四日付の『東京朝日新聞』には次のように報道された。

「寺尾、柏原、木下、松本四氏は支那學生を収容する各私立學校を代表して十三日正午外相官邸に後藤外相に會見したるが外相は是に對し十分なる説明を与え之を覚書として交付したが委員は頗る満足して帰れり右覚書左の如し

日支両國は現に聯合國側の與國として参戦せり日を追て獨逸勢力の加はりつゝある露國殊に露領亞細亞の形勢に鑑み此の際萬一に處する爲め日支協同して對敵防衛の計畫を樹つるは蓋し緊要事に□す而して是れ亦實に日支共存東亞全局保持の根本義に副ふ所以の道なり目下進行中の日支軍事協商は專ら此の趣旨に基けるものにて斷じて此の目的の範圍外に亙るる何等の條項をも含むものにあらず事既に戦時中に於ける對敵軍事行動に關するものあるを以て遺憾乍ら其内容は之を公表するを得ずと雖も或る支那新聞乃至支那に於る外字新聞紙等の記事にして前述の趣旨目的以外の事項を列擧せるものは孰も皆虚構捏造にかゝる無根の報也」㊐

条約調印

五月十五日（戊午四月初六日壬戌）［水曜日］

気候：晴れ。

治事 朝、外出して新聞を読む。電光写真を撮り、帰宅後にまた新聞を読む。昼、輪扉が来て、個人教授も来る。午後、駅に友人を見送り、白濤といっしょに帰る。夜、遠沢の下宿に行く。

通信 拱宸、柏栄に葉書、式曾《しきそ》、克荘に手紙、章叔、公孟に手紙を出す。

安徽人の*呉我《ごが》（鵑魂《けんこん》）が弁白文を発表。

北京先発隊からの電報が、予定どおりに「調印*」と伝える。

*岡山からの電報が、全員が授業を放棄して帰国したことを伝える。

*上海に帰った四〇〇余人が神戸から出した手紙のなかで、全員すみやかに帰国するよう促している。

広東省同郷会が広東拒約団を結成。

*呉我（鵑魂） 鵑魂は字。㊐

***調印** 五月十六日に日華陸軍共同防敵軍事協定、五月十九日に日華海軍共同防敵軍事協定を北京で調印。㊐

***岡山からの電報** 国立岡山大学、公立岡山県立大学、私立岡山商科大学など、岡山に留学していたとみられる中国人留学生からの電報。㊥

***上海に帰った四百余人** この時点で協定調印に抗議して帰国した学生の数で、上海に帰還した者だけで四〇〇余人にのぼる。五月二十一日の日記には「月末までに三〇〇〇人に達するかもしれない」と書かれている。㊥

京都、全員授業放棄

五月十六日（戊午四月初七日癸亥）［木曜日］

気候：晴れ。

治事 朝、手紙を二通書く。ついで青年会で新聞を読み、写真を受け取る。早稲田で冠賢に会い、本を返す。午後、帰宅すると、王君蘭方が来る。夕飯時になって、輪扉、伯鳴があいついで来る。夜、青年会に行く。

通信 八弟の手紙、醒兄、述弟、警綸、剣帆、滌非の葉書を受け取る。鉄卿、乃兄に手紙、八弟、剣帆、醒兄、実父、述弟、超雲に葉書を出す。

京都の全学生が、今日から全員が授業を放棄し、帰国を待つことを宣言。

*江庸《こうよう》が留学生総監督に任じられたというニュースが入る。

呉我がふたたび弁白文を発す。

四川先発隊が上海からの電報で宿泊施設*（の詳細）を知らせる。

*宿泊施設　帰国した学生が寝泊まりしたり活動拠点とする施設。数千人規模が収容可能。㊐

*江庸　字は翊雲、号は澹翁、出身地は四川壁山（現在の重慶市壁山区）。一八七八年（明治十一）生まれ。一九〇一年（明治三十四）に日本に留学し、最初は成城学校に通った。一九〇六年（明治三十九）に早稲田大学の法制経済一科を卒業。帰国後、清政府の大理院推事、北洋政府京師高等審判庁長、司法総長などを歴任。一九一八年から一九二〇年にかけて、日本留学生総監督に任じられた。江庸は授業放棄や帰国運動を支持する学生代表に面会し、残留を促した。一九二四年（大正十三）、曹錕当局の統治に不満を持って公職を辞し、法律事務所を設立、法律週刊誌を創刊した。また、当時の国立法政大学の学長とともに、北京で私立朝陽大学を創設し、一九二七年（昭和二）から一九三九年（昭和十四）にかけて、同校の学長も務めた。日中戦争間に国民参政会参議院議員に選出され、勝利。その後も弁護士を続け、国民党政府の職務を何度も拒否した。一九四九年（昭和二十四）、毛沢東の招きに応じ、中国人民政治協商会議第一回全体会議に出席し、全国政協委員会委員に選出された。中華人民共和国成立後、政務院政治法律委員会委員、上海市文史研究館館長などを務めた。一九六〇年（昭和三十五）に病没。㊥

五月十七日（戊午四月初八日甲子）［金曜日］

✎ 北京で調印

気候：雨。

[治事] 朝、「*東游篇《とうゆうへん》」の大綱《たいこう》を下書きし、授業に出る。帰宅してから、また大綱を起草。午後、王蘭方が来る。夜、伯鳴、輪扉が来る。大綱の三分の一を書き上げて、寝る。

[通信] 仲芳の手紙を受け取り、慧弟、仲芳に手紙を出す。

四川同郷会が「回国弁法（帰国方法）」を定めた。今日、日本の各紙が、*条約は昨日午後に北京で調印されたと伝える。

五月十八日（戊午四月初九日乙丑）［土曜日］

✎ 「東游録」を起草

気候：晴れ。

[治事] 朝、「東游録」を数章書き、青年会に伯鳴を訪ねるが、会えず。午後、伯鳴、輪扉、冠賢があいついで来る。ついで、隣室の謝君が引っ越す。

*「東游篇」の大綱　周恩来は、日本へ留学を試みるみずからの経歴を記録して、「東游篇」と命名したらしい（翌日の日記には「東游録」とある）。「東游篇」の原文はいまだみつかっていない。清国末期より、数多くの中国人官僚が学校や工場の視察を目的に来日し、その記録を「東游日記」として報告書に残した。南開學校の創設者、厳修も『東游日記』（一九〇二、一九〇四年）を残している。㊥㊐

*条約　日華陸軍共同防敵軍事協定のこと。㊐

広西の黄《こう》君がそのあとに移ってきたので、かなり長く話す。

通信 述弟の手紙を受け取る。

救国団は緊急通告を発して帰国を促す。同時に発表されたほかの文章も、趣旨は同じである。

新中会で大いに語る

五月十九日（戊午四月初十日丙寅）［日曜日］

気候：晴れ、のち雨。

治事 朝、冠賢を訪ね、新中会に加入する。冠賢の紹介である。八時に開催され、参会者は十数人。十時に閉会し、そのまま昼飯。午後、冠賢を見送りに駅に行く。夜、山兄とともに中国料理店の*源順號で食事。

通信 滌非の手紙を受け取り、琴翁老伯に手紙を出す。

青年会で、「余偕亡」（余は偕《とも》に亡びる）という署名で雑誌*『日本一』に掲載された*「支那民性と豚性の研究」という一文が公にされていた。

*源順號　神田界隈にあったと思われる中華飯店。日

*『日本一』　東京南北社発行の月刊誌。日本青年教育会という団体が青少年に良書を提供する目的で刊行していた。日

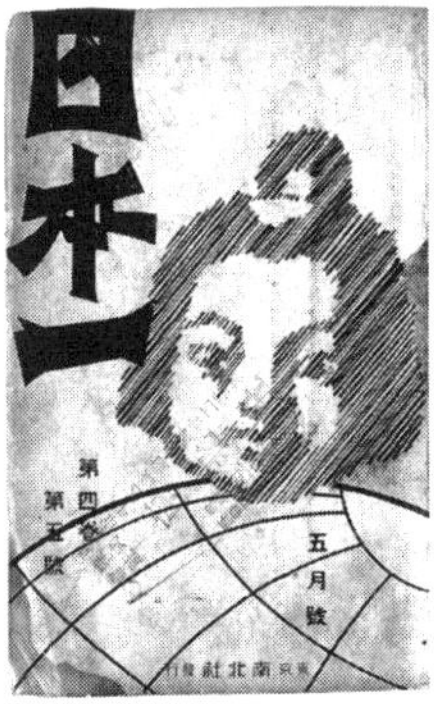

『日本一』第４巻第５号の表紙（大宅壮一文庫所蔵）

ほかにも四、五人が発表した「駁罪文」や帰国演説団を組織するビラも貼り出してあった。

今日、＊新中会で＊入会の意思表示を行ない、かなり長いことしゃべった。おおよその主旨は、次の通り。

「わが国がこのように衰弱してしまった理由は、新しいことを企て、改良することができず、それでいて古き良きものを守ることもできなかったからである。欧州の文明が発達できた理由は、（ギリシャ、ローマ期からルネサンス期にかけて、文明の担い手が変わっていったような）民族の変換や（文明の中心地が、地中海からフランス、イギリスなどの北方へ移動したような）地勢の遷移があったからである。互いに競争しているからこそ、日ごとに刷新できたのだ。中国民族は、一系統であって、長きにわたってその地位が変わることがなかった。それゆえ進歩がなく、現状維持に傾く。文化は進歩しなければ、退歩する。だから古き良きものさえも、保持することができない。歴史、思想、学術、すべてにおいて見識が狭く偏っている、それが二千年来のわれわれの歴史なのだ。欧州や日本の文化は、わが中国のそれよりもはるかに新しい。もし彼らが中国を支配したとして、支配者の方が漢民族に同化されてしまった元・清

＊「支那民性と豚性の研究」　正しくは「支那問題と豚の研究」。四月一日発行の『日本一』第四巻第五号に、「博章生」の署名で掲載された一ページコラム。中国人を豚にたとえた侮蔑的な文章で、「此を以てか我輩の思ふに、支那問題は豚を研究することに於て、恐らく一切の解決は着くに違ひない。――と或有識者は語った」という伝聞記事体で終わっている。当時、一部の一般日本人が有していた、中国人に対する差別意識が垣間見える。『日本一』は、そこそこ定評のある総合誌で、この下劣きわまるコラムの前のページには、上野不忍池畔で開催されていた「電気博覧会」の様子が写真入りで詳しく紹介されている。

＊新中会 日　新中学会。救国の志をもつ天津南開学校、天津法政学校の留日学生を中心とした団体。冠賢や高仁山は中心的存在だった。入会審査は厳しく、「赤心」を会の記章とした。「赤心」とは、「〝赤胆忠心〟をもって、救国に尽力すること」を表している。毎週日曜日の午前中に↖

両朝のような失敗はせず、支配しつづけるだろう。欧州や日本の民族性の強さの秘訣を学び、それでもって自民族をより強固にすることが重要である。そうすれば、中国が諸外国よりも強くなれないはずがない。それゆえに、この会に加入したばかりだが、この〝新〟という字をみて、非常に痛快に思う。諸同志の胸中にこの〝新〟という字が存することを望む。さもなければ、中国には望みがない」。

ついで、日本で学を求める二大利害についても論じた。利とは「主動的な観察力で日本をみつめることによって、日本の強さの秘訣を学ぶこと」。害とは「無意識にその強さの影響を受けすぎて、中国の民族性を失うこと」で、それは絶対に避けなければならない。

この二つの意味を話し終わったあと、重要な言葉を一同に贈った。すなわち、「哲学的な思想、科学的な能力」である。

↙討論会があり、国際情勢や反日、反国内軍閥闘争を討議した。会員は「新中寄廬」(しんちゅうきろ)と名付けられた建物に共同生活することを原則とした。炊事、掃除、買い物などを当番制で行ない、現金を協同積み立てにして必要に応じて使い、経済的条件の悪い会員を援助した。所在地は東京牛込区鶴巻町一二二番地(現在の新宿区早稲田鶴巻町一〇七、一二二、一四二番地付近)、早稲田大学のほど近くである。関東大震災と第二次世界大戦中の空爆によって二度焼かれており、当時の景色はすでにない。

新中学会への加入は、より積極的に救国運動に身を投じることを意味していた。周恩来は一時帰国後の九月、新中学会の会員とともに新中寄蘆に住んだ。㊥

＊入会の意思表示　周恩来がここで示した見解から、彼の思想の成熟度がうかがえる。梁啓超は著書『論中国学述思想変遷之大勢』で、欧米の文明を西洋文明と呼び、中国文明を東洋文明と称す。梁は「(西洋模倣の)日本から間接的に西洋文明の強さの秘訣を学ぶ」考え方だったが、周恩来は「日本の良きも悪しきも見極めて、日本独自の強さの秘訣を学ぶ」と考える。彼は西洋と東洋の本質を哲学的思想と科学的な能力により統合、融合し、新しい中国文明を切り開くべきと考えた。この考え方は、すでに梁の思想を超越しており、東西文明の対比、世界の発展趨勢に対して的確で冷静な認識を持つに至っている。㊥

五月二十日（戊午四月十一日丁卯）［月曜日］

撮影術を習う

気候：雨、のち曇り。

治事 朝、青年会で白濤に会う。長いこと話してから、いっしょに出かけ、某北京料理屋で食事。午後、蘭方が来る。夜、李子翹が来て撮影術を習う。李が帰ったあと、黄遠庸《こうえんこう》の遺稿を見る。

通信 文珊、企雲《きうん》、信天、霆軒先生の手紙を受け取る。述弟に葉書を出す。

神戸からの電報あり。東京にいる学生はすみやかに帰国するよう勧告する。淮陽人の周発栄が無実を訴えてビラを発布する。

五月二十一日（戊午四月十二日戊辰）［火曜日］

救国団、勉強停止を勧告

気候：晴れ。

治事 朝、新聞を読み、書籍を整理する。午後、正金銀行*と朝日新聞社に行き、二時に伯鳴の下宿を訪ねて長いこと話し込む。食後に帰宅。夜、青年

＊黄遠庸　黄為基（一八八五―一九一五）、遠庸は字、ペンネームは遠生、出身地は江西省九江。日本の中央大学に留学した。二十一日の日記にある黄遠生と同じ人物である。㊥

＊正金銀行　横浜市中区仲通五丁目に位置する横濱正金銀行（よこはましょうきんぎんこう）のこと。一八八〇年（明治十三）に設立された貿易金融の専門銀行。一九四六年（昭和二十一）、国内の資産、負債を継承した東京銀行が設立され、普通銀行となった。一九五四年（昭和二十九）、東京銀行は外国為替専門銀行に転換。その後、再び普通銀行になり、三菱銀行と合併した。建物は現在も当時の姿を残している。一九六九年（昭和四十四）に重要文化財に指定され、現在は神奈川県立歴史博物館として利用されている。㊐

＊黄遠生の従前の通信　黄遠生が『時報』に寄稿していた「北京通信」のこと。黄は日本からの帰国後、梁啓超をはじめとする進歩党人と深くかかわり、この一↖

会に行く。帰宅すると、手紙多数あり。

通信 霆軒先生の書留を受け取る。雲弟、霆翁に葉書、文珊、滌愆、滌非に手紙を出す。

救国団の調査によると、各省の帰国者数は、月末までに三〇〇〇人に達するかもしれないとのこと。

さらに救国団は、早稲田の卒業試験を受けた者に手紙を出し、勉学を中止するよう勧めている。

昨日、任白濤からもらってきた、黄遠生*の従前の通信を読み直して、彼のいうところの民國元年、二年の情況は、私の将来の政治生活に多大な関係を及ぼすだろうと思った。

↙派の重要メンバーになった。新聞業界を渡り歩き、『申報』、『時報』、『東方日報』、『中国少年』、『庸言』、『東方雑誌』、『論衡』、『国民公報』などに勤め、特派員や主筆、著述などを担当した。黄は迫力ある事実通信に定評があり、彼を有名にしたのは、上海の『申報』と『時報』のために書いた「北京通信」。二紙は晩清民国時代の有名新聞として多大な影響力をもっていた。「北京通信」は看板記事となり、現在の報道文のスタイルを作り上げたとされる。彼の手がけた『時報』の記事は一九一二年五月から一九一三年十月に集中しており、テーマの多くが政界、政党及び重要人物、重大事件である。民国初年の政局の暗闇と新官僚たちの醜さ、その真実の記録と、それに対する辛辣かつ嘲弄的な文章で注目を集めた。日記に記された「元年・二年の情況」とは、黄遠生のこの二年間の記事に反映された、民国初期の現実のことであろう。それらの記事から政局を認識したことは、周恩来が暗い現実を変えようと政治運動に身を投じる重要な要因となった。(中)

明治 37 年竣工当時の正金銀行外観
(画像提供：神奈川県立歴史博物館)

五月二十二日（戊午四月十三日己巳）［水曜日］

気候：晴れ。

[治事] 朝、数人の友人からの手紙を受け取る。昼、輪扉が来る。午後、おかずをたくさん作り、山兄が帰るのを待っていっしょに食べるつもりでいたが、なかなか帰ってこない。輪扉が来たので、さきにいっしょに食べる。夜、遠沢が来て、長いこと話す。

[通信] 賛武、乃如の手紙を受け取る。峙之の手紙および多数の新聞、霆翁の手紙を受け取る。霆翁老伯に葉書、峙之に手紙で返信を出す。

馮総統のコメント

救国団が東京にいる留学生全員に早急に帰国することを促した。

広東同郷会が最後通牒を定めて、青年会に発布した。

今日の新聞に、次のような記事があった。「＊北京・高師両大学の学生あわせて一〇〇〇余人が昨日の早朝に大総統府に出向き、＊馮《ふう》総統に面会を求め、馮総統は数人の代表に次のように告げた。今回の条約は純粋に＊シベリア出兵の共同作戦に関するもので、ほかはすべて新聞のデマであり、絶対に信じてはならな

＊北京・高師　北京大学と北京高等師範学校（現在の北京師範大学）。㊐

＊馮総統　馮国璋（一八五九―一九一九）のこと。一九一六年（大正五）十月国会で副総統に選出され、翌年七月、黎元洪（一八六四―一九二八）大総統の辞任に伴い、一九一八年、代理大総統に就任。

　北京大学、北京高等師範学校、北京法政専門学校など北京の学生たちは、民衆の反対を押し切って日本と「日華陸軍共同防敵軍事協定」を締結したことに抗議し、大規模なデモを続けた。総統府の外で、馮国璋に会って交渉条件を問いただし、条文の廃止を要求する集会をしたが、馮国璋総統は、学生代表らに真実を隠した。北京学生が行ったこの運動では北洋政府のシベリア出兵の決定を変えることはできなかったが、天津、上海、福州の学生たちの呼応を得て、政治的には五四運動の先駆けとなった。㊥

＊シベリア出兵　一九一八年、ロシア革命に干渉するため、日本、アメリカ、イギリス、フランスが、チェコスロヴァキア軍捕虜救援の名目でシベリアに派兵し

い、と」。この情報が真実であることを、心から切望する。しかし、そうではないだろう。たとえ、多少は出兵に関係があったとしても、隠していることの大部分は、おそらく公《おおやけ》にされることはない。日本がシベリアに出兵して、それが一段落して日本の地位が向上したとて、日本ははたして引き揚げるのだろうか。これはまた別問題だ。

軍事協定、山兄帰国

五月二十三日* （戊午四月十四日庚午）［木曜日］

気候：晴れ、のち雨。

［治事］朝、山兄*は荷造りをしていたので、私は外出。昼、帰宅して、いっしょに食事。そのあと、正金銀行で伯鳴のために預金を下ろす。朝日新聞社で購読の予約をし、神田に戻って滌愆のために預金をおろす。夜、山兄と食事し、駅まで送る。

［通信］仁山の手紙を受け取る。

貴州同郷会が、各省の同郷会にすみやかに帰国するよう促す。

た事件。各国七〇〇〇〇名の協定に対し、日本は約七三〇〇〇名を派兵。他国は一九二〇年（大正九）六月までに撤退したが、日本軍は二二年までシベリアに、二五年まで北樺太に駐留した。㊐

＊五月二十三日　この日の日記には、クラスメイトと撮ったと思われる写真がはさみこまれている。㊐

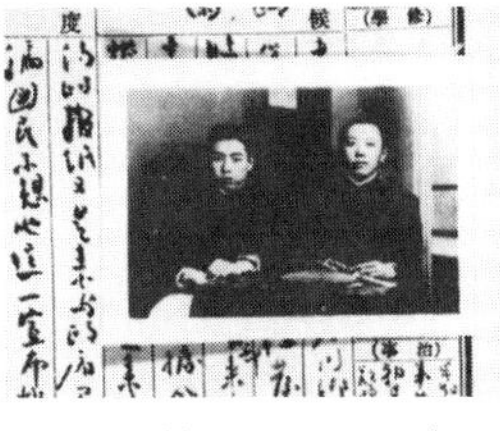

日記に添付されていた写真。左が周恩来と思われる。右は誰なのか不明。

＊山兄は荷造りをしていた　山兄とは樸山のこと。樸山は体調が悪く、父（吉林省図書館長の王文珊）も重い病気を患っていたため、学業を中断して帰国せざるをえなかった。㊥

第一高の入試要項が東亜学校内に掲示される。

監督処が教育部からの電報を発表し、学生に軽挙妄動をつつしむよう申し渡す。

十六日に調印された中日新約は、今日の日本の新聞に掲載された速報、その十二ケ条を読むと、文言が非常に曖昧で、見たところ絶対に本物ではありえない。しかも、この掲載紙はもともと政府と癒着しており、おそらく政府内にこの記事で国民をだまそうとする人物がいるのだろう。発表されてすぐのその文言に、私は多数の破綻を見出した。とりあえずその原文を以下に書き写す。

中日両国陸軍共同防敵軍事協定*

日支両国政府協商ノ結果ニ基《もとづ》キ両国政府交換ノ文書ニ拠リ両国軍事当局互ニ委員ヲ派遣シ左ノコトヲ協定ス

第一条　日支両国陸軍ハ敵国勢力ノ日《ひび》ニ露国境内ニ蔓延シ其ノ結果将ニ極東全局ノ平和及安寧ヲ侵迫スルノ危険アラントスルニ因リ此ノ情勢ニ適応シ且両国力此次ノ戦争参加ノ義務ヲ実行センカ為共同防敵ノ行動ヲ執ル

第二条　協同軍事行動ニ関シ両国ノ地位ト利害トハ平等ノ見地ニ於テ相互ニ尊重スルモノトス

＊中日両国陸軍共同防敵軍事協定　日華陸軍共同防敵軍事協定のこと。以下の協定文は、周恩来が書き写した中国語の正文からの翻訳ではなく、日本語の正文である。（）内は周恩来の日記に書かれている彼自身のコメントである。中日両政府は、中国国民と愛国的な学生たちの激しい抗議をものともしなかった。周恩来は日本国内の新聞で条約内容を読み、日華陸軍共同防敵軍事協定十二ケ条を日記に書き写して、風雲急を告げる国内情勢に注目していた。㊥

第三条　日支両国当局ハ本協定ニ基キ行動ヲ開始スルニ方リ各自本国軍隊及官民ノ軍事行動区域内ニ在ルモノニ対シ相互誠意親善同心協力シテ共同防敵ノ目的ノ達成ヲ期スヘキコトヲ命令又ハ訓告ス
凡ソ軍事行動区域内ニ於ケル支那地方官吏ハ該区域内ニ在ル日本軍隊ニ対シ尽力協助シ軍事上ニ故障ヲ生セリラシメ又日本軍隊ハ支那ノ主権及地方ノ習慣ヲ尊重シ人民ヲシテ不便ヲ感セサラシム
第四条　共同防敵ノ為ニ日本軍隊ノ支那国境内ニ在ルモノハ総テ戦争終了後ヲ俟チ支那国境内ヨリ一律撤退ス
第五条　支那国境外ニ軍隊ヲ派遣スルトキハ若シ必要アラハ両国ハ協同シテ之ヲ派遣ス
第六条　作戦区域及作戦上ノ任務ハ共同防敵ノ目的ニ適応スル如ク両国軍事当局ニ於テ各自本国ノ兵力ヲ量リ別ニ之ヲ協定ス（この条は大いに注意するに足る！）
第七条　日支両国軍事当局ハ協同作戦期間ニ於ケル協同動作ノ便利ヲ図ル為左記事項ヲ行フモノトス
一、直接作戦上ニ関シ各軍事機関ハ彼此相互職員ヲ派遣シ往来連絡ノ任ニ充ツ

二、軍事行動及運輸補充ノ敏活且確実ヲ図ル為陸海運輸通信諸業務ハ彼此共ニ便利ヲ謀ル

三、作戦上必要ノ建設例ヘハ軍用鉄道電信電話等ノ如キコトニ関シ如何ニ設備スヘキヤハ両国総司令官ニ於テ臨時之ヲ協定シ戦争終了ヲ俟チ凡テ臨時建設工事ハ之ヲ撤廃ス

四、共同防敵ニ関シ要スル所ノ兵器及軍需品並其原料ハ両国相互ニ供給ス其数量ハ各自本国ノ需用ヲ害セサル範囲ヲ以テ限リトス

五、作戦区域内ニ於ケル軍事衛生事項ニ関シテハ相互ニ輔助シテ遺憾ナカラシム

六、直接作戦上ニ関スル軍事技術人員ノ輔助ノ必要アルトキハ一方ノ請求ニ依リ他方ハ之ヲ輔助シ以テ任使ニ供ス

七、軍事行動区域内ニ諜報機関ヲ設置シ並軍事所要ノ地図及情報ヲ相互交換ス諜報機関ノ通信連絡ニ関シテハ彼此輔助シテ其ノ便利ヲ図ル

八、共用ノ軍事暗号ヲ協定ス

本条列スル所ノ各項ニシテ予メ計画ヲ要スルモノ及予メ施行スヘキモノハ作戦未実行前ニ別ニ之ヲ協定ス（この条は大いに研究するに足る！）

第八条　軍事輸送ノ為東清鉄道*ヲ使用スルトキハ該鉄道ノ指揮保護管理等ハ本

＊**東清鉄道**　東支鉄道、北満州鉄道ともいう。清がロシアに敷設権を与えた、満州を横断する鉄道。満州里からハルビンを経てポグラニーチナヤ（現在の綏芬河市）に至る本線からなる。この支線のうち、ハルビンから分かれて長春を通り、旅順に至る支線、長春から旅順に至る区間は、日露戦争（一九〇四―一九〇五年）の結果日本に譲渡され、南満州鉄道となった。㊥

来ノ条約ヲ尊重シ其ノ輸送方法ハ臨時之ヲ協定ス
第九条　本協定実行ニ要スル詳細事項ハ日支両国軍事当局ノ指定スル各当事者ニ於テ之ヲ協定ス（この条は前条と重複の嫌いがあり、絶対に真実でないことを証するに足る）
第十条　本協定及本協定附属ノ詳細事項ハ日支両国ニ於テ均シク之ヲ公布スルコトナク軍事ノ秘密トシテ取扱フ
第十一条　本協定ハ日支両国陸軍代表者記名調印シ各自本国政府ノ承認ヲ経タル上効力ヲ生ス其ノ作戦行動ハ適当ノ時機ヲ俟チ両国最高統帥部商定シテ之ヲ開始ス
本協定及本協定ニ基キ発生スル所ノ各種細則ハ日支両国独墺敵国ニ対スル戦争状態終了ノ時ヲ俟チ即チ其ノ効力ヲ失フ
第十二条　本協定ハ日本文及漢文各二通ヲ作リ対照シテ記名調印シ双方各一通ヲ保有シ証拠ト為ス

ここに書き写した十二ケ条*は、新聞によれば陸軍に関係するもので、他に海軍*のものも八ケ条あるというが、まだ新聞には掲載されていない。

ハルビン駅に停車中の東清鉄道の旅客列車
（画像提供：ユニフォトプレス）

*十二ヶ条　その後、九月六日に「附」として「詳細協定」が締結された。㊐
*海軍のものも八ケ条……　日華海軍共同防敵軍事協定のこと。㊐

五月二十四日（戊午四月十五日辛未）［金曜日］

禅弟の母逝去

気候：曇り。

治事 今朝、東亜で手紙を受け取る。禅弟と企雲の手紙を読んで、禅弟の母*親が世を去ったことを知る。嗚呼！ 私は実の子どものように可愛がってもらい、その万分の一の恩返しもしていないのに、逝ってしまった！

私の悲しみはいかほどか！

通信 禅弟と雲弟の手紙を受け取る。

*禅弟の母親が世を…… 禅弟は周恩来の親友だったようである。乃如の孫、伉大器が雑誌『世紀』の二〇二〇年第四期に発表した「祖父伉乃如と周恩来は師であり、友であり」という文によると、一九一八年（大正七）八月十九日、日本から一時帰国していた周恩来は、学友の醒亜、新慧、述厳、叶琴禅（この叶琴禅が禅弟のことかもしれない）、及び乃如と天津鼎章写真館で記念写真を撮ったとされる。この写真は現在、天津周恩来鄧穎超記念館に所蔵されている。禅弟は、手紙で自分の母親の訃報を知らせ、周恩来は彼の母親の死を悲しみ、三〇〇〇字余りの祭文を書いて親友に送った。二十七日に、再度、母親のために祭文を書いて焚き、夏休みの一時帰国中には、北京にいる間に、わざわざ江蘇義園に御墓参りに行ったという。（中）

五月二十五日（戊午四月十六日壬申）［土曜日］

禅弟母を祭る文、送る

気候：曇り。

治事 昨夜は、禅弟の母親を祭る文*を書き、寝るのがはなはだ遅くなった。

今朝から白紙に書き写し、午後になってやっと写し終える。約三〇〇〇字。夜、早稲田の新中寄盧に託し、十一時に帰る。

通信 鉄卿の手紙、滌愆の葉書を受け取る。琴、禅に弔問の手紙を出し、祭

*祭る文 祭文のこと。告別式や法事の祭祀に際して、故人に対して哀悼の意を示すために書く文章で、韻文と散

る文を同封。

文の二種がある。故人の生前の経歴や業績を列挙して讃え、哀悼し、生者を激励するもの。墓誌銘もその一つ。袁枚（えんばい）の「祭妹文」（妹を祭る文）、韓愈（かんゆ）の「祭十二郎文」（十二郎を祭る文）などは、古典的な名文とされる。㊐

新中会で閑談

五月二十六日（戊午四月十七日癸酉）［日曜日］

気候：曇り。

治事　朝、青年会で瑞岐の手紙を受け取る。東亜に行って述廠の葉書を見ると、禅弟の母親が亡くなったことを告げている。帰ると、伯鳴が高君とともに来る。二人が帰ったあと、急いで述廠に返事の葉書を出す。昼、新中会に行って諸人と閑談。十一時に帰るが、禅弟の母の喪のため、終日悶々と過ごす。

通信　蓬兄、瑞岐の手紙、述弟の葉書を受け取る。述弟、鉄卿に葉書を出す。

留日学生救国団の上海からの手紙。東京の学生がすみやかに帰国するよう促すとともに、中国国内で発布したビラを示す。

1918
◉宝塚、帝劇で東京初演
宝塚少女歌劇、五月二十六日から帝国劇場で第一回東京公演。歌劇の演目は、「三人猟師」、「羅浮仙」、「コサックの出陣」など。

祭文を書き、燃やす

五月二十七日（戊午四月十八日甲戌）［月曜日］

気候：晴れ、のち曇り。

［治事］朝、はなはだ遅く起きる。洗面を終え、青年会に行く。午後、また「葉《よう》母の楊《よう》□□を祭る文」を書く。書き写したあと、入浴。夜、白濤を訪ね、いっしょに私の下宿に来て、長いこと話す。彼が帰ってから、祭壇を設けて祭文を書き抜くとともに、＊祭文を燃やす。

［通信］柏栄、山兄の葉書を受け取る。四伯父、蓬兄、禅弟に手紙、柏栄に葉書を出す。

帰国団糾察部が、李翰章《りかんしょう》、李国英、および蘇州の金《きん》某の三人の罪状を発表した。

＊祭文を燃やす……祭壇や墓の前で、祭文や紙で作った銭や馬などを燃やすと、死者のもとに届くと考えられていた。日

コラム十

政治への目覚め

大正デモクラシーの享楽的な側面の裏側で、貧富の差が拡大し、ロシア革命の影響もあって、労働運動の組織化が進み、知識人層にマルクス主義的社会思想が浸透していく。こうした時代の東京にあって、青年周恩来は、日本語と格闘しつつ官費留学をめざして勉学に励んでいた。しかし、祖国における軍閥の圧制、日本の強引な軍事干渉に対する怒りは、当時の在日中国人留学生がひとしく共有する課題であって、周青年もまた、悩み迷いつつ救国、抗議行動に駆り立てられていくさまが、なまなましく日記に記されている。

一九一八年五月、シベリア出兵にともなう日華陸軍共同防敵軍事協定の秘密交渉を察知した留日学生は、ただちに救国団を組織し、抗議にたちあがった。

周恩来にとっても、この抗議行動は、日本での生活の転機をなすものとなった。それまでは、北京の軍閥に対抗する南方革命派に共鳴、留学生の激烈派、穏健派を分析、軍国主義に対抗する「賢人政治」（哲人政治）に共感するなど、行動派というよりは、冷静な観察者であった。新聞から「民国借財一覧表」「日本の外貨収支統計」などを克明に日記に書き写している姿は、後年の内政、外交の実務家周恩来を彷彿とさせる。

ただし、陳独秀らの『新青年』の衝撃は大きく、二月十七日には「忽然と迷いから醒め」と日記に書き付けている。また『露西亜評論』掲載のロシア革命党派に関する論文を、救国行動直前の一九一八年四月に読んでいる。十二月党《デカブリスト》、立憲民主党《カデット》、過激派《ボリシェビキ》、温和派《メンシェビキ》、社会革命党《エスエル》などについて要領よく日記にまとめており、ロシアが世界で最初の社会主義試験場になるだろう、と結んでいる。『新青年』の新文化運動ばかりでなく、ロシア革命についても知識を得ていたことは注目すべき点である。

留学生たちの抗議行動は、授業放棄、一斉帰国決議、一高受験阻止へと発展し、国恥記念日の前日にあたる五月六日、神田の中華料理店「維新號」で会合中に警官隊に急襲され、参会者全員が逮捕された。

この時期の日記は、錯綜した救国抗議行動の記述で埋まっている。また船から海に身を投げた新聞記者、彭翼仲《ほうよくちゅう》の死(実際は同船者に助けられ「殉国未遂」となったが、日記を見ると、そこまでは伝わっていなかったようである)に衝撃を受けて、その辞世の詩「霹靂一声中日の約、奴何ぞかならず更に生を貪らん」を日記に書きとめている。

四川、広東などの同郷会が相次いで帰国を決議する中で、五月十六日に、軍事協定が締結され、抗議行動はさらに激化、周恩来も連日集会に参加し、天津の南開学校卒業生などを中心とする「新中学会」に入会、講演している。この時期李達《りたつ》、黄日葵《こうにつき》ら四〇〇人にのぼる留学生があいついで帰国し、後の五四運動、中国人民革命の母体となるのである。

同年七月末から九月初旬まで周恩来は一時帰国しているが、帰国直後、日本では全国で米騒動が起こる。富山の騒動に端を発した米騒動は、八月二日、政府のシベリア出兵宣言によって拍車がかかり、最終的には参加者一〇〇万人ともいわれる全国的な騒動に拡大した。同月十三―十七日には首都東京市でも大規模な騒動となり、日比谷公園から銀座通り、上野公園から万世橋、さらに神田一帯へと日ごとに群衆はふくれあがり、警官隊と銃剣で武装した軍隊の厳戒体制のもと、十五日には神田須田町から小川町の電車通りは一万人を超す群衆で埋め尽くされたのである（『千代田区史』より）。

周青年は一時帰国直前の七月、一高入試に失敗し、同月五日にこれを「生涯ぬぐい去ることができない」恥辱、と無念を吐露しているが、その前の六月二十一日に大正デモクラシーの立役者である吉野作造を訪問している。吉野作造は、一九〇六年（明治三十九）、袁世凱の長男である袁克定《えんこくてい》の家庭教師として渡清、天津にも滞在し、帰国後は反日民族主義運動への理解を呼びかけている。吉野作造には結局会えなかったのだが、大正デモクラシー＝民本主義の旗手に、未来の中華人民共和国総理は、失意のなか、何を求めていたのか、また〝もしも〟八月に一時帰国していなければ、米騒動に何を見たのか、興味をそそられるところである。

米騒動で騒然となる日比谷公園
（画像提供：ジャパンアーカイブズ）

1918 大正時代のはやりもの 其の二

花王石鹸

1918年(大正7)、世のなかに流通していた「花王石鹸」がこれ。当時、石鹸は都市を中心に普及しはじめていたが、輸入ブランド品が主で、国産品の品質はあまり良くなかった。花王創業者の長瀬富郎《ながせとみろう》は、質のいい国産品の製造販売が必要と考え、試作に着手、1890年（明治23）10月、ついに発売にこぎつけた。舶来化粧品に対抗しうる製品を目指したため、能書や証明書を印刷し、桐箱に納め、さらに貼り紙と封印を重ねるという凝ったものだった。

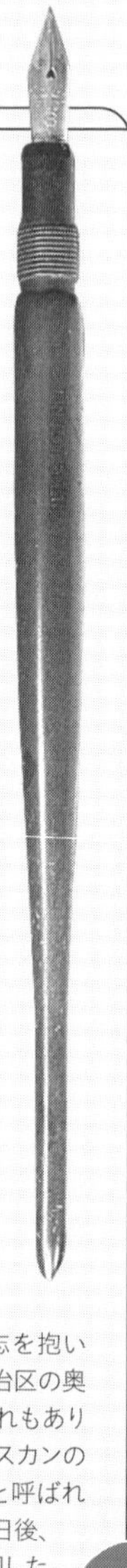

パイロットペン

日本初の国産万年筆「パイロットペン」を作ったのは、パイロットの創立者、並木良輔《なみきりょうすけ》である。並木は1916年（大正5）、耐磨耗性にもっとも優れている鉱物イリドスミンを加工し、インキに対する耐腐食性に優れた金ペンに溶接し、初の純国産万年筆を完成。その2年後の1918年（大正7）に、株式会社並木製作所（現在の株式会社パイロットコーポレーション）を設立し、「パイロット万年筆」の製造販売を開始。日本の万年筆の歴史が始まった。

カルピス

「此の一杯に初戀の味がある」のキャッチフレーズで愛され続けてきた「カルピス」。発売は1919年(大正8)7月7日の七夕であった。カルピス社の創業者、三島海雲《みしまかいうん》は1902年(明治35)に大志を抱いて中国大陸に渡った。モンゴル自治区の奥地にたどりついたころ、長旅の疲れもあり体調を崩していた海雲は、ジンギスカンの子孫に、酸っぱい牛乳とジョウヒと呼ばれるクリームを毎日勧められた。数日後、彼はみるみる回復した。日本に帰国した海雲は、ただちにこの素晴らしいモンゴル遊牧民たちの飲み物の商品化に取り掛かった。こうして、わが国最初の乳酸菌飲料「カルピス」が生まれたのである。

五

再び受験失敗

神田劇場で観劇

五月二十八日（戊午四月十九日乙亥）［火曜日］

気候：晴れ、のち雨。

治事　朝、実家に手紙を数通書き、東亜に手紙を取りに行く。帰ってきて新聞を読む。輪扉が来る。午後、はなはだ憂鬱。雲弟らの手紙に禅弟のことが述べられており、とても痛ましく、鬱々として楽しまず。夕飯のあと、気晴らしのために一人で神田劇場に行って芝居を見る。

通信　四伯父、乃兄の手紙、述弟の二通の手紙、醒兄の葉書を受け取る。実父、四伯父、弌叔に手紙、醒兄に葉書、雲・述両弟に手紙を出す。

今日はたまらなく憂鬱だった*。夕飯のあと、一人で神田劇場*に駆け込んで、新派*を見たのも、気晴らしのためである。いま、実家も国家も艱難《かんなん》に見舞われ、友人が辛苦をなめているこのときに、どうして芝居など楽しむことができよう。「酒を思う存分飲んで放歌高吟し」て、胸中の煩悩を追い出すようなものにすぎない。劇場で上演されていたのは、歌舞伎と新派であった。新派の内容は、まあまあ悪くなかった。概略を記しておこう。

＊今日はたまらなく憂鬱だった　周恩来の憂鬱の原因は「実家も国家も艱難に見舞われ、友人が辛苦をなめている」からである。一方、彼には、予定通りに同校の試験を受けるか、抗議する同窓と一緒に授業を放棄し帰国するかというジレンマがある。㊥

本郷にあった第一高等学校
（画像提供：東京大学　大学院総合文化研究科・教養学部　駒場博物館）

題目は「*波の鼓《つづみ》」。以下、筋書。

金持ちなのに吝嗇《りんしょく》な老人がいる。息子と娘が一人ずついて、娘は隣家の三文文士の葉山と愛し合っていた。老父はそのことに気づかなかったが、清水という母方の従兄弟が気づき、嫉妬に身を焼く。ある日、葉山が娘に会いに来て、娘からもらった恋文を門の外に落としてしまう。清水がそれを拾い、仲間とたくらんで、金持ち老父の家から「波の鼓」を盗み出し、わざと恋文をその部屋に落とし、鼓の袋をひそかに葉山の家に置いた。老父が鼓がなくなっているのに気づいて、人を呼んで調べさせると、娘の恋文が見つかった。清水はすかさず、鼓は葉山が盗んだにちがいないと言う。従姉妹を陥《おとし》れる奸計《かんけい》である。老父は甥の言葉を信じ込み、娘が葉山とつきあうのを禁じて、葉山を警察に訴える。

おりしも、近所に住む川村という義侠心に富む男も老父の家に来ていて、葉山は正直者であり、こんなことをするはずがないと熱心に説いたが、老父は信じない。川村は憤慨して立ち去り、芸妓の米杏を連れて葉山の家を訪ねる。ちょうどそのとき、葉山母子は高利貸しに返済を迫られていたが、川村はその光景を目にするや、気前よく肩がわりを申し出て、芸妓もその手助けをした。葉山母子は、心から感謝する。だが、ふと卓上の鼓の袋が目に入り、とても不審に

＊神田劇場　神田区三崎町三丁目にあった劇場。現在の日本大学法学部の運動場に位置する。前身は「三崎座」。この年の東京には、このほかに二十七か所の劇場があった。㊐

＊新派を観た　新派は、一八八八年（明治二十一）にはじまり、大衆的な現代劇として発展した演劇の一形態。「旧派」の歌舞伎に対し、「新派」と称された。当時の庶民的な暮らしを題材とする。周恩来は南開新劇団に所属して、舞台装置部の副部長をしたり、舞台に立ったこともある。日本の演劇にも興味を持っていたのであろう。㊥㊐

＊波の鼓　作者など演目の詳細は不明。近松門左衛門の浄瑠璃、世話物「堀川波鼓」から、タイトルだけ拝借したものか。「波の鼓」とは、波の音を鼓を打つ音にたとえていう言葉であり、寄せては返す波の調べのように鼓を打つことでもある。人間関係が錯綜し、真相と偽装が混濁する話に、周恩来は日本と中国の関係、ひいては世界情勢を重ね合わせたのかもしれない。㊐

思う。川村も不審に思い、なぜ盗んだのかと葉山を厳しく問い詰める。葉山は、まったく身に覚えがないと弁明する。そのとき、警察が捜査に入って来る。盗まれた鼓の袋を見つけて、葉山を投獄する。

川村は心のなかでは葉山が濡れ衣を着せられたということが分かっているが、疑いを晴らす証拠がないので悩む。たまたま、畳の上の泥の足跡に気づいて、疑問を抱く。葉山の母親に辛抱するように伝え、かならず真相を明らかにすると請け合った。芸妓も正義感から探偵役を買って出る。

数日後、清水の仲間が宴会を開き、骨董屋を呼び寄せて「波の鼓」について□、芸妓がたまたま耳を澄まして聴いていると、鼓がたしかに例の老父のものであることが分かったので、急いで川村に知らせる。川村が駆けつけ、一人は捕まえたが、一人は□。真相が明らかになり、葉山の濡れ衣も晴れる。

老父は事情が分かると、心から前非《ぜんぴ》を悔い、甥を斥け、娘が葉山と元通りつきあうことを願うが、葉山が陥れられてから、娘がある男爵とつきあっていることを知らない。葉山はそのことを知ると、□を誓う。川村は自分が仲人になり、芸妓を葉山に嫁がせようとする。葉山はその義侠心に心を打たれ、申し出を受け容れる。

1918

◉『安来節』が大ヒット

この年の流行歌は、なんといっても『安来節』。どじょう踊りなどを含む島根発祥の明るい民謡である。浅草の小屋は安来節で連日満員、たちまち全国に流行した。当時はまだ蓄音機が普及しておらず、ラジオ放送も始まっていないため、流行歌は芝居や口伝えに知られていった。ほかに『のんき節』『コロッケの唄』などが大ヒット。

ある日、葉山がたまたま郊外に遊びに行くと、不意に金持ちの老父も娘を連れてやって来るのに出会う。老父がちょっと席をはずすと、娘はさっそく葉山に向かって、恥じ入りながら許しを乞うが、葉山はそのまま立ち去る。まずいことに、従兄弟の清水がその様子を目にしていて、男爵に告げ口すると言いながら言い寄る。娘は泣きながら悔やむが、応じない。男爵がやって来ると、娘はこれまでの事情を打ち明け、自分を嫌いになるよう頼み、男爵と別れようとする。が、老父がその様子を見かけて勘違いから激怒し、娘を辱めたと訴えると詰め寄る。

娘はますます自分を許せなくなり、ひそかに包丁を持ち出し、自殺しようと海辺に行く。はからずも、芸妓が通りかかり、死なせまいとするが、娘は応じず、もみ合ううち、誤って芸妓の胸を刺してしまう。悲しみのあまり、娘は包丁を胸に突き立てる。しかし、葉山と川村が駆けつけ、あわてて止め、芸妓の義侠心に深く感じ入る。老父と男爵も娘を探しにやって来る。ちょうどそのとき、清水が男爵に告げ口しようとしてやって来たが、惨状を目にするや、良心がよみがえり、拳銃で自殺してしまう。一同が銃声を聞いて清水を見れば、罪はすべて清水にあることをさとり、嫌疑はすべて消え失せた。男爵は娘の手を取り、葉山は芸妓の手を取り、それぞれ夫婦になる。

国事、友人を思い、元気出ず

五月二十九日（戊午四月二十日丙子）［水曜日］

気候：晴れ。

治事 朝、手紙を数通書く。午後、輪扉が来て、「子魚が今日出発する」と言うので、子魚を訪ね、駅まで見送る。夜、一人小部屋に坐し、国事や友人の難に心を傷め、すこぶる憂鬱になり、街に出かけ『留東外史』*を買って読む。

通信 乃兄、柏栄、剣帆、伯鳴の手紙を受け取り、乃兄に手紙を出す。

*『留東外史』 日本留学中の中国人学生を描いた章回小説（中国の長篇小説の形式の一つ。口語小説で、回を分けて構成され、回ごとにタイトルがつく）。一九一六年五月一日、上海の民権出版部より刊行された。

『留東外史』表紙（都立中央図書館　特別文庫室所蔵）

著者は平江不肖生（本名は向愷然一八九〇―一九五七）。「平江」は出身地が湖南省平江であることによる。一九〇七年に渡日して、東京の弘文学院に入り、二年後に卒業して帰国した。第二革命失敗後の一九一四年に再び来日し、中央大学政治経済学科に入学。『留東外史』は一九一四年に書かれた。本のなかでは留日学生の実態があらわに記されており、近代以降の中国におけるはじめての内情小説、留学生小説とも言われる。この小説には日本の軍政界の真情と実態が描写されていて、民国初年の〝日本風土記〟ともいえる内容になっている。不肖生はその後、『留東外史続編』、『留東外史補』、『留東新史』『留東艶史』などを発表し、武侠小説（武術に長け、義理を重んじる人々を主人公とした小説）の先駆けとなった。留学生、政治家などの日本での荒唐無稽な行為の描写は、日本滞在中の周恩来の時局への認識に影響を与え、また彼の恋愛観、結婚観、生育観にも進歩的な影響を与えた。㊥㊐

五月三十日（戊午四月二十一日丁丑）［木曜日］　帰国勧告。艾迪の講演に感銘

気候：晴れ。

治事　朝、やや遅く起きる。午後、希天の手紙を受け取り、帰る。四時、鉄卿、開運が突然、伊香保*から訪ね来て、長いこと話す。夜、青年会に行って艾迪《がいてき》の講演を拝聴し、その誠実さにすこぶる感動する。

通信　希天の手紙を受け取り、希天、雲弟に手紙を出す。

救国団が、帰国しない者たちに、すみやかに帰国し、けっして逗留して一高の受験をしないよう勧告した。

上海全国救亡会が警告を発した。

*伊香保　群馬県渋川市伊香保町。群馬を代表する温泉地。現存する日本最古の和歌集『万葉集』にも詠まれる。竹久夢二や、徳富蘆花が愛した温泉地でもあり、一九〇〇年（明治三十三）に発行された徳富蘆花の小説『不如帰（ホトトギス）』の舞台にもなっている。㊥㊐

*艾迪　ジョージ・シャーウッド・エディ（一八七一－一九六三）。アメリカを代表する宣教師、宗教作家。一九一一年より北米基督教青年会アジア部の幹事をつとめ、各国で布教演説を行った。同会は十九世紀末から海外での布教活動に熱心であった。主に若い学生たちに向けの会であり、アジア、アフリカ、ラテンアメリカ、及びヨーロッパの多くの国、あらゆる都市に設立し、宣教師を派遣して、布教活動を行った。南開学校校長の張伯苓は、基督教青年会の主要メンバーであり、艾迪が天津に来た際、天津青年会が彼の講演会を企画した。東京在住の中国人留学生への布教活動もその一環であり、周恩来が「すこぶる感動」したのもその演説であろう。艾迪は、社会の現状と結び付けながら、人類の幸福、社会正義などの問題について自論を展開。艾迪のこうした活動は、学生や知識人に大きな影響を与え、相当数の中国人青年信者を生み出した。㊥

コラム 十一

当時の浅草と日本食

　青年周恩来が留学生仲間と連れ立って映画に、また浅草オペラのダンスに興じた浅草は、新宿も渋谷も郊外でしかなかった当時、東京一の大歓楽地帯であった。浅草が、もっとも浅草らしかった時代である。

　島根安来節《やすぎぶし》や浪花節、漫才、落語、講談、声色《こわいろ》[*1]、曲芸に魔術、中華奇術にサーカス、物真似、剣劇、レヴュー[*2]といった具合に、ありとあらゆる演目が、はやりすたりのそのままに、浅草の町にあふれかえっていたのである。

　とりわけサイレント（無声）映画は「活動写真」の名で一世を風びし、浅草には活動写真館が立ち並んだ。いわゆる浅草六区の映画街である。当時新作をいちはやく上映する封切館は浅草にしかなく、一九一七年（大正六）には最初の映画スター、「目玉の松ちゃん」こと尾上松之助《おのえまつのすけ》の忍術映画が人気を博す。浅草の富士館は松之助の専門封切館であった。

　同年六月には『女軍出征』が大ヒットしたことで、オペラ、オペレッタに注目が集まり、数々の浅草オペラが誕生した。浅草オペラの看板スター田谷力三《たやりきぞう》をはじめとした歌手たちの、活動写真には求むべくもない若々しい肉体の競演は爆発的人気をよんで、ペラゴロ（オペラごろつき、またはオペラジゴロの略）なる若い熱狂的ファンが客席をうめつくした。

「歓楽の巷《ちまた》」は、また飲食の巷でもある。電車通り（浅草広小路）には安くてうまい牛飯屋や天ぷら屋が軒を連ね、吾妻橋のたもとの「神谷バー」では、夜ごと四海同胞《しかいどうほう》が酒杯をあげる。懐具合と腹具合に応じて牛肉の「今半」、蕎麦処の「萬世庵」、汁粉名物の「梅園」、天ぷらの「中清」、鰻の「やっこ」「伊豆栄」、シチューが売り物の「雑居屋」等々と店はお好み次第である。

吾妻橋から仲見世へ、電車通りから六区をめぐり、凌雲閣から花屋敷へと、浅草の街はまさに首都東京市の「大遊戯場」であった。

当時は、カツレツ、カレーライス、コロッケなどの洋食がようやく家庭料理に定着する一方、カフェーやバーが続々と盛り場に登場するなど、外食産業の興隆期でもある。

『さすらいの歌』、『宵待草』、『デモクラシー節』を聞きながら切りつめた生活を送る学生たちもまた、洋食の一皿で命脈をつなぎ、ひとときオペレッタのダンスに熱狂するために、浅草に通ったのであった。

＊1 声帯模写のこと。
＊2 音楽、舞踏、寸劇を一つの演目で展開する大衆娯楽演芸。

浅草オペラ
喜歌劇「マスコット」1920年（大正9）・金龍館
左から清水静子、田谷力三、安藤文子、
河合丸目郎、林正夫、清水金太郎。
大スターの田谷はこのとき21歳。

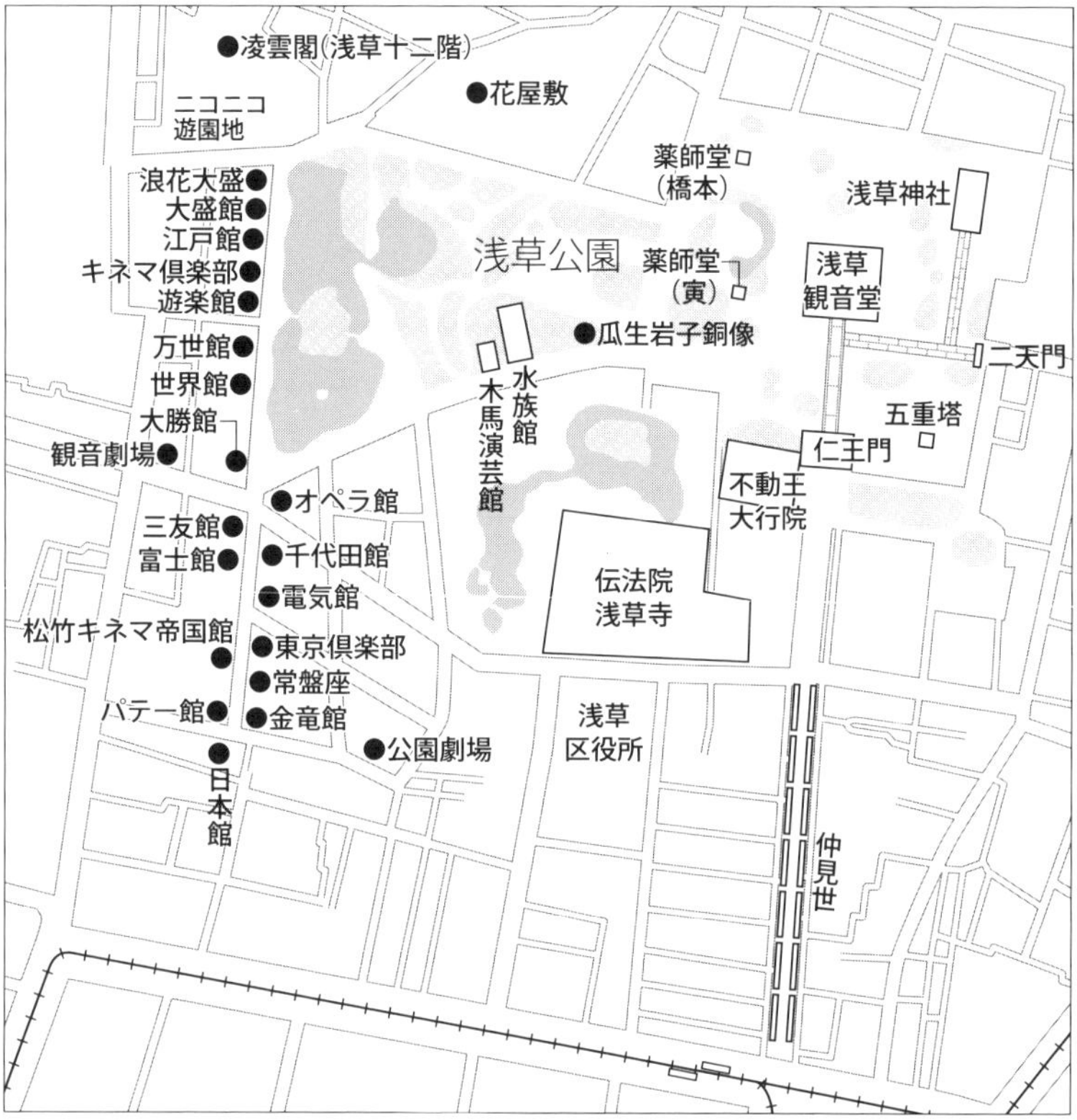

＊この地図は『「浅草六区」―興行と街の移り変わり―(19)』掲載の大正10年の浅草の地図をもとに再構成したものである。(地図作成:河合理佳)

1886(明治19)		浅草公園開園(5/20)
1887	(20)	常盤座(浅草で最古の劇場)建設(10/1)
1890	(23)	凌雲閣開業(11/11)
1899	(32)	浅草公園水族館開業(10/15)
1903	(36)	電気館(日本最初の映画専門の劇場)開業(10/1)
1911	(44)	金龍館開業(3月)
1913(大正2)		キリン館で初のカラーキネマ上映
1916	(5)	常盤座・金龍館・東京倶楽部が三館共通入場券を導入(5/1)
1917	(6)	観音劇場がキリン館跡地に開業(1/1)
1918	(7)	富士館が尾上松之助映画専門封切館になる(8月)
1919	(8)	浅草オペラ全盛
1921	(10)	新国劇の創始者沢田正二郎、公園劇場に進出、好評を博す(11月)
1922	(11)	常盤座で安来節を興行、浅草名物と脚光を浴びる(6月)
1923	(12)	関東大震災(9/1 午前11時58分、六区興行街壊滅)

凌雲閣(浅草十二階)
往年の浅草のシンボル。1890年(明治23) 11月11日開業。八角形平面、高さ52メートルで10階までは煉瓦造り、上部は木造だった。高所観覧が珍しい時代に観光客を集め、大いに賑わいをみせた。開業当時の観覧料は大人八銭、小人四銭。日本初の電動式エレベーターも設置されていたが、故障つづきで翌91年には停止。1923(大正12) 9月1日に起きた関東大震災で、8階から上が崩れ落ち倒壊。同月23日、赤羽の陸軍工兵隊が爆破処理し、完全にその姿を消した。
(画像提供：台東区立下町風俗資料館)

電気館
当時、劇場では、映画だけでなく演劇なども実演されているなか、日本初の映画常設館として1903年(明治36) 10月1日に開館。洋画専門封切館。

1926年(大正15)の
浅草「花屋敷」
浅草といえば花やしき。現在では遊園地だが、大正初期の花やしきは花々とめずらしい鳥などの見世物を行い、日本の動物園のルーツといえる。
1918年当時、「やしき」は漢字表記であった。

帰国勧告。錫凡の洋服を作る

五月三十一日（戊午四月二十二日戊寅）［金曜日］

気候：晴れ、のち雨。

修学 夫婦には子供を産む以外の機能はない。

治事 朝、開運が来て、いっしょに出かける。錫凡のために洋服を作り、ほかのものも買う。昼、外出し昼飯。午後、帰ってきて昼寝。三時、開運がまた来て、いっしょに出かける。夜、輪扉を訪ねるが、会えず。一人で帰宅し、『留東外史』を読む。

通信 乃兄の手紙を受け取る。

上海救国団が日刊紙を二部送付してきて、青年会に貼り出された。救国団が、仙台では大多数が授業を放棄したと発表するとともに、授業に出た二人の姓名を公表。*

広東の幹事から来信。香港に（帰国する学生のための）宿泊施設を開設したことを告げる。

浙江同郷会からの来信。同郷の者がすみやかに帰国するよう勧告し、幹部通

＊仙台では大多数が授業を放棄した　仙台は、明治時代より「学都」とよばれ、東北帝国大学（現在の東北大学）など多くの教育機関があった。仙台の留日学生は日華共同防敵軍事協定締結に抗議して授業を放棄し、一斉に帰国したが、一部の留日学生が授業放棄に応じなかった。㊥㊐

信処が上海に設置されたことを伝える。

六月一日（戊午四月二十三日己卯）［土曜日］

『留東外史』に感激

気候：晴れ。

修学　恋愛は自由であり、男女の別も、肉体的欲求もない。

治事　朝、東亜に行き、述弟の手紙を二通受け取る。約翰を受験することを知る。帰ってきて、『留東外史』を読む。はなはだ面白い。午後、輪扉を訪ねるが、会えず。帰って、続きを読み、大いに感慨を催す。とりわけ「情」という言葉に深く感銘を受け、しみじみと「情」とは何かを考えた。大いなる悟達をさとる。

通信　述弟の手紙を二通受け取る。述弟、乃兄に葉書を出す。

「留東学界全体」署名のビラが貼り出され、授業に出ている者が多いことを告げる。

各帝国大学の現在の名称、設立年、所在地

東京帝国大学	（東京大学）、	1886年設立、東京都文京区
京都帝国大学	（京都大学）、	1897年設立、京都府京都市
東北帝国大学	（東北大学）、	1907年設立、宮城県仙台市
九州帝国大学	（九州大学）、	1911年設立、福岡県福岡市
北海道帝国大学	（北海道大学）	1918年設立　北海道札幌市
京城帝国大学	（ソウル大学校）、	1924年設立、ソウル特別市冠岳区
台北帝国大学	（国立台湾大学）、	1928年設立、台北市大安区
大阪帝国大学	（大阪大学）、	1931年設立、大阪府吹田市
名古屋帝国大学	（名古屋大学）	1939年設立、愛知県名古屋市

六月二日（戊午四月二十四日庚辰）［日曜日］

＊遊就館《ゆうしゅうかん》へ行く

気候：小雨。

修学 夫婦の間は情の字の結合に非ず。

治事 朝、新中会に行って集会に参加。ついで夢九《むく》を訪ね、昼まで話し込み、いっしょに出かけて会元楼*で食事。飯のあと、「遊就館」に遊ぶ。私の下宿に帰り、しばらく話してから、別れる。夜、輪扉が来る。

通信 冠賢の手紙を受け取る。

救国団の調査部が、授業に出た帝大生*二名の罪状を発表。

＊遊就館　靖国神社内にある戦争博物館。一八八二年（明治十五）開館。靖国神社に祀られている「御祭神」（幕末維新期の動乱から第二次世界大戦に至るまでの戦没者や国事殉難者）の遺品や資料、武器などの歴史的遺物が展示されている。〝遊就〟は『荀子・勧学篇』の「君子は居るに必ず郷を擇（えら）び、遊ぶに必ず士に就く」に拠る。意味は「君子になるには、良い環境の地を選んで住み、良い友人と交流しなければならない。」「遊就館」という名称は、靖国神社に祀られている「神」が、高潔な人であることを象徴しており、〝侵略戦争を美化し、第二次世界大戦中の日本の戦争犯罪を隠ぺいしようとするもの〟を展示しているとして、アメリカや中国、朝鮮、韓国の反感を招くこととなった。

　周恩来が行った遊就館は、一九二三年（大正十二）の関東大震災で損壊、現在の建物は一九三一年（昭和六）に竣工されたもの。左写真は一八八一年（明治十四）の竣工当時の外観。㊥㊐

＊会元楼　神保町にあった中華料理店・会芳楼のことと思われる。㊐

＊帝大　帝国大学のこと、ここでは東京帝国大学を指す。国立総合大学。明治維新後、政府は九校の国立総合大学を設立した。（一覧は前ページ）㊥

明治時代の遊就館外観
（画像提供：ユニフォトプレス）

『留東外史』読了し、大いに興奮！

六月三日（戊午四月二十五日辛巳）［月曜日］

気候：雨。

修学 「情」の字は断じて夫婦より発するに非ず。

治事 朝、白濤を訪ね、『中国年鑑』*を借りて帰る。午後、『留東外史』五冊を読了し、「文学観念」「思想界の〝情〟」に付箋を貼る。ともに大いに研究する価値がある。はなはだ大きな感慨を催し、この数日、夜も寝ることができない！

通信 紹雲の手紙、永滋《えいじ》の葉書を受け取る。鉄卿、慧弟、乃兄に手紙、永滋に葉書を出す。

「ビラをまいて授業に出ることを主張する書」に反対して、青年会で議論を提起した人がいた。

＊『中国年鑑』 東亜同文会調査編纂部の『中国年鑑』のことか。最初の『中国年鑑』は伍赫徳が一九一二年（大正元）に編纂、出版し、植民地の拡張と中国侵略の指針となった。明治維新後、日本はアジアをリードできると自負し、中国社会に対する広範な調査研究資料をまとめ、一九四二年まで全部で七巻を出版した。その過程で、四回書名が変わっている。第一巻から第四巻は一九一二年、一九一七年、一九一八年、一九二〇年に『支那年鑑』と出版。第五巻は一九二七年に『新編支那年鑑』、第六巻は一九三五年に『最新支那年鑑』、第七巻は一九四二年に『新支那年鑑』。

二十一世紀初めに再出版され、書名は『中国年鑑』に統一された。第一巻は政治、財政、農業、鉱業、対外貿易、鉄道、貨幣、教育、法律、国防、度量衡など二十五のテーマからなっている。第二巻は、第一巻を基に、一部の内容を削除、増補修正しただけであった。第三巻は、内容や体裁は第二巻から、大きく変更されず、「満蒙」と「地理」の二つのテーマを追加した。第四巻は第三巻を基に「中国大記事」というテーマのみを増補した。第五巻の出版は日本の上層部より重要視され、近衛文麿（このえふみまろ）はこのために「禹城（うじょう）指南」を寄稿した。併せて新しい資料を加えて編纂され、内容も方法も独創的であった。第六巻は近衛が「大成」を寄稿し、「満州国」の内容を加えた。第七巻は主に国民政府の政治や外交及び軍事の事情、共産党の動向、満蒙など少数民族の事情などを記録。これらの年鑑は、日本の中国侵略において重要な資料となった。おそらく周恩来は日本滞在中に、日本が編纂した『中国年鑑』の第一巻から第三巻までを読んだのではないか。それによって、中国国内の事情はもちろんのこと、外国人がどのように中国を認識しているか知ることができたのであろう。㊥

東美と会えず

六月四日（戊午四月二十六日壬午）［火曜日］

気候：雨。

修学 「情」は一潔《ひたすら》に至り、白に至る物為り。（「愛」とは最も純度が高く、清らかなものである）

治事 朝、青年会に行く。帰ってきて読書し、おかずを何品か作る。午後、高樹町*に東美を訪ねるが、会えず。しばらくその近辺をぶらぶらしてから、ふたたび訪ねるが、またも会えず。早稲田に行って永滋、純斎《じゅんさい》らに会い、十時に家に帰る。

通信 蓬兄に手紙、伯鳴に葉書を出す。

＊高樹町　赤坂区の青山高樹町（現在の港区南青山六丁目付近）。㊐

六月五日（戊午四月二十七日癸未）［水曜日］

憂鬱になり、浅草で映画を見る

気候：曇り。

治事　朝、九時まで読書。個人教授を訪ねる。午後、復習。昼、輪扉を訪ね、一高の入試要項を入手。夜、はなはだ憂鬱になり、浅草で映画を見る。*　十一時に帰宅。

通信　東美の葉書、八弟、樹唐の手紙を受け取る。永滋に手紙、八弟に葉書を出す。

救国団が「五分間の熱心者に告ぐ」*という文章を青年会に発表。

六月六日（戊午四月二十八日甲申）［木曜日］

「情」の字を語る

気候：晴れ。

治事　朝、勉強。十時に個人教授を訪ねる。夕飯のあと、伯安を訪ね、「情」という字について長いこと話す。伯安の「情」についての理解は、私

*浅草で映画を見る　六月五日の『読売新聞』掲載の広告によると、「女人堂仇討」（三友館）、「木曽の黒猫」（大勝館）、「猿飛佐助」、「兄と弟」、「黒指輪」（遊楽館）、「ブレーズ」（電気館）、「狂気沙汰」「襤褸と錦」（キネマ倶楽部）などの作品が浅草で上映されていた。㊐

*「五分間の熱心者に告ぐ」　留日学生の救国団は、留日学生が全体でストを行い、帰国を以って抗議するべきという主張を堅持する。この声明文は、国家の命運をかけた一大事に対して、一部の留学生が授業に出席するなど、救国への情熱が不十分であることを批判する意を表すものである。㊥

の昔日の主張と同じであるが、私が最近悟ったこととはすこぶる異なる。夜、白濤を訪ねる。

通信 叔夔《しゅくき》の手紙を受け取る。永滋に葉書を出す。

救国団が「*一高の受験を阻止せよ」というビラを発布。

心、痛む

六月七日（戊午四月二十九日乙酉）［金曜日］

気候：晴れ。

治事 朝、読書。十時に東亜に行って、禅弟の手紙を受け取る。葉母の逝去の様子が書かれており、ひどく心が痛む。午後、鉄卿が来る。夜、十時まで読書し、十一時に寝る。

通信 禅弟、乃兄、仁山の手紙、伯鳴の葉書、叔泉《しゅくせん》の手紙を受け取る。禅弟、蓬兄に手紙を出す。

*「一高の受験を阻止せよ」 留日学生の救国団がビラを配布し、第一高等学校への受験に反対した。周恩来の二校目の受験校が、まさにその第一高等学校であった。㊥

再び、「情」の字を語る

六月八日（戊午四月三十日丙戌）［土曜日］

気候：晴れ。

治事 朝、読書。十時に個人教授を訪ねる。午後、鉄卿、輪扉、東美があいついで来る。夜、隣室の広西の黄君と「情」という字の心理についてかなり長く語り合う。

通信 乃兄に葉書を出す。

「婚姻問題と独身主義」について語る

六月九日（戊午五月初一日丁亥）［日曜日］

気候：晴れ。

治事 朝、伯鳴を訪ねる。昼飯をともにする。午後は、*扁舟《へんしゅう》の一葉、中流に泛《う》かび、すこぶる楽し。三時半に帰ってくる。夜、早稲田に行き、新中会で*「婚姻問題と独身主義」について語る。気がつくと、一時間半たっていた。

通信 鉄卿の手紙を受け取る。

*扁舟の一葉　中国の自由な形の詩「詞（ツー）」に出てくる表現。川を小さな葉が舟のように流れていく様。㊐

*「婚姻問題と独身主義」　周恩来は日記の中に何回も自分の恋愛婚姻問題に対する態度を述べている。この新中学会の講演文章は未だ見つかっていないが、自らの恋愛婚姻に対するまとめではないか。㊥

✎ 雲弟のため丸善で本購入

六月十日（戊午五月初二日戊子）［月曜日］

気候：晴れ。

治事 朝、読書。十時に輪扉を訪ねる。いっしょに郵便局*へ行き、滌愆からの為替送金が到着したかどうか聞く。飯のあと、丸善*に行き、雲弟のために本を二冊買う。下宿に帰ると、滌愆、伯鳴があいついで来る。

通信 雲弟の葉書、子魚の手紙を受け取る。雲弟、伯鳴、鉄卿に葉書を出す。

丸善洋品売り場
（画像提供：丸善雄松堂株式会社）

当時の丸善社屋
（画像提供：丸善雄松堂株式会社）

＊郵便局へ行き……　『全国郵便局沿革録 明治篇』（日本郵趣出版発行）によると、明治期に為替の取り扱いがあった、この周囲の郵便局は神田郵便局（須田町）、神田和泉橋外郵便局（神田松永町）の二か所と推測される。周恩来が通っていた東亜学校、行きつけだった中華料理店は神田郵便局に近く、神田和泉橋外郵便局があった松永町も神保町付近から徒歩でもそれほどの距離ではない。当時周恩来が利用したのは、このいずれかか。㊐

＊丸善　早矢仕有的（はやしゆうてき）が一八六九年（明治二）二月、師事する福澤諭吉のすすめによって横浜に丸屋商社を設立、翌年日本橋店がある現在地にも開店した。一八七三年、丸善に改称。一九一八年の東京堂書店の『新刊図書雑誌月報』に「東京の著名なる書店」というコラムがあり、そのなかで丸善は、「今日に於ては本邦輸入の出版物は該社の手を經ざればならぬほどに、信用と確實とを思はしむる」と評されている。写真は洋品売り場と当

時の社屋。㊐

本郷で同学の貸間探し

六月十一日（戊午五月初三日己丑）［火曜日］

気候：晴れ。

治事 朝、輪扉が来る。十時、伊香保から五人の同学が帰って来る。貸間を探しに本郷へともに行く。午後、経理処に行って登録。夜、入浴。

通信 蓬兄に葉書、滌愆に手紙を出す。

洋服屋で試着

六月十二日（戊午五月初四日庚寅）［水曜日］

気候：曇り。

治事 朝、読書。九時、開運君が来て、すぐ帰る。十一時、授業に出る。帰りがけに、白濤、輪扉を訪ねる。午後、錫凡が来て、いっしょに洋服屋に行き試着。夜、読書し、十一時に寝る。

通信 乃兄、柏栄の手紙を受け取る。禅弟、乃兄に葉書を出す。

六月十三日（戊午五月初五日辛卯）［木曜日］

旧暦端午の佳節

気候：曇り。

[治事] 今日は旧暦の端午の佳節（めでたい日）である。海外にいるため、祝う気はないものの、たちまち懐旧の情にかられ、悲しくなる。午後、*第一楼に行って*麺を食べた。帰ってから、小さな*餡兒餅《シエルピン》を作る。午後、読書して楽しむ。夕飯は粽《ちまき》を二つ食べる。

[通信] 実父の手紙、雲弟、滌非の葉書、警綸の手紙を受け取る。

六月十四日（戊午五月初六日壬辰）［金曜日］

為替送金、届かず

気候：曇り。

[治事] 午前、読書。輪扉を訪ねて、いっしょに郵便局に行く。滌愆が為替で送った金について尋ねるが、依然として不明。午後、鉄卿と輪扉があいついで来る。夜、錫凡、勉之が来て、いっしょに出かける。買いものをしたり、服を引き取ったりして、しばらく時間を費やす。

*第一楼　中華第一樓。神田区表神保町にあった中華料理店。一九〇一年（明治三四）開業。孫文とともに来日した社会運動家の林文昭が、連れてきた中国人コックを雇って営業した。当初は政府要人や魯迅など著名人の集まる社交場であったらしい。戦後、中央区銀座通りに店を移し、中華の名店として営業をつづけていたが、現在は閉店している。㊐

*麺　この店で当時から変わらず提供していた麺料理に、「伊府湯麺（いーふーめん）」があった。鶏肉、しいたけ、長ねぎの細切りが入り、少し甘いしょうゆスープのそば。㊐

*餡兒餅　小麦粉で薄い皮を作り、挽き肉や野菜などの餡を包んでフライパンなどで焼いたもの。形や具は地方によって異なり、中国でも南へ行けば行くほど、サイズが小さくなる。㊐

通信 乃兄の手紙を受け取る。実父に手紙、四伯父に葉書、弌叔に手紙を出す。

一高受験者一九〇人！

六月十五日（戊午五月初七日癸巳）［土曜日］

気候：晴れ。

治事 朝、読書。十時に個人教授を訪ねる。午後、輪扉が来て、一高の志願者が一九〇余人に達したことを教えてくれる。嗚呼！ すごい。夜、物理の勉強。参考書が多いので、すこぶる選択に迷う。

通信 乃兄、慧弟、叔夔、叔泉に手紙、滌非に葉書を出す。

東美、読心術を語る

六月十六日（戊午五月初八日甲午）［日曜日］

気候：晴れ。

治事 朝、入浴。ついで牛込、新中会に行く。東美が読心術* Tilepaity について語るのを聞き、はなはだ事□□□。そのまま早稲田で昼飯。午後、神田に戻り、たくさん手紙を受け取る。三時、伯鳴および錫凡らを訪

＊読心術　Telepathy の誤りか。

餡兒餅（漢陽楼の総料理長、和田康一作）
※漢陽楼のメニューにはありません。
（撮影：元家健吾）

ねる。五時、帰ってきて、たくさん手紙を書く。

[通信] 実父、蓬兄、滌愆の手紙、醒兄の葉書を受け取る。実父、乃兄、蓬兄、滌愆、雲弟に葉書、警綸、賛武、素華《そか》に手紙を出す。

松村先生を訪ねる

六月十七日（戊午五月初九日乙未）［月曜日］

気候：晴れ、のち雨。

[治事] 朝、読書。十時に個人教授を訪ねるが、松村先生は用事があるため午後に延期。帰ってきて勉強。午後からまた訪ねるが、松本先生*への来訪者が多いので、日をあらためて個人教授をお願いする。夜、静納君が来て、ついに決める*。

[通信] 希天、述弟の手紙を受け取る。春谷に葉書、新劇団*に葉書を三通出す。

*松本先生　ここで周恩来はつい松本亀次郎の本名を書いてしまっている。㊐

*ついに決める　何を決めたかは不明。㊐

*新劇団　周恩来も加わっていた南開学校新劇団のこと。㊐

「一元銭」で女形を演じる周恩来（左から２人目）。
『周恩来画伝』（中共中央文献研究室周恩来研究組 四川出版集団 四川人民出版社）所収

六月十八日（戊午五月初十日丙申）［火曜日］

母校のために化学製品所を訪ねる

気候：雨。

治事　朝、読書。十時に個人教授を訪ねる。昼飯のあと、輪扉と化学製品所に行く。母校が化学製品を購入するため、価格表をもらう。午後、帰ってきて、一時間昼寝。二時、読書。夜十一時に寝る。

通信　乃兄、達如《たつじょ》、素華の手紙、新中、叔逵《しゅくき》の葉書を受け取る。錫凡、乃兄に葉書を出す。

六月十九日（戊午五月十一日丁酉）［水曜日］

開山を送別

気候：雨。

治事　朝、読書。十時に個人教授を訪ねる。夜、早稲田に行って開山を見送る。開山と話し、学問で物事に対処し、身を重んじ、責任感をもち、公私を峻別し、広く同志と結ぶことを約束する。

通信　山兄の手紙を受け取り、返信の葉書を出す。

六月二十日（戊午五月十二日戊戌）［木曜日］

慧弟、八月に来る

気候：晴れ、のち曇り、雨。

治事 朝、読書。輪扉が来る。昼、琴翁老伯の手紙を受け取り、慧弟が八月に来ることを知って、とてもうれしい。午後、帰ってきて読書。はなはだ力が入る。

通信 滌愆、禅弟、および琴翁老伯の手紙、弱琨《じゃくこん》の手紙を受け取る。

六月二十一日（戊午五月十三日己亥）［金曜日］

吉野博士と会えず

気候：雨。

治事 朝、読書。十時に個人教授を訪ねる。午後、友人への返信を数通出す。六時、鉄卿と東美があいついで来て、吉野博士*を訪ねるが、会えずに帰る。

通信 文珊、伯鳴、拱宸、春谷、冠賢、乃如の手紙、述弟、問凱の葉書を受け取る。春谷、山兄、伯鳴、蓬兄、滌愆に葉書、禅弟に手紙を出す。

＊吉野博士　吉野作造（一八七八－一九三三）のこと。政治学者、東京帝国大学教授。民本主義を主唱し、政治、外交、社会の民主化を要求した。中国に関する論著も少なくない。吉野は、かつて天津で教鞭をとっていたことがある。袁世凱の長男である袁克定の私教師でもあった吉野は、直隷督練処翻訳官として参謀処付き将校に「戦時国際法」を講義し、北洋法政学堂（一九〇七年天津に開校）では「国法学」、「政治学」を講義している。周恩来も、南開学校時代から吉野の名前を聞き知っていたのかもしれない。一九一六年（大正五）『中央公論』の巻頭論文で唱えた民本主義は、大正デモクラシーの根本思想となった。㊐

『中央公論』表紙（中央公論 社発行、国立国会図書館所蔵）

六月二十二日（戊午五月十四日庚子）［土曜日］

輪扉と話す

気候：晴れ。

治事 朝、読書、十時に伯鳴が来る。話すうちに昼になり、いっしょに出かけて昼飯。そのあと、輪扉を訪ねる。帰ってきて約一時間昼寝。三時、ふたたび読書。途中、輪扉が来て話す。夜、十一時まで読書。

通信 山兄に手紙、四伯父、実父に葉書を出す。

六月二十三日（戊午五月十五日辛丑）［日曜日］

朝入浴、昼理髪

気候：晴れ、のち雨。

治事 朝、入浴。帰ってきて読書。輪扉が、子魚の来訪を教えてくれる。昼、理髪。午後、化学の勉強。四時、子魚を訪ね、夕飯をともにする。私の下宿に来て、九時まで話し込み、十二時に寝る。

通信 朶山の手紙を受け取る。

1918

◉六月孫文、来日

前月に広東政府大元帥を辞任した孫文が来日。持病の胃痛により箱根に滞在し、頭山満、宮崎滔天などと面会して、六月二十三日、神戸より船で帰国した。

六月二十四日（戊午五月十六日壬寅）［月曜日］

個人教授宅へ

気候：晴れ。

［治事］朝、読書。十時に個人教授を訪ねる。ついでに子魚の家に手紙を出す。昼、輪扉が来る。夜、読書し、十一時に寝る。

［通信］乃兄に葉書を出す。

夜九時まで読書

六月二十五日（戊午五月十七日癸卯）［火曜日］

気候：雨。

［治事］朝、読書。十一時に昼飯に出かける。午後、九時まで読書し、晩飯。十二時に寝る。

［通信］醒兄に葉書を出す。

六月二十六日（戊午五月十八日甲辰）［水曜日］

晩の十二時まで読書

気候：雨。

治事 朝、五時に起きる。十二時まで読書し、昼飯に出かける。午後、伯鳴が来る。夜、読書し、十二時に寝る。

六月二十七日（戊午五月十九日乙巳）［木曜日］

化学を学ぶ

気候：晴れ。

治事 朝、化学の勉強。十二時に昼飯に出かける。午後、六時まで読書し、夕飯。夜、子魚を訪ね、帰ってきて一時まで読書。

通信 雲弟の手紙を受け取る。

六月二十八日（戊午五月二十日丙午）［金曜日］

代数を学ぶ

気候：晴れ。

1918

◉早稲田（下戸塚）、市電開通

六月二十六日より、市電の江戸川橋―早稲田（当時の停留所名は下戸塚）間開通。錦糸堀―早稲田間、往復一〇六分。江戸川橋―早稲田間、片道五分。開通前、周恩来は終点の江戸川橋より歩いていた。翌日の『読売新聞』によると、この日（六月二十六日）十時四十五分頃、東京地方に強い地震が発生。震動時間一分三十秒。記事には「最初十秒間は震動激しく一時市民をして恐怖せしめたり」とある。

治事 朝、六時に起き、日文の勉強。午後、輪扉が来る。夜、一時まで代数を勉強。

通信 新中会の同仁《どうじん》に手紙を出す。

幾何を学ぶ

六月二十九日（戊午五月二十一日丁未）［土曜日］

気候：晴れ。

治事 朝、六時に起き、日文の勉強。夜、幾何の勉強、十二時に寝る。

通信 蓬兄の葉書を受け取る。

アメリカに関するメモ

六月三十日（戊午五月二十二日戊申）［日曜日］

気候：晴れ。

治事 朝、読書。十時に個人教授が来る。輪扉も来る。午後、日文の勉強。夜、十一時に寝る。

通信 滌愆、乃兄、剣帆、四伯父の手紙を受け取り、四伯父に葉書を出す。

＊アメリカの参戦前後の毎月の経費

一九一七年
三月　九九、九五七、七九〇ドル
四月　二八九、八九三、九五三
五月　五二六、五六五、九五三
六月　四一二、七二三、四八六
七月　六二三、一六八、八四五
八月　七五七、四五七、三六四
九月　七四六、三七八、二八五
十月　九四四、五六八、七五二
十一月　九八六、〇八一、八〇七
十二月　一、一五二、二一一、〇五九
一九一八年
一月　一、〇九〇、三五六、〇四五ドル
二月　一、〇一二、六八六、九八五
三月　一、一五五、七九三、八〇九

＊アメリカの参戦前後の毎月の経費
一九一四年七月、第一次世界大戦が勃発した後、アメリカは中立を宣言。一九一七年二月、ドイツは無制限潜水艦作戦を実施し、アメリカの商船に多大な損害をもたらし、連合国も苦境に陥れた。同年四月六日、経済的利益と戦局コントロールのために、アメリカは、ドイツに宣戦布告。連合国陣営への加入及び連合国への各種援助は、戦局を根本的に変え、連合国勝利の土台を作った。日記中のこうした資料の抜粋は、周恩来が第一次世界大戦などの国際問題に強い関心を持っていることを示している。アメリカ参戦が第一次世界大戦に与えた影響を分析することは、周恩来にとって国際的な視野拡大の一助となったはずである。㊥

四月	一、二二五、二八七、七七九
五月	一、五〇八、二九五、二三三
六月	（予算）一五億

一九一七年五月から一九一八年六月三十日までの総経費はあわせて一三九億七四四一万二六七六ドルである。

アメリカ参戦後の借款と各国の公債額

フィリピン	一二〇、五五〇、〇〇〇ドル
キューバ	一五、〇〇〇、〇〇〇
フランス	一、六八五、〇〇〇、〇〇〇
イギリス	三、一七〇、〇〇〇、〇〇〇
イタリア	六五〇、〇〇〇、〇〇〇
ロシア	三二五、〇〇〇、〇〇〇
セルビア	九、〇〇〇、〇〇〇
ギリシア	一五、七九〇、〇〇〇
合計	五、九九〇、三四〇、〇〇〇

*年間の軍事費の三分の一は租税収入により、残りは公債による。

	募集額	応募額
第一回公債	二〇億ドル	三〇三、五二二万余ドル
第二回公債	三〇億	四六一、七五三万
第三回公債	四〇億	四一七、〇〇一万

アメリカが参戦後の一年間（昨年六月から今年六月末まで）に欧州に輸送した食糧は、あわせて一四億ドル分である。

物理を学ぶ

七月一日（戊午五月二十三日己酉）［月曜日］

気候：晴れ。

治事　朝、物理の勉強。午後、個人教授が来て黙書*。夜、十二時に寝る。

*年間の軍事費　アメリカは一九一六年頃から財政面で参戦の用意を整えており、翌年四月の宣戦布告後、一年の経費を八五億ドルと見積もっていた。その半分を租税で調達するつもりだったが、重い増税は国民の士気を阻害させることから、過半を債務に頼る政策をとった。第一回自由国債は、国民の愛国心に訴える大キャンペーンによって、二〇億ドル分の募集に対し三〇億ドルの調達に成功。戦争中アメリカ財務省は、数回の自由国債と一度きりの勝利国債により、総計二一五億ドルを調達した。㊥

*黙書　教科書などの文章を記憶して書くこと。㊐

七月二日（戊午五月二十四日庚戌）［火曜日］　一高入試

気候：晴れ。

治事 今朝、十時に一次試験*を受けに行く。午前は幾何、代数の試験、午後は日文、日語の試験。日文の書き取りの出来がはなはだ悪く、おそらく合格する望みはない。

＊一次試験　第一高等学校の入学試験。周恩来は七月二日、三日両日に東京第一高等学校を受験している。㊥

七月三日（戊午五月二十五日辛亥）［水曜日］　入試二日目

気候：晴れ。

治事 朝、一高の試験に赴く。午前は英文、物理、化学、午後は会話、読み方*の試験。会話の成績がはなはだ劣り、合格する望みがいっそうなくなる。

＊読み方　日本語の読解力を判定する課目。㊐

通信 四伯父、実父、弌叔に葉書、山兄、乃兄、醒兄、蓬兄、述弟、雲弟、禅弟、剣帆、冠賢、滌愆、錫凡に葉書を出す。

We have to be on guard against the small trouble ,which,by encourage, is apt to magnify into a great trouble.
Throughout his long life which tended to make him more honored and respected by and all men was a self-sacrifice spirit.
Those nations are civilized which have the best homes, society, laws and governments, the most advanced science and art, the purest religions, the soundest morals and the most ... mind.
The time is gold.

（＊翻訳）

われわれは勇気を奮い起こして、眼の前の小さな困難に立ち向かわなければならない。さもなければ、小さな困難が拡大して大きな困難となる。

人の長い一生を貫くのは自己犠牲の精神であり、この自己犠牲の精神によって人はいっそう輝きを増し、ほかに抜きんでるのだ！

最良の家庭、社会、法律、政府、最先端の科学と芸術、もっとも純粋な信仰、もっとも美しい道徳、もっとも優秀な智慧……。これらを擁する民族でなければ、もっとも重要性を有する民族にはなれない。

時は金なり！

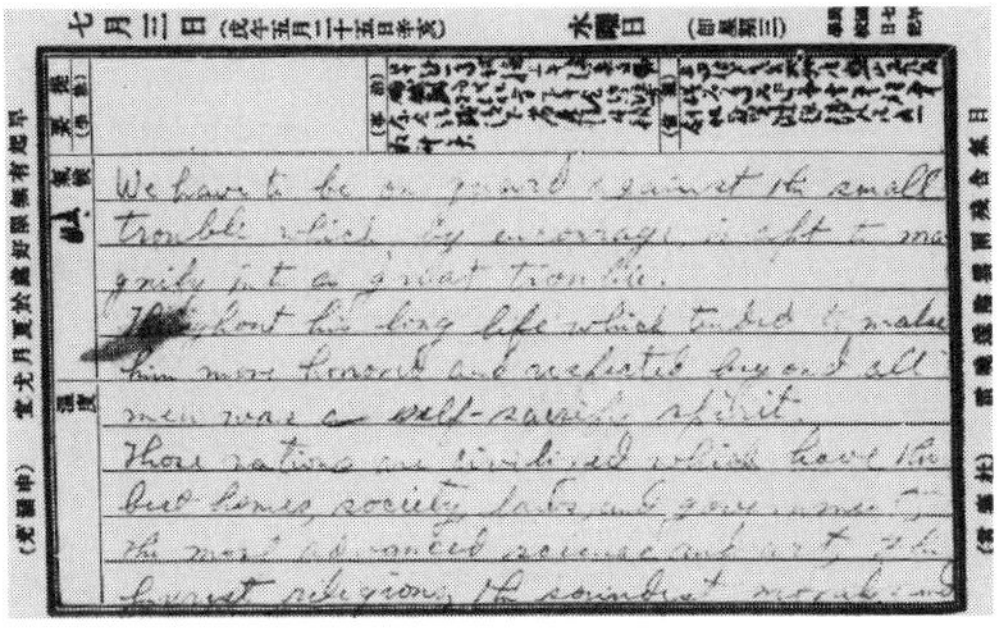
7月3日の日記。なぜこの日だけ英語で書いたのか、午前に英文の試験を受けたためか。

＊翻訳　この日の日記の本文は英語で書かれている。上は周恩来が書いた英文、下はその中国語訳を日本語に訳したものである。日

自暴自棄

七月四日（戊午五月二十六日壬子）［木曜日］

気候：晴れ。

治事 昨日、一昨日と両日の試験に失敗し、とても堪えがたい。友に負け自分に負け、自暴自棄だ！ 悲しみに勝《た》えられない！

通信 禅弟、乃兄の手紙を受け取る。乃兄、慧弟、冠賢、新中、山兄、禅弟に葉書や手紙を出す。

失意の一高身体検査

七月五日（戊午五月二十七日癸丑）［金曜日］

気候：晴れ。

治事 今朝、一高に行って身体検査を受ける。失意のうちに、これを体験して、ますます堪えがたい。午後、鉄卿、東美が来て、いっしょに吉野博士を訪ねるが、会えず。がっかりする。帰って、輪扉を訪ねる。夜、伯鳴が来る。

通信 冠賢、希天に手紙を出す。

酷暑に、故郷のことを思う。

日本にやって来たのに、*日本語をうまく話せない。どうして恥じずにいられよう！

これを自暴自棄というのだ。いかにして国を救おうというのか！　いかにして家を愛そうとするのか！

官立学校に合格できない。この恥辱は、生涯ぬぐい去ることができない！

朝から運動

七月六日（戊午五月二十八日甲寅）［土曜日］

気候：雨、のち晴れ。

治事　朝、運動し、読書。輪扉が来て、二時間ほど話す。午後、いっしょに伯鳴を訪ね、帰ってきて子魚を訪ねる。六時、個人教授を訪ね、授業を受ける。夜、青年会で新聞を読む。

通信　乃兄の手紙を受け取る。慧弟、琴翁老伯、霆軒老伯に手紙を出す。

＊日本にやって来たのに……　周恩来は南開学校で英語の勉強はしていたが、日本の学校の試験問題は当然ながら日本語である。故に日本語がうまくいかないことが、彼が高等師範学校、東京第一高等学校の試験に落ちた直接な原因であろう。短期間で外国語を身に付けるのは確かに困難であるが、周恩来は南開の優等生なので、東京で二度も失敗してしまった自分を許せなかった。日記中で、自分の受験の失敗を生涯ぬぐいきれない恥辱とみなした気持ちは、想像にかたくない。㊥

錫凡*の演説を聴く

七月七日（戊午五月二十九日乙卯）［日曜日］

気候：晴れ。

治事　朝、ずいぶん寝過ごした。連日頭をつかったので、疲れた。一時間読書。床屋に行った後、輪扉を訪ねる。午後、謝君が来て、四時まで話す。夕飯のあと、早稲田に行って錫凡*の「欧州戦争の費用」という講演を聴く。

欧州戦争は、民国三年（一九一四）八月から民国六年八月までの三年間に、あわせて九七〇余億ドルの戦費を費やした。一日平均、華洋*三万二〇〇〇余元である。

三年間の死者は七〇〇万人。捕虜と負傷者は五〇〇万人である。従軍者数は五三〇〇余万人である。

＊錫凡の演説　錫凡は、南開時代からの友人である馬汝駿の字。字はほかに洗凡、洗繁など。「欧州戦争の費用」の演説内容は知る由もないが、周恩来はこの日の日記に欧州戦争（第一次世界大戦）の軍費、死傷者、捕虜の人数などを記している。欧州戦争勃発後の一九一七年、北洋政府は「工を以て兵に代える」とドイツに宣戦布告し、一四万人の中国人労働者を欧州に派遣。戦争に参加させ、最終的に一万人に近い犠牲者を出した。欧州戦争は世界の大事というだけではなく、中国人にとっても関心の高い国家の大事であった。演説を聴き、それを記録して、国家の行く末を気にかける周恩来は、欧州戦争の進展と終局に関心を持つことになる。（中）

＊華洋　銀本位の中国元（一元＝一メキシコドル）。当時、アメリカドルは金本位。周恩来は「九七〇億ドル」という金額をよく理解するため中国のレートで換算した。（日）

七月八日（戊午六月初一日丙辰）［月曜日］

為替を換金

気候：晴れ。

修学 ＊二十の年華（光陰）、塵と土、慚愧《ざんき》して周郎に対す。

治事 朝、東亜に行って慧弟の手紙を受け取る。帰ってきて、読書。十時、鉄卿、輪扉があいついで来る。十一時、＊大草町の朝鮮銀行に行って為替を＊大洋に換える。午後、輪扉が来て、明日帰国すると言う。五時、個人教授が来る。六時、個人教授宅で、授業を受ける。夜、新聞を読む。

通信 慧弟の葉書、柏栄の手紙を受け取る。慧弟に手紙を出す。

七月九日（戊午六月初二日丁巳）［火曜日］

本郷で貸間探し

気候：晴れ、風あり。

修学 ＊公瑾の往年の意気を想像して思いをはせる。

治事 今朝、輪扉が来る。十時に勉強を終え、青年会に伯鳴を訪ねるが、会えず。連日訪ねているにも関わらず会えない。近頃どうしているか不明。

＊**二十の年華（光陰）**……「塵と土」については南宋の武将、岳飛（一一〇三－一一四二）の「満江紅」という詩の中に「三十功名塵與土、八千里路雲和月」という名句がある。周郎とは、三国時代の東呉の名将、周瑜（しゅうゆ）大都督（一七五－二一〇）のことであり、容貌がすぐれていたので「周郎（周の若様）」と呼ばれた。北宋の政治家、蘇軾（一〇三七－一一〇一）の「念奴嬌・赤壁懐古」という名句にも登場した。周恩来は、名句と名将の名を借りて、自分の二十年来の苦心奔走を表現した。しかし、その成果は塵のように軽微であり、若くて優秀な周瑜に対して恥ずかしくなったのだ。これは反省であり、激励でもある。㊥

＊**大草町の朝鮮銀行** 日韓併合時代の朝鮮における中央銀行。一九一一年（明治四十四）設立。日本の朝鮮および満蒙経営の金融的中心となった。一九四五年（昭和二十）閉鎖。大草町は大手町の誤りか。㊐

＊**大洋** 一元銀貨。㊐

十一時、子魚を訪ねる。午後、子魚とともに輪扉を送って駅まで行く。
　夕飯のあと、＊本郷に行って伯鳴に会い、いっしょに神田で服を作る。
〔通信〕雲弟の手紙、述弟、伯鳴の葉書を受け取る。山兄に葉書を出す。

＊アメリカの財務当局の報告によれば、アメリカが参戦後に各国に供与した借款は、あわせて六〇億九一五九万ドルで、その内訳は左記のとおりである。

イギリス　三、一七〇、〇〇〇、〇〇〇ドル
フランス　一、七六五、〇〇〇、〇〇〇
ロシア　二二五、〇〇〇、〇〇〇
ベルギー　一三一、〇〇〇、〇〇〇
ギリシア　一五、七九〇、〇〇〇
キューバ　一五、〇〇〇、〇〇〇
セルビア　九、〇〇〇、〇〇〇

＊公瑾の往年の意気を……　公瑾は三国時代の東呉の大都督であった周瑜の字。意味は「往年の周瑜は意欲に満ち溢れており、自分はそのことに気持ちが奮い立った」ということだろう。周瑜に敬服し、あこがれる様子がうかがえる。㊥
＊本郷　学友の伯鳴、錫凡などは、本郷に住んでいる。㊥
＊アメリカの財政当局の……　周恩来は、参戦後のアメリカが各国に行った借款の額とその総額を引き続き書き留めた。アメリカの財政当局が発表した数字であり、正確なものであろう。㊥

✎北神保町で貸間探し

七月十日（戊午六月初三日戊午）［水曜日］

気候：晴れ。温度：三十・八度。

【治事】朝、新聞を読み終え、ひとしきり読書したところに、＊勉之《べんし》が来る。貸間を探すためにいっしょに出かけ、＊北神保町で見つける。青年会に行き、白濤を訪ね、昼まで話して別れる。午後、個人教授を訪ねるが、先生が外出中で授業を受けられず。

【通信】輪扉の手紙を受け取る。

＊勉之　凌勉之。南開学校の友人。原籍は河南の固始。南開商科卒業後、日本の早稲田大学へ留学。このとき、早稲田から周恩来を訪ねてきた。（中）

＊北神保町　現在の神田神保町二丁目。（日）

✎暑さで読書はかどらず

七月十一日（戊午六月初四日己未）［木曜日］

気候：晴れ、風あり。温度：三十度。

【治事】朝、読書するが、暑すぎてはかどらない。十時、鉄卿が本を持ってくる。昼、子魚、伯安を訪ねる。飯のあと、錫凡らに会って本郷に行く。ついで、勉之を訪ねる。夜、青年会に出かけ、一時間ほど話して帰ってくる。

【通信】『民法報』に葉書を出す。

コラム 十二

周恩来、官費留学生試験に失敗する

新中国版より、短評「周恩来官費考試失利」 李海文、張紅安

周恩来が上京した主な理由は、東京高等師範学校と第一高等学校への入学希望であった。それらの学校に入学した時点で、政府が費用を負担する取り決めであった。これは、経済的に大きなプレッシャーを抱えていた周恩来にとって、非常に重要なことだった。しかし、一九一八年三月に東京高等師範学校、七月に第一高等学校の受験に失敗。失敗の理由は、周恩来自身が分析したように日本語がうまく話せないことに加え、集中できないいくつかの事情があったことだ。

第一に、日本で直面した経済的困難である。同級生や親戚、友人たちの助けはあったが、生活費は依然として切羽詰まっていた。何度も引っ越しをし、同級生とぎゅうぎゅう詰めの共同生活。食事は食堂で安価に抑えたり自炊をしたり、朝食抜きにするなど、すべては節約のためであった。

第二に、家族の心配である。一月八日、八伯父が亡くなった際に手助けできなかったことは大きな痛手となった。彼は伯父の葬儀の費用や、残された家族の生活を非常に気にかけていた。

第三は、自国が日に日に悪い情況になっていくことであった。特に、四月以降ひっきりなしに伝わっ

てくる日中間の新条約締結のニュースや、五月に起こった中国人留学生たちの帰国運動は、本来の目的である受験勉強を中断させた。

そのほか、友人や親戚とのやり取り、日本にいる南開の同級生との頻繁な往来などで、かなりの時間を費やしたことは否めない。また浅草をはじめとした繁華街の誘惑もあったかもしれない。家庭の事情、国内事情、国際情勢など、あらゆることが受験勉強を妨害したのである。

しかし、旧暦の新年（二月十一日）の日記で、最新の思想を考え、最新の事業を行い、最新の学問を学ぼうと、すでに心に決めていた周恩来にとって、試験に落ちたことは大変ショックな出来事ではあったにしろ、個人の当面の目標の失敗に過ぎなかった。愛国と救国の理想が確立されたことで、これが大きな失敗ではなかったことは、その後の彼の歩みが示している。一年七か月の日本滞在は、まったく新しい周恩来をつくりあげた。彼は新しい自分を獲得し、理想に向けて再出発したのであった。

七月十二日（戊午六月初五日庚申）［金曜日］

台風来る！

気候：大風雨。*

治事　朝、読書。昼、食事に出かける。午後、帰ってくると、不意に北東から強風が吹き、家が揺れ、雨になり、一晩中やまず。夜、新聞を整理。伯鳴が来て、しばらくして帰る。

＊大風雨　翌日（七月十三日）の『大阪朝日新聞』によれば、この台風は十二日正午に広島、午後四時に松江、夜十二時に能登半島を通過。東京もこの台風の影響を受け、午後四時には風速十九メートルを観測。各所で鉄道の被害が続出した。日

七月十三日（戊午六月初六日辛酉）［土曜日］

一高失敗

気候：晴れ、のち雨。

治事　朝、一高の合格発表を見に行く。*はたして、不合格。帰ってきて伯安を訪ねるが、会えず。輪扉に祝電を打つ。午後、伯安にお祝いを言う。子魚と私はともに合格せず。予想が的中したが、何の不思議もない。

通信　乃兄、四伯父に手紙を出す。

＊一高の合格発表を…　東京第一高等学校の入試結果は、周恩来の予想通りであった。学友の輪扉、伯安は合格。彼と子魚は不合格である。これは東京高等師範学校の受験失敗に続く二度目の失敗であり、ここに至って官費留学生になる願いは完全に水の泡となった。中

早稲田へ

七月十四日（戊午六月初七日壬戌）［日曜日］

気候：晴れ。

治事 朝、理髪。早稲田に行く。十一時に帰ってきて、青年会に行く。夜、ふたたび青年会に行き、伯鳴に会う。

通信 乃兄に葉書を出す。

『中国遊記』を読む

七月十五日（戊午六月初八日癸亥）［月曜日］

気候：晴れ、のち雨。

治事 朝、六時に起きて新聞を読み、読書。十一時、青年会に寄って賄いを頼み、上野に行く。輪扉の手紙が来ているかを確認しに東亜に寄る。午後、伯鳴を訪ね、叔遠《しゅくえん》を見舞う。神田に戻って白濤を訪ねる。夜、帰ってきて、新訳の『中国遊記』*を読む。

通信 慧弟に葉書、叔夔、霆軒老伯に手紙を出す。

*『中国遊記』 徳富蘇峰（一八六三―一九五七）が、本名の「猪一郎」の名義で著した『支那漫遊記』（一九一八年刊）の中国語訳のことか（翌日以降の日記には『支那漫遊記』とある）。朝鮮、中国東北、華北、湖北、安徽などを、写実豊かに書いた旅行記で、旅行の写真や地図が数多く掲載された。上海などをリアルに冷酷に描き、さらには中国人に対する軽蔑意識と傲慢さを、隠そうともしなかった。加えて蘇峰は熱狂的な天皇主義者でもあり、対外戦争の世論メーカーでもあった。敗戦後、蘇峰は戦争犯罪者となったが、国際法廷での最終的な処分は「不起訴後自宅拘禁解除」であった。

　蘇峰の『支那漫遊記』に続き、芥川龍之介の『中国遊記』、谷崎潤一郎の『秦淮之夜』なども相次いで出版された。『中国遊記』は一九二一年三月から七月まで、芥川が大阪毎日新聞社の依頼を受け、中国の上海、南京、長沙、洛陽などをめぐった旅行記。章炳麟、鄭孝胥、李人傑（漢俊）、辜鴻銘、胡適など著名人を訪問したり、政治、経済、文化だけではなく、当時の風俗についても詳しく描かれている。この時期に多巻本の『中国年鑑』（277ページの＊参照）のように、中国の国情をより理解したいと思っていた人々は少なくない。ときに旅行記は中国侵略のためのある種の指南書となった。㊥

伯鳴と監督処へ

七月十六日（戊午六月初九日甲子）［火曜日］

気候：晴れ。

[治事] 朝、新聞を読み、東亜に行って友人の手紙を受け取る。午後、東美が来る。夜、授業のあと、青年会に行く。帰ってきて＊『支那漫遊記』を読むが、読了せず。今日の午後、伯鳴とともに監督処に出向く。

[通信] 乃兄の手紙二通、述弟、禅弟の手紙、輪扉の電報を受け取る。乃兄、輪扉に手紙、禅・述両弟、四伯父に葉書を出す。

早稲田で東美に会う

七月十七日（戊午六月初十日乙丑）［水曜日］

気候：晴れ、のち雨。

[治事] 朝、新聞を読む。ついで早稲田で東美に会い、十時、いっしょに神田

＊『支那漫遊記』 目次は左記のとおり。▽東京から京城（ソウル）▽京城から奉天（沈陽）▽奉天からハルビン▽ハルビンから吉林長春▽長春から大連▽大連とその周辺▽旅順の一日▽大連から営口へ▽山海関から秦皇島▽秦皇島から北京▽北京雑観▽北京から十三陵▽南口から青竜橋▽八達嶺から張家口▽張家口から大同府▽古石佛寺と湯山温泉▽京綏鉄道▽萬寿山に遊ぶ▽北京を去る▽北京から漢口▽漢口▽九江から南昌▽廬山▽長江の激浪▽南京の見物▽長江の大観▽揚州―日記▽上海雑観▽上海から杭州▽蘇州から曲阜（孔林、大成殿）▽泰山▽済南から青島（済南の山水、博山、坊子）▽青島一瞥▽青島より東京▽支那偶録㊥

に戻る。午後、自室で読書。夕飯のあと、授業を受ける。ついで青年会で伯鳴に会い、閑談して帰る。

通信 問凱の手紙を受け取る。問凱に葉書を出す。

山兄から手紙

七月十八日（戊午六月十一日丙寅）［木曜日］

気候：晴れ、のち雨。

治事 朝、風呂に行き、帰ってきて新聞を読む。ついで、東亜で山兄の手紙を受け取る。わが計画の成功の可能性は五分*。午後、『支那漫遊記』を読む。夕飯のあと、子魚を訪ねる。帰ってきてから、ひきつづき同書を読む。

通信 山兄、乃兄の手紙、醒兄、述弟の葉書を受け取る。乃兄、山兄、述弟に返信の手紙、慧弟に返信の葉書を出す。

＊わが計画の成功の可能性は五分 「計画」とは夏季休暇を利用した一時帰国の計画を指す。周恩来が天津を離れて一年が経過しようとしている。受験の失敗により、先行きが不透明になったこともあって、帰国して家族に会う必要があった。帰国費用はかなりの金額であり、また帰国ルートなども考慮しなければならないため、簡単な旅ではない。七月十八日までには、何らかの問題点について話し合ったことが、後日の日記から推察される。七月二十七日に旅支度をして、七月二十八日に帰国の旅路が始まる。㊥

1918

◉**鉄道院、五年ぶり値上げ**

七月十六日、鉄道院が一九〇七年以来の運賃値上げ（二割五分）を実施。折からのすさまじいインフレで、戦前と比して、石炭三倍、鉄材四十五倍。歳出に三割の不足をきたす事態に至ったためである。

『支那漫遊記』を続読

七月十九日（戊午六月十二日丁卯）［金曜日］

気候：晴れ。

[治事] 朝、新聞を読む。ついで東亜に行って手紙を受け取り、帰ってきて『支那漫遊記』を読む。昼飯のあと、東美を見送りに行く。夜、白濤を訪ねるが、会えず。錫凡としばらく立ち話。

[通信] 希天、雲弟の手紙、禅弟の葉書を受け取る。雲弟、禅弟、慧弟、希天に手紙を出す。

「新中」一周年記念

*七月二十日（戊午六月十三日戊辰）［土曜日］

気候：晴れ。

[治事] 朝、新中寄廬に行く。*新中会の一周年記念である。鉄卿が祝辞を述べてから、写真撮影。いっしょに郊外の*大久保の大山園に集まり、おのおのいまの暮らし向きと将来に対する希望を話す。帰ってくると、すでに午後三時。

7月20日の日記に添付された写真。

＊七月二十日　この日の日記には写真が一枚添付されている。写真には「新中」、「第一週年紀念」などの文字が見え、周恩来ら五人が写っているカットが二つある。㊐

＊新中会の一周年記念　新中学会は一九一七年（大正六）七月二十日に設立され、この日、創立一周年を迎えた。㊥

＊大久保の大山園に集まり……　大久保ではなく、代々幡街大字代々木（現在の渋谷区大山町）に位置する「大山園」のことか。一九一三年、一帯の地主であった鈴木善助が広大な農地を和風庭園として造成し、開放した遊覧施設。周恩来と新中学会のメンバーはそこで、家庭の事情やそれぞれの未来について語り合った。再び今後の進路をどうするかは周恩来にとって切実な問題であり、同じような状況の学友と交流することで、啓発し合っていたのだろう。㊥㊐

七月二十一日（戊午六月十四日己巳）［日曜日］

✎ 伯安「欧州戦争と日本の工業」について論ず

気候：晴れ。

治事　朝、新中会に行って例会に出席。伯安*が「欧州戦争と日本の工業」について論ずる。題目がはなはだ多く、得るところすこぶる大。午後、自室で自習。夜、青年会に行く。

通信　滌愆の手紙、慧弟の葉書を受け取る。

＊伯安が……　伯安は、東京南開学友会、新中学会の主要メンバー。日本は欧州戦争勃発後、欧米諸国が東を見る暇がないうちに中国への侵略、経済の発展を加速させ、工業生産額を倍増させた。伯安の演説内容についての記述は日記中にはないが、欧州戦争勃発と日本の工業発展との関係について語ったと思われる。㊥

七月二十二日（戊午六月十五日庚午）［月曜日］ 神田の書店で本を購入！

気候：晴れ。

治事 朝、新聞を読み、東亜、青年会に行く。帰ってきて、新聞を整理。十時、鉄卿らが来る。午後、新聞を整理したあと、夕飯。七時、神田の書店*に行ってさまざまな本を買う。

通信 冠賢の手紙を受け取る。冠賢に返信の手紙、慧弟に返信の葉書を出す。

七月二十三日（戊午六月十六日辛未）［火曜日］ 懐かしい友に、会えず

気候：晴れ。

治事 朝、錫凡らとともに、アメリカに留学する南開の同学を迎えに駅に行くが、列車は四本も到着したのに、会えず。十一時に引き上げる。午後、自習。夜、白濤を訪ね、『支那漫遊記』を受け取って帰る。

通信 輪扉の電報、碩陸の手紙を受け取り、瑞岐に手紙を出す。

＊神田の書店　当時の神田区周辺は交通が発達するとともに私立大学、専門学校、予備校が急激に増加した。多数の学生、留学生が集まるため、神保町界隈に書店街が発達していった（42ページのコラム参照）。日

＊謙六　南開時代からの友人。詳細不明。中華民国初期に中国人がアメリカへ行く主要なルートは船である。そのうちの一つは、上海などの港から出発し、日本とホノルルを経由してサンフランシスコに向かうというもの。謙六は、南開の同級生数名と一緒にアメリカに留学する予定だった。日本にも寄港する「春洋丸」は、本来東京港に停泊する予定であったが、東京から三十キロ離れた横浜港に変更されたので、周恩来と錫凡が東京から横浜へ迎えに行った。日記からもわかるように、謙六らは、一時的に東京に滞在しただけで、二十七日の早朝には東京を離れ、

七月二十四日（戊午六月十七日壬申）［水曜日］

今日も会えず

気候：晴れ。

治事　朝、再び錫凡らとともにアメリカに留学する南開の同学を迎えに行くが、昼になっても会えず。午後、横浜港から上陸することを告げる*謙六《けんりく》の葉書を受け取り、錫凡と横浜に行くが、*春洋丸は急に明日到着に変更になる。がっかりして引き上げる。

通信　謙六の葉書、霆翁、冠賢、乃兄の手紙を受け取る。

アメリカに向かった。㊥

*春洋丸　当時東洋汽船が所有していた船。サンフランシスコ航路に就航。『公認汽車汽船旅行案内』（二八八号　大正七年九月発行）によると、北米航路桑港線の就航ルートは、横浜、ホノルル、桑港（サンフランシスコ）、南米航路西岸線の就航ルートは、香港、門司、神戸、横浜、ホノルル、桑港、サリナクルス、バルボア、カイヤオ、イキーケ、バルパライソとなっている。㊐

七月二十五日（戊午六月十八日癸酉）［木曜日］

謙六、到着！

気候：晴れ。

治事　朝、錫凡、公望《こうぼう》とともに横浜に行って謙六らを迎える。午後帰ってくる。

夜、おのおの休息。

春洋丸（画像提供：日本郵船歴史博物館）

七月二十六日（戊午六月十九日甲戌）【金曜日】

謙六の歓迎会

気候：晴れ。

修学　母親の＊十周忌。

治事　今日、各同学がグループに分かれて謙六らを案内する。私は興が乗らず、同行せず。夜、歓迎会を源順号で開く。そのあと、上野で遊ぶ。

通信　霆翁老伯、四伯父の書留を受け取る。

七月二十七日（戊午六月二十日乙亥）【土曜日】

謙六出発

気候：晴れ。

治事　朝、謙六らを駅まで見送る。電車が早く出発し、握手もしないうちに走り去ってしまった。午後、帰ってきて旅装をととのえる。夜、白濤、子魚を訪ねて閑談。

通信　乃兄の葉書二枚、慧弟、雲弟、八弟、弌叔、剣帆の葉書を受け取る。

＊母親の十周忌　母親とは養母の陳氏を指し、彼女は周恩来にとって、幼年期の啓蒙の師であった。一九〇八年（明治四十一）に三十歳で病没。この日は、母親の十周忌。周恩来は遠く離れた東京にいても、母親の恩を忘れず、深く懐かしんだ。㊥

1918

◉**新進美術家のための「新しい村」**　七月二十七日付の『読売新聞』によると、芸術家集団「白樺派」の若者たちが、京王電車沿道の烏山に「新しい村」の建設を計画中。「所謂成金でも、金持でもない一會社員」から寄付された六〇〇〇坪の土地に、和洋折衷式の建築（一〇〇坪あまり）を作り共同で創作活動をするという計画であった。その後同年十一月、武者小路実篤らが宮崎県児湯（こゆ）郡木城（きじょう）村（現在の木城町）に「新しき村」を創設した。

参考資料
一部抜粋

第一高等學校高等科試験問題（大正十三年施行）

＊この資料は 1914 年（大正 13）に刊行された『入学試験問題入東京遊学苦学案内、大正十四年度用』（中原隆三編、日刊第三通信社）（国立国会図書館所蔵）に収録の問題を抜粋し構成した。当時の留学生が日本人と同一内容の試験を受けていたかどうかは不明。

●國文英（獨. 佛）譯　（總點五十）

（1）私は毎朝早く起き冷水に浴し散歩をしさうして明晰な頭腦と純潔な精神を以て日課に就くことにしてをります。

●代數（總點百二十五）

（3）今ヨリ n 年前ノ米價ヲ今ヨリ 4 年前ノニ比較スルニ 1 圓に付テハ 3 升安ク 1 升ニ付テハ 30 錢安カリシトイフ. 今ヨリ n 年前ノ米價ハ 1 升ニツキ何錢ナリシカ.

●平面幾何（總點七十五）

（1）三角形 ABC ノ邊 BC ノ中點 D ヲ通ル任意直線ガ直線 AB,AC 及ビ A ヲ通リ BC ニ平行ナル直線トソレゾレ E,F 及ビ G ニテ交ハルトキハ EG,FD ＝ ED,FG ナルコトヲ證明セヨ.

●英文解釋（總點百二十）

下ノ文章ヲ平易ナル口語ニテ解釋セヨ.

（1）History brings to light the thread which unites each particular stage in the career of a people, or of mankind as a whole, with what went before, and what came after.

●歴史（總點六十）

（一）奈良時代ト平安時代トノ文化ノ特色ヲ比較セヨ
（二）我ガ國ト明トノ交通ニツキテ記セ
（三）徳川時代ニ於ケル尊王論ノ發達ヲ略述セヨ

●地理（總點四十）

（一）北アメリカ大陸ノ横斷鐵道ヲ列擧セヨ
（二）左各項ニツキテ知ル所ヲ記セ
イ、淄川　ロ、アデレード（Adelaide）　ハ、アルスター（Ulsser）
ニ、何故ニ紅海ハ細長キ海ナルカ　ホ、何故ニカナダニハ湖沼多キカ

●物理（總點一百）

（1）次ノ語ヲ説明セヨ.
イ、比重　ロ、重心　ハ、沸騰　ニ、輻射
（3）浮力トハ何ゾヤ , 浮力ヲ應用セル例ニツ擧ゲ且ツ説明セヨ.

●國語解釋（總點六十）

左の文章を平易なる口語にて解釋せよ

一 . ゆけどゆけどはてなきに雨もいみじうふりまさり日さへ暮れはてていとくらきにしらぬ山路をわりなくたどりつつ行くほどかからでもありぬべきものをなにに來つらんとまでいとわびし

●作文　（五十點）

題：同情

コラム 十三

大正デモクラシー

大正デモクラシーとは、日露戦争後の一九〇五年（明治三十八）から一九三一年（昭和六）九月の満州事変前後、ほぼ四半世紀の間に、政治、社会、文化の各分野にあらわれた民主主義的、自由主義的思潮。その中心をなしたのは、大日本帝国憲法体制の改革をめざす政治運動である。

始まりは一九〇五年の日露講和条約（ポーツマス条約）反対運動である。日露戦争は死傷者総数二〇万人以上、重税などによって捻出した戦費約二〇億円（当時の国家予算は七億円）という、史上初の総力戦であり、国民の負担は甚大であった。それゆえに民衆の講和条約に対する期待は大きかったが、賠償金、海外領土の割取など、日本側の要求がほとんど認められないまま条約は締結された。戦争中、犠牲をしいられてきた民衆は期待を裏切られ、失望、怒りが一気に爆発したのである。反対運動は、当時の藩閥政権である桂太郎《かつらたろう》内閣打倒を要求し、「外には帝国主義、内には立憲主義」のスローガンのもと全国に拡大、翌年早々桂内閣は退陣した。

第一次護憲運動

戦後の財政難のさなか、陸軍の二個師団増設強要をきっかけに第二次西園寺公望《さいおんじきんもち》内閣が倒れると、一九一二年（大正元）十二月に第三次桂内閣が成立した。この政変に対し、「閥族打倒・憲政擁護」を求める全国的な護憲運動が起こった。このため、大正天皇の詔勅《しょうちょく》もむなしく、ついに翌年二月、数万の民衆が議会を包囲するなかで、桂内閣は総辞職する。

この第一次護憲運動は、民衆が政府を倒した最初の例であった。このとき活躍したのは、日露戦争後の資本主義の発展が生み出した都市中間層（中小商工業者）や無産階級（労働者や農民）である。彼らの政治意識は、普通選挙、軍備縮小、満州放棄を唱える『東洋経済新報』に代表される。

美濃部達吉《みのべたつきち》は、天皇の神格的絶対性を否定し、「君主は国家の最高機関であり、主権は法人としての国家にある」とする天皇機関説を提唱。護憲運動に理論的根拠を与えた。

民本主義

一九一四年（大正三）の第一次世界大戦の勃発により、政争は下火になる。さらにアジア市場の独占と連合国からの軍需品の大量注文によって、好景気がもたらされ、経済成長を背景に増大する都市中間層に、デモクラシー運動がさらに浸透していく。各地で普通選挙運動がわき起こり、当時最大の発行部数を誇る『大阪朝日新聞』や知識人が支持する『中

吉野作造　宮城県生まれ。民本主義を唱え、政党内閣制などを主張し、大正デモクラシーの理論的指導者となる。（画像提供：吉野作造記念館）

央公論』などのジャーナリズムもデモクラシーを鼓吹《こすい》、運動に拍車をかけた。

一九一六年（大正五）、『中央公論』の巻頭を飾ったのは、吉野作造の「憲政の本義を説いて其有終《そのゆうしゅう》の美を済《な》すの途《みち》を論ず」であった。彼は、大日本帝国憲法上、「主権在民」を意味する「民主主義」は受け入れられないものの、主権を国民の利益、幸福のために運用し、政策決定を国民に委ねるとして、政治の民主化の可能性を論じた。大正デモクラシーの根本思想となった「民本主義」である。

この吉野の「民本主義」は、政党内閣制、普通選挙制の採用を説き、鈴木文治《すずきぶんじ》は、その思想を労働運動に適用し、労働者階級の地位の向上と、労働組合の結成を目的とした友愛会を組織するのである。

米騒動

一九一八年七月、富山の女一揆が口火を切った米騒動は、約五十日にわたり全国に拡大、波及し、青森や秋田、岩手、栃木、沖縄をのぞく全国三六八か所で大小さまざまな暴動が繰り広げられた。この背景には、大戦下の資本主義発達による非農業人口の増大に米の増産が追いつかないこと、さらに当時の寺内内閣が地主保護政策をとり外国米輸入の規制を緩めなかったことなどがあった。その結果、米価はどんどん上昇。同年八月、シベリア出兵が宣言されると、派兵のための米の需要増大をみこした米商人らが買い占めに走り、米価はさらに急騰、民衆の不満は一気に爆発したのである。

この米騒動により寺内内閣は倒れ、政友会総裁の原敬《はらたかし》が初の本格的な政党内閣を組織した。原は「平民宰相」と呼ばれて国民から歓迎されたが、普通選挙の実施には消極的であり、一九二一年（大正十）、政党政治の腐敗に憤慨した一青年によって暗殺された。

社会主義の浸透

一九一八年、第一次世界大戦が終結し、ロシア革命や国際連盟、ＩＬＯ（国際労働機関）などの影響を受けて、大正デモクラシーは最高潮に達した。普選運動は全国的に広がり、労働組合の数は急激に増加した。友愛会が戦闘化して改称した日本労働総同盟を中心とする労働組合運動、日本農民組合などによる農民運動、全国水平社の部落解放運動、新婦人協会（平塚らいてう）の婦人参政権運動等々が盛んになった。こうした革新的な空気のなか、一九二〇年（大正九）、日本社会主義同盟が成立、さらに一九二二年（大正十一）、コミンテルンの指導の下、日本共産党が結成された。

普通選挙法制定へ

このようなデモクラシー運動の進展にともない、発言力を強めていた政党勢力は、新たな政治体制を模索して政争を繰り広げた。一九二三年（大正十二）九月の関東大震災の混乱を経て、憲政会や革新倶楽部、政友会の護憲三派は、第二次護憲運動を起こし、一九二四年（大正十三）、護憲三派連立政権として加藤高明《かとうたかあき》内閣が成立した。翌一九二五年（大正十四）には普通選挙法が制定されるのである。

憲政の本義を說いて其有終の美を濟すの途を論ず
法學博士　吉野作造
去年十二月一日より東京に開かれたる全國中學校長會議に於て、高田前文相が特に訓示を與へて立憲思想養成の必要を說きたる事と、水戸中學校長菊池謙二郎氏が起つて大隈內閣の居据りと立憲思想との關係の說明を求めて文相に肉薄した事とは、著しく世間の耳目を聳かした。訓示の一節に曰く。
從來歷代の文部當局者も中學校長會議に同樣の訓示を發せし事之れまであつたか如何かは、予の明知せざる所なれども、多年野に在りて立憲思想鼓吹の必要を唱へ來りし高田氏の事なれば、今度

『中央公論』１月号に掲載された論文「憲政の本義を説いて其有終の美を済すの途を論ず」（国立国会図書館所蔵）

大正時代の東京風景　其の二

浅草仲見世

1920年（大正9）に撮影されたもの。当時の仲見世はレンガ造りであった。関東大震災で全壊し、現在のコンクリート造りに作りかえられた。（画像提供：台東区下町風俗資料館）

御成道及び神田方面の眺望

（画像提供：台東区下町風俗資料館）

中央線・神田駅

1919年（大正8）に中央線の神田駅が開業した。高架橋は当時の最新技術であった、鉄筋コンクリートで作られた。（画像提供：ジャパンアーカイブズ）

六

一時帰国

七月二十八日（戊午六月二十一日丙子）［日曜日］

日本を出発！

気候：晴れ。

治事 朝、荷造りをして、九時に早稲田に行く。帰ってきていくつか買物をする。午後、四時に出発*。錫凡、子魚、伯安、白濤、勉之、存斎、および隣室の両広（広東、広西）の諸君が見送ってくれる。

通信 醒兄の葉書を受け取る。

七月二十九日（戊午六月二十二日丁丑）［月曜日］

下関より渡海

気候：晴れ。

治事 昨日の午後に乗車*後、途中*、何ごともなし。今夜、下関に到着し、ただちに*乗船して海を渡る。風はおだやかで波も静か。月が天で明るく輝き、すこぶる楽しい。

＊午後、四時に出発　当時の時刻表によると、山陽本線第五列車急行下関行と思われる。下関到着は翌二十時二十四分。各等（一、二、三等）連結で寝台車、食堂付き。関釜連絡船に接続する東京発大陸連絡列車二本のうちの一つ（ほかは、午前八時半発の特急）。日

＊昨日の午後に乗車　七月二十八日に出発し、帰国する。二十九日から八月一日までの日記には、東京から天津までの帰国ルートを記載した。二十八日午後、一泊かけて列車で下関へ。到着後、すぐに朝鮮釜山に向けて乗船し、海を渡る。三十日着。朝鮮の列車に乗り、京城（ソウル）、平壌を経て三十一日に安東へ。列車を乗り換え、奉天。八月一日、錦州を経由し、山海関着。再度乗り換え、昌黎、唐山、開平、古冶を通り、天津に到着した。旅は↖

↙四日間かかり、途中日本と中国の十四か所の都市を通る。周恩来の最初の来日ルートは、天津から汽船で航路を通っての到着であったが、帰国ルートは朝鮮半島を経由する陸路であった。経由地は多いが、行程は短縮できただろう。一九一〇年、日本の朝鮮侵略、日韓併合により、列車は直接中国の国境である丹東を結び、中日間の新規陸上ルートを開設。周恩来の今回の帰省期間は一か月間を超え、九月四日に「無事に東京に到着」となった。（333ページのコラム参照）㊥

＊途中、何ごともなし　この一文は、おそらく乗車が滞りなかったことを示しており、車内でのできごとにはふれていない。この日、列車のなかで周恩来と同席した日本人の青年教師が日記を残している。元木省吾、北海道庁立函館商業学校国語漢文科目の教諭である。元木はこの日、故郷香川県丸亀市の連隊演習に参加するために帰郷の途中で、岡山で下車している。

「自分の前に据わっている支那の留学生周恩来君といろいろ日本文学のこと支那文学の事を話する。昨年渡日せしとか。日本語はなかなか旨いものだが、分からない点もあるからして英語で話せぬかと言われたので、どれ位話せるか自分を試すよい機と思ってやりだしたが、日用の単語を忘れてるのには驚いてしまって、ブロークンも大ブロークンとなり、ついには帖面に漢文を書いて筆問答とは振ってるが、この方が仲々話がすすむ。浙江省のものだが天津に休暇仲かへるとのこと。支那時文のこと支那の辞書のこと、さては日支親善にも及んだ。ことに支那をうんとほめてやったので、同君すこぶる満足の体であった。しまいには名刺を呉れて時々は手紙を呉れと言う。自分も名刺を与へて岡山で下車した」（一九七六年一月九日発行の『読売新聞』夕刊より抜粋）

一九九九年、小学館文庫版を読んだ、元木氏のご子息よりおたよりをいただいた。それによると日記中の「志那の辞書」とは『康熙字典』のことをさすという。㊐

＊ただちに乗船して……　鉄道院の連絡船は、下関港を二十一時三十分発、翌日九時釜山着。二等七円五十銭、三等三円七十五銭。高麗丸、新羅丸、さくら丸、壱岐丸、対馬丸の五隻が使われていた。㊐

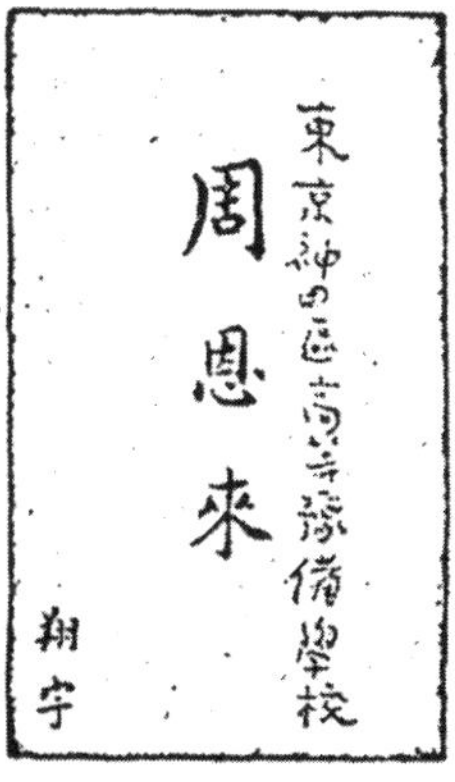

元木氏の日記にはさみこまれていたという周恩来の名刺。「東京神田区高等予備学校周恩来 翔宇」と書かれている。

七月三十日（戊午六月二十三日戊寅）［火曜日］

✎ 釜山着

気候：晴れ。

治事 今朝九時、釜山に到着。十時*、釜山から朝鮮の列車に乗り、夜、京城（ソウル）に到着。東京の友人たちに手紙を数通出す。夜中、夜行列車がどこを走っているのか不明。

通信 子魚、伯安、伯鳴、矗雲《ちくうん》、新中の同志、および錫凡らに葉書、白濤に葉書を出す。

＊十時、釜山から朝鮮の列車に乗り…… 釜山と京城（ソウル）を結ぶ京釜鉄道に乗車。時刻表では、十時三十分発の列車。南大門駅（京城）に二十一時半着、その十分後に京義線に乗り換えて安東に向けて出発した。㊐

七月三十一日（戊午六月二十四日己卯）［水曜日］

✎ 平壌→安東→奉天

気候：雨、のち曇り。

治事 今朝、目を覚ましたときには、すでに平壌を通過し*、十一時に安東*に到着。下車して切符を買い、奉天*に向かう。途中、トンネルがはなはだ多い。夜、奉天に着き、剣帆に会って気分よく半時間ほど話し、九時にまた出発。

＊すでに平壌を通過し…… 平壌に午前四時前後、安東に十時四十分到着。次に乗車する安奉鉄道（南満州鉄道の一部）の出発時刻は十時三十分だがここから中国に入るための時差が一時間ある。つまり五十分の乗り換え時間があった。この列車は終点奉天に十八時三十五分着。そこから京奉線に乗り、二十一時二十五分出発。㊐

＊安東 現在の遼寧省丹東市。㊐

＊奉天 現在の遼寧省瀋陽市。㊐

通信　蓬兄、滌非、滌愆、克荘、山兄、四伯父に葉書を出す。

実家着

八月一日（戊午六月二十五日庚辰）［木曜日］

気候：雨、のち晴れ、のち雨。

治事　朝、目が覚めると、列車はすでに錦州に到着、＊十時、山海関で急行列車に乗り換えて、昌黎《しょうれい》、唐山《とうざん》、開平《かいへい》、古冶《こや》を経由する。＊万感の思いで昌黎を遠望し、通り過ぎた。四時、天津に到着し、車に乗って家に帰る。四姨、三伯父母、五伯母、四妹、葉太伯母らに会う。

通信　衡叔《こうしゅく》、蔭兄、醒兄、朶山、超民、華生《かせい》、仲芳、如松《じょしょう》、琢章に葉書を出す。

脚気発症

八月二日（戊午六月二十六日辛巳）［金曜日］

気候：雨。

治事　今朝、八弟に頼んで、直□□□に行って、電話で乃兄に連絡するとともに、雲弟、述弟に会って知らせてもらう。まもなく、三人が来る。

＊**十時、山海関で……**　山海関着は九時二十五分。「急行列車に乗り換えて」とあるが、時刻表には急行の文字はない。十時十五分に乗車して、天津駅着が十六時三十五分。山海関から天津への正しい経由順は、昌黎、古冶、開平、唐山。㊐

＊**万感の思いで昌黎を遠望し……**　昌黎は、河北省東北部に位置する。一九〇九年（明治四〇）に京奉鉄道が全線開通して以来、京奉鉄道沿線管内の主要駅となった。周恩来は、今回の帰国で山海関駅から乗り換え、昌黎経由で天津に向かった。南開時代、洸凡（馬汝駿）ら昌黎出身の学友とは深い友情を結び、渡日前にも同地を訪れた。今回は慌ただしく通り過ぎただけで、とどまることができなかったため、感慨無量であると同時に、少し憂鬱でもあったのだろう。㊥

午後、ほかにだれも来ず、乃兄は夜になって帰る。天津に着くや、脚*気がひどく、出かけることができない。

友来たる

*脚気　当時、脚気はまだ原因不明の伝染病で、毎年、夏に流行すると思われていた。白米、麦米を食するとよいという説が有力だった。日

八月三日（戊午六月二十七日壬午）［土曜日］

治事　朝、だれも現れず。午後、乃兄、述弟、慧弟、問凱があいついで来て、心ゆくまで話し合い、十一時にやっと帰る。（朝、蔚弟、仰山が来る）

通信　弌叔、拱宸、峙之、子魚、柏栄、霆伯、賛武、四伯父、東美に葉書を出す。

ひき続き来訪者多数

1918
●寺内内閣、シベリアに派兵
八月二日、寺内内閣が「シベリア出兵」宣言。一九一七年のロシア革命に干渉するため、日米を中心に英、仏の各国が、チェコ軍捕虜救援を名目にシベリアに派兵する。

八月四日（戊午六月二十八日癸未）［日曜日］

気候：雨。

治事　朝、七時に起きると、屠伯《とはく》、雲兄が来て、ついで方秉礼《ほうへいれい》の姨母《いぼ》*が来る。午後、まず乃兄、述弟、そのうちに季賢、問凱、ついで慧弟、さらに子先が来る。五時、子先、季賢が帰る。夜、仰山が来て、十時にみな帰る。

*姨母　母親の姉妹。日

通信 撼弟の手紙を受け取る。

✎大哥からの葉書

八月五日（戊午六月二十九日甲申）［月曜日］

気候：晴れ。

治事 朝、七時に起き、十時に述弟が性初とともに来る。午後、まず子先が来て、ついで述弟、乃兄が来る。劉君および叔夔が来て、一時間ほど話して帰る。撼弟、仰山、問凱、慧弟が次々にやって来て、十時に引き上げる。

通信 希陸に葉書を出す。大哥《たいか》、峙之、拱宸、賛武の葉書を受け取る。

✎本と写真の整理

八月六日（戊午六月三十日乙酉）［火曜日］

気候：晴れ。

治事 朝、本と写真を整理。午後、雲弟が来て、三時まで話して帰る。まもなく、東美が来て、半時間ほどで帰る。夕飯後、撼・述・慧三弟が問凱とともに来て、ついで仰山も来る。同時に、睿甫《えいほ》の父親も来る。

通信 錫凡が転送してくれた乃兄、雲弟、希天の手紙、伯鳴の葉書、東亜が転送してくれた述弟の葉書、蔭南の手紙を受け取る。

母校で友人と会う

八月七日（戊午七月初一日丙戌）［水曜日］

治事 朝、理髪、十時、母校*に出かけて多数の同学と会う。華*先生《か》が手厚くもてなしてくれ、乃公《ないこう》のところで昼飯。一時に慧弟を訪ねるが、すでに出会う。に問凱のところに出かけたあとだった。さらに、浩然《こうぜん》を訪ね、乃賢《ないけん》らに出会う。五時、また問凱を訪ねて述弟を待っていると、仰山、性初らが来る。ともに撼弟を迎え、東美、達如、叔夔らにも出会う。青年*会に行くと、幸運にも念遠、春谷に出会い、十一時まで閑談して別れる。*天益坊《てんえきぼう》で夕飯。

通信 東亜から転送された乃兄、大哥の手紙、錫凡が転送してくれた雲弟、警綸の手紙、拱宸、峙之の手紙、碩陸、朶山、超民の葉書を受け取る。

*母校　南開学校。日

*華先生　華光霽。字は午晴。南開学校庶務課課長。南開学校時代、華は南開新劇団で舞台セット部部長を務め、周恩来は副部長を務めた。周が日本へ渡航する際、華も旅費を援助した。中

*青年会　ここでの青年会は、天津の中華基督教青年会を指す。

一八九五年（明治二十八）十二月にアメリカの布教家が設立。中国で最初の青年会で、目的は青年学生の教徒を養成し、キリスト教の対外的な活動を行う組織を形成することであった。青年会は南開学校と関係が深い。一九〇九年（明治四十二）、張伯苓の弟、張仲述は南開で学友数十人を集めて南開学校青年会を設立。「キリスト教の真髄を研究し、徳、智、体の三育をはぐくむ」ことを目的とし、学生たちはその活動に、比較的頻繁に参加した。張伯苓は、天津青年会総幹事であるグリーンの斡旋によって、数回の渡米視察を行ったこともある。周恩来と鄧穎超は五四運動中に、宣伝品、印刷

八月八日（戊午七月初二日丁亥）［木曜日］

芝居を見る

気候：晴れ。

【治事】朝、雲弟、述弟、仰山を訪ね、葉太伯母、五伯母、三伯母、母親に会い、四妹や弟たちと会い、妹のところで食事。午後、*慕蘧《ぼきょ》といっしょに写真撮影。四時、慧弟を訪ねると浩然らもおり、いっしょに母校に行く。慧弟と、華先生のところで晩餐。夜、華・*章《しょう》両先生および乃兄、慧弟とともに芝居を見る。

【通信】羅紹雲、峙之に葉書を出す。

八月九日（戊午七月初三日戊子）［金曜日］

茶楼へ行く

気候：晴れ、のち曇り、雨。

【治事】朝、東美を訪ね、母校で達如、叔夔らに会う。午後、希陸、*季眉《きび》、問凱に会い、鼎章写真館で写真撮影。四時、子魚の家に行き、車で撼弟を訪ねると、まもなく述弟が来て、いっしょに*桂記で食事。允庭《いんてい》を訪

道具や資料などを青年会に預かってもらっていた。㊥

*天益坊　民国時代、天津にあったレストラン。㊥

*慕蘧　陳慕蘧。㊐

*章先生　章文瑞。南開学校時代の物理の教師。字は輯五、天津出身。㊥

*季眉　喬季眉。㊐

*桂記　食堂の名前か。

*茶楼　茶館、つまり中国式喫茶店のこと。天津は一八六〇年に開港する前から、京畿周辺の要地で、商業の中心地でもあり、南糧北運の中継地でもあった。人々は茶楼でくつろぐだけでなく、会合や大切な商談をしたり、店内で行われる演劇やショーを楽しむこともできた。北京茶屋、四川茶屋、天津茶屋、杭州茶屋、広東茶屋など、地域によって名称や特色が異なる。広東（広州と香港）では二階建て以上の大

ねるが、会えず。*茶楼で茶を飲む。十時、また*允超《いんちょう》を訪ね、十一時まで話して別れる。

通信 柏栄、矗雲の手紙を受け取る。

北京へ

八月十日（戊午七月初四日己丑）［土曜日］

気候：曇り、のち雨。

治事 朝、鼎章写真館に慧弟の写真を取りに行くが、まだできておらず、帰る。*大胡同《だいこどう》でいくつか買いもの。九時、乃兄と慕蘧とともに汽車で北京に向かう。述弟、問凱が見送ってくれる。*十二時二十分、到着。大哥が出迎えてくれ、まず*祥和桟に行き、ついで*青雲閣で食事をし、*広和楼で芝居を見る。六時、祥和桟に戻り、宿を*打磨場の*徳裕店に変更。夜、幸運にも質彬に出会い、さらに芝居を見ているときに季賢、敬咸に出くわす。

通信 禅弟、述弟の葉書を受け取る。

きな建物、北京ではオペラ公演をする店などもあったようである。周恩来にとって茶楼は学友と会って歓談する場所であった。㊥㊐

＊允超 允庭と同一人物か。㊐

＊大胡同 「胡同」とは北京城内の路地、横丁のこと。天津大胡同は衣料品店が集まる洋服街。全長約七〇〇メートルで、天津九門の外に位置する。歴史ある商業区で、成泰古着店、文盛古着店など、多くの衣料品店がこの一帯に集まるほか、毛皮やサテン、絹を扱う店もあった。その後、次第に大胡同商業区に発展した。㊥㊐

＊十二時二十分、到着 当時の時刻表に記載されている北京―天津間のダイヤは、338ページ参照。

周恩来は実父や戈叔（高弋吾）、南開の親友、峙之（呉国禎）らに会うため。今回、北京に十七日まで滞在した。㊐㊥

↖

三慶で芝居を見る

八月十一日（戊午七月初五日庚寅）［日曜日］

治事 朝、文珊を訪ね、十時まで話し、城内に入って霆翁、拱宸、峙之を訪ね、峙之宅で昼飯。午後、三慶*で芝居を見てから、北京の小さな食堂で夕飯。七時、乃兄とともに禅弟を訪ね、九時に別れる。大哥を訪ね、十一時半に帰ってきて寝る。

通信 慧弟に手紙を出す。

↙*祥和桟　桟とは宿屋の意。旅客が宿泊する家屋を提供するところ。周恩来が北京で宿泊する予定だった場所。㊥

*青雲閣　前門大柵欄西街三十三号に位置する老舗デパート。一九〇五年（明治三十八）に改修。北京四大デパートの一つ。中庭には跑馬廊という回廊がある。清朝末期から民国初期にかけて、「ファッションスポーツ」と呼ばれるビリヤードが導入され、高官や裕福な人々の気晴らしとなっていた。㊥

*広和楼　明朝末期に建てられた劇場（一九五〇年、「広和劇場」に改名）。北京の前門外肉市街に位置する。北京で最も有名な芝居小屋。華楽楼、広徳楼、第一舞台とともに北京の四大芝居小屋と呼ばれる。四大徽班（清朝の北京演劇界における四つの歌劇団）は上京する度に、ここで公演した。㊥

*打磨場　北京の地名。銅器や石器を磨く工房が数多くあることに由来する。民国時代には東と西に分かれており、西打磨場は前門大街に近いため、様々な店や宿屋が多く、栄えていた。清朝末期から民国初期にかけて、西打磨場は西河沿、鮮魚口、大柵欄とともに「前門外四大商店街」と呼ばれた。㊥

*徳裕店　店は宿屋という意味。㊐

*三慶で芝居を見て　三慶園、三慶戯院とも呼ばれ、前門外大柵欄街十八号にあった劇場。三慶は当時、北京の七大名園（劇場）の一つといわれていた。劇場の歴史を記録した『夢華鎖簿』によると、三慶園は、乾隆年間（一七三五―一七九五）に宴会場として使われていた。四大徽班の一つである三慶班が、初めての公演場所としたため、一七九六年に三慶園と改名された。㊥

コラム 十四

一時帰国のルート

周恩来は、一九一八年七月末からの一時帰国の経路を日記に詳しく書き記している。

とくに、釜山―天津間の鉄路については、ことのほか詳細で、陸路を行くのはこのときはじめてだったことを窺わせる。日記と当時の時刻表をもとに、旅程を再現したのが左の表である。当時、すでに日韓併合（一九一〇年）後で、中国国境に位置する安東までは国内列車扱いであった。

しかし、復路については、何の記載もない。日程の関係上、天津から船を使った可能性は少ないと思われる（358ページの＊参照）。

湖南丸
1915年（大正4）9月に天津ー大阪間に就航した貨客船（大阪商船）。周恩来が来日時に乗船したと思われる。一等18名、二等23名、三等432名。国際航路の花形として活躍後、1943年（昭和18）12月、学童を含む疎開者を乗せて就航中に米潜水艦の雷撃を受けて沈没。死者、行方不明者563名。

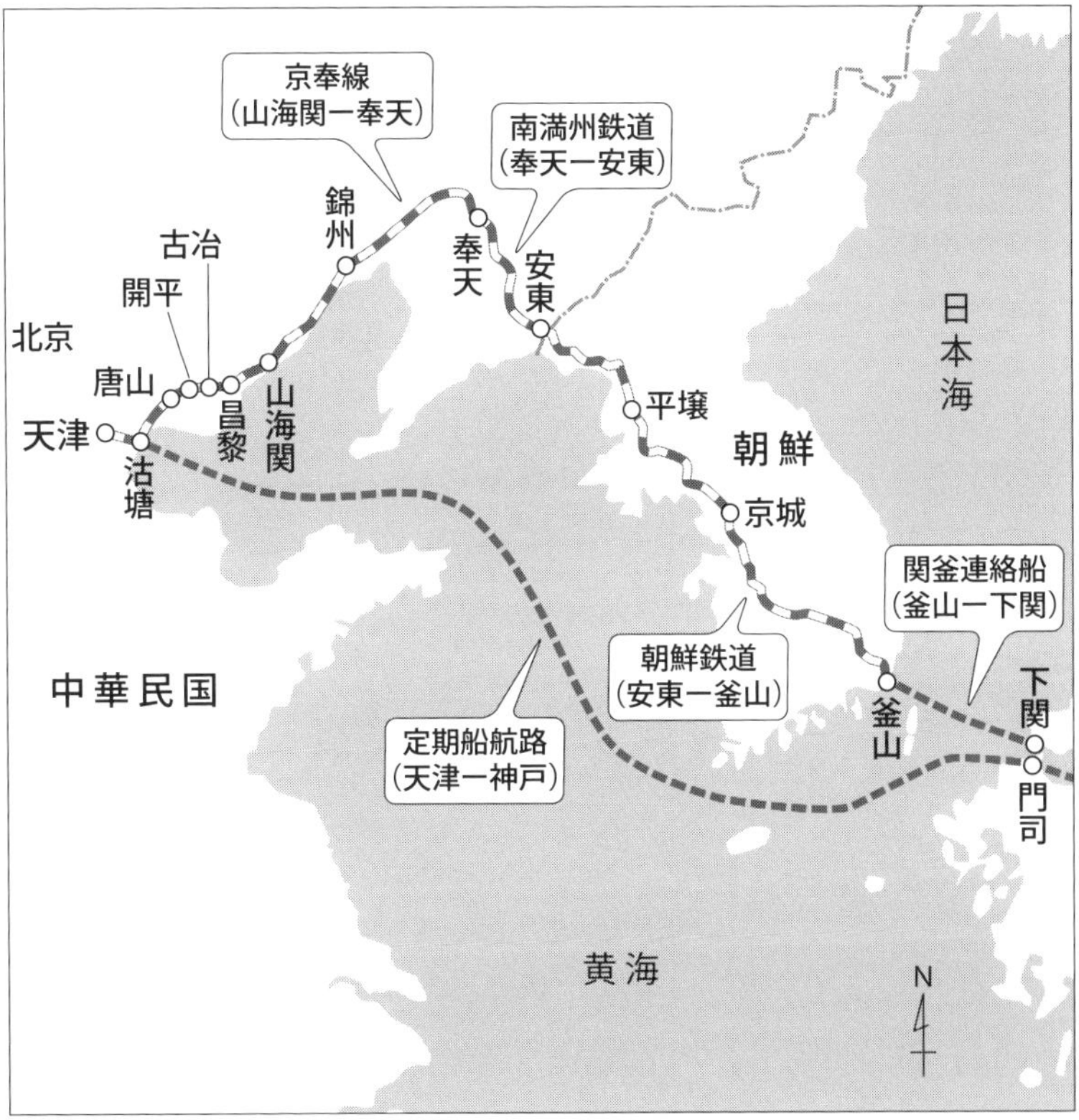

日本→中国

（陸路）	7月28日	東京駅	16:00発
			（下関行、第五列車急行）
	7月29日	下関駅	20:24着
（航路）	7月29日	下関港	21:30発
	7月30日	釜山港	9:00着
（陸路）	7月30日	釜山駅	10:30発（奉天行、朝鮮鉄道）
		南大門駅（京城・ソウル）	21:30着
			21:40発
		平壌通過	（4:16着、4:28発）
	7月31日	安東駅	10:40到着
			10:30出発（南満州鉄道）
		奉天駅	18:35着
			21:25発（山海関行、京奉線）
	8月1日	山海関駅	9:25着
			10:15発（北京行）

（※日記には急行列車と書かれているが、時刻表にはその記載はない）

		天津（東）駅	16:35到着
		天津（中央）駅	16:53到着

中国→日本

（陸路）	9月1日	天津（中央）駅	11:17発（山海関行）
		天津（東）駅	11:40発
		山海関駅	17:50着
			18:10発（奉天行）
	9月2日	奉天駅	5:20着
			9:30発（釜山行）
		安東駅	17:25着
			19:30発
		釜山駅	19:00着
（航路）	9月2日	釜山港	20:30発
	9月3日	下関駅港	7:30着
（陸路）	9月3日	下関駅	9:50発（東京行、急行）
	9月4日	東京駅	1:50着

＊安東での乗換は時差が1時間ある。

＊『公認汽車汽船旅行案内』（第二八八号 大正7年9月発行）掲載の時刻表をもとに再構成したものである。

八月十二日（戊午七月初六日辛卯）［月曜日］

気候：晴れ。

［治事］朝、慕蘧とともに出かけ、十時、車で京兆*に行って弌叔に会い、実父がまだ来ていないことを知らされる。昼飯のあと、碩陸を訪ね、しばらく話す。宿屋に戻ると、実父と禅弟が来ていた。夜、乃兄、禅弟、峙之、拱宸、季賢、柏栄とともに新世界*に遊ぶ。

［通信］剣帆の手紙を受け取る。

実父と会う

*京兆に行って弌叔に会い　恩師である弌叔はこのとき京兆尹公署に務め、実父の周貽能もここで外勤の仕事をした。日記には、八月十五日に車で京兆署に行き、十六日には弌叔と夜を徹して話し、十七日には「連日、実父に会って言束のことを頼み、気分がすっきりする」などの記述がある。このように、ふたりとの再会は、北京訪問の重要な目的である。主な話の内容は、受験失敗後のこれからの進路についてだったに違いない。周恩来が九月初めに東京に戻ったということは、彼が引き続き日本で勉強することを、ふたりが望んでいたということであろう。㊥

*新世界　北京前門外香廠路にある新世界映画場のこと。一九一八年開業。上海大世界（一九一五年に上海につくられた総合娯楽施設）を模して建てられた。北京で最初の総合的な娯楽施設。五階建てで、飲食、娯楽、ショッピング施設を備える。㊥

八月十三日*（戊午七月初七日壬辰）［火曜日］

中央公園へ散歩

気候：晴れ。

［治事］朝、柏栄が述弟に出した、実家宛の手紙を同封した封筒が届く。十一時、

*劉君蔭恩《りゅうくんいんおん》が来て、一時間話して帰る。手紙を数通書く。午後、*広徳に□□の芝居を見に行く。慕蘧がまた天津から来る。夜、慕蘧および乃兄、季賢、大哥とともに*中央公園で遊ぶ。

通信　述弟、四伯父の手紙を受け取る。*潔民《けつみん》、蓬兄に手紙を出す。

＊八月十三日　七月十三日、日本では富山県の漁師の妻たちが米の移出禁止と安売りを求めて実力行使に出て、全国に「米騒動」として波及していった。東京でも八月十三日夕、日比谷公園野外音楽堂の前に集まった市民が、銀座から日本橋へと繰り出し、株式取引所や米の先物取引所などに投石。十四日には銀座をはじめ、浅草、上野、神田といった繁華街で騒ぎが起こり、警官隊と衝突を繰り返した。この一連の米騒動を、一時帰国中の周恩来は見ていない。㊐

＊劉君蔭恩　劉蔭恩。㊐

＊広徳　北京前門外大柵欄の西北側に位置する広徳楼劇場を指す。北方最古の劇場で、京劇の名手である勾順亮、方洪順、陳鴻喜などがよく公演を行っており、当時の北京では非常に有名であった。崔国良著『周恩来早期思想研究文集』によると、周恩来は南開時代にみずからが書いた『仇大娘』という大型多幕劇の脚本を、広徳楼志徳社に提供したこともある。二〇年代、周恩来が南開学校で公演に参加した『一元銭』という七幕新劇もこの劇場で上演された。㊥

＊中央公園　現在の中山公園。中央公園は旧名。当時の北洋政府内務総長兼北京市政督事務所の朱啓鈐（一八七一—一九六四）が建設した公園である。一九一四年（大正三）に一般公開された。皇家壇廟から改修された北京で最初の大衆公園として、先農壇、天壇公園、北海公園、地壇公園などの公園開放に大きな影響を与えた。一九二八年（昭和四）に中山公園と改称。一九三七年に一度旧名に戻り、一九四五年から再び中山公園となった。㊥

＊潔民　鄧潔民と思われる。本名は鄧居民。一八九〇年（明治二十三）、黒竜江省賓県生まれ。一九一二年から一四年にかけて南開学校で、その翌年から早稲田大学政治学科で学んだ。一九一七年に帰国し、趙禅堂、周義亭、呉于青らと濱江東華学校（哈爾濱第二中学の前身）設立の準備を始め、翌年四月一日に、哈爾濱（ハルビン）市道外十九街で正式に設立。雇用した教員の大半は、趙松年、呉滌非など、南開出身の同級生である。潔民は周恩来と親しく、日本から帰国した周恩来に東華学校で教鞭をとるよう頼んだこともある。潔民は後に革命志士を擁護したため、北洋政府に陥れられた。一九二三年（大正十二）、天津で病を患い、恨みを抱えながら三十六歳の若さで病没した。㊥

八月十四日（戊午七月初八日癸巳）［水曜日］

楊小楼を見る

気候：晴れ。

治事 朝、乃兄が＊朝の汽車で天津に帰る。私は車で賛武を訪ねるが、会えず。峙之を訪ね、十一時まで話す。大学に仁山を訪ねるが、会えず。あらためて西城に向かい、羅沢霖《らたくりん》、沈召棠《ちんしょうとう》、＊黄子堅《こうしけん》に会う。三時、子堅とともに公望老人に会いに行き、夜まで話す。子堅と辞し、前門まで歩いて別れる。宿屋に戻ると、季賢、慕蘧が外出していたので、一人で＊第一舞台に行って＊楊小楼《ようしょうろう》を見る。

通信 慧弟、撼弟、醒兄の葉書を受け取る。

＊**朝の汽車で天津に帰る**……338ページの時刻表参照㊐

＊**黄子堅** 黄鈺生。字は子堅。湖北沔陽県（現在の仙桃市）生まれ、周恩来の南開高学年の同窓。一九一五年には北京の清華学校に入学し、周恩来と北京で再会した。一九一九年、アメリカへ留学し、シカゴ大学で教育学と心理学の修士を取得。一九二五年（大正十四）に南開大学に招聘され、哲学科教授、文科主任、学校秘書長などを歴任した。日中戦争中は西南聯大師学院院長を務めた。日中戦争勝利後、天津教育局局長に就任。解放後は、津沽大学師範学部長、天津図書館館長、天津市政協副主席などの職に就いた。中国の著名な教育家、図書館学者である。一九九〇年に逝去。㊥

＊**第一舞台** 北京で最初の西洋式劇場。珠市口西大街交差点に位置し、二五〇〇人余りを収容できる最大規模な劇場である。第一舞台は、古い芝居小屋の慣習を打破し、多くの「第一（最初）」を生み出した。舞台照明の使用、夜間公演、客席の男女別境界線の撤廃、客席に横並びの長いベンチを使用し、舞台に向かって設置、幕の使用など、さらに主流であった主役視点の物語構成をやめた。これらはすべて第一舞台が国内で初めておこなった試みである。㊥

＊**楊小楼** 京劇楊派の創始者（一八七八－一九三八）。京劇の武生、つまり主に武劇を演ずる役者だった。梅蘭芳、余叔岩と並ぶ「三賢」と言われ、「武生宗師」の名誉を受けた。第一舞台に出演していた。㊥

図書館へ

八月十五日（戊午七月初九日甲午）［木曜日］

気候：晴れ。

治事 朝、文珊が来て、ついで禅弟が来て話し込む。十二時に文珊は帰るが、禅弟は昼飯を食べてから帰る。車で京兆署に行き、二時に黄子堅と図書館*に行き、『四庫全書』*や多数の善本*（学術的、芸術的価値の高い古書）を見る。

通信 述弟の手紙を受け取る。

*図書館　おそらく京師図書館のこと。西洋において公共図書館が民衆の智を啓発するうえで大きな役割を果たしたことを鑑み、二十世紀初頭に、張謇（一八五三―一九二六）、羅振玉（一八六六―一九四〇）などの有識者が図書館の設立を提唱。清政府学部（教育を管轄する中央官庁）は一九〇九年（明治四十二）に、京師図書館の設立を計画し、三年後の八月二十七日に、正式に一般公開された。同図書館は、後に国立北平図書館と改称され、現在、北京市海淀区（新館）、西城区（古籍館）にある中国唯一の国家図書館の前身となった。㊥

*『四庫全書』　清代の乾隆年間（一七三六―一七九五）の勅撰の叢書で、先秦代から清代初期までの重要な文献や典籍を三五〇三種収録し、七万九三三七巻からなる。㊥㊐

*善本　もともとは校訂や注釈が行き届いた古典を指すが、その後、比較的早期の、あまり知られていないあらゆる種類の古典をさすようになった。清朝末期の蔵書家、丁丙（一八三二―一八九九）の著書『善本書室蔵書志』は、収集すべき善本の範囲を、旧刻、精本、旧抄、旧校と分類した。旧刻は宋、元朝時代のものであり、精本は明朝時代の精刻である。民国時代、精本は徐々に旧刻の範疇に入り、清の第六代皇帝、乾隆帝（一七一一―一七九九）以前の古典はすべて善本と呼ばれるようになった。なかでも科学的研究対象として、また歴史的な文物として価値あるものが真の善本である。『四庫全書』の副本（原本の写し）は、分類としては旧刻か旧抄にあたり、当時は珍しいものであった。㊥

八月十六日（戊午七月初十日乙未）［金曜日］

中央公園で閑談

気候：晴れ。

［治事］朝、弍叔と閑談。昼飯のあと、拱宸、文珊を訪ね、文珊に引きとめられて五時まで話し、さらにその後ともに中央公園に行って閑談。うまいぐあいに、陳来白《ちんらいはく》同学に出会う。夜、柏栄と季賢を訪ねる。八時、京兆署に戻り、弍叔と夜を徹して話す。

［通信］慧弟、少沛の手紙、召棠の葉書を受け取る。

八月十七日（戊午七月十一日丙申）［土曜日］

天津へ戻る

［治事］朝、八時に起きる。連日、実父に会って言東《げんとう》のことを頼み、気分がすっきりする。十一時、大学に行って仁山を訪ねるが、会えず。昼、文珊の誘いに応じて某レストランで食事。一時、拱宸のところに行くと、まもなく召棠が現われる。峙之と召棠が引きとめるが、八時半に出発

＊**東安市場**　東皇城外、王府井大街にある。一九〇三年（明治三十六）開業。北京で最初に創設された総合的なデパートであり、皇居の東安門に近いためその名がついた。㊥

北京ー奉天間（京奉線）の時刻表

北京	6:50	8:35	14:15	16:45		20:35
天津中央	9:32	11:17	18:15	19:30		23:50
天津東	9:50	11:40	18:25	19:40		0:15
山海関着	17:25	17:50				8:10
山海関発		18:10			5:00	8:50
奉天		5:20			18:00	19:10
奉天	7:20	10:40		21:25		
山海関着	20:20	21:25		9:25		
山海関発		22:10		10:15	6:15	
天津東		6:40	◆9:20	16:35	14:15	
天津中央		7:10	◆9:27	16:53	14:45	
北京		10:20	◆12:10	19:50	18:35	

＊小学館文庫版掲載の時刻表と「京奉線連絡時刻表（大正五年九月一日改正）」を参考に再構成したもの。今回確認できた時刻は色付けした部分のみである。八月十日の乗車分（◆マーク）については確認できなかった。

するので、あらためて手紙を出すことを約束する。六時、召棠とともに*東安市場で写真を撮影し、六時半に京兆に帰る。八時、荷物を持って駅に行き、拱宸が見送る。八時半、汽車が発車し、十一時半、天津に着く。

［通信］紹雲、冠賢、仲芳、峙之、蓬兄の手紙、天民の葉書を受け取り、仁山に手紙を出す。

友人と撮影、晩餐

八月十八日（戊午七月十二日丁酉）［日曜日］

気候：晴れ。

［治事］朝、述弟、禅弟、雲弟、滌非があいついで来る。三人が帰ってから、三伯父、五伯母、葉太伯母に会いに行く。午後、醒兄、乃兄、撼弟、禅弟が来て、二時に公園に行く。集う者は十三人。乃兄、醒兄、撼弟、慧弟、述弟、柏栄、問凱、子光《ここう》、性初、星五《せいご》、仰山、季賢、それに私である。五時、鼎章に行って写真を撮影し、六時、*全聚徳で晩餐。そのあと、慧弟とともに慧弟の家に行き、十時に別れる。

*全聚徳　中華料理の老舗。一八六四年開店。創業者である楊全仁（一八二二―一八九〇）は河北省衡水市冀州区徐庄郷楊家寨村出身。当初は北京前門肉市場街でニワトリ、カモを販売していたが、「聚徳全」という名の果物やドライフルーツの店舗を買い取り「掛炉鴨子（コワルーヤーツ）」（北京ダックの別称）が名物のレストランをオープン。元の店名の字の前後を入れ替えて「全聚徳」とした。これは「すべてを以って徳を集める」、つまり、財源が潤沢であるという意味。全聚徳は現在も中国各地に支店があり、高級中華料理店として、世界各地から多くの観光客が訪れる。看板料理は、創業以来変わらず北京ダック。日本にも、銀座や六本木にその支店がある。建国後、周恩来は「全聚徳」の北京ダックを国宴の食卓に並べた。（日）（中）

八月十九日（戊午七月十三日戊戌）［月曜日］

禅弟と公園で語る

気候：晴れ。

［治事］朝、琴翁老伯に会いに行き、しばらく話し、十一時に帰宅。慧弟が待っていて、ともに鼎章に行って乃兄、醒兄、禅弟、述弟といっしょに写真を撮影。そのあと、慧弟と家に帰って食事。午後、慧弟が帰り、雲弟が来て、また帰る。学校に行って入浴。＊時《じ》・＊張《ちょう》両師および数人の同学に会う。夕飯に帰り、四妹のところで食べる。ついで、禅弟を誘って公園の前に行き、話す。

［通信］撼弟の葉書、滌非の手紙を受け取る。

八月二十日（戊午七月十四日己亥）［火曜日］

慧弟、受験のため香港へ

気候：晴れ。

［治事］朝、＊仰山《ぎょうさん》を見舞いに行く。回復したように見える。葉太伯母と五伯母に会う。九時、公園に出かけて述弟と長話。十一時、家に帰ると、慧

＊時　時子周。名は作新、天津生まれ。南開学校第一期師範生、後にこの学校の中学主任を務めた。南開新劇団の団長をしており、周恩来に費用の援助をしたこともある。解放後は台湾に渡り、一九六七年に亡くなった。㊥

＊張　張彭春と思われる。字は仲述、張伯苓の弟。南開専門部主任兼英文教員。周恩来の渡日時に援助した。後に清華大学の教務長に就任し、一九四〇年（昭和十五）に外務省に転入し、海外駐在大使を務めた。一九四七年（昭和二十二）に国連人権委員会副主席を務め、『世界人権宣言』の採択に貢献。一九五二年（昭和二十七）に国連の職務をすべて辞任し、一九五七年（昭和三十二）にアメリカで他界。周恩来は時と張両名と新劇で共演したこともあるため馴染み深かった。㊥

弟が待っていて、昼飯をともにする。そのあと、＊慧弟は大学受験のため香港へ出発。公園に行くと、醒兄が先着。まもなく、雲弟が来て、また子先が述弟とともに来て、ついで姜《しょう》、馬《ま》両先生が来る。私と子先が二時間話してから、みんなが心いくまで話す。夜、姜更生《しょうこうせい》が全員を＊真素楼に招待。そのあと、それぞれ解散する。私は子先の車で性初の家に行くと、柏栄と尹弟《いてい》がたまたま居合わせ、話に興じていると、喬季眉および問凱が現われる。夜十一時に家に帰る。（朝、雲弟が醒兄とともに来て話す。書き忘れたので、ここに補記す）

＊仰山　潘世経。字は仰山、浙江省杭県生まれ。南開学校のクラスメイト。卒業後、銀行界に入り、実習生から中国銀行鄭州支店支店長に昇進。鄭州豫豊紡績工場の事務室主任を兼任した。中国紡織建設会社の総監督であった束云章（一八八七－一九七三）に協力し、イギリスの慎昌洋行（デンマークの実業家ヴィルヘルム・メイヤーによって上海で設立された貿易会社）で紡績の資産を買収した。日中戦争勃発後、豫豊紡績工場は内陸に移り、重慶で操業を再開。重慶において最大の紡績工場となった。その後、合川と余背沱に分工場を設立し、陪都実業界の紡績工業の大家となる。八路軍駐渝事務処には、度々ガソリンを供出した。日中戦争の勝利後も、工場再開のため、重慶に留まった。一九四九年（昭和二十四）秋、香港中国銀行に赴任。㊥

＊慧弟は大学受験の……　慧弟は新慧（李福景）のこと。南開の親友、新慧は香港への留学を希望している。八月二十二日、教育庁は受験生の成績を発表。慧弟は八位で、香港大学の定員は上位五名だった。周恩来は慧弟が香港大学に落ちたことを知る。㊥

＊真素楼　天津で最も有名なベジタリアン料理の店である。一九〇六年（明治三十九）、天津の教育者、林墨青（一八六二－一九三三）の提唱で、大胡同（330ページの＊参照）のど真ん中に、東向きの物件を選んで開業した。支配人は張雨田（一九〇五－一九三九）。真素楼の開店は、天津の文人たちの注目を集め、厳修がみずから真素楼の額を書いた。当日、姜更生は真素楼に周恩来らを招待した。㊥

八月二十一日（戊午七月十五日庚子）［水曜日］

江蘇義園へ

気候：晴れ。

治事 朝、性初の家に自転車を取りに行き、柏栄に会う。車で出かけ、慧弟の家でしばらく過ごし、いっしょに母校に行く。今日は入学試験の当日であり、古い同学で来校する者がはなはだ多い。親友でやって来たのは、慧弟のほかに、撼・述両弟、醒兄、柏栄、問凱、子先、乃賢だった。みな学校にいて、頌言*、春源やそのほかの知り合いにも会う。

十一時半、一人で江蘇義園*に行って禅弟の母親の柩を拝するが、葉母の百か日でもあり、また陰暦十五日の緒懐節義でもあり、悲しみはきわまりなく、わが母を思い出しては、心が傷んでやまない。一時に祭りが終わり、禅弟と別れ、浙江義園*に行って、述弟を長いこと待つが来なかったので、さきに行く。母校に帰ると、たまたま趙君人杰*《ちょうくんじんけつ》に出会い、慧弟らがすでに公園に行ったことを知り、あわてて療養室に行き、夏君らに会い、言葉を二、三交わすや公園に行くと、醒兄、慧・撼両弟、問凱、子先、子貞《してい》がそろっているのに会い、まもなく魏文翰*《ぎぶんかん》君も、述

*頌言　陳頌言。別名陳尚文。出身地は浙江省紹興である。南開学校の友人で、周恩来と陳頌言は文通が多かった。建国後、華北鋼鉄局のシニアエンジニアを務め、一九七八年に逝去。㊥

*江蘇義園　義園とは、同族、同郷人を葬る共同墓地。江蘇義園はおもに江蘇籍の死者の霊柩を安置する墓地であり、北京永定門外にある。周恩来はわざわざここにやって来て、亡き禅弟の母の柩を拝した。葉は禅弟の姓。この日は彼の母の百か日であった。㊥

*浙江義園　清の時代に、紫金寺を改築して造った公共墓地。北旧市街の開遠坊に位置し、宣武門と広安門二門の間にある。主に浙江籍者の霊柩が安置されていた。㊥

*趙君人杰　趙人杰。㊐

*魏文翰　南開時代の友人。天津生まれ。卒業後、ハーバード大学にて法律を専攻した。帰国後、著名な弁護士になり、国内屈指の海商法専門家、海損賠償専門家である。一九三五年（昭和一〇）、実業家の盧作孚は民

弟も来て、かなり長く話し、黄春谷・張仇文《ちょうきゅうぶん》両兄にも出会った。六時すぎ、慧・述両弟、問凱とともに白如を訪ね、まわり道をして李宅を訪ねるとともに、教育庁に行って発表を見るが、まだ掲示していない。大胡同の白如に立寄って、慧弟とともに家に帰る。琴伯《きんはく》が時、＊伉《こう》、章の三先生、それに私を大□楼の食事に招待してくれる。夜、時先生が芝居に招待してくれる。

通信 漵非の葉書二通、文珊の手紙、冼凡が漵非に転送した手紙を受け取る。

✎ 乾父と四方山話

八月二十二日（戊午七月十六日辛丑）［木曜日］

気候：晴れ。

通信 文珊に速達を出し、撼弟の手紙を受け取る。

朝、受け取った手紙や出した手紙を整理し、一か所に集めるとともに数日前の日記に記録した。九時に柏栄と問凱が来て話していたが、十一時半になるとふたりとも帰っていった。私は顧君《こくん》との約束があったので公園に行ったが、顧

生会社の業務を彼に委ね、新任協理、代理社長に命じた。一九四六年（昭和二十一）八月に海鷹汽船有限会社を創設し、「海鷹」など四隻の船舶を保有した。一九四八年（昭和二十三）、上海で海興保険会社を設立し、会長を務めた。『海運法』『海上保険法の要論』『共同海損論』などの著作があり、中国の海商法理論発展の基礎を築いた。建国後、上海海事大学で法学教育に従事し、中国の海商法教学と科学研究の先駆者となる。一九七九年（昭和五十四）に渡米。㊥

＊**伉先生**　伉乃如のこと。㊐

＊**乾父が北京からやって来て**　乾父とは実父の周貽能のこと。周恩来は、このとき一度、淮安へ帰るつもりでいた。三兄弟のうち、唯一実家のある淮安に残っている末弟の周恩寿（幼名は黒弟）と会う予定であった。㊥

＊**光明に映画を見に行き**　光明とは民

君はすでに立ち去ったあとだった。約束を破ってしまった。帰ってきて、葉太伯母や四妹のところに行き、四妹のところで昼飯。一時、*乾父が北京からやって来て、しばらく滞在するという。私はものを持って家に帰る。まもなく、乾父が来て四方山話《よもやまばなし》をする。雲弟が来て、公園に誘うが、断る。四時、述弟がまた来て誘うが、やはり断って行かず。五時半、慧弟が乃賢とともに来る。いっしょに教育庁に行って掲示を見ると、慧弟は八位で、合格は十六位までであるが、香港枠が五人なので、慧弟の順位では望みがないだろう。途中、慕蘧に出会うが、言葉を二、三交わしただけで別れる。慧弟、乃兄とともに真素楼に行って晩餐。醒兄が同郷の人びとと食事をしているのに出会い、言葉を二、三交わし、出発する日時をきき、すでに明日に決まっていることを知る。まもなく、醒兄は去り、喬君が単《たん》君とともに来る。さらに、雲弟が一人で来る。私たちは食事を終わるのを待って、雲弟と別れ、*光明に映画を見に行き、*張君錫禄《ちょうくんしゃくろく》、*趙君《ちょうくん》人俊《じんしゅん》、陳《ちん》慕蘧に出会い、十一時に別れる。

国時代の天津にあった映画館の光明大戯院のこと。映画資料には前身は、一九一九年に設立された「光明社」と記載されている。一八九五年（明治二十八）にフランスのリュミエール兄弟がスクリーンに動く写真を投影して公開したものが映画の起源とされており、その翌年に中国に伝わった。同年八月十一日、上海の閘北唐家弄（現在の潼路八一四弄三十五支弄）に位置する徐園にある又一村で、外国人が持ち込んだ映画を上映した。これが中国で上映された最初の映画とされている。当時の中国人はこれを「西洋影戯」あるいは「電光影戯」と呼び、以後「電影」と総称した。天津で最初の映画館はフランス租界の紫竹林に位置する「権仙茶園」で、一九〇六年（明治三十九）に楊紫雲が設立した。その後映画館は数多く建設された。㊥

＊張君錫禄　張錫禄。㊐

＊趙君人俊　趙人俊。㊐

乃兄と大羅天で朝まで話す

八月二十三日（戊午七月十七日壬寅）［金曜日］

気候：晴れ。

通信 文珊、潔民の手紙、「撼弟の手紙」を受け取る。

朝、張克忠と張膺九が来て、九時に喬季眉も来た。ついで、喬季眉が立体幾何学を講ずるために来て、まもなくして両張君が帰った。十一時に東美と*姒艮成《じこんせい》君が来て、しばらくして季眉が帰った。私たちは冠賢を迎えに駅に行き、徳祥旅館に部屋を取った。冠賢の同行者は徳斎王君《とくさいおうくん》である。昼飯は、冠賢が真素楼に招待してくれた。飯のあと宿屋に戻って、話しているうち三時になった。みんなを誘って家に行き、慧弟を待つが長いこと来ない。潔民の手紙が来たうえ、柏栄の件もうまくいき、為替も届いた。まもなく、雲弟が来て閑談。六時、青年会に行くと、黄・施・李三君および慧弟がおり、同時に唐家裴《とうかひ》、呉毅然《ごきぜん》の両君もいた。しばらくすると、呉と唐が帰った。私たちは公園に出かけて夕飯。飯のあと、心ゆくまで話し、九時半に別れた。性初を訪ね、柏栄の件が成就したことを知らせ、ついで車を雇って乃兄を訪ねると、長時間待っていたとのこ

＊姒艮成　字は兼山、出身地は浙江省紹興、南開学校の友人である。中学卒業後、北洋大学法律学部で勉強、卒業後天津地方裁判所、高等法院、地方検察処、高等検察処に勤務した。保定高等法院、河間地方裁判所を創設した。一九三二年（昭和七）、浙江同郷会常務理事として浙江小学校を設立し、一九三八年には浙江中学校を設立した。解放後、南開の学友であった黄鈺生に誘われ、専門家として天津図書館の古籍を管理、審査し、天津の著名な文学史専門家となった。一九七二年（昭和四十七）に脳出血により他界。㊥

＊大羅天　大羅天遊芸場のこと。大羅天遊芸場は一九一七年に、天津海関道の蔡紹基（一八五九―一九三三）が出資し、日本租界の中心地区に設立された。現在の和平区鞍山道と山西路辺りで、向かいは張園である。遊園地には京劇劇場、野外映画場、雑技、曲芸、ビリヤードルームなどが設けられている。梅蘭芳、楊小楼、程硯秋などの京劇の名手もここに来て公演した。当時

と。いっしょに出かけ、歩いて*大羅天に行き、夜が更けるまで話し込んだ。

中洋を日本円に換金

八月二十四日（戊午七月十八日癸卯）［土曜日］

気候：雨。

昨夜は、乃兄と大羅天で朝五時まで話してから別れ、家に帰って少し眠った。十時に冠賢を訪ねると、たまたま叔夔も来ており、出発の日時を決め、車で行くことにした。同時に、冠賢の持ってきた*中洋を受け取り、*イギリス租界の正金銀行に行って日本円に換えた。十二時に*旧ドイツ租界に行き、撼弟に会って二時間ほど話した。ついで、*フランス租界に行って允庭を訪ねたが、会えなかった。慧弟の家に行くと*王君祖培《おうくんそばい》が居合わせたので、半時間ほど話して出た。大胡同を通って、また冠賢を訪ねたが、やはり会えなかった。家に帰って昼飯。三時十五分にまた訪ねたが、またもや会えなかった。*四時半、新駅に行って汽車に乗り、北京に向かった。同行したのは趙柏栄、星五《せいご》の両兄で、うまいぐあいに四年前に同室だった商君超雲《しょうくんちょううん》に出会った。見送りに来たのは、問凱、冠賢、

の大羅天は張園、桃園とともに天津の有名な夜の花園であった。一九四四年（昭和十九）、閉園。㊥

*中洋　〇・五元の銀貨。㊐

*イギリス租界　天津にあるイギリス租界のことで、天津にできた九つの租界の一つ。一八六〇年に駐華イギリス公使が「中英北京条約」により清国に強制設置したもので、近代中国における七つのイギリス租界のうちの一つである。イギリス租界とフランス租界は、天津紫竹林（天津旧市街地から離れた郊外にある小さな村）に近いため、「紫竹林租界」とも呼ばれる。のちに拡大され、東は海河に接し、北は宝土徒道（現在の営口道）に沿ってフランス租界に接し、西は海光寺大道（現在の西康路）まで、南は馬場道沿いから佟楼までが、その範囲である。一九二三年（大正十二）六月、清末民初の政治家黎元洪（一八六四—一九二八）が中↖

東美、企雲だった。車中は何ごともなく、昏々と眠った。八時半、北京に着いた。駅で醒兄に出会い、車を雇って天達店に行った。文珊は外出して、まだ帰っていなかった。荷物をその部屋に置く。坼野《たくや》*表兄《ひょうけい》を訪ね、洋服を借りて戻ると、文珊がすでに帰っていた。心ゆくまで話し込み、夜の一時にやっと寝た。

↙華民国政府の移転を宣言した際、一時的に中華民国大総統官邸及び政府所在地となった。一九三〇年代、イギリスと日本は天津イギリス租界問題で衝突し、外交紛争が勃発。天津イギリス租界は危機に陥った。一九四五年の日中戦争勝利後、国民政府は同地の返還を宣言した。㊥

*旧ドイツ租界　ドイツ租界は一八九五年（明治二十八）十月に建設された、近代中国にある二つのドイツ租界のうちの一つ（もう一つは漢口租界）。一八九五年五月、ドイツ駐華公使クリスティー・シェークは清国政府の総理の衙門（清朝後期、外郊や洋務を管轄するために設立された官庁）に覚書を提出した。ドイツが日清戦争で日本を追いかえすこと（遼東半島）に功があるため、租界を求めるという内容である。同年九月、天津の税関道盛宣懐、天津道李岷琛がドイツ領事司であるガンダーと天津租界についての協定を締結した。ドイツは、天津に永久的に租界を設立することを許可。租界は、東は海河に面し、北はアメリカ租界（現在の開封道東段）に接し、西は海大道（現在の大沽路）に至り、南は小劉庄の北庄外の順小路（現在の瓊州道）から海大道辺りまでとした。第一次世界大戦勃発後の一九一七年（大正六）八月十四日、中国政府は天津ドイツ租界を承認し、天津特別行政区一区（特一区）とすることを発表した。ドイツ敗戦後、ドイツ政府は「ヴェルサイユ条約」を受諾し、租界を中国政府に返還するという声明を出した。㊥

*フランス租界　天津にあるフランス租界。近代中国における四つのフランス租界の一つ（ほかの三つは上海租界、漢口租界、広州租界）。一八六一年六月二日、フランス政府と清国政府は「天津紫竹林フランス租界地条項」を締結し、イギリス租界の北隣にフランス租界を認めた。八か国連合軍の中国侵略戦争及び第一次世界大戦中、フランス租界は二度拡張された。そして、それに対する天津市民の強い抗議行動（老西開事件）が起きるのである。フランス租界は南東をイギリス租界、北西を日本租界にはさまれ、運河に面して位置した。一九四三年（昭和十八）二月二十三日、フランスのヴィシー政府は中国租界を放棄すると宣言した。六月五日、汪精衛政権は、天津、漢口、広州のフランス租界を回収し、一九四五年（昭和二十）天津フランス租界は国

民政府によって正式に返還された。㊥

＊王君祖培　王祖培。㊐

＊四時半、新駅に行って……　周恩来は滌非の結婚式に介添役として参加するため、再び北京に向かった。㊥

＊表兄　表哥ともいい、従兄弟のうち自分より年長の者。㊐

＊天達店　北京の西打磨廠街二一二号に位置する旅館である。兄弟三人が開いた三軒の旅館「天達店」、「天有店」、「天府店」、のうちの一軒。㊥

はじめての介添没

八月二十五日（戊午七月十九日甲辰）［日曜日］

気候：曇り、のち雨。

朝、まだ眠っているうちに、柏栄が来て、起こされた。洗顔のあと、文珊と中華旅館に行って滌非に会ったが、新しい部屋で、とてもいい具合だ。今回北京に来たのは、もっぱら滌非の婚礼で新郎の介添役をつとめるためなのだ。十時に拱宸を訪ね、介添役をつとめるよう誘い、ともに峙之を誘って召棠を訪ねた。さきに拱宸を訪ねたのは、ついでに東安市場のなかの顔写真専門の某写真館に寄って、慧弟と召棠がいっしょに写した写真を受け取るためだったが、ま

1918

◉白虹事件、起こる

日本では、八月二十六日、いわゆる白虹事件が起こった。前日二十五日、大阪ホテルで開かれた関西記者大会は猛烈な寺内内閣弾劾の場と化した。大阪朝日新聞は、翌日付の記事のなかで、「『白虹日を貫けり』と昔の人が呟いた不吉な兆」と書き、検察当局が記事を差し止めて言論統制しようとした。中国では古来、白虹（はっこう）は武器、日は君主の象徴とされ、「白虹日を貫く」は、臣下が君主を犯す前兆を意味した。

だできていなかった。十二時半、床屋に行って散髪。ついで、京兆に行って弍叔に会ったが、数分間話しただけで別れ、中華旅館に戻った。滌非はまだ出かけていないようなので、礼服に着替えて、*同興堂からの車が私たちを迎えに来るのを待った。おそらく、婚礼は同興堂で行われるのだろう。旅館では*清河陸軍の老同学らが歓声をあげて騒いでいたが、三時半に解散した。拱宸とともに滌非に付き添い、四時に出かけると、新郎のほうがさきに着いた。まもなく、新婦もやって来た。五時、婚礼が行われ、写真を撮影。六時に終了。平素の人柄のせいで新郎の介添役をつとめる役は、今回が最初だ。夜、中華旅館に戻ったが、集まったのは少なく、拱宸、峙之、召棠、それに私だけだ。これでは、*鬧房《タオファン》はできない。新婦は見目うるわしく、滌非の相手としては申し分ない。

夜、天達店に帰り、文珊と十二時まで話をして寝る。

*同興堂　清朝末期から一九三〇年代にかけて、北京には有名なレストランが八つあり、そのうちの一つ。旧北京料理店の中で「堂」と呼ばれるのは最大規模のもので、同興堂では数百人が食事でき、オペラなども上演された。舞台や多目的スペースも設けている。「堂」より少し小さいものは「庄」、さらに小さいものを「居」という。中日

*清河陸軍　中華民国が北京清河鎮に設置した陸軍第一予備学校。一九一二年初頭、孫文は辞職し、袁世凱は臨時大総統に就任した。同年、学制改革を実施し、全国の「文武学堂」を一律に「学校」と改称すると命じた。もともとあった四つの陸軍中学校堂を廃止し、陸軍第一予備学校を設立した。商徳全を校長に派遣。同校は二年制で、課程は旧陸軍中学堂と同程度、学科と軍事科に分かれている。卒業後、軍隊に六か月間配属され、入営期間満了後、そのまま陸軍士官学校に入学する。南開の卒業生数人がこの陸軍学校に入学しており、滌非の結婚式に出席した。中

*鬧房　鬧新房ともいい、新婚の夜、友人たちが新婚夫婦の部屋に押しかけ、冗談を言い合ったり、からかったりする風習のこと。日

八月二十六日（戊午七月二十日乙巳）［月曜日］独身主義について激論！

気候：雨。

通信　潔民、四伯父に手紙、拱宸に速達の手紙を出す。子堅、乃兄に手紙、公望に葉書を出す。

朝、五時に起きると、雨音がすごい。荷物を片付けると、文柵が駅まで送ってくれた。六時に汽車が発車し、柏栄もやはり同じ汽車で天津に帰るようだった。ずっと眠り込んでいたが、たまたま目が覚め、わが独身主義について論じ合った。柏栄の意は私の主張に反対するところにあったが、ただちに私の持論を否定することができなかった。誠哉！　真理の所在は、人をして黙認せざるをえなくさせる。嗚呼！　*青春はすでに逝き、暮らし向きは口にしがたい。人の世の移り変わりはきわまりなく、*両親はすでに亡くなっており、いったい何を自分の心のよりどころにすればよいのだろうか。平穏な時代と平穏な時代の間にある激動期には、滔々たる天下は、邪悪なものであふれかえっているのだ！

八時に汽車が天津に着くと、荷物を駅に置いて車に乗り、急いで母校に行っ

＊青春はすでに逝き……　日本で二回の受験の失敗を経験し、時間を浪費してしまい、理想が実現できなかったことを痛感している。また再び家族の離散の危機に直面している。国事、家事、個人の先行きなど、諸事がうまくいかず、心の置きどころがなく、一人で道を探し続けなければならない心境を綴ったのだろう。㊥

＊両親はすでに……　養父母のこと。養父母を早期に亡くしたことも、周恩来が独身主義に惹かれた一因なのであろう。㊥

＊余日宣　一八九〇年（明治二十三）生まれ、湖北省蒲圻出身。全国青年会協会総幹事で、有名なキリスト教指導者である余日章（一八八二—一九三六）の弟である。一九一三年（大正二）に清華学校を卒業し、アメリカに留学した。一九一七年にアメリカのウィスコンシン大学とプリンストン大学を卒業し、帰国途中にロンドンに立ち寄り、英国のロイド・ジョージ首相と面会、余日宣の流暢な英語、言

て慕天《ぼてん》に会い、いっしょに講堂に行って、*余日宣《よにちせん》の演説を拝聴した。散会したあと、問凱、述弟、乃兄、子貞に会い、療養室に行って慧弟、叔夔らに会う。昼飯は、述弟、問凱、子貞らと近くの小さな食堂で食べる。そのあと、慧弟とともに訓忱、頌言ら同学を訪ねた。四時、帰宅。

　三伯父のところで夕飯を食べ、一時間余り話す。帰ってくると、乃兄が来ていて、*慧弟が戊午に合格したことを教えてくれる。琴伯とその家族は、みな慧弟の香港行きを何よりも望んでいたらしい。それを聞いて、心が非常に痛み、たちまち冷水を背中にぶっかけられたように感じられ、すべての知覚を失った。乃兄が帰ったあと、なんともいいようがなく、昏々と眠っているようでも熟睡はできず、非常に耐えがたい。

傷心の極み

八月二十七日（戊午七月二十一日丙午）［火曜日］

修学　最たるは是れ傷心の此の日なり。

通信　撼弟の葉書、慧弟の長文の手紙を受け取る。

葉遣い、所作がいずれも上品であると絶賛された。帰国後は南開学校の教務長を務めていたので、天津に戻った周恩来は、まず母校の講堂に行き、彼の演説を聞いた。一九二〇年夏、余日宣は清華学校に戻り、後に政治学部の初代学部長となった。一九五二年（昭和二十七）、湖江大学校務委員会主任として上海教授北上訪問団に参加し、教え子の周恩来と再会した。一九五八年（昭和三十三）、六十八歳で他界。㊥

＊**慧弟が戊午に合格したことを……**　周恩来は親友の慧弟と一緒に日本へ留学することを望んでいたが、思いがけないことに慧弟は香港大学工学部に合格した。慧弟の家族も香港行きを希望しており、周恩来は、親友と遠く離れてしまうことが切なかったのである。㊥

今朝、実父が四時に出発して南京に向かった。「昨事の傷心（まさ）に未だ已まず、今朝又た復《ま》た厳親と別る」。この情景はいかにつらいことだろう。*ひとりわが家を離れ、わが愛する友からも遠く離れ、傷心の極みであるが、二度と口にすまい！

*このページから十月二十五日まで、一語も記していないが、この心の傷は実に二か月も続いていたのだ！ 月夕風晨、雨窓花前を目にするたびに、わが家に思いをはせ、わが慧弟のことを思うと、とりわけつらい！

八月二十八日（戊午七月二十二日丁未）［水曜日］

修学 坐臥するも安からず。

通信 山兄、撼弟の葉書、禅弟のメモ、乃兄の手紙を受け取る。

八月二十九日（戊午七月二十三日戊申）［木曜日］

通信 柏栄に手紙、山兄に葉書を出し、峙之、南開同学会の手紙を受け取る。

*ひとりわが家を離れ…… 弌叔や家族と相談し、休みが終われば日本に戻って受験の機会を探し続けると決めた。親友の慧弟は香港に留学することになった。まもなくひとり家を離れ、さらに親友から離れ、すべてが周恩来にとって傷心の極みである。複雑な気持ちだが厳しい状況に対し、奮闘せざるを得ない。㊥

*このページから…… この日から十月二十五日まで日記は一度中断。十月二十五日に八月二十八日から十月二十四日までの一部を補記したと思われる。九月一日—三日、六日、九日、十五、十六日、二十四日の日記は空白のままであり、補記されている日記は修学、通信などの要旨を記したものが中心で、本文の内容は少ない。㊥

八月三十日（戊午七月二十四日己酉）［金曜日］

修学　暗然として魂消ゆ。

通信　慧弟、達如に葉書を出す。

わが慧弟よ、去らば！

八月三十一日（戊午七月二十五日庚戌）［土曜日］

通信　慧弟、琴伯に手紙を出す。

コラム 十五

「米騒動」が周恩来に与えた影響

新中国版より、短評「〝米騒動〟対周恩来的影響」李海文、張紅安

　一九一八年七月二十八日、周恩来は夏休みを利用して帰国し、九月四日に再び東京に戻った。その間に、日本では史上初の全国的な大暴動「米騒動」が起きた。

　この暴動は、七月二十三日の漁村婦人一揆を皮切りに、九月十七日の坑夫闘争の終結まで続き、五十七日間の間に三十三都道府県で暴動が発生した。

　米騒動について、日本共産党中央委員会の野坂《のさか》参三《さんぞう》、前名誉議長（一八九二―一九九三）はこのように述べている。「一〇〇〇万人の日本人が参加して全国に波及した米騒動、勤労大衆の階級意識を大きく高めた。その闘争の結果、自発的な闘争だけでは、勝利を得られないことを人々に教えてくれた」さらに野坂はこう指摘する。「米騒動は、最も早い時期に発生した大衆の英雄的行為であり、それが失敗したのは、当時、党の指導部がなく、日本のプロレタリアートが政党をみずから設立しなければならなかったからである」

　野坂は、日本の労働大衆はロシアのようにみずからの労農政権を樹立しなければならないとの認識からロシア革命の実態を研究考察し、また、欧州

の労働運動を学んだ。一九一九年（大正八）夏に友愛会特派員として英国を調査訪問し、翌年七月三十一日、結成されたばかりのイギリス共産党に参加。一九二一年春のイギリス労働者のストライキの際に、野坂は何度も大衆大会で演説し、労働者のストライキ闘争を支持したため、イギリス当局から追放された。

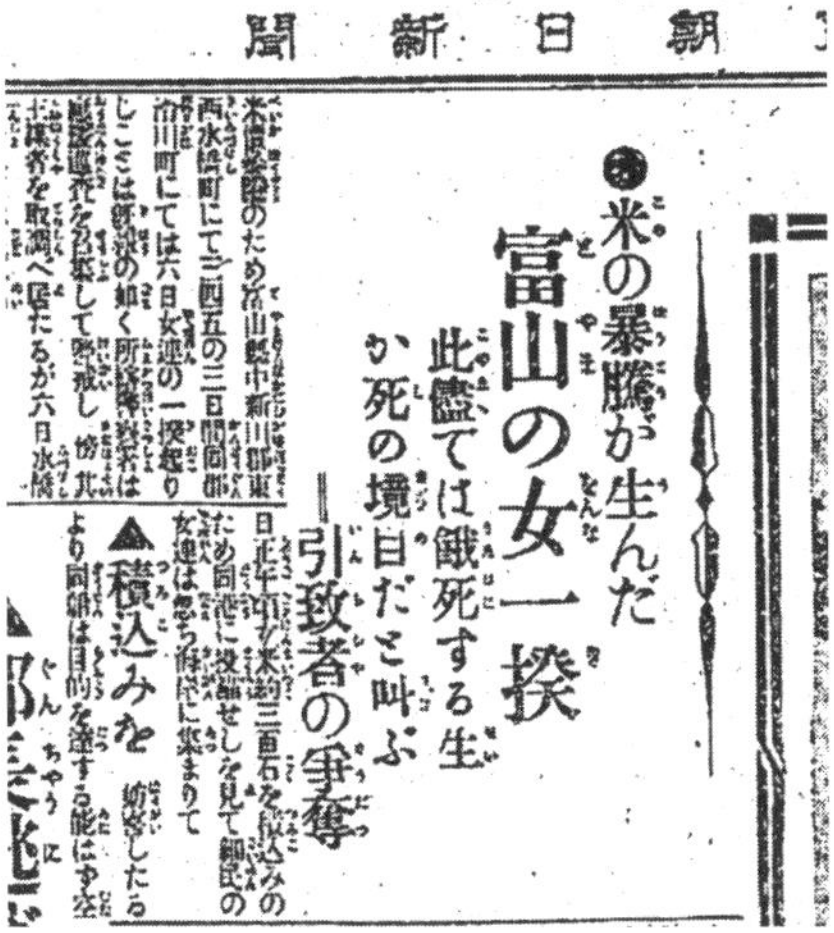
朝日新聞

米《こめ》の暴騰が生んだ
富山《とやま》の女《をんな》一揆
此儘ては餓死する生
か死の境目だと叫ぶ
引致者の争奪

米価暴騰のため富山縣中新川郡東西水橋町にて三四五の三日間同郡滑川町にては六日女連の一揆起りしことは既報の如く所轄警察署は厳重監視を怠らず警戒し其主謀者を取調べ居たるが六日水橋……日正午頃……米約三百石を積込みのため同港に投錨せしを見て細民の女連は忽ち海岸に集まりて

▲積込みを妨害したる
より同船は目的を達する能はず空

富山の米騒動を取り上げた記事。「此儘では餓死する生か死の境目だと叫ぶ」とある。（1918年8月8日付の『東京朝日新聞朝刊』より）

その後、赤色労働組合インターナショナル（プロフィンテルン）の招待を受けた野坂はドイツ、フラ

米騒動直後の米の配給。（画像提供：ジャパンアーカイブズ）

ンス、スイスなどを経てモスクワに到着し、社会主義ロシアを訪問した。そして一九二二年（大正十一）に帰国して、日本共産党に入党し、長期にわたって日本共産党の指導者を務めた。

保田龍門《やすだりゅうもん》の年譜によると、周恩来は一九二一年にヨーロッパで野坂と知り合った。日本政府の軍国主義推進が引き起こした大衆的な抗議運動である米騒動は、彼に大きな影響を与えた。今のところ文書による直接的な根拠は見つかっていないが、一九一八年二月十九日に軍国主義を誤りとし、退けたことから見て、周恩来は日本当局に反対し、日本の民衆運動を支持したに違いない。米騒動に対する野坂の見解は、周恩来に近いはずだと推測される。

九月初め、夏休みを終えて再び日本に戻ってきた後の周恩来の日記は、非常に簡単なものであった。各種の活動、特に政治活動に追われ、十分な執筆の時間がなかったのである。彼は日本の米騒動を直接目撃してはいないが、この出来事は彼の心を深く揺さぶり、社会問題への関心を高めたに相違ない。それは資本主義社会への認識を新たにするための第一歩となったはずである。そして一九二〇年末、北洋軍閥の監獄から釈放された後には、ヨーロッパに渡って資本主義社会に対するさらなる探索を開始し、理解を深めるようになったのである。

七

煩悶……黙して語らず

九月四日（戊午七月二十九日甲寅）**［水曜日］**

［治事］無事に東京に到着。*

九月五日（戊午八月初一日乙卯）**［木曜日］**

［通信］慧弟の手紙を受け取る。

九月七日（戊午八月初三日丁巳）**［土曜日］**

［通信］慧弟、八弟に葉書を出す。

九月八日（戊午八月初四日戊午）**［日曜日］**

［通信］柏栄の手紙を受け取る。

九月十日（戊午八月初六日庚申）**［火曜日］**

［通信］述弟の葉書、拱宸、乃兄の手紙を受け取る。

＊無事に東京に到着　天津―東京間のルートを逆算してみると、前日朝九時五十分に下関発東京行急行に乗り、この日の十三時五十分に東京駅着か。往路と同じルートをたどったとすると、天津を九月一日の十一時十七分に出発（詳細は332ページのコラム参照）。㊐

今回の再編集にあたって、当時の時刻表を探したところ、一九一八年（大正七）分が掲載されているものは岡山県立図書館所蔵の『公認汽船汽車旅行案内』（第二八八号、旅行案内社）のみであった。確認できた時刻表は、一九一八年九月分と十月分のみであり、八月の汽船発着時刻については未確認である。参考までに、九、十月分の神戸北支那線の発着日を左に記載しておく。㊐

九月十一日（戊午八月初七日辛酉）［水曜日］

通信 柏栄の手紙を受け取る。

九月十二日（戊午八月初八日壬戌）［木曜日］

通信 禅弟の葉書、鉄卿の手紙を受け取る。

九月十三日（戊午八月初九日癸亥）［金曜日］

通信 禅弟、述弟、乃如に手紙を出し、剣帆の葉書を受け取る。

九月十四日（戊午八月初十日甲子）［土曜日］

通信 慧弟、樹唐の葉書、乃兄の手紙を受け取る。

九月十七日（戊午八月十三日丁卯）［火曜日］

通信 山兄に手紙を出し、撼弟の葉書を受け取る。

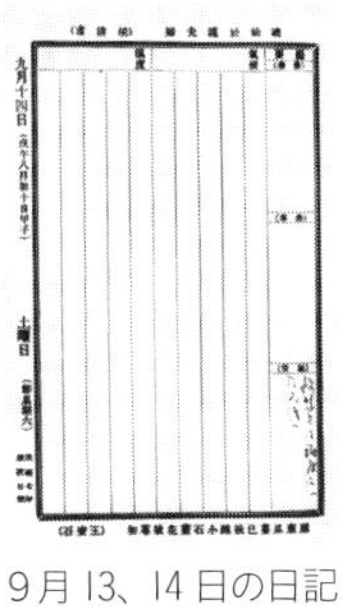
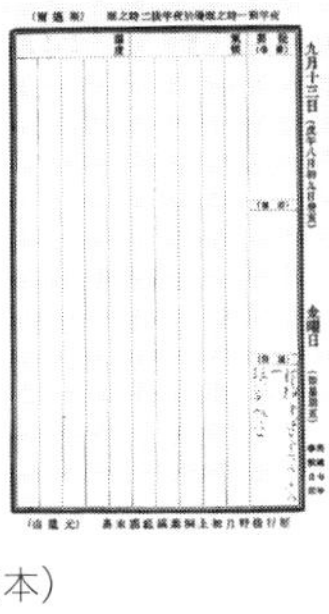

9月13、14日の日記（原本）

神戸北支那線

神戸―門司―長崎―天津―牛荘
（往復とも同航路）

（天津発）	（神戸着）
9月20日	9月24日
9月26日	10月1日
10月10日	10月15日

この日程表からすると、やはり5日間から6日間の航程となるようである。

九月十八日（戊午八月十四日戊辰）**［水曜日］**

通信 峙之の葉書を受け取る。

九月十九日（戊午八月十五日己巳）**［木曜日］**

通信 李十伯父の手紙を受け取る。

九月二十日（戊午八月十六日庚午）**［金曜日］**

通信 樹唐、滌愆、乃兄、柏栄の手紙を受け取る。

九月二十一日（戊午八月十七日辛未）**［土曜日］**

通信 撼弟、坼野、膺九の葉書を受け取る。

九月二十二日（戊午八月十八日壬申）**［日曜日］**

通信 樹華、醒兄、峙之、企雲、鉄卿、剣帆、碩陸、問凱、拱宸に葉書、子魚、述弟に手紙を出す。

九月二十三日（戊午八月十九日癸酉）［月曜日］

通信 霆翁、山兄、潔民、文珊、賛武に手紙を出す。

九月二十五日（戊午八月二十一日乙亥）［水曜日］

治事 慧弟の誕生日。

通信 慧弟に書留、乃如、禅弟に手紙、霆翁に葉書を出す。乃兄、禅弟の手紙を受け取る。

九月二十六日（戊午八月二十二日丙子）［木曜日］

通信 八弟および碩、寿両弟に手紙を出す。李十伯父、十伯父、実父、四姨、三伯父の手紙を受け取る。

九月二十七日（戊午八月二十三日丁丑）［金曜日］

通信 樹華の手紙を受け取り、撼弟に手紙と葉書、醒兄に葉書を出す。

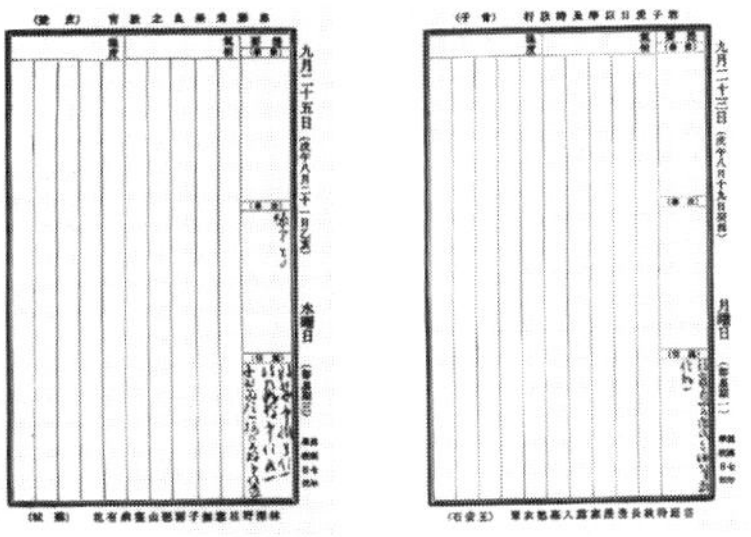

9月23、25日の日記（原本）

九月二十八日（戊午八月二十四日戊寅）［**土曜日**］

通信 慧弟に手紙を出し、慧弟の手紙を受け取る。

九月二十九日（戊午八月二十五日己卯）［**日曜日**］

通信 慧弟に手紙を出し、乃兄の手紙を受け取る。

九月三十日（戊午八月二十六日庚辰）［**月曜日**］

通信 子魚に電報を打ち、述弟の手紙、問凱の葉書を受け取る。

十月一日（戊午八月二十七日辛巳）［**火曜日**］

通信 慧弟に手紙を出し、峙之の手紙を受け取る。

十月二日（戊午八月二十八日壬午）［**水曜日**］

通信 禅弟の手紙を受け取る。

コラム十六

周恩来は、なぜ日本で共産主義への信念を確立しなかったのか

新中国版より、短評「周恩来什麼日本没有確立進行?」李海文、張紅安

共産主義に対する自分の信念を確立するということは、共産主義を信奉し、そのことに身を捧げるということを指す。

一九一七年（大正六）九月、周恩来は、第一に官費留学生になること、第二に救国救民の真理を見出すこと、この二つの目的をもって来日した。しかし、南開学校で勉強していた語学は英語だったため、かれの日本語は不十分なものであった。日本の学校に入学するためには日本語で試験を受けなければならないため、第一の目標は達成されなかった。そして、第二の目標もまた、さまざまな理由や出来事で中断させられた。

周恩来の家庭環境は、決して良いものではなかった。一九一八年（大正七）一月八日、彼は家族から八伯父の訃報を受け取った。突然の悪い知らせにはなはだ心を痛め、「まるで知覚が麻痺してしまったよう」になる。そしてその夜、彼は日記にこう記した。

「天はそのことを許さず、わが分家を男やもめ、女やもめ、孤独者ばかりにしてしまい、実に憐れさ、惨めさは極点に達する！」

また一月二日には母を偲び、夜、母が遺した詩を読むと、思わず涙が溢れそうになった。祖父母、父

母（周恩来は養父母を父親、母親と呼び、実父母を義父〔乾爹〕、義母〔乾娘〕と呼ぶ）が恋しく、また貧しいがために母親の棺が埋蔵されず外に剝き出しで晒されていると聞くと、考えれば考えるほど悲しくなり、すぐに帰国して家族のためにこれらのことを処理できないのが恨めしく思われたのであった。来日当初、親族への慕情や長男としての責任、異国での孤独感から、周は仏教の「無生」という概念に頼って苦悩を解消した。

しかし、結局のところ周恩来は志を持った若者であり、国を救うために日本に留学したかったのである。彼は日本で『新青年』第三巻を改めて読むことで自分の真の目的を悟り、大いに奮い立って、これまでの考え方を正した。南開学校で学んでいた時期、彼は中国が弱体化しているのを見て、ドイツに学び、富国強兵的軍国主義や私心なき哲人による独裁政治である哲人政治（日記中では「賢人政治」と呼ぶ）を実践しようと考えていた。来日後は、学問探求のまなざしをもってあらゆる物事を観察し、日本人の一挙一動に注意を払い、日本国家の現状を理解し、軍国主義とは何かを自分の目で見たことで、それまでのその考えを「誤り」としたのである。彼は日本で大量の本や新聞を読み、勉学をこなした。十月革命、マルクス・レーニン主義、無政府主義、ギルド社会主義、新しき村まで、新しい知識、思想などに触れ、学んだのだった。

そんななか、突然の出来事によって、新しい思想についての模索が中断された。それは、四月頃から流れていた「北洋政府が日本政府と軍事密約を結ぶ準備をしている」というニュースである。このニュースがリークされると、おびただしい数の在日中国人留学生が憤激した。周恩来もその学生らによる救国団体である新中学会に入り、日華共同防敵軍事協定調印反対闘争に力を注ぐ。現実の闘争が彼の注意を逸らし、本来の目的であった救国救民の真理をそれ以上探究することが出来なくなったのである。

　周恩来は共産主義への信念を日本で確立したわけではないが、日本から学ぼうとする姿勢は、来日前から持っていた。しかし、資本主義社会が曝《さら》け出した深刻な矛盾を目の当たりにし、日本社会にいよいよ幻滅して、天津に帰ったのである。

　一九二二年（大正十一）には、自分の変貌ぶりを友人にこう語っている。「獄中で思考が揺さぶられ、北京での『全武行』に感化された」と。周恩来とともに覚悟社のメンバーであった諶小岑《しんしょうぎん》*1は、一九一九年（大正八）八月、逮捕された学生を救うため、北京に向かい、総統府などを包囲した天津の学生たちが軍や警察から「全武行」と呼ばれる暴行を受けたことを回想している。周恩来も加わった第二陣が北京に向かい、闘争の末、二度逮捕された学生をようやく救出した。「獄中での思想の揺さぶり」とは、一九二〇年（大正九）初めに、周恩来ら二十一人の同志が逮捕されたことを指す。獄中、彼らは当時の若者に大きな影響を与えていた無政府主義やマルクス・レーニン主義などのイデオロギー的な問題について議論し、馬駿《ましゅん》*2は無政府主義を、周恩来はマルクス・レーニン主義を紹介した。

　激しい大衆闘争は、人々の思想をあっという間に変えてしまう。

　一九二〇年末、周恩来はヨーロッパに渡り、まずイギリス、次にフランスとドイツに渡り、この三国の労働者運動と共産主義運動について詳しく研究し、多くの報告を書いた。彼は、社会調査のために工場に出向いて働き、勤労学生と密接な連絡を保って彼らの闘争に参加した。

　当時は第一次世界大戦の終結間もない頃で、「生産性の低下」「経済恐慌」「生活の困窮」が大きな問題であった。労働者のストライキがひっきりなしに起こり、その勢いはすさまじかった。思想界は非常に活発で、各種思想が雑然と入り混じっていた。マルクス・レーニン主義と第二インターナショナル修正主義の闘争は激しく、各国で社会党から共産党への分離、独立が絶えず起こっていた。フランスでは、闘争の過程で無政府主義の勢力が徐々に弱まり、共産主義に取って代わられた。その現実は、若い周恩来に毎日のように刺激を与えた。

　国際的な共産党組織コミンテルンの成立後、ヨーロッパ各国で共産主義運動が盛り上がり、マルクス主義の書籍や新聞が大流行したことで、周恩来はイギリスやフランスの社会情勢と労働運動とを結びつけていったのである。また、彼は英文版の『共産党宣言』や『空想から科学へ——社会主義の発展——』『家族・私有財産・国家の起源』『フランスの内乱』『国家と革命』など、多くのマルクス主義の経典的著作を研究し、フランス共産党の機関紙『リュマニテ』などの刊行物を定期購読したり買い入れたりしていた。

　一九二一年（大正十）三月、周恩来は張甲府《ちょうこうふ》と劉清揚《りゅうせいよう》の紹介で、中国共産党の八つの創設グループの一つである共産主義者グループに加入した。加入後は共産主義運動に身を捧げ、勤労学生たちの対仏借款拒否闘争を指導[*3]、生存闘争を探求し[*4]、フランス共産党との親密度を高めていった。これにより、周は新しい信念を選択することとなる。そして、救国のための各種方法論の功罪を比較し、より良い方法を追求しつづけることで、同年春に、ようやく自分の信念を固めることができたのである。彼は「我々は共産主義の原理と、階級革命とプロレタリアート独裁という二大原則を信じるべきであり、その実行手段は時代に適合したものでなければならない」と述べている。

新しいアイデアが受け入れられ、確固たる信念が確立されるには理論が必要であり、実践にもいくつかの条件がある。そのプロセスは、機が熟せば自然に実現するものであった。周恩来は、日本で共産主義に対する信念を確立したわけではない。しかし、日本で重要な発想の転換を図り、古いものを捨てて新しいものに向かうようになった。そして日華共同防敵軍事協定締結反対闘争に参加することになった。このような思想と行動の基盤があったからこそ、五四運動を経て第一次世界大戦後のヨーロッパ視察旅行でヨーロッパ各国の共産主義運動の雰囲気に触れ、やがて志を抱いて共産主義の旗の下に入り、以来、生涯を共産主義に捧げてきたのである。

＊1　中華民国、中華人民共和国の政治家。覚悟社加入時のコードネームは41。中華人民共和国成立後は、中央人民政府出版総局編纂局や文化部出版局で翻訳者として働き、後に国務院参事官となった。

＊2　中国共産党初期の活動家、指導者。南開中学出身。一九二八年、張作霖によって処刑される。享年三十三歳。

＊3　軍閥救国論、教育救国論など、中国という弱国とその国民が生存するための手段・方法の追求。

＊4　フランス共産党にはベトナムの植民地に対する問題意識があった。革命家ホー・チ・ミン（一八九〇―一九六九）も在籍していたため、ベトナムの植民地問題の理解が的確であり、それが民族自決権を訴えたロシア革命に対する理解を深める一助ともなった。

十月三日（戊午八月二十九日癸未）［木曜日］

通信 乃兄の手紙を受け取る。千里《＊せんり》に手紙、禅弟に葉書を出す。

十月四日（戊午八月三十日甲申）［金曜日］

通信 蓬兄の葉書を受け取る。醒兄、峙之、鉄卿に手紙、熊先生に葉書を出す。

十月五日（戊午九月初一日乙酉）［土曜日］

通信 滌愆の手紙、青年会のビラ、子魚の手紙を受け取る。鼐兄に手紙を出す。

十月六日（戊午九月初二日丙戌）［日曜日］

通信 膺九の葉書、山兄の手紙を受け取る。慧弟に葉書、文珊、子魚、実父に手紙を出す。また、子魚に手紙を出す。

十月七日（戊午九月初三日丁亥）［月曜日］

通信 醒兄の手紙を受け取る。乃兄に葉書、醒兄、蓬兄に手紙を出す。

＊千里　馬千里、または仁声。浙江省紹興出身。一八八五年一月二十四日天津生まれ、南開学校第二期の卒業生である。一九一〇年九月、学生だった千里は、張伯苓の妹、張祝春と新式の結婚式を挙げ、時代に新風を吹かせた。卒業後、学校に残り南開学校庶務主任を務め、「敬業楽群会」の指導員となり、周恩来と深い師弟関係を結ぶ。一九一五年、張伯苓が天津直隷第一女子師範学校校長を代行した際には随行し、同校の学監と校務を執行。周恩来が日本滞在中にも文通を続け、五四運動が勃発したときは、ともに北洋軍閥に投獄された。周恩来のヨーロッパ留学後もその関係はつづき、千里が主筆を務めた『新民意報』には、周恩来の書いた「警察庁拘留記」や「検察庁日録」などが掲載された。一九二一年、馬千里は天津達仁女子学校を設立し、鄧穎超を女子学校の教師として雇用。愛国教育事業に生涯をささげた。一九三〇年逝去。㊥

十月八日（戊午九月初四日戊子）［火曜日］

通信 八弟、黒弟、乃兄の手紙を受け取る。八弟、麗生《れいしょう》に手紙を出す。

十月九日（戊午九月初五日己丑）［水曜日］

通信 麗生の手紙、念遠の葉書を受け取る。慧弟、春谷に葉書、念遠、麗生に手紙を出す。

十月十日（戊午九月初六日庚寅）［木曜日］

通信 霆翁老伯の手紙を受け取る。

十月十一日（戊午九月初七日辛卯）［金曜日］

修学 浮雲*　日を蔽い、久しくして自ら散らず。

通信 春谷、政衡《せいこう》の葉書、希天、鉄卿の手紙を受け取る。慧弟、四伯父、実父、八弟、黒弟に手紙を出す。

＊浮雲　日を蔽い……　「浮雲　日を蔽い」は浮雲が太陽を蔽うという意味だったが、後に悪党が支配する社会の闇を指すようになった。「久しくして自ら散らず」とは、時間が経てば消えていくという意味。目の前の困難はいつか克服でき、中国社会の脆弱さはいつかなくなるという意味である。㊥

十月十二日（戊午九月初八日壬辰）［土曜日］

通信　克荘、柏栄、乃兄、乃賢、滌愆の手紙、剣帆、鏡宇、希天の葉書を受け取る。乃兄、撼弟、滌愆に手紙、春谷に葉書を出す。

十月十三日（戊午九月初九日癸巳）［日曜日］

通信　醒亜に手紙を出す。

十月十四日（戊午九月初十日甲午）［月曜日］

通信　瑞岐の手紙を受け取る。

十月十五日（戊午九月十一日乙未）［火曜日］

通信　仰山、信天の手紙を受け取る。仰山、訓忱、頌言、問凱、碩陸に葉書、璞山、琴禅に手紙を出す。

十月十六日（戊午九月十二日丙申）［水曜日］

通信　述弟、春谷、鏡宇、柏栄、乃賢に葉書を出す。

1918

◉自動車の利用が急増

東京の自動車保有台数が二〇〇〇台を突破。十月十八日付の『報知新聞』は「十月十五日現行で二〇一二台、全国の約六割」と、伝えている。

十月十七日（戊午九月十三日丁酉）［木曜日］

気候：晴れ。

修学 母校の南開学校の記念日。*

治事 今日は、いかなる日か。今夕は、いかなる夕べか。軍楽がドンチャン鳴り響き、新派が開幕した。ここはなんというところだ。夜、数人の同学と公園に遊んだが、月が冷たく冴えわたり、*さながら過ぎ去った日々のようである。往時をふりかえると、なんと悲しくなることか！

通信 慧弟、春谷、炎范、念遠、子克、乃兄に葉書を出す。

十月十八日（戊午九月十四日戊戌）［金曜日］

通信 乃兄、撼弟の手紙を受け取る。

十月十九日（戊午九月十五日己亥）［土曜日］

通信 滌愆の葉書を受け取る。

***南開学校の記念日** この日は、南開学校が設立（当時の名称は天津敬業学堂）されて十四周年の記念日である。同日、東京の南開同学会で南開学校の創立記念祝賀会が開かれ、周恩来はこの席で「母校が設立されてまだ十四年です。たとえるならまだ王冠に到達していない幼子のようなもの。無限の可能性を秘めた未来が楽しみです」と祝辞を述べた。後に、この祝辞は同年十一月八日、南開学校の『校風』第一〇六号に掲載された。同日、周恩来は南開同学会の副幹事に選ばれた。㊥

***月が冷たく冴えわたり……** 周恩来は南開学校の記念日に、当時の色濃い集団生活を思い出し、異国で漂流している前途未定の現在を比べ、思わず悲しくなった。㊥

十月二十日（戊午九月十六日庚子）［日曜日］

修学 二十*の年華《ねんか》（光陰） 真理を識《し》り、今に於いては晩《おそ》しと雖《いえど》も尚お遅きに非ず。

通信 霆翁の葉書、乃兄の手紙を受け取る。乃兄に葉書を出す。

＊二十の年華…… ここで言う「真理」とは、物事の正しい筋道のことである。「自分は真理を認識するのに二十年かかった。少し遅かったが、遅すぎることはない」という意味。日本滞在中、周恩来は多くの時間を読書に費やしていた。吉野作造や、マルクス主義研究の先駆者で、京都帝国大学教授の河上肇などの論文を読んだ。河上が創刊した月刊誌『社会問題研究』の忠実な読者にもなり、絶えず救国救民の真理を見つめていた。「真理を識り」とは、マルクス主義を受け入れたということではなく、現時点でより正しい思想的理解を得たということ、そしてそのことを喜んでいるのである。周恩来は、翌年、帰国する直前の四月五日に京都の嵐山公園を訪れた際に詠んだ「雨中嵐山」（原文は408ページ参照）という詩のなかで「真理」という言葉に触れた。真理を追求し、光明を目指すという確固たる信念、そしてこれから歩んでいく革命の道への憧れと期待を述べたのである。周恩来は五四運動に身を投じるために帰国した。古い中国をつくりなおして新国家を建設する革命闘争を実践する決意を固め、決起して行動することとなったのである。㊥

十月二十一日（戊午九月十七日辛丑）［月曜日］

通信 滌愆、峙之、乃兄の葉書を受け取る。慧弟に手紙を出す。峙之の手紙を受け取る。

十月二十二日（戊午九月十八日壬寅）［火曜日］

通信 慧弟、伯安に葉書、撼弟に手紙を出す。

十月二十三日（戊午九月十九日癸卯）**［水曜日］**

通信 醒兄の葉書、文珊の手紙を受け取る。醒兄に葉書を出す。

十月二十四日（戊午九月二十日甲辰）**［木曜日］**

通信 滌非、乃兄に手紙、般若、公望、企雲、実父に葉書を出す。

十月二十五日*（戊午九月二十一日乙巳）**［金曜日］**

通信 青年会の手紙、公望の手紙を受け取る。公望、八弟に葉書を出す。

十月二十六日（戊午九月二十二日丙午）**［土曜日］**

通信 子魚の手紙を受け取る。

十月二十七日（戊午九月二十三日丁未）**［日曜日］**

通信 実父の手紙、伯安の葉書を受け取る。

＊**十月二十五日** 八月二十七日の日記に「このページから十月二十五日まで、一語も記していないが、この心の傷は実に二か月も続いていたのだ！」とある。

1918

◉スペイン風邪、死者三八万人

一九一八年、スペインインフルエンザ（俗にいう「スペイン風邪」）のパンデミックが起きる。内閣府統計によると、日本で

十月二十八日（戊午九月二十四日戊申）［**月曜日**］

通信 醒兄の手紙を受け取る。

十月二十九日（戊午九月二十五日己酉）［**火曜日**］

通信 慧弟、乃兄、述弟、琴伯の手紙、叔夔、剣帆の葉書を受け取る。

十月三十日（戊午九月二十六日庚戌）［**水曜日**］

通信 仰山、潔民、醒兄の葉書、潔民の手紙を受け取る。

十一月二日（戊午九月二十九日癸丑）［**土曜日**］

通信 乃兄に葉書を二通出す。

十一月五日（戊午十月初二日丙辰）［**火曜日**］

通信 実父、慧弟、乃兄に葉書を出す。

は二三〇〇万人が罹患。死者は三八万人（肺炎、心臓麻痺を併発）にものぼり、死亡者数のなかで比重のもっとも多かったのは〇歳から二歳の乳幼児であった。当時は、まだウイルスは発見されていなかったが、咳やくしゃみなどの飛沫が感染源となると考えられていた。そこでマスクの着用、密集を避けるなど、現代のインフルエンザ、コロナウイルス対策と同じような生活習慣が推奨された。ただし、まだ水道設備や石鹸、アルコールなどが十分になかった背景もあるのか、手指衛生に関してはほとんど言及されていない。一九一八年十一月五日には、文芸評論家の島村抱月がスペイン風邪で死去、女優の松井須磨子が、翌年一月五日に後追い自殺を遂げた。

十一月十二日*（戊午十月初九日癸亥）［火曜日］

治事　企雲の誕生日。

十一月二十二日（戊午十月十九日癸酉）［金曜日］

通信　山兄、乃兄、般若に手紙、八弟らに葉書を出す。

十一月二十四日（戊午十月二十一日乙亥）［日曜日］

通信　慧弟に手紙を出す。

十一月二十六日（戊午十月二十三日丁丑）［火曜日］

通信　李十伯父に手紙を出す。

十一月二十八日（戊午十月二十五日己卯）［木曜日］

通信　乃兄、鉄卿、滌愆、文甫《ぶんほ》に手紙、商務書館に葉書を出す。

＊十一月十二日　この日のページには、『東京日日新聞』の「第二号外」が添付されている。号外の内容は「休戦条件正文」とその関連記事。「号外」は一枚で、サイズはB6判である。この前日に第一次世界大戦は終結した。日

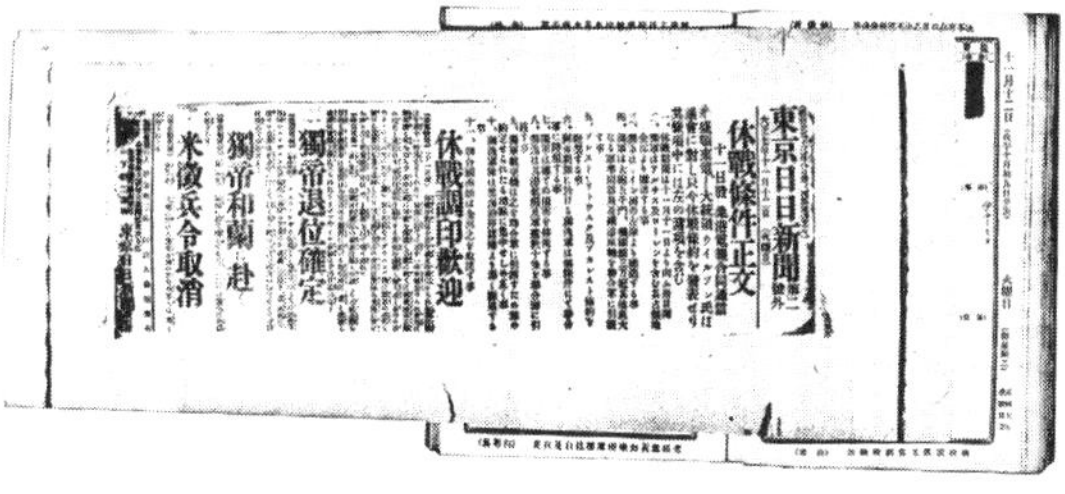
東京日日新聞
休戰條件正文
休戰調印歡迎
獨帝退位確定
米徴兵令取消

11月12日の日記のページに貼り付けられた『東京日日新聞』の記事

十一月二十九日（戊午十月二十六日庚辰）［金曜日］

通信 滌愆の手紙、企雲の葉書を受け取る。滌愆に葉書を出す。

十二月十三日（戊午十一月十一日甲午）［金曜日］

修学 ＊亡き母親の四十一回目の誕生日。

十二月十六日（戊午十一月十四日丁酉）［月曜日］

通信 弟に葉書を出す。

十二月二十三日（戊午十一月二十一日甲辰）［月曜日］

通信 慧弟に手紙を出す。

十一月十二日の日記には左記のメモも添付されている。内容は不明。

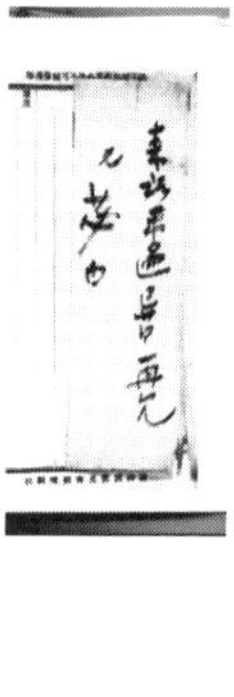

＊亡き母親の……　周恩来の実母である万冬児は一八七七年に生まれ、一九〇七年（明治四〇）に病死した。養母の陳氏は一八七八年に生まれ、一九〇八年（明治四十一）に病死した。したがって、この日は養母の誕生日。

㊥

＊十二月二十三日の日記（原本）

コラム 十七

空白の七か月

日記が一九一八年（大正七）十二月二十三日に途絶えてから、翌年四月五日、帰国の途上で京都の嵐山にて「雨中嵐山《うちゅうらんざん》」を詠むまで、この間の周恩来を物語る資料は実に少ない。そして、この空白期の周恩来を、伝記作家たちはさまざまに描いている。代表的な説を二つ紹介しておこう。

『周恩来伝』（金冲及編集、狭間直樹監訳、阿吽社）によれば、一時帰国後、周恩来は「東京の神田三崎町にあった王樸山の家の二階に寄宿していた」とある。一九一九年（大正八）一月には河上肇《はじめ》の『社会問題研究』が創刊され、周恩来は熱心な読者となり、次第にマルクス主義にひかれていく。王樸山の家に一か月同宿した留学生によると、周恩来は「沈着にして冷静、冗談を好まず、議論をするときはきまって国家の大事、民族の前途や青年世代はいかに学ぶべきか、ということを話した」「暮らしは質素で、勉強熱心、群書を博覧し、知識は該博、記憶力が良く、考えの筋道が明瞭であった」「散歩に外出するときも漫然と歩くということはなく、非常に早足で、本屋に行っては本を読んでいた」という。そして、南開学校が大学部を創設するという知らせを受けて帰国を決意し、三月、南開学校同学で第三高等学校に学ぶ滌愆（呉瀚濤）の所にしばらく滞在してから、四月に天津に向けて帰国したという。

一方、『周恩来――不倒翁波瀾の生涯』（ディック・ウィルソン著、田中恭子／立花丈平訳）には、この空白期における対照的な周恩来像が描かれている。それによると、一九一八年秋には、周恩来は京都の滌愆夫婦（ともに官費留学生）の家に身を寄せた。夫婦は以前から周恩来の滞日中の生活費を工面していたらしい。滌愆は周恩来に、当時京都帝大経済学部で教鞭をとっていた河上肇の思想を通してマルクス主義を紹介し、京都帝国大学入学を勧めたという。

第二次世界大戦後、周恩来が書いた京都帝国大学の入学願書と履歴書が発見された。京都で山林業を営む太田貞次郎が、戦時中、野菜などの食料を親戚や知人に届けた際にもらった和紙の束のなかに、それはあった。当初、太田にはそれが何なのかよくわからなかったそうだが、端正な筆跡に魅せられて保管しておいたという。戦後長男が中国から復員して戻ってきた際、それを書いた周恩来が中国共産党の要人であることを知り、額に入れて飾った。一九七九年、夫人の鄧穎超によって、それが真筆であることが認められる。その願書によれば、周恩来は政治経済科選科を志望していたようである。住所は神田。日にち欄が空白になっているところを見ると、提出はしなかったのではないだろうか。

ウィルソンは、周恩来が南開学校時代から酒好きだったこと、京都でも、ときに夫人に酒を取り上げられるほど「酒びたり」であったことを示唆している。

しかし、実像は、知れぬ。

いずれにせよ、周恩来は帰国直後、五四運動に身を投じ、学生運動の指導者として積極的に活動しはじめる。

日本で受験に失敗して以来、ほぼ空白の七か月……。この間、はたして若き周恩来は、いかに変貌を遂げえたのか。


本書の最大のテーマは、その空白を読むことかもしれない。

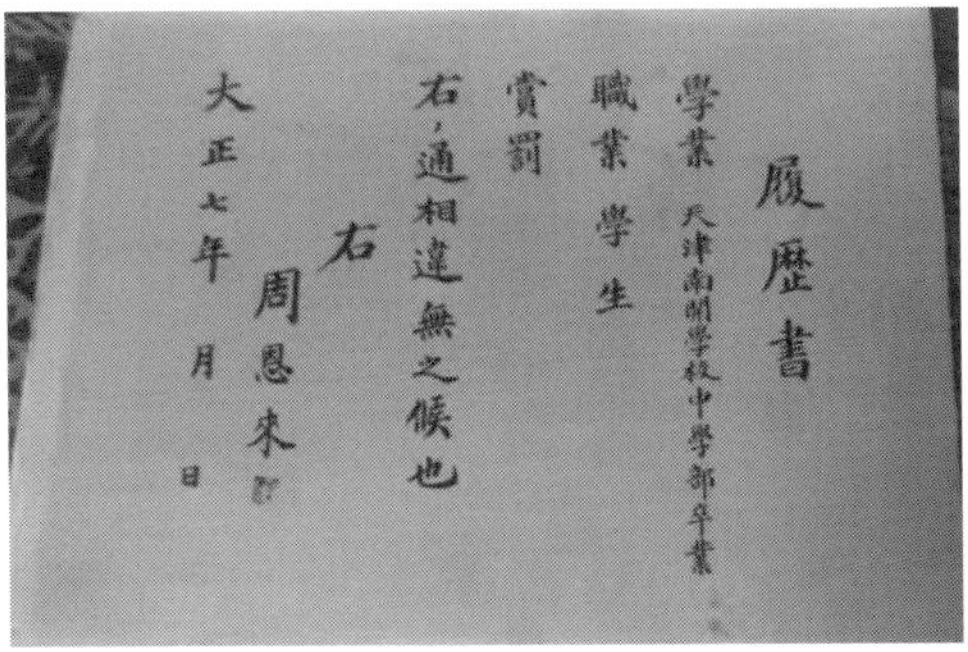
履歴書
學業 天津南開學校中學部卒業
職業 學生
賞罰
右ノ通相違無之候也
右 周恩来
大正七年 月 日

履歴書。日にちの記載欄は空白。

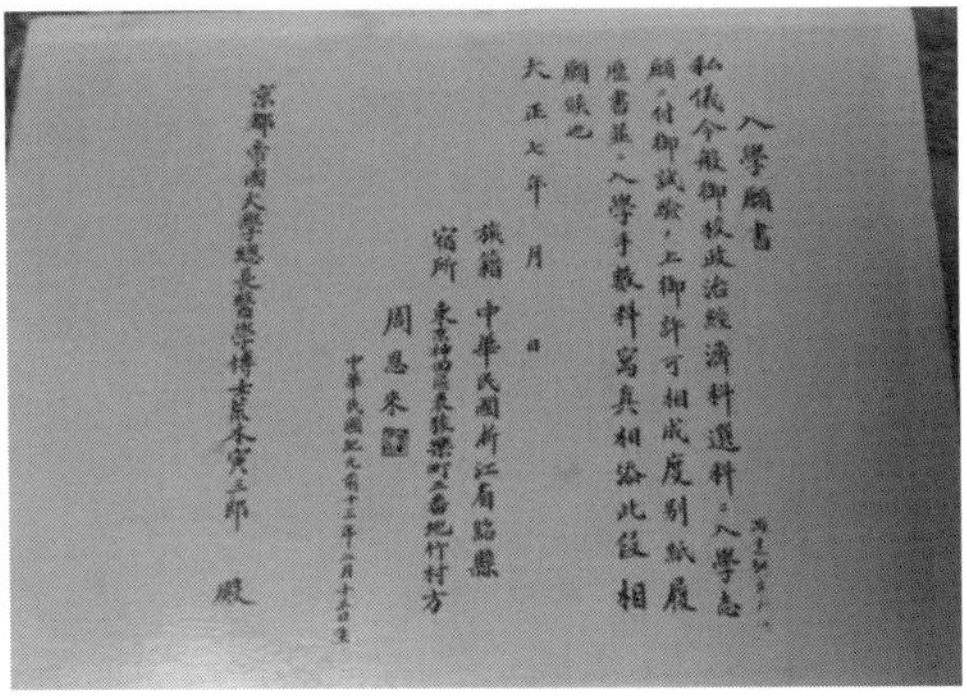
入學願書
私儀今般御校政治經濟科選科ニ入學志願ニ付御試驗ノ上御許可相成度別紙履歴書並ニ入學手數料寫真相添此段相願候也
大正七年 月 日
族籍 中華民國浙江省紹縣
宿所 東京神田區表猿楽町三番地竹村方
周恩来
京都帝國大學總長醫學博士荒木寅三郎 殿

入学願書。

籍は本籍のある浙江省紹縣、住所は「東京神田区表猿楽町三番地竹村方」となっている。

◉周恩来の収支メモ

この収支表は日記の巻末にある「収入款項」「支出款項」欄に記載されたものである。支出欄は、メモをもとに部分的に再構成した。

●収入

民国六年（一九一七年）

滌非より　二十二元
占一の送金　経費差引　二十五元
莢生より　支国内□　五元
季衝より　二十五元
滌愆より　五元
樸山より　五元
滌愆より　五元
樸山より　五元
滌愆より　五元
季衝より　十元
滌非より　六元
輪扉より又借り　五元
樸山より　一元
滌愆より　二元
滌愆より　五元
季衝より　五元
子魚より　十五元
伯安より　十元
滌愆より　五元
希天より　五元

民国七年（一九一八年）

季衝より　十元

一月
伯安より　一元二角
滌非より　一元
伯鳴から借りるすでに二元返済
全額返済　（五元）
鉄卿から借りる
すでに五元返済　（十五元）

二月
樸山より　十元
樸山より　二元
滌愆より　五元
季衝より　十元
子魚より　蓬兄に又貸し　十元
子魚より　五元
滌愆より　五元

三月
希天より　五元
季衝より送金　十元
仁山より送金　十元

四月
滌愆より　五元
子魚より　五元
乃如より送金　十五元
樸兄より　十元

五月
山兄より　五元
山兄より　三元
蓬兄より　一元
山兄より　二元
冠賢より　三十元
山兄より　五元

六月
文珊より送金　五十元
仁山より送金　十元
滌非より　五元
滌非より送金　二十元

七月
留学会より借りる

	すでに返済	（三十元）
八月	伯鳴の金を使う	
	すでに四元返済	二十四元
九月	麗生より借りる	三十元
	留学会より借りる	一〇五元
	叔□より借りる	
	すでに返済	二十元
	超雲より借りる	十五元
	穎芬より借りる	十元
	冠賢より借りる	四十元
	公望より借りる	三元
	滌非より	十元
	洗凡より借りる	
	すでに返済	十元
	樸山より送金	三十元
	潔民より送金	三十元
	霆伯より	三十元
十月	乃兄より送金	五元
	蓬兄が代わりに借りる	五元
	質	五元
	占一より	十元

	公望より	十元
	滌非より	二十元
十一月	慰望より借りる	五元
	占一より借りる	五元
	洗凡より借りる	五元
	慰望より借りる	五元
	占一より借りる	五元
十二月	新中留学会	三十五元
	滌愆より送金	四元
	乃兄より送金	五元

●支出

九月	留学会へ返済	三十元
	伯に与える	三十五元
	企に与える	四十元
	滌に送る	二十元
	書物を購入	二十元
	部屋	十一元
	膳	十元
	質を請け出す	五元

	学書	五元
	飯	十元
	青年会	三元
	雑費	五元
	九月合計	一九四元
十月	飯代	七元五角
	企雲	三元
	宴会	十三元
	『校風』報	一元
	引っ越し	二元
	飯代	四元
	雑誌代	二元
	十月合計	三十二元五角
	九・十月合計	二二六元五角

◉主な登場人物一覧

日記の初出順に掲載。

日付
日記中の呼び名（本名には＊を付記）
（出身地）一九一八年の呼称に基づく
生没年
（会）＝周恩来と会った回数
（送）＝周恩来が手紙をだした回数
（受）＝周恩来に手紙を受け取った回数
（支）＝周恩来への経済援助

一月一日

＊伯鳴《はくめい》　渡日仲間
（会）47回（送）4回（受）6回（支）29元
フルネームは夏伯鳴。留学中は青年会（30ページの＊参照）に住んだ。周恩来とは常に青年会で会い、周恩来への食料援助もした。中華人民共和国建国後、景泰藍（銅製の七宝焼き）の初代デザイナーとなる。美術家でもあった。

天池《てんち》（安徽省石台県）渡日仲間
（会）6回
本名は陳汝閎。一九一七年に南開学校卒業後、金陵大学に進学し、同年十一月に東京へ。青年会館に住み、周恩来と同じく東亜高等予備学校で学ぶ。一九一八年一月十七日、日本教育の質に対して不満をもち、早稲田大学や慶應大学への入学を放棄、ためらうことなく帰国を決意した。周恩来は駅まで天池を見送りに行き、感傷的な別れをする。帰国後、天池は上海工業専門学校（上海交通大学の前身）の鉄道経済科に進み、卒業後は上海税関監督署諮問委員へ就任した。

滌愆《じょうけん》（吉林省）渡日仲間
一八九四・五―一九八八・十二
（会）28回（送）13回（受）12回（支）46元
本名は呉翰涛。南開時代のクラスメイト。一九一六年に渡日し、翌年春に第一高等学校特別予科に入学。その後は第三高等学校（現在の京都大学総合人間学部及び岡山大学医学部）文科へ編入した。南開同学会の副幹事を務める。周恩来と同じ神田に住み、同じ学校に出願。周恩来を経済的に援助し、周の一高受験失敗後には、京都へ招いて同居した。一九二五年、アメリカへ留学。満州事変（九一八事変）後は、張学良の機密事項担当秘書となり、合江省主席に従事した。東北解放後は台湾へ渡り、九十四歳で病没。

蓬仙《ほうせん》（吉林省）渡日仲間
（会）41回（送）13回（受）7回（支）6元
本名は張瑞峰。一九一四年、醒亜、周

恩来とともに南開学校で「敬業楽群会」を設立し、会長に就任。一九一六年、中学卒業目前に渡日。周恩来は「飛飛」のペンネームを用い、別れの餞別として三首の詩を書いた。蓬仙は日本滞在一年目は予科で学び、二年目に早稲田大学に入学した。満州事変の後、亡国の民になることを望まず、中国東北部を離れ、北平市（現在の北京市）で落ちぶれた放浪者生活を送った。最後は、貧困と病気のために、若くして逝去。

＊滌非《じょうひ》（吉林省）渡日仲間
(会)23回　(送)3回　(受)7回　(支)84元
フルネームは張滌非。南開同学会の評議員。渡日し、慶應大学に入学した。一九一八年五月十一日に帰国し、その後は鄧潔民（一八九〇―一九二六）が創立したハルビン市浜江県（現在の黒竜江省ハルビン市道外区に相当）の東華学校で教職に就いた。周恩来とは密接な間柄にあり、日本留学中から経済的に周恩来を支援。一九一八年、周恩来は、新婚の滌非のために短い帰国期間中にわざわざ天津から北京に赴き、花婿の介添え人を務めた。

鉄卿《てっけい》（直隷省天津県）渡日仲間／新中学会
(会)25回　(送)10回　(受)5回　(支)15元
本名は陳鋼。南開学校の『校風』主筆。渡日後に南開同学会を発起し、書記を務め、留学中は周恩来へ資金援助した。一九一八年、重度の腸チフスによって、学業を断念せざるを得ず、帰国後は地方政界の職に就いた。盧溝橋事件勃発時、天津への省都返還のための調印に貢献。その後は泉学（貨幣学）の研究に生涯を捧げ、一九五五年、天津市文史研究館館員となった。

＊白濤《はくとう》（河南省南陽）渡日仲間
一八九〇―一九五二・八
(会)8回　(送)2回　(受)2回
フルネームは任白濤。幼名は洪濤。ペンネームは冷公、一碧。一九一一年の辛亥革命後、上海で『民主報』『神州日報』『時報』『新聞報』などの駐河南省開封特約通信員を務めた。一九一六年、渡日し、早稲田大学政治経済学部入学。日本新聞学会に参加して周恩来と知り合い、親友となった。

乃如《ないじょ》（直隷省天津県）
一八九〇―一九四七・十
(会)17回　(送)49回　(受)50回　(支)25元
本名は佟文翰。南開学校の化学教師。一八九〇年天津生まれ。一九一一年に直隷高等工芸学堂（旧北洋工芸学堂）化学科を首席卒業、成績優秀で、南開学校の学長である張伯苓に同校の化学教員として起用される。南開学校において最も影響力のある人物の一人。周恩来と乃如の初対面は周が智育部長をつとめていた「敬業楽群会」。乃如はその支援のためにみずから会員となり活動に参加。化学の授業も担当し、新劇団の一員としても周恩来をサポート、その友情をさらに深めた。乃如は周恩来の遠大な志と優れた才能を高く評価し、厳修や張伯苓に何度も推薦した。日本への旅費と滞在中の生活費など、経済面においても常に支えた。周恩来の日本滞在中、ふたりは一〇〇通以上の文通を通じ、互いの様子を尋ね合い、思想や心境を伝え合った。互いに「乃兄」「翔弟」と称して、先生と生徒でありながら、それを越える関係を築いた。ふたりは、その後の五四運動、フランス留学期間、一九三、四〇年代を通じて、絶え間なく連絡を取り合った。複雑かつ困難な局面でも友情は昇華し続け、周恩来は乃兄を通じ、多くの有識者と知り合った。五十七歳の十月二十八日に、胃穿孔により死去。

念遠《ねんえん》（直隷省天津県）
(会)1回 (送)3回 (受)3回
本名は施奎齢。南開学校高学年時の同級生。『校風』記事部主任、演説コンクールの会長などを務め、南開新劇団員であった。一九三一年、天津で国民党最右翼であるCC系の「中外聯誼会」を設立。日本滞在中の周恩来と文通し、日中戦争時も変わらず多くの交流をした。日本の敗戦後、天津で行われた日本軍の降伏受け入れ式に出席。一九四八年に台湾に渡った。

一月二日

冠賢《かんけん》（河北省宣化）渡日仲間／新中学会
(会)34回 (送)7回 (受)7回 (支)70元
本名は童啓振。南開学校の同期で、周恩来と親しく交流した。渡日後は早稲田大学に入学し、東京で南開同学会を設立、総幹事をつとめた。周恩来を新中会に紹介したのは冠賢である。その後アメリカとヨーロッパに留学し、帰国後、国民党の重鎮である顧孟余（こもうよ）によって、一九四八年、南京国民政府立法院院長に選出された。一九五〇年に香港へ移住し、香港崇基学院で教鞭を執る。一九八一年に死去。

樸山《ぼくさん》（吉林省楡標市）渡日仲間
(会)56回 (送)11回 (受)8回 (支)78元
本名は王葆曾。山兄とも。南開学校の親友で、周恩来より三日早く東京に留学。一九一八年の夏休み後、周恩来は東京神田区三崎町にある彼の家の二階に一時居候した。その間、樸山は体調を崩したため、学業を中断しなければならず、一九二二年頃に帰国。帰国当初は教育の仕事に従事し、その後、東北屯塁（とんこん）公署に赴任する。周恩来はヨーロッパ留学中に樸山と文通して、懐かしさを訴え、精神を奮い立たせた。三十四歳のときに白血病で逝去。

母親

一八七八—一九〇八

養母の陳氏。宝応県の秀才だった、陳源の娘。実家では三番目の子にあたるため、陳三姑（ちんさんこ）と称された。三伯（母親の兄弟）の龔懐朴が仲人をし、周貽淦と結婚したが一年も経たないうちに貽淦が病気で死去。周恩来が継嗣となり、以後、周恩来は陳氏を母親と呼んだ。陳氏は教養、気品のある女性であり、彼女の育て方は周恩来の生涯に大きな影響を与えた。一九〇八年、病没。

一月四日

新慧《しんけい》（直隷省天津県）

一九〇一—一九六〇・十

（会）18回（送）42回（受）17回

本名は李福景。日記中では慧弟とも。南開学校時代、周恩来より二学年下であったが、同じ宿舎に住み、兄弟のように親しく過ごした。周恩来は「氷雪聡明之新慧（非常に聡明な新慧）」と述べ、彼の家族とも懇意になった。一九一八年に香港大学工学院入学。新慧を自分と一緒に日本に留学させたいと考えていた周恩来は、心を痛めた。一九二〇年、二人はともに厳修が設立した範孫奨学金の援助を受け、ヨーロッパに留学。中華人民共和国成立後は石炭部の下部組織となる研究所につとめ、副所長となる。国務院総理であった周恩来は、多忙なスケジュールのなかで彼を訪ね、学生時代の思い出話に花を咲かせた。一九五〇年代後半、新慧が深刻な病を患った際は、全力でもって治療をするよう病院に指示し、彼の病没後は北京の八宝山にある共同墓地に埋葬した。

醒亜《せいあ》（河北省ラン県）

（会）7回（送）18回（受）20回

本名は常策欧。号は狐竹野人、または東州。南開学校の同級生。一九一四年から蓬仙、周恩来とともに「敬業楽群会」を発起し、会報『敬業』を創刊した。南開卒業後は清華大学に入学し、一九一九年にイギリスロンドン大学に留学。周恩来のフランス留学中、二人はヨーロッパで再会した。解放後は、天津の北洋大学の英語教授を務めた。一九五三年病没。

朶山《ださん》（河北省昌黎県）

（会）1回（送）3回（受）3回

本名は張綏祖。字はほかに名張佶。一九一六年、清華大学に飛び級入学し、一九二〇年に学究のため渡米。一九二六年帰国後、東北大学をはじめとする公的な教職につく。天津解放後、北洋大学の紡績学科長となり、紡績専門課程の講義を担当。天津大学設立後もその役職を引き継いだ。一九五八年、天津大学の旧紡績工学科を移転し、河北紡績工学院を設立（一九六八年、天津紡績工学院に改名）。紡績学科長を務め、一九七三年病没。中国の高等紡績教育の創始者の一人。

希陸《きりく》

(会)2回 (送)4回 (受)2回

本名は張錫禄。後に本名を「希陸」に改名。南開学校校長の張伯苓の子。南開学校低学年時のクラスメイトで、卒業後は清華大学に入学。一九二八年、アメリカから帰国し、南開大学の数学教師、厦門大学理学院院長兼数学科長などの教職を歴任。中華人民共和国成立後、本土に留まり、数学の教育と研究に生涯をささげた。一九八八年、北京にて病没。

峙之《じし》（湖北省建始県）

(会)5回 (送)5回 (受)10回

本名は呉国桢。南開時代に周恩来を兄弟のように慕った。周恩来は峙之を「若いのに老成している」と評した。一九一七年夏、清華大学に飛び級入学。一九二一年、アメリカに留学し、のちに国民党漢口市長、重慶市長、上海市長、台湾省長を歴任。晩年、渡米した。

＊**高仁山**《こうじんさん》（江蘇省江陰）渡日仲間／新中学会

一八九四―一九二八・一

(会)6回 (送)2回 (受)3回 (支)20元

字は宝寿。南開時代からの友人。周恩来より半年早く渡日し、早稲田大学に入学した。南開同学会の庶務、すなわち雑事務を管理し、冠賢と同じく新中学会の中心人物であった。その後アメリカ留学し、一九二三年に帰国後は、北京大学教育学部の教授に就任。教授兼副学部長、学部長であり、北平芸文中学校の学長も兼任した。一九二五年六月、北京大学で革命運動に参加。一九二八年一月十五日、北京天橋で奉系軍閥の張作霖に殺害される。

季衡《きしょう》 渡日仲間

(会)14回 (送)6回 (受)1回 (支)70元

本名は厳智開。周恩来の親友。南開学校出身。一九〇四年に南開学校の前身である敬業中学を創立した厳修（一八六〇―一九二九）の第五子。東京美術学校（現在の東京藝術大学）に留学。周恩来に東京生活のアドバイスをし、生活費も支援した。後に周恩来記念館の館長となる。一九一八年四月十二日に一時帰国した際、周恩来を自分の借家である霊梅院へ招いた。その後渡米、コロンビア大学教育学部で学んだ後、パリ美術学校に進んだ。一九二八年に帰国し、北京国立美術学校（中央美術学院の前身）教務主任、主任、教授、北京市政府芸術委員、天津市政府顧問、天津市立美術館館長などを歴任した。中国の近代美術教育の先駆者の一人。東京文化財研究所には、季衡が渡米前に天津から東京美術学校教授の黒田清輝宛に送った書簡（一九一八年三月二〇日付）が残されている。そこにはアメリカ留学を決めたこと、直接訪ねて挨拶できないことへのお詫び、欧州戦争停止後に渡仏する計画があることなどが書かれていた。

子魚《しぎょ》（安徽省涇県）渡日仲間
(会)25回 (送)6回 (受)3回 (支)35元
本名は王嘉良（王嘉梁）。南開時代からの友人。日本滞在中、南開同学会の評議員を務める。ともに一高を受験、落第した。伯安と同住所。

一月六日

***希天**《きてん》（吉林省）渡日仲間
一八九六・八―一九二三・九
(会)10回 (送)7回 (受)6回 (支)10元
フルネームは王希天。原名は王熙敬。周恩来の三年先輩の留学生。一高予科、八高に学ぶ。一九一八年五月、日華共同防敵軍事協定受諾に抗議して帰国。のちに再来日して在日中国人労働者の病気や貧困を救うための「僑日共済会」を結成して会長を務めた。一九二三年の関東大震災時、流言飛語により多数の朝鮮人、中国人が虐殺されたが、このとき希天も陸軍将校によって逆井橋（旧中川）のたもとで殺される。この当時、希天は経済面でも周恩来を援助しており、日記巻末に付された収支表によれば、五元ずつ二回計十元の生活費を周恩来に与えている。一九二四年五月一日、ヨーロッパ留学中の周恩来は友人の虐殺を知り、悲嘆にくれた。『赤光』の第七期の発表では「このような三つの要求のために三〇〇以上の命が引き換えになった」という一文で日本と北洋軍閥当局を非難し、「死から逃れるためには革命しかない」と呼びかけた。

***介眉**《かいび》　渡日仲間
(会)8回 (送)0回 (受)1回
フルネームは謝介眉。南開学校からの留学生。留学中に周恩来、希天などと親しくつきあった。希天の死後、介眉は『王希天小史』を編集し、一九二四年に出版。その後、革命家として湖南省で活動し、少共特委書記などを務めた。建国後は湖南省政協で働き、湖南省政協副秘書長などを務めた。

問凱《もんがい》
(会)15回 (送)9回 (受)9回
本名は劉金声。南開学校卒業後は、直属公立工業専門学校（現在の河北工業大学）で教鞭をとった。

述廠《じゅつしょう》（浙江省杭県）
一八九八・二―一九八三・一
(会)20回 (送)24回 (受)27回
述座とも表記する。本名は潘世綸。一九一三年、南開学校入学。周恩来とはクラスメイトで、「敬業楽群会」にも参加していた。卒業後、金陵大学に入学。日本滞在中の周恩来は、彼と文通を続け、日記中で「述弟」と称す。五四運動で周恩来に協力し、『天津学生連合報』を創刊。周恩来が同紙の主筆、述廠が創刊の責任者であった。一九一九年九月、覚悟社に加入、コードネームは19。五四運動後、渡米して経済学を専攻した。周恩来はヨーロッパにいたが、その間もふたりは変わらず手紙で連絡を取り合った。帰国後、国際金融の仕事に長く従事し、中国銀行香港支店副支店長、天津支店副支店長を歴任した。新中国成立後、中国銀行天津支店支店長、中国銀行本社の顧問、監事などを歴任。八十五歳で死去。

一月七日

輪扉《りんぴ》　渡日仲間
(会)70回 (送)1回 (受)3回 (支)5元
本名は張鴻誥。日本滞在中の周恩来ともっとも交流が多かった人物。三月十六日に高等師範公費生を受験し、一高に転入した。「大江歌罷掉頭東」の詩（14ページ参照）は、周恩来が一九一九年に帰国直前の輪扉に贈った自作のものである。『周恩来家世』（李海文著）の考証によると、彼は周恩来の弟、周恩寿（おんじゅ）の妻、王士琴（おうしきん）の大叔父でもあり、ふたりの仲人でもあった。一九二八年、周恩来が中国東北部で危険に遭遇した際、駅まで見送りに来た輪扉に対して、「私自身は生死を度外視するが、あなたは無理しないで」と、送迎車からの下車を止めたという。建国後、水力発電部のシニアエンジニアを務め、一九八一年に死去。

柏栄《はくえい》
(会)8回 (送)12回 (受)16回
本名は趙松年。南開学校のクラスメイトで、級長を務めた。後に邓潔民が設立した哈爾濱東華学校で教鞭をとり、革命思想を宣伝。東華学校の著名な「五君子」の一人である。日本滞在中の周恩来とは、ずっと文通を続けた。八月二十六日の日記には、滌非の結婚式に出席、天津へ帰る汽車で、独身主義について激論を交わしたことが記録されている。

雲弟《うんてい》
(会)10回 (送)17回 (受)20回
周恩来に『新青年』を貸した。

一月八日

八伯父
一八七六—一九一七
叔父の周貽奎。足が不自由で、長患いのため寝たきりであった。配偶者は楊氏。実母と養母が相次いで亡くなった後、周恩来は二人の弟を連れて、清江浦にある母方の祖母の家にから淮安駙馬巷の旧家へ戻り、八伯父一家と一緒に暮らした。

八弟《はってい》
一八九九—一九四四
一番目の弟、周恩溥（おんぱく）。字は博宇、幼名は和尚。一九一六年に天津に来て南開学校に入学。文才があり、英語の翻訳も得意であった。八伯父が死んだことを周恩来に手紙で知らせたのが八弟である。南開学校卒業後は、黒竜江省、山東省などで働いた。一九二八年五月、中国共産党の「六大大会」に出席するために上海からモスクワへ向かう途中だった周恩来と、政治家であり妻の鄧穎超は、ハルビンを経由し、八弟の家に泊まった。一九四四年末、八弟は、妻の王蘭芳（らんほう）と息子の周栄慶（えいけい）を遺し、山東省濰坊で病死した。四十五歳だった。解放後、蘭芳は栄慶とともに河南省焦作で長く庶民的な貧しい生活を送り、周恩来と鄧穎超が経済面で援助した。

父親
一八七八—一八九八
養父の周貽淦（いかん）。秀才で国学生であったが、体が弱く、病気がちであった。陳氏と結婚して一年も経たないうちに肺結核で逝去。わずか二十歳だった。

乾娘《かんこ》
一八七七—一九〇七
本名は万冬児。別名、万十二。実母。清河県知事の万青選の娘で、女性の排行では十二番目であったため、万家では万十二とよばれた。聡明で美しい女性であったが、三十歳で病没。

四姨《しい》
一八九〇—一九四四
四伯父周貽賡の三番目の妻である楊氏。『周恩来家世』によると周貽賡は王氏、趙氏と結婚したが、ふたりとも若くして亡くなったため、一九一四年、周恩来が日記で四姨と呼ぶ楊氏と結婚した。楊氏は晩年、周恩来の弟である周恩寿一家と天津で暮らし、五十四歳で逝去。

一月九日

鯨弟《げいてい》
一九〇二―一九四三

いとこの周恩碩。字は潘宇。八伯父である周貽奎の一人息子。虚弱体質で、発育が悪かったため、生後一〇〇日目に、貽奎が入れ墨職人に頼んで左腕に「周恩顧」という文字を刻んだ。それは古代中国の刑罰の一つ、「鯨刑（げいけい）」と同じ方法であったため、恩碩は幼名を大鯨（たいげい）と名付けられ、鯨弟と呼ばれた。勉学のため、周貽賡（四伯父）を頼って天津に行き、南開学校に合格。『周恩来家世』によると、一九二〇年代初め、恩碩は天津軍閥に捕まり兵役につかされたが、こっそり逃げて淮安に帰った。その後、銀行の帳簿係、塾の教師などの仕事を経て、日中戦争の際には郷里で抗日救亡活動に身を投じた。淮宝県（現在の淮安市洪沢区岔河鎮）の参議会参議に当選し、地方禁煙・懲匪（ちょうひ）運動に参加。一九四一年夏、三十九歳のときに消息不明となり、同県で殺害されたと言われている。遺体はみつかっていない。尓輝（じき）、尓萃（じすい）の二人の子がいる。

八媽《はちば》
一九二七―一九五六

八伯父である周貽奎の妻、楊氏。『周恩来家世』や『私の伯父さん周恩来』（周秉徳著）などによると、周恩来は建国後、一時八媽を北京に迎えて居住させた。その後、八媽は孫の尓輝を勉強のために北京に残し、自分は実家に帰った。周恩来は一九五三年から、八媽の実家での生活費と医療費を負担した。一九五六年末、八媽は実家で病死。周恩来が葬儀費用を工面した。

一月十一日

＊撼岳《かんがく》（直隷省天津県）渡日仲間
㈾10回　(送)8回　(受)13回

フルネームは薛撼岳。別名・薛卓東。字は尹山。南開学校のクラスメイト。周恩来とともに渡日。五四運動期間に覚悟社に参加し、積極的に活動した。コードネームは11、仮名は石逸。周恩来とともに『天津学生連合会報』を編集。天津当局に指名手配され、安徽省安慶にある婚約者である陳維坤の家に避難した。撼岳はその後、洛陽両湖巡閲使公署の外交官として働き、軍閥の呉佩孚（ごはいふ）傘下に身を投じ、最後は汪兆銘（おうちょうめい）の方針に従って革命に背を向けた。

一月十二日

碩陸《せきりく》（広東省番禺）
(会)4回　(送)5回　(受)2回

石福霖。碩陸は字。南開学校卒業後、唐山工業学校に出願。

一月十四日

弌叔《いちしゅく》

（送）8回（受）2回

本名は高老師。別名は高戈吾。奉天府の第六両等小学堂における恩師。「中華民国の決起のために読書する」と豪語した。自分が教職を務めていた東関模範小学校の卒業生に対し、在学中と変わらず何かあれば手をさしのべた。日本滞在中の周恩来と文通を続けた。弌叔は一九一六年から同学校の教職を辞して上京し、京兆尹公署に勤めた。給料は限られているので、日本にいる周恩来を支援し続けるために、教師としての兼職も考えた（だがこの件は周恩来が辞退した）。

二伯

一八六八―一九二一

二祖父の次男、周龢鼐（わだい）。字は調之、号は陽初。光緒年代に挙人の入試に合格。河南巡撫幕僚、江蘇巡撫総文案を歴任し、辛亥革命後に南京から北京に移り住んだ。一九一七年に南京督軍の李純（りじゅん）のもとで主任秘書となり、一九二一年に上海で死去した。周恩来は南開学校時代、休暇中は二伯の家に滞在。周恩来の渡日、欧州留学の際に、旅費を負担してた。

六伯

一八七三―一九五三

六伯父の周嵩尭（すうぎょう）。字は峋芝、号は薫士。光緒年代に官吏入試に合格。郵伝部（運輸通信事業全般を管轄する清朝の行政機関）に奉職したが、一九一五年、袁世凱が皇帝に名乗りを上げることに賛成しなかったために冷遇され、職を降ろされて淮安に戻った。その後、揚州に転居していた嵩尭は、日中戦争の発端となる盧溝橋事件後に日本軍が占領していた同地から一家を挙げて遠くの農村部に避難。不便な生活を甘受するも、日本軍に利用されることを回避した。中華人民共和国成立後、周恩来は嵩尭を上京させ、一九五一年、政務院常務副秘書長の斉燕銘の推薦と周恩来の承認を経て、中央文史研究館初代の館員として起用。周恩来が親戚を直接雇用したのはこのときのみである。

一月十九日

＊化民《かみん》

（会）1回

フルネームは徐化民。南開時代からの友人。日本留学時、蓬仙と同居し、早稲田大学に在学。

＊克忠《こくちゅう》（直隷省天津県）
一九〇三・一—一九五四
(会)1回 (送)5回 (受)4回
フルネームは張克忠。字は子丹。南開時代低学年時の友人。成績優秀、優れた人格者であることから、周恩来と同じく南開の学費免除生であった。とくに数学には秀でており、長期休みに学校で開かれた数学塾では、学長の張伯苓に教壇に立つことを特別に許可されるほどだった。一九二〇年、同校を卒業し唐山交通大学に入学。翌年には南開大学の最初の文理混合クラスに合格。一九二三年、アメリカに留学し、中国人留学生として初めて、マサチューセッツ工科大学に入学した。一九二八年、同大学から、化学工学博士学位を授与（これも中国人留学生初）され、書籍『拡散原理』を出版した。その後、克忠は高額な給与と高い職位を放棄し、母校に報いるために帰国。南開大学の最も若い教授になり、化学工業と数学の研究に生涯を費やした。一九五四年、五十一歳の若さで他界。

一月二十五日

四伯父
一八七二・九・十八—一九三三
周貽賡（いこう）。一九〇八年に淮安から中国東北部へ渡り、最初は奉天府の給与課司書をつとめ、その後課長に昇進。面倒見がよく、周一族が没落した後、しばしば銀小切手を送っていた。淮安で王氏、趙氏と結婚したが立てつづけに亡くなり、東北部へ移ったあとに楊氏と結婚した。仕事に几帳面であり、一九一七年に黒竜江省の公債及通貨制度部長、その後課長に就任。周恩来は一九一〇年に奉天（現在の瀋陽）の四伯父のもとへ身をよせた。貽賡は規律に厳しいだけでなく、よき家庭人でもあった。自宅の母屋には「いまあるもので満足できれば、心はいつも幸せで、求めなければ人格は磨かれる」といった意味の言葉が掲げられていたという。

一月二十六日

李君象模《りくんしょうも》（直隷省天津県）渡日仲間
(会)3回
本名は李象模。南開学校の友人。高荘子小学校の創立者である李徳清の息子。南開在学中、周恩来とは懇意であった。周恩来が高荘子村へ二回ほど遠足にでかけたり、夏休みを一緒に過ごしたこともある。後に、ともに渡日した。

二月五日

雲卿《うんけい》（山東省滕県）
一八九四—一九五九
(送)2回 (受)2回
本名は孔繁霱。南開学校の同級生。『校風』主筆であり、編集長も務め、総経理の周恩来とは密接に協力した。一九一七年に南開中学を卒業後、渡米し、グレナール・カレッジに入学。アメリカ滞在中も周恩来と文通した。一九二〇年に卒業。シカゴ大学大学院にて修士を取得した後、ベルリン大学の研究院に進む。一九二七年に帰国後、清華大学歴史学科の教授として招聘され、学界の権威となる。日中戦争間に同大学の派遣により、西南連合大学で教鞭を執った。共和国成立後、北京に残っている。六十五歳で他界。

＊春谷《しゅんこく》

（会）2回　（送）7回　（受）2回

フルネームは黄春谷。南開時代からの友人であり、周恩来と同じく南開新劇団の初期メンバー。後にアメリカのホノルルに渡り、雑貨店を経営した。一九七四年五月二十日夕方、病中の周恩来は、観光のため帰国した春谷夫妻を北京飯店に招待した。

二月十二日

黒弟《こくてい》

一九〇四—一九八五・五

末の弟の周恩寿（おんじゅ）。字は同宇。周炳徳姉弟の父親。生まれたときに皮膚が少し黒かったため、幼名が小黒子になり、後に黒弟と呼ばれた。周恩来と上の弟が淮安を離れた後、黒弟だけが原籍に残された。一九一八年末に二人の兄の後に続き、天津の四伯父の家を頼り、後に南開学校に入学。一九二四年に共産党入党。一九二六年一月に黄埔軍校第四期政治科に入学し、同年六月に卒業。北伐戦争に参加した一九二八年、上海にて、無断で党を離脱。吉林の四伯父の家で、一般市民として過ごす。その間、中国共産党第六回代表大会のためにモスクワ滞在中であった周恩来、鄧穎超、李立三（りりつさん）などを擁護。満州事変後、四伯父や父親とともに天津に戻る。一九四六年、あらためて本職に戻り、党の秘密工作に携わった。建国後、北京鉄道局、冶金部などの政府部門を経て、一九六三年に病気で内務部を早期退職。一九六八年に江青（こうせい）らに陥れられ、「劉少奇の黒路線の人物」として拘禁審査を受け、七年後にようやく釈放された。一九八五年五月に北京で病死、享年八十一歳。

二月十三日

大伯父

一八六四—一九四二

周恩来の二祖父である周駿昂（しゅんぼう）の長男の周貽豫（いよ）。別名は炳煜。後に笠之に改名。周家の排行の一番上のため、大伯父と言う。江寧布政司などの役所で師爺（幕僚）を務めた。日中戦争の時期に家運が傾き、一九四二年頃に揚州の荒廃した寺で孤独のなか他界。

三伯父

一八七一―一九三六

五祖父の周子龐の長男である周貽謙（いけん）。字は劫之。若い頃は教鞭をとり、官僚の私設秘書である師爺として働いたこともある。後に後妻の銭馥蘭の兄で奉天右参事官である銭能訓のもとに身を寄せた。一九一〇年に、周恩来が東北部の四伯父のもとへ身をよせる際、彼を連れて行った人物でもある。日本滞在への多少の援助をした。その後三伯父一家は天津に移住し、周恩来を助け続けた。漢口にて六十五歳で病没。

五伯父

三祖父の周聯駿（れんしゅん）の一人息子の周貽鼎（いよ）。本名は貽定。字は静之。万青選の十三番目の娘、万十三姑を妻にし、師爺を業として後に一家で天津に引っ越した。

四月三日

柳猗《りゅうい》（直隷省天津県）

一八九六―一九六三

（送）1回

本名は馮文潜。欧米への留学経験があり、のちに南開大学教授、西南連合大学教授や南開大学図書館長を歴任した。

五月二十日

黄遠生《こうえんせい》（江西省九江市）

一八八五―一九一五・十二

本名は黄為基。字は遠庸、ペンネームは遠生。中国における著名なジャーナリストの一人。大総統袁世凱は黄の才能と影響力を見込んで側近に置こうとし、黄自身も国家の力を利用して、言論の自由を確立しようとしていた。しかし、しだいに袁世凱批判の度合いを強め、距離を置くようになる。そのため身辺に危険が迫るようになり、帝政の脅迫から逃れるために渡米した。一九一五年十二月二十五日夜、中華革命党アメリカ総支部志部長の林森（りんしん）の指示によりサンフランシスコで劉北海に銃殺された。この暗殺については、革命党側が「黄遠生は袁世凱の手先であり、訪米の目的は君主制の推進なのではないか」と疑ったためだといわれている。中華民国成立後、多くの中国人新聞記者が、悪権を許すことができず、職務に忠実であろうとして結果的に命を絶った。黄遠生は、まさにその一人目となった人物である。

七月七日

錫凡《しゃくはん》（河北省昌黎県城）渡日仲間

（会）12回　（送）3回　（支）15元

本名は馬汝駿。南開時代からの友人。字はほかに洗凡、洗繁。官吏の家に生まれ、周恩来より六、七歳年上。かつて南開学校の自治励学会の副会長を務めたこともある。周恩来より半年前に卒業、その半年後に渡日した。周恩来とは、南開でも日本でも深く関わりあった。アメリカ、イギリスへの留学を経て、帰国。国民党に参加し、河北省政府秘書長、南京市社会局局長などを歴任した。また、中央大学で長年教鞭をとり、同大学法学院の院長も務めた。国民政府中央考試院法規委員会の委員、国民参政会三期、四期の参政委員でもあった。

七月十日

***勉之《べんし》**　渡日仲間

一八九〇―一九八六・九

(会)6回

フルネームは凌勉之。南開学校の友人。原籍は河南省固始。南開商科卒業後、早稲田大学に留学。帰国後、周恩来とともに覚悟社に参加し、ともに愛国闘争を展開。逮捕や追害を被ることもあった。その後、馮玉祥の西北軍に加わり、国民革命軍第二集団軍の政治部副部長、河南省教育庁長、済南市長、陝西省建設庁長などを歴任。建国後、天津の民革の責任者を務める。天津民革の成立準備、組織発展と社会的つながりの構築において多大な貢献をした。一九八六年九月に天津総医院にて病没、享年九十六歳。生前、みずからが経験して書いた、多くの歴史的重大事件について「中原大戦前の馮玉祥」、「蒋桂戦争の時期の馮玉祥」、「五四運働の周恩来二三事」、「吉鴻昌を伴うアメリカ遊歴米国の前後」、「蒋桂新軍閥戦争の内幕」などを発表。これらは歴史を後世に伝える、貴重な資料となっている。

七月二十四日

謙六《けんろく》

(会)2回　(受)1回

南開時代からの友人。

◉参照原文

一月五日

『詩経』「葛藟」

綿綿葛藟、在河之滸。
終遠兄弟、謂他人父。
謂他人父、亦莫我顧！
綿綿葛藟、在河之涘。
終遠兄弟、謂他人母。
謂他人母、亦莫我有！
綿綿葛藟、在河之漘。
終遠兄弟、謂他人昆。
謂他人昆、亦莫我聞。

一月二十日

「除夜」西郷隆盛

白髪衰顔意とする所に非ず。
壮心剣を横たえて勲なきを愧ず。
百千の窮鬼吾れ何ぞ畏れん。
脱出せん人間虎豹の群。

一月二十一日

「行路難・其の一」李白

金樽清酒斗十千、
玉盤珍羞直萬錢。
停杯投箸不能食、
抜劍四顧心茫然。
欲渡黄河冰塞川、
將登太行雪暗天。
閑来垂釣座溪上、
忽復乗舟夢日邊。
行路難、行路難、
多岐路、今安在。
長風破浪會有時、
直挂雲帆濟滄海。

一月二十三日
一月二十八日

「去国行」梁啓超

嗚呼！済艱乏才兮、儒冠容容。佞頭不斷兮、抜劍無功。君恩友仇両未報、死於賊手毋乃非英雄。割慈忍涙出国門、掉頭不顧吾其東。東方古稱君子国、種族文教鹹我同。爾来封狼逐逐磨歯瞰西北、唇歯患難尤相通。大陸山河若破碎、巣覆完卵難為功。我来欲作秦廷七日哭、大邦猶幸非宋聾。却読東史説東故、卅年前事将毋同。城狐社鼠積威福、王室蠢蠢如贅痈。浮雲蔽日不可掃、坐令螻蟻食應龍。可憐志士死社稷、前僕後起形影従。一夫敢射百決拾、水戸薩長之間流血成川紅。爾来明治新政耀大地、駕欧淩美気蔥茏。旁人聞歌豈聞哭？此乃百千志士頭顱血涙回蒼穹！吁嗟乎！男児三十無奇功、誓把区区七尺還天公。不幸則為僧月照、幸則為南州翁。不然高山、蒲生、象山、松陰之間占一席、守此松筠涉厳冬、坐待春回終当有東風。吁嗟乎！古人往矣不可見、山高水深聞古蹤。潇潇風雨満天地、飄然一身如転蓬、披髪発長嘯覧太空。前路蓬山一萬重、掉頭不顧吾其東。

一月二十三日〜二十五日

「自励・其の二（第二段）」梁啓超

献身甘作万矢的、

著論求為百世師。
誓起民権移旧俗、
更掔哲理牖新知。
十年以後当思我、
挙国猶狂欲語誰？
世界無窮牖無尽、
海天寥廓立多時。

◎「自励」全文解説

第一段は、梁自身の逃亡の経緯と、国の大事のために涙をこらえて慈母と別れ、日本に向かったことが書かれている。第二段は、日本を選んだ理由と、日本帝国主義に対する幻を表している。第三段では「変法」の話題に戻って、日本の明治維新に対する見方を表明する。第四段は日本の歴史上で気概のある人物を列挙し、彼らのようになりたいことを示す。第五段は昔の人物への想いから抜け出し、逆境に直面したときの態度を表している。

一月二十九日
二月五日
「壮別」梁啓超

丈夫有壮別、不作児女顔。
風塵孤剣在、湖海一身単。
天下正多事、年華殊未闌。
高楼一揮手、来去我何難。

一月三十一日
「舟中李山人訪宿」白居易

日暮舟悄悄、煙生水沈沈。
何以延宿客、夜酒與秋琴。
來客道門子、來自嵩高岑。
軒軒擧雲貌、豁豁開清襟。
得意言語斷、入玄滋味深。
黙然相顧哂、心適而忘心。

二月一日
「王昭君」白居易

其の一
満面胡沙満鬢風、
眉銷殘黛瞼銷紅。
愁苦辛勤顦顇盡、
如今卻似畫圖中。

其の二
漢使却回憑寄語、
黄金何日贖蛾眉。
君王若問妾顔色、
莫道不如宮裏時。

二月三日
「自励・其の一」梁啓超

平生最悪牢騒語、
作態呻吟苦恨誰。
萬事禍為福所倚、
百年力与命相持。
立身豈患無余地、
報国惟憂或後時。
未学英雄先学道、
肯将栄瘁校群児！

二月四日
二月八日
「臘不尽二日遺怀」梁啓超

泪眼看雲又一年、
倚楼何事不凄然。
独無兄弟将誰怼、
長負君親隻自憐。
天遠一身成老大、
酒醒満目是山川。
傷離念遠何時已、
捧土区区塞逝川。

二月四日
民国以降の国歌の変遷
第一次「卿雲歌《けいうんか》」

卿雲爛兮、糺縵縵兮、
日月光華、旦復旦兮、
時哉夫、天下非一人之天下也。

◎一九一三年四月に国会開設時に、北洋政府が採用した臨時国歌。歌詞は『尚書大伝・虞夏伝』から摘録。歌詞の最後二句は政治家の汪栄宝《おうえいほう》が手を加えた。作曲者は北京在住であったベルギー音楽家のジョアン・ハントストン(Joam Hautstone)だが現在、曲調は不明。

「中華雄立宇宙間」

中華雄立宇宙間、廓八埏、華冑来従昆侖巔、江湖浩蕩山綿連、共和五族開堯天、億万年。

◎一九一五年五月二十三日から採用。作曲は王露《おうろ》、作詞は軍人で外交官でもあった蔭昌《いんしょう》。袁世凱が皇帝に名乗りをあげた後、同年十二月十九日から「共和五族開堯天」の部分を「勛華揖讓開堯天」(袁世凱が頒田を開いた)に変更した。

第二次「卿雲歌」

第一次「卿雲歌」から「時哉天」以降を除いたもの。日月光華は繰り返し。

◎一九二一年三月三十一日に公布され、七月一日から正式に北洋政府の国歌となった。音楽教育家の蕭友梅《しょうゆうばい》が作曲。

中華人民共和国国歌「義勇軍行進(進行)曲」

起来!不願做奴隷的人們!
把我們的血肉、築成我們新的長城!
中華民族到了最危険的時候、
毎個人被迫着発出最後的吼声。
起来!起来!起来!
我們万衆一心、
冒着敵人的炮火、前進!
冒着敵人的炮火、前進!
前進!前進!進!

◎一九四九年の新人民政治協商会議から、中華人民共和国の国歌に採用。制作年は一九三五年。作詞は劇作家、詩人の田漢《でんかん》、作曲は聶耳《じょうじ》。元は映画『嵐の中の若者たち(原題は風雲児女)』の主題歌である。

二月七日

「武夷山中」謝枋得

十年無夢得還家、
独立青峰野水涯。
天地寂寥山雨歇、
幾生修得到梅花?

五月十日

「時世の詩」彭翼仲

堅難事業敗垂成、蕩産傾家負友朋。
霹靂一声中日約、奴何必再貪生。
西域飛来一弾偏、箒安時代幸邀天。
何期此日鴻毛死、辜負良心永抱漸。

◉総目一覧

本ページには、新中国版『周恩来十九歳的旅日日記』に掲載されている、『新青年』『不忍』『飲冰室文集』の各目次を掲載する。

国内の大事件　記者
通信
女子問題
（一）女性の権利についての
公平な議論　呉曽蘭
（二）家族と国家との密接な
関係の改善　孫鳴琪
書籍・新聞の紹介
北京大学同窓倹学会要覧

（一九一七年七月一日発行）
『新青年』第三巻第五号

現代西洋教育　陳独秀
詩と小説の精神的革新　劉半農
儒家の大同思想の義は
老子の説に基いている　呉虞
信仰について　惲代英
基尔米里（ジェルミニ）　陳嘏
蔵暉室箚記　胡適
智の歓び　胡善恒
ベルギーの森　李寅恭
結婚と恋愛　震瀛
読者フォーラム
（一）改良文学の第一歩　易明
（二）青年の早婚の
害について　鄭佩昂
通信
書籍・新聞の紹介
中国における最近の衛生事情と
その改善方法について

（一九一七年八月一日発行）
『新青年』第三巻第六号

孔子の復権と尊重　陳独秀
美的教育を宗教に
置換するということ　蔡孑民
婚姻制度の
過去・現在・未来　劉延陵
霊霞館記録　劉半農
倍那儿（ベルナール）
蔵暉室箚記　胡適
竹について　李寅恭
科学とキリスト教　陳独秀
シャクルトンの
南極探検記　李張紹南
英国遊学指南　程振基
国外の大事件　記者
国内の大事件　記者
通信
北京大学改制の真実及びその事由
全国各県フランス公費留学
派遣計画の協議書　華林

『不忍』雑誌集成初集

広西師範大学出版社は二〇一七年三月に不忍雑誌集成の書影（民国三年版本）を元に『不忍雑誌集成（全三巻）』を出版した。

第一巻

政論
中華救国論
憂問
憂問二
救亡論十則
第一。革命はすでに五つの困難を抱えており、国の滅亡を憂うものである。
第二。革命後の中国の民生は悲惨な状況となるであろう。
第三。革命は一般的教養とは無関係な感情に動かされる。
第四。新世界では国を公共のものとすることを目指しているが、旧世界の君主制も民主制もすべて旧い理論を目指しているため考慮するに足らず。
第五。君主と国家制度との間に相関性はなく、国家存亡にも関係しない。
第六。現時点での中国は共和制をとり得ない。
第七。ヨーロッパ人の立憲君主制が異国人を君主として迎える奇怪さについて。
第八。立憲国家における共和国法に則った君主の擁立は驚異的である。
第九。君主制の共和国について。
第十。民族性は定め難く、漢民族中にも又多様な民族が含まれる。満洲族もまた黄帝を祖としている。
中国は如何にして
みずからの危機を救うか
孤憤語七則
忘れ易いこと
内紛
物乞い
児戯
絶望
不治
無言
無政府
反乱
無恥
無禱

第二巻
政論
大借債異論
中華民国憲法草案要旨
中華民国憲法草案
中国の古跡・古器の保存について
第三巻
教説
中国学会報序文
孔教会序文
孔教を国教とすることについて
孔子改制考
第四巻
教説
大同書　甲部
　世界に入って衆苦を観ず
人生の苦七則
天災の苦八則
人道の苦五則
人治の苦七則
人情の苦六則
人々に尊ばれる者の苦悩五則
突厥紀行
第五巻
文芸界
断髪・洋装の勧め
辛亥十二月、箱根に遊ぶ

　與梁任甫の書
華僑から国会議員に選出された
三水の人、徐勤君の帰国に寄せて
酉十二月　日本の明治維新考証
戊戌正月　ロシアの
　ピョートル大帝の改革記序文
戊戌五月　突厥弱体化記序文
戊戌六月　フランス革命記序文
戊戌七月　ポーランド分割記序文
六朝書道論序文
付録
朱九江先生逸文
国内消息
時事日誌(目録のみ)
国外時事日誌(目録のみ)
第六巻
文芸界
詩
誦芬集序文
留芳集序文
留芳集

附『飲冰室文集』

一九二六年（民国十五）、梁啓超の甥である梁延灿が編纂した「乙丑重編飲冰室文集」が中華書局から正式に刊行された。梁啓超の承認を得て、生前最後の出版となったこの作品集は、八十冊からなる。一九八九年三月、中華書局から一九二六年の複写版をもとに再出版された。この文集から、梁啓超の学識の広さと思想の全貌を見ることができる。

第一集　第一巻〜第四巻
古議院考
史記・貨殖列伝現代考
春秋時代を読み解く
孟子を読む
ポーランド滅亡記
法改正に関する総論
不正防止に起因する
　中国の衰退について
君政と民政との変遷の理を論ず
中国は今後強大になっていく
新聞社の国事に対する
　有用性について
湖南において何をすべきか
国を治めることは道から始まる
増税について
戊戌八月の政変は、
　訓政ではなく、廃立であった
政変の原因—答客難—
戊戌六君子伝
三先生伝
江西省康女史の記
幕末志士を偲ぶ
『地名韻語』序文
『説群』序文
『適可斎記言記行』序文
沈氏『音書』序文
『経世文新編』序文
『春秋中国彝狄辨』序文
『仁学』序文
『ロシアトルコ戦記』叙
『日本国志』後序
『西学書目表』序文
『西学書目表』後序
大同訳書局叙例
『西書提要農学』総序
『蚕務条陳』叙
続訳『列国歳計政要』叙
翻訳政治小説序文
『中国工芸商業考』概要
『日本書目志』を読んで
『農会報』序文
『萃報』叙
『蒙学報』『演義報』合叙
『清議報』叙例
南学会叙
知恥学会叙

第二集　第五巻～第四十六巻

第三集　第四十七巻～第五十八巻

第四集　第五十九巻～第七十六巻

エピローグ　さらば、日本

　周恩来の日記は、一九一八年（大正七）十二月二十三日を最後に終わっている。七月末の夏休みに一時帰国して九月初旬に東京に戻ってからは、【通信】欄にわずかに記述があるのみで、ほとんど日記の体をなしていない。周恩来が、「返国図他興」（帰国して祖国の復興をはかる）の決断をして、神戸港から帰国の途につくのは、あくる大正八年四月のことである。

　この空白の七か月間、周恩来がいったいどこで、何をしていたのか。それを詳らかにする確かな資料として、近年周恩来が書いた（おそらく未提出の）京都大学願書と履歴書が発見された（377ページのコラム参照）が、そのほかはいまだ不鮮明である。

　受験に失敗、自虐的な気分に陥っていたことは、それ以前の日記から想像に難くない。一方、在日中国人留学生たちの政治運動は、日本を含む列強の露骨な大陸進出とともに、ますますエスカレートしていった。

　勉学か。革命か。

二十一歳にならんとする周恩来は、悔恨の情に苛まれながら、苦渋の選択を迫られていたのである。

だが一九一九年（大正八）三月、ついに帰国を決断する。送別の席で、同じく南開学校時代からの同級生である輪扉（張鴻誥）に記念の書を送った。日本に渡るときに歌った「大江《だいこう》に歌罷《や》めて、頭を掉《ふ》って東し……」に続いて、周恩来はこう書き添えたという。

「右の詩は私が十九歳で日本に渡るときに作ったもので、あちこちほっつき歩くこと一年余り、不覚にも受験に失敗したので帰国して祖国の復興を図ることにした。いつでも行動に移れるよう準備し、諸友に別れを告げた。

輪扉兄が昔のよしみでともに酒を酌《く》もうと子魚、幕天を伴って迎えにやって来た。酔ったあとこれを書き記し、再び別れる記念とし、あわせて私の意志の弱さの自戒とする。

民国八年三月」

さらに、周恩来は、帰国直前の四月五日、ようやく春めいてきたであろう京都の嵐山を散策して、こう歌った。

京都の写真館にて1919年4月6日撮影。周恩来と友人ら、9人の送別時の写真。左から、輔青（楊扶静）、永滋（于樹徳）、翔宇（周恩来）、東美（劉東美）、洸凡（馬汝駿）、冠賢（童冠賢）、子綸（張国経）、朴岩（黄開山）、存齋（安体誠）と各自の名前が書かれている。

雨中嵐山《うちゅうらんざん》

雨中二次遊嵐山、
両岸蒼松、夹着幾株桜。
到尽処突見一山高、
流出泉水緑如許、繞石照人。
瀟瀟雨、霧蒙濃、
一線陽光穿雲出、愈見姣妍。
人間的万象真理、愈求愈模糊、
――模糊中偶然見着一点光明、真愈覚姣妍。

雨のなか　ふたたび嵐山に遊ぶと、
両岸の青松のなかに桜が何本か見える。
その青松の尽きたところに不意に高い山が現れる。
流れ出す泉の水は濃い緑色で、

「雨中嵐山（うちゅうらんざん）」が刻まれている周恩来総理記念詩碑。／京都の亀山公園内（京都府京都市右京区嵯峨亀ノ尾町6）にある。

岩をめぐって人を映《うつ》す。
さびしく降る雨、深くたちこめる霧、
一筋の日の光が雲をつらぬいてさしこむと、
いっそうあでやかで美しい。
この世のあらゆる真理は、
求めれば求めるほど曖昧である。
――その曖昧さのなかにたまたま一点の光明が見えると、
ほんとうにますますあでやかで美しい。

こうして二十一歳の周恩来は、一年七か月前に青雲の志を抱いて渡った海路を、忸怩《じくじ》たる思いを抱きつつ帰国していったのである。

そんな周恩来を待ち受けていたのは、中国民衆の激しい反帝国主義運動、すなわち北京から各地に波及した五四運動であった。五月四日のデモの直後に天津に帰った周恩来は、学生運動の真っ只中に身を投じ、その先頭に立って反帝国主義運動を組織する。

革命家、周恩来の誕生である。

改訂新版に寄せて　彩やかな歴史の光—周恩来と松本亀次郎

鷲山恭彦

周恩来に日本留学中の日記が残っていたとは。本書を手にしたときの驚きは、いまでも鮮やかである。読み進めると、松本亀次郎が「松村先生」として登場するではないか。生家と一キロも離れていない所に生まれ育った者には、特別の臨場感が走る。

一九七九年に来日した鄧穎超は、松本家と面会し、夫周恩来の遺志にそって、留学中に受けた学恩と薫陶に謝意を表した。翌一九八〇年には最後の教え子である中国社会科学院の汪向栄《おうこうえい》が『中国画報』に「中国人留学生の良き教師」として、魯迅、秋瑾、周恩来を教えた事績を紹介し、日本で忘れられていた松本亀次郎が中国から蘇えった。一九八五年には生家跡地に井上靖揮毫の「中国人留学生教育に生涯を捧げた人」の碑が建てられた。そして一九九九年の『周恩来 十九歳の東京日記』の公刊である。

留学二年目の一九一八年、周恩来は月に何回も松本亀次郎の所に通っている。東京高師の試験のときには、亀次郎は心配して訪ねており、一高のときには直前まで黙書の指導をしている。五月には「日華共同防敵軍事協定」に抗議して留学生たちの間に帰国運動が起こった。松本亀次郎は当局の対応を批判。大学・学校代表四人とともに、岡田文平文相、後藤新平外相に面会して留学生たちの疑念を解くよう働きかけている。

周恩来は五月十四日の日記に「昨日、十一校の私立学校の代表四名が日本の文相、外相および警察総監に会見した。外相は、〝中日協約は、シベリア出兵問題に関係があるだけだ、軍事行動は両国ともに秘密を守る。新聞の宣伝報道はすべて事実ではない〟と発言」と記している。歴史の断面が生き生きと蘇えってくる。松本亀次郎は周恩来に消し難い印象を残した。

至純の精神による大自然的醇化《じゅんか》教育

対華二十一ケ条の要求を日本政府は中国に突きつけ、国民の間にも、中国蔑視が広がっていく時代であった。「日本人が、僅かに一日の長を恃み、日清日露両役戦勝の旧夢より目覚めず、見くびっていたら大間違い」と尊大な日本を松本は憂いた。留学生たちは日本で学びながら、反日になっていく。留学生教育が悪いという逆ネジの批判も出てくる。

「親日も排日も、ことごとく我が対支政策の反響」と松本は断じた。中国は「我が国民全体には、排日を唱えたことは、かつて無い」という。問題は日本側にあった。「中国への政策を改めれば排日は即日終息して、親日に復する」と松本は語った。しかし当時、こうした認識を持つ日本人は少なかった。

中国からの留学生には「出来得る限り、家庭を開放し、留学生と歓談する機会を作ってもらいたい」と松本は呼びかけている。そして「留学生教育は、何等の求める所も無く、為にすることも無く、至純の精神を以って、蕩々として能《よ》く名づくる無きの大自然的醇化教育」の信念を貫いた。

日華両国は唇歯輔車《しんしほしゃ》、共存共栄は天命にして国是

一九三〇年（昭和五）、松本は二十年振りに中国を訪問する。上海、蘇州、南京、漢口、大連、天津、北平と教育事情を視察し、それぞれの訪問地で「東亜で予備し」、帝大、私大、医専などを卒業して活躍している教え子たちと交歓する。その感銘を「魂合える　友と語れば唐大和　一葦の水の隔てだになし」などの多くの歌に詠じている。

日華間の感情の齟齬をめぐっては、「誤解のない友好のためには教育者の責任が大きい」として、政府より国民相互の理解を主とし、両国教育者の意志疎通を確認し合った。

この記録は「中華教育視察紀要」と「中華留学生教育史」を合わせ、『中華五十日游記』として、翌年に刊行された。「日華両国は唇歯輔車、共存共栄は天命にして国是」の言葉で締めくくられている。刊行後、友人や知人に贈り、犬養毅、鈴木貫太郎、松岡洋右、山本条太郎、吉岡弥生、与謝野晶子、岡田良平、本庄繁などから礼状が届いている。

後にポツダム宣言を受諾して終戦に導いた鈴木貫太郎は、「対支事件に関する御憂慮はまったく御同感」と述べた。海軍元老で天皇の侍従長の侵略戦争への懸念として貴重な証言となっている。

与謝野晶子は、「そのご一生の大半を民国青年の教育にお用ひ下され、実際に我国との平和関係に

御尽し下されそうろうことを有り難く存じ申しそうろう」と松本の仕事を全面的に讃え、「お歌も皆御実感なれば、拝誦して心を打ちそうろう」とあり、「御高著は拝読を友人たちにも勧め申すべくそうろう」とまで評価している。

関東軍司令官の本庄繁からは「繰り返し拝見仕り、吾人も主旨と精神において全然同感にこれあり、是非かくありたきものと存じもうしそうろう」とあり、しかし「ただ現実の問題が生やさしきものにこれなく」、「断じて我が日本の存立問題を等閑にふするにあたわず」と軍人の立場を述べている。この返事から一か月もたたない九月十八日、関東軍司令官として攻撃命令を発し、満州事変が勃発する。

それゆえ『中華五十日游記』は、明治以降の留学生教育の達成点の最良の総括となっており、現在、南京師範大学の林敏潔教授の下で中国語訳が進んでいる。

周恩来と撫順《ぶじゅん》戦犯管理所の九六九名の戦犯

中華人民共和国成立と共に首相になった周恩来は、日本と国交のなかった二十三年間にも中国紅十字会の李徳全《りとくぜん》を通じ、在留邦人三万人の帰国や文化交流に尽した。ソ連から引き渡された戦犯九六九名の処遇についても忘れてはならない。

捕虜の試し切りや強姦、住民虐殺を日常とした兵士たち、三光作戦を指揮した師団長、土地収用による流民化や炭鉱の強制労働やアヘンの製造を立案施行した満州国高官、抗日分子を拷問し人体実験の七三一部隊に送りこんだ憲兵隊幹部等々の集まりに対して、周恩来は八路軍の伝統によって、犯罪を裁くのではなく、被害者の苦しみ、嘆きと向かい合わせ、戦犯たちに認罪を求めたのである。そしてその後、全員を日本に帰国させている。

蒋介石も「以徳報怨」（怨みある者に恩恵を施すこと）を掲げ、早期帰還に尽力したが、BC級戦犯一四九名は死刑となった。

周恩来は憎むべき戦犯に対し、戦犯自身が戦争を心から憎み、悔い改める人間に変わるという壮大な教育を行ったのである。八路軍の伝統といっても、周恩来自身が作ったものである。さらに深い根源があるのではないか。帰国できた憲兵隊長を父に持つ伊東秀子は著書『父の遺言―戦争は人間を狂気にする』を書くなかで、この疑問を持った。しかし松本亀次郎を知って謎が解けたという。周恩来の人間観、日中友好の強い信念は、松本亀次郎から受けた教育と熱い心にその源があったのだと。鄧穎超の謝意を考えれば、過大評価では決してないだろう。

日中国交回復五十周年

二〇二二年は日本と中国の国交が回復して五十周年である。一九七二年、「国交途絶幾星霜、修好再開の秋将に到らんとす」と田中角栄首相は、米国の牽制と党内台湾派の反対を押し切って訪中。

周恩来首相は賠償放棄で応え、日中の国交が回復し、共存共栄の道が開かれた。

現在の険悪な国際情勢の中、抑止力論が盛んである。しかし進むべき道は、松本亀次郎、周恩来、田中角栄が切り開いた、教育、外交、経済協力の道しかないことは明白であろう。

離日にあたって京都の嵐山を訪れた周恩来は、『雨中嵐山』の詩を詠んだ。「人の世の万象の真理は模糊たるも、模糊たるなかに一筋の光を見るは、ますますあでやかなり」。模糊としたなかから周恩来が希求した「一筋の光」は、やがて周恩来自身に宿り、歴史を大きく切り開く原動力となったのである。本書にはその原石がちりばめられている。

日中友好の原点となった周恩来の東京日記

解説　『周恩来十九歳の東京日記』（一九九九年 小学館）収載

矢吹晋

本書は、若き周恩来の東京青春日記である。原題は「学校日記」で、長い間、中国でも部分的にしか紹介されていなかった手稿が、このたび『周恩来旅日日記』（一九九八年）、『周恩来早期文集』（上巻、一九九八年）においてようやくその全貌が明らかにされた。本書は、その全文訳である。

まずは周恩来の生い立ちから始めよう。

1　周恩来の生い立ち

周恩来は一八九八年三月五日、江蘇省淮安《わいあん》県城内駙馬巷で生まれた。私は淮安という町を訪ねたことがある。さびれた田舎町の印象をうけたが、かつては交通の要衝として繁栄をきわめた町であり、往時の面影は残っていた。淮安は南北を縦貫する京杭大運河（北京と杭州を結ぶ）と東流する淮河の交わる町であり、清代には「漕運《そううん》総督衙門」という役所が置かれていた。古運河として残る遺跡の風情から、周恩来が生まれるはるか昔の往時の繁栄がしのばれ、印象的であった。

そのころ、周恩来記念館の建設工事がはじまっていた。周恩来の原籍は浙江省紹興小保佑橋百歳堂にある。魯迅逝去二周年記念の際、周恩来はこうのべている。「血統では私は魯迅先生の本家筋かもしれない。二人とも浙江紹興の周家だからである」（魯迅の本名は周樹人）。周恩来の祖父周殿魁の時代に「師爺《しや》」となって紹興から淮安に転居した。

師爺――これが周恩来の人生を解く一つのキーワードである。封建時代、読書人の活路は科挙をうけることにあったが、紹興人は科挙をうけて正規の役人になるよりも、官職ではない師爺になり、全国各級の役所で文書を扱う道を選んだ。師爺というのは県知事の意をうけて実務をおこなう官僚であり、老夫子《ろうふし》と尊称されていた。県政府では司法担当は刑名師爺《けいめいしや》、財政税務担当は銭糧師爺《せんりょうしや》とよばれた。県知事側としても彼らに依拠して行政を行うのが常であった。

むろん師爺は紹興人に限られないが、紹興師爺《しょうこうしや》は有能なことで知られ、一つのギルド的な人脈をつくっていた。毛沢東につかえる周恩来の姿は、周恩来が師爺の体質を継承しているとみるとわかりやすい。紹興人に多かったもう一つの職業は商人である。彼らは大都市に雑貨店をひらき、その一角で、紹興酒も売り、あるいは呑ませた。師爺といい、大都市商店といい、いずれも都会的なスマートな職業で、各地の情報につうじている。周恩来の体質のなかには紹興人気質、師爺の血統あるいは遺伝子が脈うっている。祖父周殿魁は晩年に淮安で淮安府山陽県（現在の淮安県）の知県（県知事）を務めた。周殿魁には四人の息子（貽賡《いこう》、貽能《いのう》、貽奎《いけい》、貽淦《いかん》）がいた（20ページ家系図参照）。次男の貽能が周恩来の実の父親である。祖父周殿魁は五十数歳で死に、父親貽能の時代になると、急に没落した。周恩来の母親万氏（十二番目の娘なので、万十二姑とよばれた）の外祖父（万氏の祖父）である万青選の原籍は江西省南昌で、やはり師爺出身である。淮安府下清河県（後の淮陰県）で三十年間知県を務めた。万十二姑は周貽能に嫁いで周恩来と二人の弟恩溥、恩寿を生んだ。周恩来が一歳にもならないときに、最も若い叔父貽淦が病没した。「不孝に三つあり、後継ぎ無きを大となす」との考え方から、周恩来は貽淦の養子となり、養母陳氏に育てられた。陳氏の実家は蘇北（江蘇省の北）宝応の貧しい読書人の家庭で、未亡人となったとき実子はなく、まだ二十二歳の若さであった。陳未亡人は周恩来の養育と教育に力をつくした。周恩来は日記のなかで、すでに死去していた養父を「父親」、陳氏を「母親」とよび、実父を「乾爹」（義父の意）、生母を「乾娘」（義母の意）と呼んでいて、混乱し易いので注意したい。

一九〇四年、六歳の周恩来は実父貽能、母十二姑、継母（陳氏）、弟たちとともに、外祖父家のある清河県清江浦に転居した。大家族なので家族内でよくもめごとが起こり、母十二姑が調停に活躍した。万家には蔵書が多く、周恩来はここで『西遊記』などを読みふけった。実父貽能はお人好しだが、いささか才覚に欠け、月給十六元の下級職にしかつけなかった。母十二姑は苦労のあまり、一九〇七年に病に倒れ亡くなった。翌一九〇八年七月、継母（陳氏）も肺結核で死去した。実母と継母の死によって周恩来家は一家離散となる。実父は湖北へ出稼ぎに行った。十歳の周恩来は九歳の恩溥と四歳の恩寿を連れて淮安の生家にかえるが、借金と家事は周恩来の肩にのしかかった。周恩来が十二歳の年に、伯父（実父の兄）たる貽賡が奉天財政局の科員となり、生活が少し安定した。伯父貽賡には子女がなかったので、周恩来を引きとって育てることになった。つまり周恩来は幼くして「実父の（すでに死去していた）弟（叔父）の養子」となり、十二歳で「実父の兄」（伯父、四伯）に預けられたのである。「このとき家を出なかったならば、私の一生は、成就するところなく、家に残った弟たちと同じように、悲劇的な未来にむかったであろう」と周恩来はのちに回想している。一九一〇年春、周恩来は奉天府へ行き、まず鉄嶺《てつれい》の銀崗書院（初級小学）で半年学んだ。秋に第六両等小学堂（のち奉天東関模範学校）が完成したので、奉天にもどり高等丁班に入学した。奉天で出版されていた『盛京時報』を購読し、時事問題への関心をふかめた。一二年十月、十四歳の周恩来は「奉天東関模範学校第二周年記念日感言」を書いて、中国を富強にするには、教育から出発しなければならないと論じた。これは現存する周恩来の文章のうち、最も初期のもので、のちに『中学生国文成績精華』に収められるほどの出来ばえであった。一九一三年二月、伯父貽賡が奉天から天津に転勤となり、十五歳の周恩来は天津市緯路元吉里に転居した。八月十六日南開学校の入試をうけ、秋からまる四年、十九歳までここで学んだ。この学校は一九〇四年に厳氏家塾を再編してつくられた、欧米流の近代的教育をめざす私立中学校として内外に有名であった。学生時代の周恩来の印象を後に級友は、「厳粛活発」の四文字であらわしている。成績は優秀、とくに国文は抜群であった。一九一七年六月二十六日、南開学校の卒業式では国文が最優秀賞に選ばれ、卒業生を代表して「答辞」を述べている。課外では「史記」、顧炎武や王船山の著作、ルソー「民約論」、モンテスキュー「法の精神」、ハクスレー「進化論」などをよんだ。南開時代に新劇「一元銭」を上演した際、周恩来が舞台装置をつくり、女形を演じた演劇青年であったことはよく知られている。卒業時の級友たちの評価はこうであった。「君は温和、誠実にして、最も感情に富み、友誼に厚く、凡そ朋友と公益のこと、力を尽くさざるなし」。南開学校校長の張伯苓は周恩来を南開で最良の学生とほめ、しばしば自宅にまねいた。学校理事の厳修も周恩来の人柄と才能をほめ、娘の婿に所望したが、周恩来が固辞したという説もある。

2　なぜ日本への留学か

周恩来が東京に着いてまもなくロシア革命が起こり、東京での留学を断念して帰国した直後に五四運動が起こっている。すなわち周恩来の東京生活は、まさにロシア革命と中国の五四運動に挟まれた「疾風怒濤の時代」であった。経緯をたどると、一九一七年七月下旬、周恩来は、同級生李福景（字は新慧）らと北京へ出向き、日本への官費留学の道を模索し始めた。奔走の挙げ句、友人や恩師などから借金して最低限の費用はどうやら工面できた。そこで九月、有名な七言絶句「大江歌罷」を残し、天津港から船出して、横浜港に着いた。日本ではまず早稲田に住み（張瑞峰と同室）、ついで神田の「日本人の旅館」に下宿し、「慣れない日本食を食べ、多数の魚を食べ」、東亜高等予備学校に通った。「日本旅館は中国旅館よりも静かで、喧嘩がないので、勉強するのに便利である」（陳頌言宛書簡、一九一七年十二月二十二日）。

周恩来の日本留学前後の事情を調べてみよう。ロシア十月革命という大状況、アジアのなかの日中関係という中状況、周恩来自身の家計という小状況があった。青年周恩来はまさに時代の子であり、運命を決する事情はいりくんでいた。まずロシア革命の勃発は一七年十一月七日である。これは周恩来が東京高等師範や一高入試の準備のために日本語の補習を始めたときである。日記のなかに東京堂で求めた新刊『露西亜評論』誌から抜き書きし、ボリシェヴィキ（過激派）、エスエル（社会革命党）、カデット（立憲民主党）についてのメモを残したのは五か月後（四月二十三日付）である。周恩来は北洋軍閥に権力を簒奪《さんだつ》され、混迷を深める祖国の「救国」を考えていたが、隣国ロシアでは「自由と民主」を掲げた革命が始まったのである。

日中関係はどうか。日本政府が袁世凱大総統に旅順、大連の租借期間延長や山東省ドイツ利権の譲渡などを含む「対華二十一ヶ条の要求」をつきつけたのは一九一五年一月のことである。周恩来が南開学校を卒業した一七年六月、日本政府は石井菊次郎《いしいきくじろう》を米国大使に任命し、中国における日本の特殊権益などについて米国代表ランシングとの交渉に当たらせ、十一月二日に、石井・ランシング協定を締結した。この間、十月十日に在日中国人留学生が石井演説に抗議し、在日中国公使を問責する事件が起きた。周恩来は「はじめて会議に出たとき、公使館を包囲攻撃することに出会い、暴動行為はことごとく眼底に入り」（前掲、陳頌言宛書簡）と評した。この事件を「暴動行為」とむしろ否定的に受け止めていることが注目される。半年後の一八年五月六日、東京の中国人学生が「日華共同防敵軍事協定」に反対する集会を開き、二十五人が拘留されたが、当日の日記から読みとれる周恩来の行動は以下である「蓬兄、冠賢に会いに早稲田に行くが、会えず。本郷に希天、滌慾を訪ねるが、やはり会えず。夜九時、蓬兄と早稲田に行き、冠賢に会う」。翌五月七日はこうである。「宴会を名目に維新號（中華料理店）に集まり、帰国総機関幹事を選出した。そのあと、日警に拘束されたが、まもなく釈放された」と、その経緯が記されている。

哀れな故国に対して強権的な政策を採る日本の現実に直面して中国人留学生たちは親日か反日か、留学か授業ボイコットか、踏み絵を迫られた。周恩来は欧米の先進文化を輸入して近代化をなしとげ、アジアの強国となりつつある日本から富国強兵の秘密を学ぼうとしていた。そのような視点から、日本留学仲間を冷静に分析した。「一つは、勉強に没頭し、太平と乱世を聞かない（社会問題に無関心の意）。一つは、出しゃばるのが好きで、いたるところで声を張り上げる。一つは、徹底して愚かで、わけが分からないグループだ」「神州（中国のこと）をみると、悲しい思いが極点に達する」（ともに前掲、陳頌言宛書簡）。また一月二十四日の日記では「十年前に日本に留学した学生に思いをはせれば、あくどい者はともかく、国を愛する人たちは、大半が二派に分かれた。

一派は革命に従事し、一派は君主立憲に賛成した」「結局、この両派は日々旗を振って互いに排斥しあいながら、自分たちは準備をしていたのだろうか。やはり、まったく実力がなく、帰国していざ行動する時になると、一人ひとり化けの皮がはがれてしまった」。当時中国からの日本留学生は数千の規模に達しており、一つのブームをなしていたこと、留学生仲間の間でのみ気勢を上げ、日本には学ぶべきものなしと断ずるような者も少なくなかったことが分かる。周恩来にとっては、日本留学にはより切実な経済的理由があった。運良く東京高等師範学校や第一高等学校など「日中両国政府間協定で指定された学校」に合格した場合に、中国政府が「官費留学生として認める制度」が設けられており、これを利用すれば貧しい周恩来にとっても留学の夢が実現できるはずであった。周恩来は早稲田大学の友人を訪ねてしばしば早稲田に行き、また慶應義塾大学の学則を調べたりしている。南開大学の同窓生で慶應義塾大学に合格した者も少なくない。しかし、周恩来にとっては経済的理由からして、就学の可能性のあるのは東京高師と一高に限られた。

3　東京生活・青春の彷徨

◉受験を妨げる社会問題への関心の芽生え

周恩来は、一九一七年十月、神田区中猿楽町五番地の東亜高等予備学校に入学、主として日本語を学んだ。南開学校では数学、物理、化学などをすべて英文のテキストで教わっていたため、その知識を日本語で表現する苦労をあじわった。一八年三月四～六日、来日して半年後に、東京高等師範学校の入試があり、日本語、数学、地理、歴史、英語、物理、化学、博物の八科目のほかに口頭試問も行われた。十五日になって南開学校で同室だった張鴻誥（輪扉）に合格通知が届いたが、周恩来には届かないことが明らかになった。不合格を予感していた周恩来は十一日の日記に「これからは、勉強に没頭する」決意を書き、「睡眠七時間、勉強十三時間半、休憩そのほかが三時間半」の時間割を決めている。残された可能性は七月の一高入試一本、背水の陣であった。

東京高師の入試に失敗した直後の三月九日、気晴らしに日比谷公園にでかけた周恩来は、二人の小学生が草花を植えて遊ぶ姿に接して感動する。「中国人は、口を開けば『東洋（日本）は檻褸の邦』という。しかし、よく考えてみれば、日本がどうして檻褸であろう。（中略）日本人が中国人を軽蔑するのも不思議ではない」「中国人は一知半解なのであって、どうしてものごとに精通しているといえようか」。一高受験の勉強が始まってまもない五月六日「大中華民国救国団」のメンバー四十数人が神田区の中華料理店維新號で秘密会議をひらいているところへ日本の警察が踏みこみ、全員が逮捕される事件が起こった。このため周恩来の受験勉強は少なからず邪魔される。その前日の五月五日、一部の留学生が「大中華民国救国団」を結成し、日本の対中国政策に抗議して帰国しようとする動きが見られた。周恩来は五月四日の日記にこう書いた。「私はこの件についてはは消極反対の主義を持し、口を閉ざして言わず」。周恩来の気持ちは日本での勉強継続に傾いていたことが分かる。このあたり、万事に慎重な判断を行う穏健派の周恩来の面目躍如たるものがある。まもなく一高の受験日を迎えた。七月二、三、五日、第一高等学校の入試も無残な結果に終わった。「日文の書き取りの出来がはなはだ悪く、おそらく合格する望みはない」(二日)、「会話の成績がはなはだ劣り、合格する望みがいっそうなくなる」(三日)。「試験に失敗し、とても堪えがたい。友に負け自分に負け、自暴自棄だ」(四日)。「日本にやって来たのに、日本語をうまく話せない。どうして恥じずにいられよう！(中略)官立学校に合格できない。この恥辱は、生涯ぬぐい去ることができない！」(五日)。十三日に一高の発表を見に行く。楊伯安と張鴻誥(輪扉)は合格したが、王嘉良(子魚)と周恩来は失敗した。周恩来にとって東京高師の失敗に次ぐ二度目の大きな挫折である。これで官費留学生になる可能性が消えたことになる。

私はいま「もしも」という仮定を禁じ得ない。周恩来がもし東京高師あるいは一高に合格し、官費留学生として留学生活を経済的に保障されたとしたら、彼は東京での留学生活を続けたであろうか。それともやはり帰国の道を選んだであろうか。受験に失敗したのは、まず一九一八年三月(東京高師)、次いで七月(一高)である。失意のなかで煩悶し、帰国を最終的に決意するのは一九年四月である。この一年足らず、周恩来の煩悶や葛藤はどのようなものであったか。周恩来の人間形成にとって大きな意味をもつ出来事であったことは疑いない。読者は日記の端々から周恩来の内面をさまざまに読むことができよう。

◉中国に残る家族への想い

貧しさのゆえに離散した家族を思う周恩来の心はせつない。東京に着いて数か月後、叔父周貽奎《いけい》の訃報に接した。「わが身は海外にあって、不意にこの訃報を受け取り、そのせつなは痛みも悲しみも感じず、まるで知覚が麻痺してしまったようであった」。翌日こうつづける。「八伯の病は、持病といっていたけれども、いままで医者に行って一銭でも払ったことがあっただろうか。まさしく貧乏のどん底だったのである」。

◉日記の空白部分

芳しくない受験結果を報告し、今後の方針を考えるため、周恩来は夏休みを利用して一時帰省した。七月二十八日に朝鮮経由で天津に帰郷し、九月四日に東京にもどっている。旅行中の日記は詳しいが、東京に戻った九月以降、日記の記述は極端に少なくなる。ほとんど手紙の発信と受信のみしか記述がない。これはもともと記述がないのか。それとも公表をはばかり編集者が削除したものか、理由は不明である。その短い記述も十二月二十三日をもって終わる。それから一九一九年五月初めの帰国まで、周恩来の生活、いわんや内面の葛藤を知る資料は欠けている。一九年三月、母校南開学校に大学部が併設されるとのニュースが伝わり、彼は帰国して母校で学ぶ決意を固めたとされている。帰国前の四月五日に京都の嵐山《あらしやま》を訪れ、「雨中嵐山」の詩を書いた。日本滞在は一年七か月（一七年九月〜一九年四月）にすぎなかった。日記の空白期に周恩来がどのような生活を送り、何を煩悶していたのかはまだナゾとして残されている。

ここで蛇足を一つ。これまでのいくつかの周恩来の逸話はこの日記によって訂正される可能性がある。まず中国発の逸話だが、中共中央文献研究室編の『周恩来年譜』には、周恩来は日本滞在中にジョン・リード『世界を揺るがした十日間』でロシア革命への理解を深め、また河上肇『貧乏物語』（一九一七年）、幸徳秋水『社会主義神髄』（一九〇三年、中国語訳一九〇六年）などを読んで、アナキズム、ギルド社会主義、日本の「新しき村運動」やマルクス主義に接したと書かれている。しかし、周恩来の日記にはこれらについての直接の記述はみられない。具体的にロシア革命に言及したのは四月二十三日付の日記のみである。

もう一つは、東京発の捏造記事である。日中国交正常化に際して周恩来ブームが起こったとき、便乗記事が氾濫したことがある。その一つは、週刊誌『女性自身』（一九七二年一月十五日号、二十二日号）の報道であった。ここには、『東京日日新聞』の神近市子《かみちかいちこ》記者による周恩来インタビューなるエピソードが書かれており、『日本における周恩来』（中国語訳『周恩来与日本朋友們』）にも紹介されている。『東京日日新聞』が五月六日の維新號での事件を七日付で報じたのは事実だが、このとき神近はすでに新聞社を辞めており、この記事を書いた可能性はない。いわんや神近が周恩来を三回インタビューしたというのは捏造である。故岩間芳樹《いわまよしき》（劇作家、周恩来の東京留学時代を描いたテレビ番組『隣人の肖像』の脚本を書いた。一九九九年六月急逝）は日記を踏まえながら、『東京の周恩来』（未定稿）で誤りを綿密に批判している。

周恩来の日本滞在は予備校通いの苦学生として、「灰色の青春」のまま終わった。恋愛する余裕はなく、女性との交流はわずかに下宿先の女中から日本語を手ほどきしてもらう程度である。明治維新から大正デモクラシーに至る日本に学ぶ、日本の近代化の精神を学ぶ、欧米の科学技術を日本経由で学ぶ――さまざまな可能性は開かれていたが、実を結ぶには至らなかった。これは惜しいことだが、青春の浪費と見ることもできまい。若い周恩来は日本文化や日本人の国民性について感覚的な知識を得て帰国したのであり、それは大宰相（そして宰相を支えた廖承志《りょうしょうし》ら日本通の政治家たち）の日本理解の適切さとして、その後しばしば話題になった通りである。多くの年輩世代の日本人に周恩来ファンが少なくないのは、彼が日本人とのつきあい方の原点を若い日に学んだことがあずかっていると私は感じている。周恩来は「軍国主義日本というイメージ」の前に、「大正デモクラシー下の日本国民の実像」に接していたのだ。

4 周恩来の帰国

日中関係の争点はパリ講和会議（一九一九年一～六月）の行方に集約された。山東半島のドイツ利権の日本への譲渡問題をめぐって北京では五月四日、学生三〇〇〇余人が示威運動を行い、東京では五月七日、中国人留学生二〇〇〇人が「国恥」記念デモを行った。周恩来が日本を離れたのは四月で、朝鮮、瀋陽を経て郷里天津に戻ったのは五月、そして五月十日には、南開学校の学生集会に参加し、以後学生運動の先頭に立った。北京では五月十九日から日貨排斥運動が始まった。

九月十六日、天津学生聯合会《てんしんがくせいれんごうかい》は不定期の小冊子『覚悟』を出版し、覚悟社を結成した。「覚悟宣言」は周恩来が起草。革心と革新の精神によって、自覚と自決を求めるという趣旨であった。九月二十五日、四年制の南開学校大学部が開かれ、文、理、商の三科がもうけられた。周恩来は一期生として文科にはいった。十月下旬から二か月余が覚悟社の活動のピークだった。李大釗らをまねいて講演会をひらいた。覚悟社の活動は世間の話題になり、十一月二十五日付で北京の『晨報《しんぽう》』はこれを「天津の小明星」と評し、その活動をたたえた。二〇年一月二十九日、周恩来はデモ隊五、六〇〇〇人を指揮して直隷省公署におしかけ逮捕されたが、最初で最後の逮捕であった。七月十七日、刑期満了で釈放されるまで約半年の試練をへて、国家の命運と社会改造に関心を抱く進歩的学生は、職業革命家に成長した。しかし、まだマルクス主義者になったわけではない。周恩来が出獄すると、南開学校の創設者厳修、校長張伯苓らは、周恩来や李福景をヨーロッパに留学させるよう提案し、渡航費用をだしてくれた。周恩来らは十月八日、マルクスの故郷ヨーロッパに旅立った。一九二〇年十一月七日、周恩来ら一九七人の中国人学生がフランス船ポルトス号でマルセイユにむかったが、それは「中国フランス教育会」が組織した第十五群のフランス「勤工倹学《きんこうけんがく》生」（125ページのコラム参照）たちであった。パリ郊外のフランス語学校でフランス語を学び、天津の四名の勤工倹学生とともに、フランス中部の町でフランス語を学ぶかたわら『益世報』に通信をかくアルバイトをした。二〇年にはフランス共産党が成立しており、マルクス主義の書物を入手することは容易だった。周恩来は英語版の「共産党宣言」「空想から科学へ」「国家と革命」などをむさぼり読んで、共産主義への信念を固めた。日本滞在時に初めてマルクス主義に接し、五四運動の洗礼をうけ、半年の獄中生活、そして欧州での各種新思潮への接触――これら三年間の経験をへて、二一年に張申府《ちょうしんふ》夫婦の紹介で中国共産党に入党した（張申府は前北京大学講師であり、李大釗とともに中国共産党の創立に参加したあと渡欧し、連絡を担当していた）。中国留学生の中心の一つはモンタルジュという小都市であった。一四〇余人の中国留学生のなかには蔡和森《さいわしん》、李富春《りふしゅん》、李維漢《りいかん》、蔡暢《さいちょう》などがモンタルジュ公学と同女子公学にいた。もう一つの中心は重工業都市クルーゾである。ここには趙世炎《ちょうせいえん》、鄧小平《とうしょうへい》などがいて、鉄鋼会社で働いていた。一九二二年六月、欧州の中国人青年の間で共産主義組織、旅欧中国少年共産党が生まれ、第一回大会はパリ西部のブローニュの森でひらかれた。フランス、ドイツ、ベルギーから代表が出席し、周恩来はドイツからかけつけた。本部はパリ市ゴドフロワ街十七号の小さな旅館におかれた。二三年二月十七〜

二十日には臨時大会をひらいて、旅欧中国共産主義青年団と改名し、共産主義思想を信ずること、本国の中国社会主義青年団を上部機関として認めることを決定している。機関誌『少年』は二二年八月一日に創刊され、のちに『赤光』と改名された。その印刷担当がガリ版博士といわれた鄧小平であった。陳独秀は二二年六月三十日にコミンテルンにあてた報告のなかで、当時の中国共産党員は一九五人、うち在ソ連八人、在ドイツ八人、在フランス二人と書いているが、彼ら党員が社会主義青年団を指導していた。

5　総理・周恩来

周恩来は毛沢東の片腕として、中華人民共和国の国務院（内閣）総理を一九四九年から七六年まで二十七年間、文字通りその死まで務めた。「粉骨砕身、力を尽くして、死してのち止む」（鞠躬尽瘁、死而後已。諸葛孔明「後出師表」）の姿そのものである。総理（宰相）の激務を四半世紀にわたって務めるのは並大抵ではない。かりに毛沢東を中華人民共和国の「建国の父」とよぶとすれば、周恩来は「建国の母」、共和国の主婦であった。周恩来の人間関係調整能力は幼時から鍛えられ、彼は後年たぐい稀な調整能力を発揮する大政治家となった。周恩来と接触したことのある人々の多くは、温和、謙遜、平静、忍従などの言葉を用いて形容する。たしかに周恩来は他の指導者と比べると、調和し妥協し、自己批判することが比較的多かった。これは彼の大局を識別する能力、融通無碍の弾力性とかかわっている。また二つの勢力の闘争においては、調和的あるいは中庸の態度をとることが多かった。よく言えば民主的、寛容的だが、悪く言えば曖昧な態度となった。

あれだけハンサムでありながら、浮いた話がないことについては、周恩来「恐妻家」説があり、妻の鄧穎超のヤキモチをおそれたからだともいう。しかし、これはあまりあたっていない。周恩来の生き方は禁欲的であり、それは対女性関係にもあらわれているとみてよい。この点で堅物の周恩来は奔放な毛沢東と対照的だ。毛沢東が党内の指導権を握ったのが、長征の過程で開かれた遵義会議《じゅんぎかいぎ》（一九三五年一月）であることはよく知られている。フランス帰りという毛並みのよさもあずかって、毛沢東より高い地位にいた周恩来が毛沢東支持に転じたのはなぜか。長征の過程で周恩来がみずからの軍事指揮の誤りを痛感したのは、湘江《しょうこう》戦役（三四年十一月下旬）で部隊の半分をうしない、隊列が三万余に急減したときだ。このあと、十二月十一日に湖南省通道《つうどう》で、十八日貴州省黎平《きしゅうしょうれいへい》で、つづいて三五年一月一日貴州省烏江《うこう》南岸の猴場で、「紅軍の進撃」というよりも「逃亡の方向」をきめるための現場会議がひらかれている。これらの会議における毛沢東の主張の妥当性を周恩来が率直に認めたのである。これは党内において上級にいた周恩来が現場のゲリラ指導者毛沢東の実力を評価し、自らはその脇役に変身する過程であった。それについて彼は「革命の大義」のため、「毛沢東の判断の正しさ」を指摘するのみで、内面の葛藤を何も語っていない。大躍進政策が失敗し、調整政策を余儀なくされて以後、毛沢東は個人崇拝を意識的に利用して、権力を固めるようになり、特に文化大革命期に個人崇拝は極点に達し、あたかも皇帝のごとく全中国に君臨した。毛沢東が「皇帝化」するにしたがって、周恩来はしだいに「宰相」「軍師」の地位から「執事」に転落していった。周恩来は当初、現実主義的な立場から大躍進に懐疑的であったが、毛沢東からその動揺性をきびしく批判されたあと、毛沢東の急進路線に追随した。大躍進の失敗を批判した彭徳懐《ほうとくかい》が、その批判を受けいれられずに、逆に解任されたとき、周恩来は彭徳懐を支持することはなかった。

6　周恩来の留学とその後の日中関係

周恩来が日本留学を決意した当時の国際情勢と日中関係を俯瞰してみよう。一九一四年七月、ヨーロッパで第一次世界大戦が勃発した。

日本はこの戦争に日英同盟を根拠として参戦し、素早くドイツがアジア侵略の拠点としていた山東省膠州湾《こうしゅうわん》と南洋諸島を占領した。翌年一月には大戦のどさくさに紛れて対華二十一ヶ条約を中国に押しつけた。これは有り体にいえば、火事場泥棒に近い行為だが、帝国主義の時代にはこのような強権外交は日常茶飯事であった。その後、一九三一年の満州国建国、一九三七年の日中戦争へと展開し、一九四五年の敗戦によって一つの区切りがついたのは現代史の教える通りである。だが、日本はただひたすら破局へ向かって突き進んだわけではあるまい。それぞれの時点でいくつかの選択肢を誤った結果、そのような帰結に立ち至ったと見るべきであろう。

たとえば石橋湛山《いしばしたんざん》（一八八四〜一九七三、元首相）は、こう回顧談をしている。「第一次世界大戦のときは、僕自身は、むしろ政治問題、社会問題に関心があった。例えば中国の革命に同情したですね。二十一ヶ条条約や青島占領には非常に反対した」（『湛山座談』岩波同時代ライブラリー、10ページ、一九九四年）。

もう一つ、証言を挙げよう。朝河貫一《あさかわかんいち》（一八七三〜一九四八、元イエール大学教授）は、アメリカにあって、母校の総長から首相になった大隈重信に書簡を送り、「将来の大利のために目前の小利を捨てて」、膠州湾を中国に返還することの必要を説き、二十一ヶ条のような侵略主義的な「力の外交」は、アメリカ国民の日本に対する信頼を失墜させるであろうと警告、慎重な対応を求めている。朝河によれば、日本の東洋外交は、「日中共進、東洋自由、東西協同の三原則」を守り、中国民族の自由と独立を尊重する覇権なき「正義の外交」でなければならないのであった（『朝河貫一書簡集』早稲田大学出版部　一九九〇年　二一二、二一三ページ）。

当時はまだ「力の外交」か、「正義の外交」か、日本政府自身が試行錯誤を繰り返していたのである。そのような状況だからこそ、石橋も朝河も「もう一つの可能性」を信じて諫言を続けたのであった。ただし、これらの事情を当時の周恩来はむろん知らない。

周恩来の日記に登場するのは、吉野作造である。吉野は一九一六（大正五）年一月号の『中央公論』

で民本主義を提起し、保守派の上杉愼吉が同誌三月号でこれを批判、四月号で吉野が反論するという、民本主義論争がおこなわれた。一九一七（大正六）年八月に吉野は『支那革命小史』を発表している。一九一八（大正七）年十一月二十三日、吉野らはデモクラシー思想をめぐって立会演説会をおこない、学生たちがこれを応援する運動を起こした。いわゆる大正デモクラシーである。デモクラシーの旗手に会うべく、何度か吉野を訪問したことは日記に記されている。アナーキストたちが労働運動研究会を結成し、大杉栄《おおすぎさかえ》を中心に月二回の研究会を始めたのは一九一六（大正五）年二月、河上肇《かわかみはじめ》が「貧乏物語」を『大阪朝日新聞』に連載したのは一九一六年九月十一日〜十二月二十六日、単行本は翌一七年三月刊である。周恩来が東京での留学生活を送った大正時代の半ばはそのようなアナーキズム、デモクラシー、国家社会主義、ボリシェビズムなど新思想の百家争鳴《ひゃっかそうめい》の時代なのであった。可能性はさまざまに開かれていた。

帰国した周恩来は五四運動の先頭に立って親日派曹汝霖《そうじょりん》の南開学校の理事就任ボイコットをやり、やがて西安事件で抗日統一戦線をまとめ、抗日戦争の指導者として、共産党内部での地位を固めていく。建国に際して総理となり、以後その死去まで総理の地位にあったことは周知のごとくである。このような周恩来の経歴を見ると、日本に滞在して単に「反日」だけを覚えて帰国したかのように見えるかもしれない。しかしそれは皮相な観察であろう。

歴史にifは無用だが、周恩来が一高に合格し、留学生活を続けえたならば、というのは面白い愉快な想定であるし、また日本政府が「正義の外交」をおこなう可能性も絶無ではなかった。日中戦争への道は、かならずしも必然的な、不可避の成行きというものではあるまい。中華人民共和国の総理としての周恩来は、冷戦下の厳しい状況のもとで対日関係を処理し、ついには一九七二年に国交正常化を導いた。その過程で日本人の国民性や風俗習慣を熟知する周恩来の見識が十分に活かされたことは明らかである。たとえば一九七三年四月、国交正常化を記念して大相撲の中国親善興行が成功裏におこなわれた。これが知日派の宰相の決断によることは当時常識であったが、いまでは知る者も少ない。また、宰相を支えた〝江戸っ子〟廖承志（一九〇八〜一九八三、元中日友好協会会長）という知日派大物が消えて久しい。日中間の小さな誤解が大きな混乱を招いている事例に接するたびに、私は知日派の先達魯迅《ろじん》・周作人《しゅうさくじん》兄弟や若き周恩来を想起する。そして私の胸のなかで、周恩来東京滞在中の謎、日記の空白部分への興味がいよいよ深まるのを禁じ得ない。

一九九九年盛夏、ブダペストへ旅立つ前夜に記す

監修者　矢吹晋

改定新版へのあとがき

本書の初版は、幸いにも多くの読者から歓迎され、二〇二二年大学入試センター試験の世界史にも出題された。周恩来自身は日本の大学の入り口（旧制大学の予科）で挫折したが、その日記が後年、日本の若者の教材になるとは。地下の周恩来は破顔一笑ではないか。二〇二二年、今年は周恩来、田中角栄両者が尽力して日中国交正常化を成し遂げて五十周年である。この「記念すべき祝福」の年の春節に、日本の衆議院は「新疆ウイグル、チベット、南モンゴル、香港等における深刻な人権状況に対する決議案」を超党派で採択した。日中現代史を回顧すると、これは「新・暴支膺懲」と読めるほどの内容であり、五十年前の日中共同声明を反故にするような決議案だ。なぜこのような事態に陥ったのか。ここで詳述する紙幅はないが、日本の政治を取り巻く状況が、国民がこぞって歓迎した国交正常化当時とは、真逆の潮流に巻き込まれていることは明らかだ。このような時期に、日中国交正常化に政治生命を賭した周恩来、とりわけその青春時代の東京生活を読み解くことには、特別の意義があると考える。

改訂新版の出版経緯については、本書冒頭の李海文氏による日本語版序言が詳しい。彼女は、中共中央党史・文献研究院で長らく周恩来研究を続けてきた研究員であり、中国屈指の周恩来研究者の一人だ。近年の著書に、『周恩来家世』（九州出版社、二〇一七年主編）、『プリズムで見た周恩来』

（当代中国出版社、二〇二一年主編）、『周恩来伝略』（四川人民出版社、二〇二一年）とその邦訳である『周恩来の足跡（革命編）』、『周恩来の足跡（建設編）』（村田忠禧監訳、いずれも社会評論社、二〇二二年）などがある。

李氏が二〇二一年清明節に書いた日本語版序言の刺激を受けて、改定新版の作業に着手したが、折からの新型コロナウィルス蔓延によって編集作業が遅れ、田中訪中記念の前夜にようやく刊行する運びとなった。

本書の素材は、周恩来が毛筆で書いた日記である。中国版初版における最初の仕事は、その文字起こしであった。ロシア革命が起こり、日本は米騒動で荒れていた。そのような時代の東京で、十九歳の多感な周恩来が見たもの、考えたことは、貧しさにあえぐ母国の家族のことから、浅草の軽演劇、大正デモクラシー、果てはボリシェビキ革命にいたるまで、万華鏡のように広がる。小学館文庫版の編集に際して、われわれ編集部は周恩来の東京そして京都の足取りを追って、彼の日本滞在を追体験しようと心掛けた。幸いにも、この試みは、李海文グループの歓迎するところとなり、その方法を活用して、新中国版『周恩来十九歳的旅日日記』にはいくつもの新脚注・新解釈が付された由である。その一部は、当然今回の日本語版にも反映させたつもりである。こうして『周恩来 十九歳の東京日記　改訂新版』は、日中の密接な連携によって刊行の運びとなった。とはいえ、両者はそれぞれの読者のために周恩来の青春を伝えることができるように、という思いを込めて、独自に刊行されることを付記して結びとする。本書が日中友好の原点を明らかにし、相互理解に役立つことを願っている。

新中国版に尽力された李海文研究員および張紅安教授（淮陰師範学院）、小学館文庫版の矢吹晋解説を中国語に訳して『中共党史資料』（第七十八期）に掲載し、日本版の特徴を広く紹介された張会才氏（元中共中央党史研究室）に感謝します。矢吹を李海文氏に紹介してくれた、古くからの友人村田忠禧氏（横浜国立大学名誉教授、『周恩来の足跡』監訳者）、および周恩来の師である松本亀次郎（東亜予備校校長）の横顔を描いて下さった鷲山恭彦氏（東京学芸大学元学長・名誉教授）と教え子の林敏潔教授（南京師範大学）、若き周恩来の肖像を残してくれた保田龍門画伯とそのご遺族、そして改訂新版の編集作業中に急逝した校閲者の田中晶子氏、初版の邦訳に尽力した畏友の故鈴木博氏、最後に高橋団吉社長をはじめとするデコ社の編集部スタッフ、これらの諸氏のご努力がなければ、改訂新版は生まれなかった。記して深く厚い感謝を申しあげる。

二〇二二年初夏

監修者　矢吹晋

◉周恩来 年表

年号（年齢）	周恩来の出来事	世界情勢
一八九八（0歳）	3／5 周恩来、江蘇省淮安県駙馬巷に父の貽能、母の万氏の長男として生まれる	9／21 戊戌政変
一八九九（1歳）	叔父の貽淦の養子となる（周恩来には実母、養母の陳氏、乳母の蒋江の三人の母がいる）	
		義和団事件（一九〇〇―〇一）
		日露戦争（一九〇四―〇五）
一九〇五（7歳）		1／22 ロシアで血の日曜日事件
一九〇七（9歳）	一家は陳氏とともに親戚陳式周の家へ。秋に実母、万冬児が他界	
一九〇八（10歳）	養母の陳氏が他界。乳母と弟二人と共に淮安の実家へ	12／2 清の宣統帝即位
一九一〇（12歳）	春 四伯父の周貽賡に引き取られる 秋 奉天の第六両等小学堂（後の東関模範学校）六年生に編入	
一九一一（13歳）	瀋陽東関模範学堂入学	10／10 辛亥革命
一九一三（15歳）	8 貽賡の転勤にともない天津に移る。天津の南開学校に入学。 授業料全額免除に。学生誌『敬業』創刊	
一九一四		7／28 第一次世界大戦勃発
一九一五（17歳）	南開学校論文コンテストで八〇〇人中一位。弁論クラブ会誌『校風』の編集にあたる	1／18 日本、対華二十一ヶ条を要求 5／7 国恥記念日

一九一六（17歳）

校内で愛国演説。軍閥を非難。校内の新劇団に入り女役を演ずる

（18歳）

3　貽賡、東北に単身赴任

一九一七（19歳）

6　優秀な成績で南開学校を卒業。国文最優秀者。日本留学を決める

8　東北の貽賡を訪ねる。瀋陽の母校で恩師や友に会う

9　出発前夜、救国の想いを詩に残し、天津より船で出発。はじめは東京牛込区の家具屋の二階に、張瑞峰と同共。以後、家賃の安い部屋を求め転々とする

10　神田区中猿楽町五番地の東亜高等予備学校に入り、大学入試科目の補習を受ける

一九一八

1/8　八伯父貽奎が他界

仏教「無生」の思想にひかれる

2/15　雑誌『新青年』に影響を受ける。孔教排撃、独身（非婚）、文学革命への共鳴

（20歳）

3/3〜6　東京高等師範学校入試

3/17　不合格のショック

4/23　神田東京堂で『露西亜評論』を読む

5/2　著名な新聞記者の彭翼仲が抗議の入水自殺をはかる

9　『新青年』創刊

1　吉野作造「民本主義」を説く

6　袁世凱没

3/8　ロシア、二月革命

7/1　清朝復活（張勲復辟）

7/21　ロシア、ケレンスキー内閣成立

11/2　石井・ランシング協定

11/7　ロシア、十月革命

瀋陽東関模範学堂時代（1912年）
（画像提供：ユニフォトプレス）

一九一九（21歳）	5/5	留学生組織「大中華民国救国団」結成
	5/6	救国団メンバー、神田の中華料理店「維新號」で秘密会議。途中抜刀した警官隊に急襲され、全員北神保町の西神田署に連行される
	5/16	日華陸軍共同防敵軍事協定締結。留学生の憤激高まる。休校、帰国者も続出
	5/19	「新中学会」入会
	7/2～3	一高入試。不合格
	7/28	夏休みで一時帰国、東京を発つ
	9/4	東京へもどる
	4/5～4/9	京都に遊び、四篇一連の詩を詠む
	4	神戸から船で帰国
	5/5	朝鮮の港で弟恩寿の出迎えを受ける。弟と伯父のいる瀋陽へ
	5/9	天津到着。五四運動に参加する
	5/10	南開学校の学生集会に参加。学友の馬千里との再会。「天津学生連合会報」の編集長になる
	8/22	会報発行停止処分。周恩来、数百名のデモ隊を組織して北京へ向かう
	9/16	「覚悟社」を結成
	9/25	南開学校大学部開設。周恩来は一期生として入学

7/23	富山で米騒動
8/2	寺内内閣がシベリア出兵宣言
8/3	米騒動が全国的に波及
9/29	原敬内閣成立
11/11	第一次世界大戦終結
3/1	朝鮮三・一運動
3/2	コミンテルン結成
4/6	ガンジー非暴力運動始まる
5/4	北京で五四運動始まる
5/7	二〇〇〇人の中国人留学生が東京で国恥デモ
6/28	ベルサイユ講和条約調印
8/11	ドイツでワイマール憲法公布

年	月日	周恩来	月日	世界の出来事
一九二〇（21歳）	1	馬駿ら「覚悟社」数名が印刷所で逮捕される	1/10	国際連盟成立
	1/29	学生グループを率いて釈放要求デモ。二十八人逮捕、勾留。鄧穎超、釈放要求デモ		
（22歳）	3	獄中の周恩来らがハンスト。鄧穎超、女性デモを組織して身代わり入獄要求へ	3−5	尼港事件（ニコラエフスク事件）
	7/6〜17	周恩来らの裁判。不法侵入罪という形ばかりの判決の末釈放	7/19	コミンテルン第二回大会
	11/7	厳修や劉弁護士らの出資を受けマルセイユ行きの船に一九六人の留学生と乗船	11/15	ジュネーブで国際連盟第一回総会
	12/13	マルセイユ経由でパリ着		
一九二一（22歳）	1/5	李福景とともにロンドンへ。エジンバラ大学試験に合格。厳修に経済援助を依頼	3/8	第10回ロシア共産党大会（新経済政策ネップ）
（23歳）	3	ロンドンの生活費が高すぎるためパリへもどる。張申府、劉清揚夫妻のもとに同居	7/1	上海で中国共産党結成
			11/4	原敬が東京駅で暗殺される
一九二二（24歳）	5	夫妻の推薦で共産党員になる。翌年党籍確認ドイツ、ベルリン滞在	2/6	ワシントン海軍軍縮条約調印
	6	共産主義青年団正式結成（ブローニュの森で三日間会議）、機関誌『少年』の発行が決定し編集責任者に。助手に鄧小平	7/15	日本共産党結成
			12/30	ソビエト社会主義共和国成立
一九二三（25歳）			9/1	関東大震災
一九二四（26歳）	7	パリ国民党大会の後、党中央の指令により帰国。国共合作の	1	第二次護憲運動

任に着く

一九二四（26歳）

9/10 広東に到着。統一戦線の広東、広西両省地区委員会委員長になる。はじめて孫文と会う

10 五〇〇〇人の群衆の前で演説

11 黄埔軍官学校（校長は蒋介石）政治部主任を兼務。中共との二足のワラジ時代

一九二五（27歳）

3 広東省の軍閥陳炯明の反乱の征伐へ

黄埔軍官学校軍法所所長に昇任。編成直後の国民革命軍第一軍政治部主任を兼務

8/8 鄧穎超と結婚。広州市郊外の白雲飯店で僅かな友人たちを招いて挙式

一九二六（27歳）

1 軍官学校のマルクス主義細胞について上海の党本部へ報告した件で周恩来の秘書が逮捕され、蒋介石、周恩来を詰問

一九二七（29歳）

3/20 周恩来武装蜂起して上海の要所を占拠

4/15 鄧穎超が男児を出産するが子供は死亡

8/1 周恩来指導の南昌で武装蜂起

1/21 レーニン没

4/6 イタリアでファシスト党勝利

鄧穎超と（1925 年）
（画像提供：ユニフォトプレス）

3/12 孫文没（五十八歳）

5/5 日本が衆議院議員普通選挙法公布

5/30 上海で五・三〇事件

7/1 広東に国民政府成立

12/18 ソ連第14回共産党大会（スターリン主義採択）

7/9 蒋介石が北伐開始

3/26 蒋介石が上海で労働者軍の解散を命じた

4/18 南京国民政府樹立

一九二八（30歳）	8/5	南昌を撤退して広州へ。国共内戦決定	9/6	武漢で中共五全大会
			10/1	蒋介石が国民政府主席に就任
一九二九（31歳）			10/24	世界恐慌はじまる
一九三〇（32歳）	6	政治局会議で李立三の極左冒険路線を決定		
一九三一（32歳）	1	王明らソ連留学派が中共指導権掌握	9/18	柳条湖事件
一九三二（33歳）	1	瑞金で周恩来が政治局常務委員に。毛沢東は政治局委員	3/1	「満州国」建国宣言
一九三四（36歳）			8/19	ヒトラー総統就任
			10/15	中国共産党の長征始まる
一九三五（36歳）	1	長征途上の貴州遵義で極左冒険主義路線と軍事方針を批判、毛沢東に党と軍事の指導権を委ねる。周恩来は自己批判して毛支持を表明	12/9	北京で抗日・華北自治反対デモ（十二・九運動）
一九三六（38歳）	6	延安で張学良と会談。両軍の間で事実上の休戦	2/26	二・二六事件
			7/18	スペイン内乱勃発
			10	中共が延安に本拠を移す
			12/12	西安事件発生
一九三七（39歳）	9/23	江西省廬山で蒋介石と会談。第二次国共合作成立。党を代表して国民党軍事委員会政治部副部長になり、抗日戦争の遂行と南方地域の共産党の地下活動を指導	7/7	盧溝橋事件。日中全面戦争へ
				毛沢東「実践論」「矛盾論」「持久戦論」著作
			12/13	日本軍が南京占領
一九三八（40歳）		東南局政治局常務委員、中央書記処統一戦線部長になる	4/1	日本が国家総動員法公布
一九三九（41歳）			9/1	第二次世界大戦勃発

一九四〇（41歳） 1／19 落馬して左腕に重傷、モスクワで治療
一九四一（43歳）
一九四二（44歳） 重慶で整風運動のための学習活動を指導
一九四三（45歳） 大生産運動。糸紡ぎの名手と評判
一九四四（46歳） 11 ハーレー延安へ。毛沢東と会談
一九四五（47歳） 8／30 毛沢東とともに重慶へ。蒋介石との戦後策会談
10／10 「国共代表会議紀要」に調印。毛沢東は延安に、自身は重慶にとどまり交渉を続行
一九四六（48歳） 5 国民政府が重慶から南京に移る
11 国民党が中共の意見を無視して国民大会を強行。周恩来はこれに抗議して延安へ引き揚げる
一九四七（48歳） 3／3 党中央が延安を撤退。胡宗南軍が延安を占領。毛沢東とともに陝西省北部を転戦
土地改革と整党活動に取り組む
一九四八（51歳） 5 中共中央と人民解放軍総部が河北省へ移動。軍事委員会副首席として作戦を指導

9／23 日本軍が北部仏印へ進駐
4／13 日ソ中立条約締結
6／22 独ソ戦開始
12／8 真珠湾攻撃。太平洋戦争勃発
4／3 延安で整風運動始まる
2／2 スターリングラードの独軍降伏
9／8 イタリア無条件降伏
7／18 東条内閣総辞職
8／6 広島に原爆投下
8／9 長崎に原爆投下
8／15 ポツダム宣言受諾、日本敗戦
1／10 国共両軍の停戦協定成立
5／3 ソ連軍が満州から撤収
5／4 中共が解放区の土地改革運動を指示
11／3 日本国憲法公布
1／1 中華民国新憲法発布
7／7 中共が「七・七」宣言発表
5／14 第一次中東戦争
8／15 大韓民国樹立
9／9 朝鮮民主主義人民共和国樹立

一九四九（50歳）		鄧穎超が民主婦女連合会副主席に	1/21 蒋介石が国民政府総統を辞任
	12/16	毛沢東とともにモスクワ訪問し、スターリンと会見	10/1 中華人民共和国成立。毛沢東が中央人民政府主席になる
			12/7 国民政府が台湾首都を台北に移す
一九五〇（51歳）	1	国民政府の安保理からの除名を国連に要請	6/25 朝鮮戦争勃発
	2	中ソ友好同盟相互援助条約に調印	
	12	中ソ除外の対日講和に反対表明	
		中ソ条約締結でソ連から返還された日本人戦犯の処遇に人道的立場を指示	
一九五一（52歳）	2/1	朝鮮問題で中国を侵略者とする国連決議は不法とする声明を発表	9/8 サンフランシスコで対日講和条約調印
一九五二（54歳）	5	帆足計ら三人の日本の政治家が訪中し、第一次日中民間貿易協定が締結	4/28 日華（台）条約調印
	8	ソ連訪問	
	11	カンボジア訪問	
一九五三（55歳）	9	訪中した大山郁夫と会見し、単独講和と日華（台）条約締結後の日中関係について見解を示す	3/5 スターリン没。後任にはマレンコフ
一九五四（56歳）	10	国慶節に日本からの超党派の国会議員や学術文化視察団、婦人代表団を招き会見	4/26 ジュネーブ極東和平会議
			12/2 米と台湾とで安保条約調印

	10/12	「対日関係に関する中ソ共同宣言」で日本との関係の正常化を願う		
一九五五(56歳)	1	国連のハマーショルド事務総長と会談。朝鮮戦争で捕虜となった米空軍パイロットの釈放に同意。ハマーショルドは記者会見で、「周恩来総理の前では自分を野蛮人と感じないわけにはいかなかった」と語る	4/18 5/14	バンドンでアジア・アフリカ会議 ワルシャワ条約調印
一九五六(58歳)	6 11	戦犯として撫順と太原に収容している日本人一七〇〇名の釈放を表明（一九八四年までに全員釈放） 北京で日本商品展開催。題字を書く 鄧穎超、党中央委員に	2/14 10/19 10/23	ソ連共産党が第20回大会（スターリン批判） 日ソ国交回復・共同宣言 ハンガリー事件
一九五七(59歳)	4/27	日中両国間の諸交流が促進される。電任民や郭沫若、王震、梅蘭芳、劉寧一、魯迅夫人の許広平、蔡延揩らが訪日	3/25 10/4	欧州経済共同体（EEC）発足 ソ連が人工衛星打上げ
一九五八(59歳)	2	台湾問題で日中民間貿易協定を破棄		
一九五九(61歳)	9 10	日中関係改善のため前首相の石橋湛山が訪中 周恩来の指示で「中日友好協会」設立決定。名誉会長は郭沫若、会長に廖承志、秘書長に趙安博	1/1	キューバ革命で中ソ対立激化
一九六二(64歳)			11/9	日中総合貿易覚書調印
一九六六(68歳)	5	文化大革命始まる		
一九六七(69歳)	7	陳毅とともに人民大会堂で造反派に包囲され「私の体を乗り越えていけ」と闘争の是非を説く	8/8	ASEAN結成
一九七一(73歳)	10/2	北京で藤山愛一郎と日中復交四原則の声明発表	9/8	林彪事件

一九七二（73歳）
2　ガンを告知される
9／29　田中角栄首相らが毛沢東主席や周恩来総理と会談。日中共同声明日中国交正常化に調印

一九七四（76歳）

一九七六（77歳）
1／8　北京の病院にて他界。享年七十七歳。「葬儀は地味に骨は中国の大地に……」と遺言を残す

一九七九
鄧穎超（七十七歳）が京都嵐山にできた周恩来の詩碑の除幕式に参加するため来日

10／25　中国の国連復帰決定
2／21　ニクソン訪中
7／7　田中角栄内閣成立
11／26　田中角栄首相が金脈問題で辞意表明
9／9　毛沢東没（八十二歳）

毛沢東と（1953 年）
（画像提供：ユニフォトプレス）

● 参考資料

＊は『周恩来十九歳の東京日記――改訂新版』において新たに付加したものである。

●中国語

『周恩来手跡選』（中共中央文献研究室　文物出版社）
『周恩来一生』（南新宙　中国青年出版社）
『留東外史補』（不肖生　大東書局）
『周恩来早期文集上・下』（中央文献出版社・南开大学出版社）
『周総理生平大事記』（懐恩　四川人民出版社）
『周恩来的青年時代』（周恩来同志青年時代在津革命活動紀念館編　文物出版社）
『周恩来同志青年時期在天津的戯劇活動資料彙編』（周恩来同志青年時代在津革命活動紀念館　天津市文化局戯劇研究室）
『周恩来鄧穎超紀念館画集』（李孔椿　西苑出版社）
『周恩来風采』（中共中央文献研究室　中央文献出版社）
『周恩来与天津』（天津人民出版社）
『周恩来』（中共中央文献研究室　中央文献出版社）
＊『周恩来画伝』（中共中央文献研究室　周恩来研究組 四川出版集団 四川人民出版社）

●英語

『WORLD COINS 27th』（Chester L. Krause and Clifford Mishler）

●日本語

『日本新聞五四報道資料集成』（京都大学人文科学研究所）
『周恩来―不倒翁波瀾の生涯』（ディック・ウィルソン　時事通信社）
『日本人の中の周恩来』（周恩来記念出版刊行委員会　里文出版）
『中国人日本留学史』（さねとう・けいしゅう・くろしお出版）
『周恩来伝1898－1949上』（金冲及主編／狭間直樹監訳　阿吽社）
『長兄――周恩来の生涯』（ハン・スーイン　新潮社）
『松本亀次郎の生涯』（武田勝彦　大東町教育委員会・早稲田大学出版部）
『毛沢東と周恩来』（矢吹晋　講談社現代新書）
『嵐山の周恩来　日本忘れまじ！』（王敏　三話書籍）
『都電車両総覧』（江本廣一　大正出版）
『南満州鉄道――鉄道の発達と蒸気機関車』（市原善積・永田龍三郎・小熊米雄・安養寺脩　誠文堂新光社）
『東京駅誕生』（島秀雄編　鹿島出版会）
『東京市政概要』（東京市役所）
『原典中国近代思想史』（西順蔵　岩波書店）
『中国思想辞典』（日原利国　研文出版）
『日録20世紀』（1917・1918　講談社）
『新聞集録大正史第六巻』（大正出版）
『天津史』（天津地域史研究会編　東方書店）
『東京堂百年の歩み』（大橋信夫　東京堂）
『冨山房五十年史』（冨山房）
『明治の東京――江戸から東京へ』（人文社）
『早わかり番地入東京市全図』（大正五年十月五日発行　便覧社）
『実地踏測東京市街全図』（大正三年一月十日発行　精華堂書店）
『明治四十年一月調査東京市神田区全図』（明治四十年三月二十五日発行　大倉書店）
『公認汽車汽船旅行案内』（大正七年八月第二八七号　旅行案内社）
『鉄道航路旅行案内』（大正七年七月　駸々堂）
『周恩来展』（日本周恩来展実行委員会）
『浅草オペラの生活』（内山惣十郎　雄山閣）

『浅草喜劇事始』（丸川賀世子　講談社）
『値段の明治・大正・昭和風俗史』（週刊朝日編　朝日文庫）
『浅草六区興行史』（台東区立下町風俗資料館）
『東京の盛り場』（海野弘　六興出版）
『たべもの世相史・東京』（玉川一郎　毎日新聞社）
『新版　日本食物史』（樋口清之　柴田書店）
『百貨店の誕生』（初田亨　三省堂選書178）
『チラシ広告に見る大正時代の世相・風俗』（増田太次郎　ビジネス社）
『日本生活文化史9　市民的生活の展開』（門脇禎二　川村善二郎　坪井清足　西山松之助　原田伴彦　松本新八郎　宮川寅雄　武者小路穣　和歌森太郎　河出書房新社）
『周恩来家世』（二〇一七年　李海文主編北　京九州出版社）
*『東西書肆街考』（脇村義太郎　岩波新書）
*『大正ニュース事典』（毎日コミュニケーションズ）
*『公認汽車汽船旅行案内』（旅行案内社　大正七年九月　第二八八号）
*『中国人日本留学史研究の現段階』（大里浩秋・孫安石編　御茶ノ水書房）
*『現代を読み解く大正の事件簿』（光人社）
*『大正デモクラシーと民衆運動』（天野卓郎　雄山閣出版）
*『チラシ広告に見る　大正の世相・風俗』（増田太次郎　ビジネス社）
*『ビジュアル大正クロニクル』（近現代史編纂会著　世界文化社）
*『大正時代―現代を読み解く大正の事件簿』（永沢道雄　光人社）
*『関東大震災と中国人虐殺事件』（今井清一　朔北社）
*『大正デモクラシー』（成田竜一　岩波新書）
*『近代中国史』（岡本隆司　ちくま新書）
*『大正デモクラットの精神史』（武藤秀太郎　慶応義塾大学出版会）
*『三越日本橋店本館調査報告書』（平成二十七年四月　株式会社三越伊勢丹ホールディングス）
*『図説中国近現代史』池田誠・安井三吉・副島昭一・西村成雄著（法律文化社）
*『全国郵便局沿革録　明治篇』（一九八〇年　日本郵趣出版発行）
『*大正史講義【文化篇】』（筒井清忠　ちくま新書）
*『浅草公園　凌雲閣十二階』（佐藤健二　弘文堂）
*『帝都東京を中国革命で歩く』（譚璐美　白水社）
*『松本亀次郎通信』（松本亀次郎記念日中友好国際交流の会）
*「周恩来の日本留学と東亜学校校長の松本亀次郎」鷲山恭彦（『アジア文化』第三十二号、二〇一五年）
*「松本亀次郎の反戦平和思想について」林敏潔
*「中国人流日学制の日本語教育を通して松本亀次郎が果した役割について」高橋良江（佛教大学大学院紀要文学研究科篇第四十号、二〇一二年）
*『自畫裸像 或る美術家の手記・保田龍門遺稿』（保田龍門著　三木多聞編　形文社）
*警視庁統計書（大正七年　警視庁編・警視庁総監官房文書課出版）
*「CHアソシエイツ社『アメリカ国債局の歴史，1940～1990年―付：1789～1939年の歴史的重要事件―』1990年，（上）第二次大戦終了まで」一之瀬篤（『岡山大学経済学会雑誌36（4）’2005，229～240』）
*「日本留学中の周恩来」新谷雅樹　張志強（『神奈川県立外語短期大学紀要』第二〇号一九九八年3月）

●資料・写真提供／取材協力

南開大学
中共中央文献研究室
東京大学　大学院総合文化研究科・教養学部　駒場博物館
筑波大学
日中友好協会
古川市教育委員会
吉野作造記念館
交通博物館
日清食品・食の図書館
逓信博物館
JTB旅の図書館

足立区立郷土博物館
台東区立下町風俗資料館
都立中央図書館
ライオン㈱
アサヒグループホールディングス㈱
花王㈱
㈱パイロットコーポレーション
三菱鉛筆㈱
森永製菓㈱
東京三菱銀行
㈱三越伊勢丹
丸善㈱
㈱東京堂神田神保町
冨山房
㈱商船三井
日本郵船歴史博物館
浅草花やしき
毎日新聞社
㈱ユニフォトプレス
日本国際貿易促進協会京都総局
国立国会図書館
岡山県立図書館
大分県立図書館
神戸市立図書館
和歌山県立図書館

郵政博物館
東宝演劇部
公益財団法人 大宅壮一文庫
ジャパンアーカイブズ㈱
㈱アフロ
松本亀次郎記念 日中友好国際交流の会
孫文記念館
神奈川県立歴史博物館
保田春彦
松本洋一郎
岩間芳樹
郡進剛(㈱テレパック)
安東多紀(㈱テレパック)
林愛子(中華第一樓)
鄭東静(維新號)
金田直次郎
叢小榕
高木友之助
和田康一(中国名菜　漢陽楼)
鷲山恭彦
張紅安
村田忠禧
谷川浩保
林敏潔

神谷日出男
冨坂範明

本書のプロフィール

『周恩来 十九歳の東京日記』は、一九九九年九月に小学館文庫から刊行されました。最初に企画の話をいただいたのは、映画プロデューサーの郡進剛氏（テレパック）からでした。その年の六月頃です。

「周恩来が東京滞在中に書いた日記を元にテレビドラマを作る。秋にテレビ東京で放送する予定。日記を出版できる版元を大急ぎでおさえてくれないか」

郡氏は、電通勤務時代に『敦煌』『水戸黄門』『おろしぁ国酔夢譚』などの映画プロデューサーとして活躍され、小生も映画ＰＲなどのお手伝いをさせていただいていました。郡氏によれば、数年前に中国で周恩来の日記が発見されて、まず影印本（日記原本を撮影した写真本）として刊行され、さらに『旅日日記』として活字化されたとのことでした。

「この日記に、保田龍門という日本人画学生が登場する。その保田の描いた周恩来のスケッチが見つかったんだ。これを主軸にドラマにしようと思う。書籍化、間に合うかな?」

ドラマのタイトルは『隣人の肖像』（岩間芳樹脚本、猪野学主演、テレパック制作、一九九九年十月三日放送）。さっそく、小学館の清水搠甫氏に相談し、創刊されたばかりの小学館文庫の編集長を務めた山本章氏の快諾を得ました。編集担当は吉田兼一氏。当時横浜市立大学教授（現在は名誉教授）であった矢吹晋先生に大急ぎで監修者をお願いし、矢吹先生のご紹介の鈴木博氏に猛急の翻訳をお願いして、編集チームを編成しました。

東京日記のおもな舞台は、神田神保町界隈。そして、早稲田、浅草……。いわば編集陣の地元でしたから、まず現場を歩き、人を辿り、資料を漁り、一気に編集作業を進めました。実質編集期間四週間。中央大学の高木友之助先生、同哲学研究室の田中晶子氏をはじめ、数多くの方々の協力を得て、ほとんど合宿状態で校了しました。

この『周恩来 十九歳の東京日記』はさいわい好評で、発刊して間もなく増刷されました。


李海文氏が神保町を訪ねて来られたのは、テレビドラマ放映から数か月ほど経った春先でした。李氏は、中国共産党文献研究室の幹部で、周恩来研究の第一人者。愛全公園（東亜高等予備学校の跡地）、東京堂書店、玉津館跡地……など、日記に出てくる神保町界隈をご案内し、矢吹晋先生、鈴木博氏をお招きして、中華料理店漢陽楼で歓迎の宴を開きました。漢陽楼は周恩来青年が足繁く通った中華料理店で、当時の店主林松英氏、料理長の和田康一氏（現店主）に周恩来の好んだ料理を振舞っていただきました。李氏は、小学館文庫版の脚注とコラムで補足した東京情報を高く評価してくださり、いずれ中国版にも掲載させてほしいとおっしゃって、一同、恐縮いたしました。

＊

それから、二十余年が経過しました。

この間、テレビ番組や新聞雑誌などに何度もご紹介いただきましたが、二〇一一年に小学館文庫版は絶版となります。二〇二〇年、漢陽楼現店主の和田氏から、なんとか復刊することはできないか……とご相談いただき、その可能性をさぐっていたところ、矢吹晋先生から朗報が入ります。

「李海文さんから連絡がありました。日中国交正常化五十周年を期に、中国で改訂新版編集の動きが始まっています。ぜひ日本でも改訂新版を出しましょう」

二〇二一年五月のことでした。「日中共同編集」として情報を共有しながら、それぞれ独自に編集することになりました。新中国版『周恩来 十九歳的旅日日記』には、小学館文庫版の東京情報（文献資料、路線情報、地図など）

の翻訳に加えて、新たに詳細な中国情報（古典文献、儒教関係解説、人物情報など）の脚注とコラムが豊富に掲載されています。本書においても、それらを翻訳して掲載させていただくことになりました。

さっそく編集作業に入りましたが、難航します。小学館文庫版を超短期間で編集したこともあり、小さなキズが散見されて、さまざまな確認事項に手間取ることになってしまいました。編集体制を増強して、ようやく国交正常化五十周年に間に合わせることができました。監修の矢吹晋先生や李海文氏はじめ関係する方々にご心配おかけしたこと、この場を借りて陳謝申しあげます。おかげさまで、良書に仕上がりました。

この二十余年の間に、鈴木博氏、林松英氏、高木友之助氏、田中晶子氏……少なからぬ方々が鬼籍に入られました。あらためてご冥福を祈念するとともに、ここに改訂新版を上梓できたことをご報告もうしあげます。

＊

最後に、本書の編集刊行にご尽力いただいた方々のお名前を記させていただきます。

まず、矢吹晋先生。監修作業以上のご努力、お力添えをいただきました。

そして、李海文氏。新中国版の充実した編集内容あってこその改訂新版であることは言うまでもありません。

続いて、貴重なご助言と資料をいただいた東京学芸大学名誉教授の鷲山恭彦先生。新中国版の脚注やコラムの翻訳を担当していただいた周穎氏と畠山玲氏。中国サイドとの情報共有にご尽力いただいたテレビ朝日の冨坂範明氏。編集主任の松成雪をはじめとする多くの編集スタッフ陣にも、この場を借りて御礼申しあげます。

最後に、根気強く良書編集を励まし続けて下さった神保町町内会の西岡理氏に深謝申しあげます。

二〇二二年八月十日

高橋団吉

◉**略歴**

監修　**矢吹晋**

1938年生まれ。東京大学経済学部卒。東洋経済新報社記者、アジア経済研究所研究員、横浜市立大学教授を経て、横浜市立大学名誉教授。㈶東洋文庫研究員、21世紀中国総研ディレクター。朝河貫一博士顕彰協会会長。著書に『天皇制と日本史』（集広舎）、『矢吹晋著作選チャイナウオッチ』（全5巻、未知谷）など多数。

訳　**鈴木博**

1940年生まれ。翻訳家。東京大学文学部卒。出版社勤務、北京放送局日本語部員などを経て、文筆業に入る。著書・訳書に『中国トロツキスト全史』（論創社）、『図説纏足の歴史』（原書房）、『若者に伝えたい中国の歴史 共同の歴史認識に向けて』（明石書店）、『鬼の話 新装版』（上下巻、青土社）など。

編集協力　**李海文**

北京大学国際政治学部卒。中共中央党史・文献研究院研究員。中央文献研究室の周恩来年譜伝記小組組長、周恩来研究組副組長を経て、『中共党史研究』『中共党史資料』の副編集長、編集長を歴任。『周恩来十九歳的旅日日記』のほか、『周恩来伝略』（四川人民出版社、邦訳『周恩来の足跡』）主編。

◎編集スタッフ

有川美紀子
植野郁子
大久保果林
大屋芙由子
河合理佳
桑沢香里
篠田果梨
篠宮奈々子
周穎
田中晶子
田中千尋
高橋哲丸
谷敦（アーティザンカンパニー）
畠山玲
樋口健一
深水央
松成雪
元家健吾

周恩来《しゅうおんらい》 十九歳《じゅうきゅうさい》の東京日記《とうきょうにっき》 改訂新版《かいていしんばん》

二〇二二年九月二十九日　初版第一刷発行

監修　矢吹晋《やぶきすすむ》
訳　鈴木博《すずきひろし》
編集協力　李海文《りかいぶん》

発行者　梅田英喜
発行所　株式会社デコ
〒一〇一―〇〇六四
東京都千代田区神田猿楽町一―五―二〇 田端ビル
電話 〇三―六二七三―七七八一〔編集・営業〕

印刷所　新日本印刷
ブックデザイン　大森裕二
レイアウト協力　竹中 誠
印刷コーディネート　加藤進一（三川屋）

ISBN 978-4-906905-21-8 C0023